重庆文理学院志

1976—2016

主　编　刘灿国
副主编　蔡华锋　周洪亮
　　　　董　刚　周文东

西南交通大学出版社
·成都·

图书在版编目（CIP）数据

重庆文理学院志：1976—2016 / 刘灿国主编. —成都：西南交通大学出版社，2017.8
ISBN 978-7-5643-5647-7

Ⅰ.①重… Ⅱ.①刘… Ⅲ.①重庆文理学院－校史－1976—2016 Ⅳ.①G649.287.19

中国版本图书馆 CIP 数据核字（2017）第 186335 号

Chongqing Wenli Xueyuan Zhi

重庆文理学院志

1976—2016

主编　刘灿国

责 任 编 辑	秦　薇
助 理 编 辑	郑丽娟
封 面 设 计	曹天擎
出 版 发 行	西南交通大学出版社 （四川省成都市二环路北一段 111 号 西南交通大学创新大厦 21 楼）
发行部电话	028-87600564　028-87600533
邮 政 编 码	610031
网　　　址	http://www.xnjdcbs.com
印　　　刷	成都蜀通印务有限责任公司
成 品 尺 寸	175 mm×250 mm
印　　　张	25.5
插　　　页	4
字　　　数	373 千
版　　　次	2017 年 8 月第 1 版
印　　　次	2017 年 8 月第 1 次
书　　　号	ISBN 978-7-5643-5647-7
定　　　价	128.00 元

图书如有印装质量问题　本社负责退换
版权所有　盗版必究　举报电话：028-87600562

《重庆文理学院志（1976—2016）》编纂委员会

主　任：孙泽平　钟志奇　许洪斌
副主任：刘灿国
成　员：兰　刚　谭　宏　李德全　漆新贵　万书辉　王明华
　　　　金　盛　刘定云　颜敬先　贺正一　周洪亮　董　刚
　　　　周文东　蔡华锋
主　审：孙泽平　钟志奇
主　编：刘灿国
副主编：蔡华锋　周洪亮　董　刚　周文东

《重庆文理学院志（1976—2016）》编纂办公室

办公室主任：蔡华锋
办公室副主任：马　雁　李兴春
工作人员：潘澜月　余　嘉

《重庆文理学院志（1976—2016）》撰稿人员

韩贞禄　黄贵懿　杨正强　郭　立　向　明　汤金燕
谢华琳　李　莉　程　华　胡守敏　江　松　冉　红
刘厚东　李泽忠　邓颖卓　申传斌　蔡华锋　马　雁
米利波　冯　亮

校　徽

◆ 该标志由"文理"二字的声母"W"与"L"组合而成。

◆ 纹样似9本厚厚典籍的组合，寄寓学校长长久久、持续发展的未来；广袤的书海和方正的秩序有机融合，蕴涵"进德修业、博文达理"的校训。

◆ 图案似波光粼粼的书海，有星湖的写意和红河的朝气，极具重庆文理学院的地域特色。

◆ 蓝色的波浪纹饰，简洁明快，素朴高雅，有长江后浪推前浪、青出于蓝胜于蓝的寓意。

◆ 没有规矩，不成方圆。方形书阵和圆形外环，既有文的柔和也有理的秩序，暗含"外圆内方"的中国传统哲学意蕴，并彰显出学校的权威性、规范性与包容性。

◆ 结构紧密的网络纹样，有凝聚人心、和谐进步的意境，又含文理交融、人文与科学兼顾、艺术与自由协调发展等多重意味。

◆ 该标志强调一形多意，集具象抽象于一体，既富院校品格，又有个性特征，有较强的视觉冲击力，有别于众多高校标志。

校 训

进德修业　博文达理

　　2005年，学校广泛征集确定了校训。校训为"进德修业，博文达理"，"进德修业"语出《周易·乾·文言》"君子进德修业，忠信，所以进德也。修辞立其诚，所以居业也。"校训义为"普进公民应具之德、广修社会所需之业"。"博文"语出《论语·颜渊》"子曰：'博学于文，约之以礼，亦可以弗畔矣夫！'"校训义为"博学天下美妙之文。""达理"语出《庄子·秋水》"知道者必达于理，达于理者必明于权。"校训义为："通达万物深妙之理。"德业兼顾，文理交融，科学与人文并重，涵盖了大学的基本意义。"进德修业"为过程，"博文达理"是结果，其主要内涵是：德业兼顾，文理交融，科学与人文并重，自由博爱与艺术追求协调发展。校训已经成为学校办学、教师治学、学生求学的基本目标与价值理想，成为学校精神理念的重要载体。

办学理念

◆ 教育即服务
◆ 学生即顾客
◆ 质量即生命

办学思路

◆ 应用为本
◆ 管理创新
◆ 开放办学
◆ 特色发展

历史沿革

- 1972 江津地区教育学校成立
- 1980 更名为江津地区进修学校
- 1981 更名为四川省永川地区教师进修学校
- 1983 与重庆市教师进修学院合并，更名为重庆教育学院永川分院
- 1986 更名为渝州教育学院
- 2001 重庆师范高等专科学校与渝州教育学院合并组建为渝西学院
- 2005 更名为重庆文理学院
- 1993 更名为重庆师范高等专科学校
- 1985 更名为重庆师范专科学校
- 1979 更名为江津师范专科学校
- 1976 江津地区五·七大学成立

风华四秩　岁月如歌

40年前，学校在卫星湖畔、北山之巅艰难创建。老一辈创业者无私奉献、团结拼搏、负重前行，克服了生活条件艰苦、教学设备简陋、办学经费匮乏等重重困难，为国家培养了大批优秀人才。40年来，一批又一批青年学子从祖国四面八方来到这里，又从这里走向祖国需要的地方；40年来，一代又一代文理人励精图治、艰苦创业，谱写出一曲曲感人至深的奋进之歌！

经过40年的艰苦奋斗，学校各项事业取得突飞猛进的发展，学校综合办学实力跃居全国同类高校前列，建成为拥有16个二级学院、59个全日制本科专业、两万余名全日制在校生的区域性、多科性、特色应用型大学。

四秩跋涉，一卷锦绣。建校40年来，尤其是升本建院以来，学校践行"教育即服务、学生即顾客、质量即生命"的办学理念，坚持"应用为本、管理创新、开放办学、特色发展"的办学思路，植根地方，躬身育人，为国家和社会培养了12余万名优秀人才。40年来，几代文理人筚路蓝缕、弦歌不辍，学校先后获得国家级教学成果一、二等奖，被评为全国毕业生就业典型经验高校50强、全国创新创业典型经验高校50强，建成国家级特色专业建设点、国家级精品课程和国家级大学生校外实践教育基地，被评为教育部首批依法治校示范校、全国校园文化先进单位，获得重庆市"五一"劳动奖状。学校全方位改革、多维度创新、跨越式发展模式被新华社、《中国教育报》、《中国青年报》等媒体誉为"文理现象"。

以志为镜，览古照今。校志的编撰既是学校风雨兼程、艰苦创业发展历程的再现，更是文理人栉风沐雨、负重前行的一曲赞歌。几代文理人历经坎坷、锐意进取，迎来了今朝文理之花绽放祖国山河，教育火种遍布神州大地。在新的历史发展阶段，学校秉承"进德修业，博文达理"的校训精神，牢牢把握发展机遇，全面开启高水平应用型大学建设新征程。

党委书记：孙泽平
校　　长：许洪斌
2017 年 6 月

目 录

第一章　学校沿革 ·· 1

第二章　管理体制 ·· 4
  第一节　管理思想 ·· 4
  第二节　领导体制 ·· 8
  第三节　机构设置 ·· 13
  第四节　师资建设 ·· 25
  第五节　人才管理 ·· 30

第三章　人才培养 ·· 35
  第一节　培养目标 ·· 35
  第二节　专业结构 ·· 36
  第三节　教学管理 ·· 44
  第四节　教学成果 ·· 47
  第五节　实践教学 ·· 50
  第六节　继续教育与培训 ·· 54
  第七节　研究生教育 ·· 59
  第八节　留学生教育 ·· 60

第四章　科学研究 ·· 64
  第一节　科研管理 ·· 64
  第二节　科研机构与平台 ·· 66
  第三节　科研团队 ·· 68
  第四节　科研项目与成果 ·· 69
  第五节　科研合作与交流 ·· 71

第六节　成果转化与服务社会…………………………74
　　第七节　学科建设………………………………………76
　　第八节　学术期刊………………………………………78

第五章　学生工作……………………………………………82
　　第一节　教育管理………………………………………82
　　第二节　招生就业………………………………………91
　　第三节　学生奖助………………………………………100
　　第四节　学生社团………………………………………105
　　第五节　文体活动………………………………………107
　　第六节　社会实践………………………………………114
　　第七节　创新创业………………………………………118

第六章　校务管理……………………………………………122
　　第一节　基本建设………………………………………122
　　第二节　设施设备………………………………………127
　　第三节　办学经费………………………………………129
　　第四节　国际交流与合作………………………………131
　　第五节　信息化建设……………………………………136
　　第六节　图书情报与档案………………………………141
　　第七节　后勤服务………………………………………146
　　第八节　安全管理………………………………………151
　　第九节　离退休工作……………………………………155

第七章　党建工作……………………………………………159
　　第一节　纪检监察………………………………………159
　　第二节　组织工作………………………………………167
　　第三节　宣传工作………………………………………176
　　第四节　统战工作与民主党派…………………………181
　　第五节　党校工作………………………………………189

第八章 群团工作

- 第一节 工会工作 …… 193
- 第二节 团委与学生联合会 …… 197
- 第三节 科协与社科联 …… 202
- 第四节 少联会与知联会 …… 204
- 第五节 老年群团组织 …… 205
- 第六节 关工委 …… 209
- 第七节 校友会 …… 212

第九章 文化建设

- 第一节 文化传承 …… 217
- 第二节 文化设施 …… 219
- 第三节 校报宣传 …… 223
- 第四节 史志编纂 …… 226

第十章 二级学院

- 第一节 文化与传媒学院 …… 231
- 第二节 数学与财经学院 …… 236
- 第三节 材料与化工学院 …… 241
- 第四节 机电工程学院 …… 246
- 第五节 林学与生命科学学院 …… 248
- 第六节 电子电气工程学院 …… 253
- 第七节 重庆服务外包学院/软件工程学院 …… 257
- 第八节 经济管理学院/建筑工程学院 …… 259
- 第九节 旅游学院 …… 261
- 第十节 马克思主义学院 …… 264
- 第十一节 公共管理学院 …… 266
- 第十二节 教育学院 …… 270
- 第十三节 外国语学院 …… 273
- 第十四节 音乐学院 …… 276

第十五节　体育学院…………………………………279
第十六节　美术与设计学院…………………………283
第十七节　国际学院/重庆文化遗产学院……………286
第十八节　继续教育学院/培训学院…………………288

第十一章　大事记…………………………………………291
　　　重庆师专………………………………………………291
　　　渝州教育学院…………………………………………329
　　　重庆文理学院…………………………………………340

附　录…………………………………………………………381
　　　附录一：学校获省部级教学改革研究项目一览表……381
　　　附录二：学校获国家级以上立项科研成果一览表……388
　　　附录三：学校获省部级以上表彰奖励科研成果一览表…394
　　　附录四：学校历任党政领导名录………………………397

后　记…………………………………………………………401

第一章　学校沿革

重庆文理学院是重庆市人民政府主办的全日制普通本科高等学校，坐落在距重庆市主城区56千米的永川区，有红河、星湖两个校区。校园占地面积114.6万平方米，校舍建筑面积71万平方米。学校现设有16个二级学院、59个全日制普通本科专业，专业涵盖文学、理学、工学、管理学、艺术学、教育学、农学、法学、经济学九大学科门类，有全日制本科在校生2万余人，教职员工1 300余人。

学校坚持"教育即服务、学生即顾客、质量即生命"的办学理念，大力实施"顶天立地"发展战略，以努力建设高水平应用型大学为目标，进行了一系列以应用型人才培养体系构建为核心的教育教学改革，取得了一批标志性成果。"中华民族非物质文化遗产教育传承体系在当代高校的构建与实践"获高等教育国家级教学成果一等奖，"高校三标一体教育质量模型的探索与实践"获高等教育国家级教学成果二等奖，"师范新升本院校的转型发展与应用型人才培养体系建设"获重庆市教学成果一等奖。园林专业被立项为国家级特色专业建设点，"非物质文化遗产概论"被评为国家级精品课程，"重庆文理学院-重庆渝西园林集团有限公司工程实践教育中心"被立项为国家级大学生校外实践教育基地。学校先后获得首批"教育部依法治校示范校""全国教育网络示范单位""国家级语言文字规范化示范校""全国校园文化先进单位"等荣誉称号，并获重庆市"五一"劳动奖状，以及重庆市"园林式单位"等荣誉称号。

重庆文理学院前身系重庆师范高等专科学校和渝州教育学院，分别创办于1976年和1972年。

1976年3月6日，中共江津地委决定筹办江津地区"五七"大学。选址永川黄瓜山麓，划地30万平方米。同年12月1日，中共四川省委以〔76〕132号函批准建立"江津地区'五七'大学"。1977年2月25日，首批四个专业206名"社来社去"新生入校就读。1978年春，学校通过全国统一招生录取1977级三年制中文、数学、农机三个专业新生296

人。1978年12月28日，教育部下发教计字〔78〕427号文件《关于同意恢复和增设一批普通高校的通知》，文件公布：经国务院批准，江津地区"五七"大学正式更名为江津师范专科学校，由此开启了完全高师的发展之路。1979年8月30日，四川省革委会下发川革发〔79〕108号文件，正式建立并命名为江津师范专科学校。1983年，永川地区并入重庆市，1985年10月9日，四川省高教局批准更名为重庆师范专科学校。学校两次更名，聂荣臻元帅也先后两次为重庆师专题写校名"江津师专""重庆师范专科学校"。1989年，重庆师专被国家教委评为"全国优秀师专"。1993年5月，国家教委规范全国高校的称谓，重庆师专校名规范为重庆师范高等专科学校。1993年11月，重庆师专被授予"全国语言文字先进集体"。1994年，重庆师专获"四川省普通高校校园文明建设优秀单位"称号。

渝州教育学院的前身是江津地区教育学校，于1972年5月由江津专区中学教师进修学校和江津专区教育行政干部学校合并组建而成，校址位于永川城内北山，校园面积13 853平方米。1980年3月，经四川省人民政府川府函〔80〕10号文批准更名为四川省江津地区教师进修学院。1981年11月，因江津地区更名为永川地区，又更名为四川省永川地区教师进修学院。1983年，永川地区与重庆市合并后，将永川地区教师进修学院与重庆市教师进修学院合并，更名为重庆教育学院永川分院。1986年8月，经四川省人民政府川府函〔1986〕266号文批准，再更名为渝州教育学院。1992年11月，国家教委以教计〔1992〕208号文备案，成为独立设置的成人高等学校。1986年，聂荣臻元帅为渝州教育学院题写校名。1997年5月，接受重庆市教育学院专家评估，达优秀等级。

2001年2月，重庆师范高等专科学校和渝州教育学院合并升本工作通过教育部院校设置委员会专家组的评估验收。2001年5月11日，教育部教发函〔2001〕79号文件批准两校合并组建多科性全日制本科院校，定校名为渝西学院。2005年4月11日，教育部下发教发函〔2005〕49号文，同意学校更名为重庆文理学院。重庆文理学院成为我国继宝鸡文理学院、绍兴文理学院、湖南文理学院、西安文理学院之后的第五所文理学院。2005年5月11日，全国政协副主席张梅颖率30人组成的全国政协视察团出席在学校举行的重庆市部分高校贷款情况座谈会。2005年7月16日和8月9日，教育部党组书记、部长周济，重庆市委副书记邢元敏等领导相继到学校红河校区视察。2006年10月，学校办公主体迁址红河校区。2007年10月，学校通过教育部本科教学水平评估并获得良好等级。2008年11月，材料科学专家、中国工程院院士涂铭旌教授受聘为学校教授和发展战略顾问，并担任重庆文理学院名誉院长。2010年，学校以北山校区、原重庆师专办事处两宗土地共计13 333平方米与永川区政府进行土地置换，在永川区新城区置换土地18万平方米建设红河校区B区。2012年9月16日，4 000余名学生正式搬迁进驻红河校区B区。2012—2013年度，学校被教育部评为"全国毕业生就业典型经验高校50强"。2016年7月18日，教育部发函公布2016年度50所全国创新创业典型经验高校名单，学校荣列其中。

第二章 管理体制

第一节 管理思想

一、初步探索阶段

不论是重庆师专还是渝州教育学院，两校领导带领教职员工大胆创新创业，从党政机构的逐步建立到管理体制的建立、改革、完善，推出了系列举措，萌发了新的管理思想。

1977年3月，正式组建了中共江津地区"五七"大学委员会，后又选举产生了学校第一届工会委员会和第一届共青团委员会。按照老、中、青三结合和革命事业接班人的标准，学校由党的一元化领导体制转变为"党委领导下的校长负责制"，努力克服党政不分、以党代政的现象。同时积极组建了有力的行政指挥系统，保证行政事务顺利有序开展。1985年至1994年，重庆师专提出了"政治办校、民主办校、科学办校、勤俭办校"的办校方针，指导全校工作。1993年，推出了《重庆师范专科学校内部管理体制改革方案》，明确提出内部管理体制改革的基本思路是："通过内改，使学校在坚持社会主义办学方向，服务经济建设，全面贯彻教育方针，培养合格人才等方面更加主动积极，更具活力；建设好一支又红又专、结构合理、生机勃勃的教职工队伍；建立起一个高效精干、运转灵活的内部管理运行机制，为高等教育综合改革的实施做好准备。"基本方向是："引入竞争，优化组合；建立奖励机制，体现按劳分配；强化约束机制，提高办学效益；理顺管理体制，增强办学活力。"主要内容是："对人事、分配、住房、医疗、退休保险等管理制度进行改革，首先以人事制度的改革为突破口，带动其他制度的改革。"1994年至2001年，重庆师专新的领导班子提出了"九五"奋斗目标：高扬师范旗帜，服务地方经济，创建示范性师专。办学思想在确保教育质量的前提下，突出办学效益的重要地位。办学模式在确保师范专业稳步发展的前提下，突出成人教育、职业教育以及科技产业开发的重要地位。人才培养模式在确保专业基础知识和技能过硬的同时，突出思想政治教育的重要地位。在学科建设和教学活动中，在确保理论性、系统性的前提下，突出实践性、应用性的重要地位。队伍建设在确保教学、行政、后勤三支队伍协调发展的前提下，突出师资队伍建设的重要地位。管理体制在确保宏观有序的前提下，突出微观搞活的重要地位，并提出深化校内管理体制改革，建立"一专多能、一职多岗、一系多专业"的各层次相互衔接的动态开放管理体制。

　　在学校管理运行机构逐步建立后，渝州教育学院领导认识到，建立一套从实际出发、行之有效的制度，是使各项工作得以顺利开展的保证，同时也认识到制度的建设是不断建立、健全、修改完善的过程，也是组织发动教职工参与管理的过程。1979年，制定了总务、财经工作制度及对教职工教书育人的四项要求，制定了教师岗位责任制、办公室工作职责和要求以及班主任工作职责、请销假制度、教室规则、食堂规则等规章制度。1982年，对原有的规章制度进行全面的修订，制定了《关于教职工在外兼课和做其他工作酬金的决定》《关于经费管理使用的规定》《关于住房、家具配备、管理及收费的几项规定》《关于汽车管理使用及收费的几项规定》《教师工作量试行办法》《离退休人员返聘工作的试行办法》等。随着办学形势的发展，1986年和1991年，学校两次对各项规章制度进行了修改，使之更符合客观实际。1992年，将函授教育的规章制度汇编成册，内容有13个相关条例、通知、纪律、规则、守则等。1994年，制定了《教学管理工作暂行规定》《关于学员学习成绩考核的暂行规定》《听课制度》《教学评估》《奖励制度》《兼职教师的聘用管理暂行规定》等。1997年，开展了定员、定编、定职责的"三定"工作。为推动学校教育、教学、管理工作质量的进一步提高，针对存在的教育、教学、管理互相脱节的现象，探索进行管理体制改革的尝试，提出了试行主任导师制的设想，即以主任导师为核心，以培养目标为归宿，把班级建成教育、教学、管理三结合的独立实体的管理体制，发动干部、教职工讨论，经过近三个月的讨论，最后制定了《关于实行主任导师制的改革方案》并经教代会通过试行。

二、引进标准管理体系阶段

两校合并升本后，2004年，按照"移植、改造、融合、创新"的思路，将ISO9001质量管理体系、ISO14001环境管理体系、GB/T 28001职业健康安全管理体系成功整合，构建起了系统完善、极具活力的"三标一体"教育质量管理模型，这在高校系统是一个首创。该模型催生了"教育即服务、学生即顾客、质量即生命"办学新理念，孵化出"依法办学，质量立校，以人为本，诚信服务，尊重自然，保障健康，控制风险，持续改进"32字管理方针。与此同时，学校党政决定进行大刀阔斧的改革。一是组织机构改革。从"减肥"到"健身"，学校采取了两步走的办法：第一步是把机构数量"减"下来，将党政群团管理机构精简为12个，将教学科研机构精简为14个，远远低于教育部的指导数；第二步是把机构效能"健"起来，创造性地合并、重组、设置机构，构建了"机构少、人员精、素质高、能力强"和"小机关、大服务"的工作格局，使"消肿"后的机构"健"起来。二是干部队伍建设：从"相马"到"赛马"。三是全员聘任改革：从"身份管理"到"岗位管理"。四是分配制度改革：从"注重公平"到"绩效优先"。五是科研管理改革：从"基础薄弱"到"开拓奋起"。六是工作质量考核：从"干好干坏一个样"到"质量第一，创新为先"。七是后勤社会化改革：从"整体剥离"到"全面提高"。2005年，学校领导提出了转变学校办学模式，把学校办成"学习型、服务型、集约型、生态型、发展型""五型高校"的战略构想，并在办学实践中不断加深理解，丰富其内涵。"学习型"是指要有积极追求教育进步的学习精神，要积极学习高等教育的发展历史，学习兄弟院校的办学经验，同时还要学习本校的发展史，培养终身学习的能力，建设学习型组织。"服务型"是指学校提供的产品为"服务"，包括政治服务、教学服务、管理服务，等等；"集约型"是指确立学校的运营理念，强化成本效益意识，追求资源配置的最优化，提高资源的使用效益，最终提高学校的办学效益；"生态型"是指保持学校师生与自然的和谐，师生人际关系的和谐，教学、科研、管理的和谐，学校内外环境、硬件建设与软件建设的和谐，以创建和谐融洽的校园生态;"发展型"是指把"人的全面发展"作为学校改革、发展、建设的出发点和归宿,坚持科学发展观,落实优质发展、可持续发展理念。建设"五型高校"的理念是贯穿学校发展规划的核心内容,对学校的发展走向具有不可替代的指引作用。

三、追求全面质量管理阶段

2007年,顺利通过本科教学评估后,学校对"五型高校"理念进行了深入解读,确定了改革与发展的"七大战略",即"三步走战略""先做大后做强战略""优化资源配置战略""处理好发展矛盾战略""健全需求预测体系战略""建立健全发展监督机制战略""实施形象塑造战略"。2008年,为建立完善的内部治理结构的运行机制,实行了大部制与学院制改革;完善了目标管理与考核机制,有力地推进了校院二级管理;通过三次文件修订,完善了由管理手册、程序文件和作业指导书组成的三级文件体系。同时建立了一套自我完善、自我约束和符合学校本科教学工作实际的质量保障和监控体系,成功构建了"三三三三"教学质量立体监控网络。第一个"三"指校、院、教研室三级质量监控;第二个"三"指课堂教学、实践教学、课外活动三个体系相融合的质量标准体系;第三个"三"指从教学输入、教学过程和教学结果三个方面进行全程质量监控,建立了教学过程、教学结果和生源三个方面的质量标准体系;第四个"三"指学生评价、专家评价与社会评价三方评价体系。

在"十一五"发展规划和中长期规划中明确了学校定位:一是发展目标定位:到2020年,把学校建成一所全国知名的地方性、教学型、多科性大学。二是办学类型定位:要把学校办成一所教学型大学。三是办学层次定位:以本科教育为主,适度发展高等职业教育,适时开展研究生教育。四是学科专业定位:构建以文、理为基础,应用型学科专业为重点,多学科交叉渗透,教师教育类与非教师教育类专业协调发展的学科专业体系。五是服务面向定位:立足渝西,服务重庆,面向全国。六是培养目标定位:培养适应社会主义现代化建设需要,德、智、体、美全面发展,基础理论扎实、知识面宽、综合素质优良,具有创新精神和实践能力强的应用型高级专门人才。

在"十二五"时期，学校明确提出了实施"顶天立地"发展战略、建设特色应用型大学的战略主题。确立了"建设应用型学科，开展应用型研究，培养应用型人才，创建应用型大学"的办学定位，"应用为本，管理创新，开放办学，特色发展"的办学思路，以及建设"区域性、多科性、特色应用型大学"的发展目标。2013年，构建了涵盖全面、全程、全员的本科教学质量保证体系，印发了《重庆文理学院本科教学质量保证体系架构》。这使得学校管理又迈上了一个新的台阶。

在"十三五"时期，学校又提出了大力实施"顶天立地"发展战略，全面提升办学综合实力和核心竞争力，努力建设高水平应用型大学的发展目标，同时提出了"转型、申硕、建大"战略目标。"转型"，即持续推进学校深度转型发展，成为全国应用型转型发展和重庆市综合改革示范高校；"申硕"，即获得硕士（专业）学位授予权；"建大"，即整合资源，重点建设一所能够支撑城市发展新区的支柱产业和战略新兴产业的高水平应用型大学，"十三五"期间基本达到大学设置的各项指标。2015年9月，《重庆文理学院章程》通过重庆市教委正式核准，学校成为重庆市首批核准发布章程的高校，标志着学校在依法办学、依法治校、加快构建现代教育治理体系道路上迈出了重要一步。

第二节　领导体制

一、升本建院之前

（一）重庆师专领导体制

1976年12月1日，中共四川省委下文同意建立江津地区"五七"大学。1977年3月，中共江津地委根据省委批示和地委宣传部的请示，同意建立江津地区"五七"大学党委会，况兴华兼任党委书记，熊秉衡、蒲天贵、梁昌兰任党委副书记，刘宗贵、邹家业、王仕俊、李正元为党委委员，组建了学校第一届党委领导班子。

1978年12月，经国务院批准，江津地区"五七"大学正式定名为江津师范专科学校，隶属四川省高教局。1979年6月，经中共江津地委同意，中共江津师范专科学校委员会正式建立，委员会由况兴华、熊秉衡、黄正禄、蒲天贵、黄玉蓉、邬卓凡等六位同志组成（1981年补选傅道文为党委委员），况兴华兼任党委书记，熊秉衡任党委副书记，原"五七"大学党委相应撤销。同时，学校还组建了党委办公室、学校办公室等系列党政机构。

1978年10月，教育部颁布了《全国重点高等学校暂行工作条例（试行草案）》，规定高校的领导体制是"党委领导下的校长分工负责制"。1980年10月20日至30日，四川省召开全省高等院校党委书记会议。根据会议精神，学校在加强党的领导的前提下，按照老、中、青三结合的原则和革命事业接班人的标准，确立了学校由党的一元化领导体制转变为实行"党委领导下的校长分工负责制"，逐步改变党政不分、以党代政的现象，确保行政事务顺利有序地开展。

1985年10月，学校更名为重庆师范专科学校，隶属四川省教育厅。

1990年，《中共中央关于加强高等院校党的建设的通知》规定：高等学校实行党委领导下的校长负责制。同年3月，学校制定了《党委会议事规则》，对党委会的议事范围、程序等作出了明确规定。1991年6月，学校出台《重庆师专十年计划》和《八五计划》，明确提出要"完善党委领导下的校长负责制"。1992年，《中共重庆师专委员会工作计划（1992年度）》提出：要进一步贯彻党委领导下的校长负责制，健全党委会和纪委会，认真贯彻民主集中制，健全党委会议事规则。

（二）渝州教育学院领导体制

1972年5月，江津专区中学教师进修学校和江津专区教育行政干部学校合并组建成立江津地区教育学校，隶属于四川省江津地区文教局；同年，学校成立革命委员会，统一领导学校党政工作。

1973年3月，江津地区革委会下文同意成立江津地区教育学校党支部。1974年3月，江津地区革委会同意成立江津地区教育学校支部委员会，唐伊任任支部书记。1978年5月，江津地委下发《关于建立江津地区教育学校党总支的通知》，学校党总支委员会正式建立，李千白任党总支书记。

1979年，第五次全国人大第二次会议通过了《关于修正〈中华人民共和国宪法〉若干规定的决议》。根据决议精神，学校撤销革委会，由党总支领导学校工作。

1980年3月，学校更名为四川省江津地区教师进修学院；1981年11月，更名为四川省永川地区教师进修学院，隶属永川地区教育局。

1983年，四川省永川地区教师进修学院与重庆市教师进修学院合并，更名为重庆教育学院永川分院，隶属于四川省重庆市教育局；1984年12月，重庆市委渝函〔1984〕331号文件任命李千百为重庆教育学院永川分院院长，胡文良、熊羽为副院长；1985年7月，经中共重庆市委同意，学校成立第一届党委，李千百任党委书记，李志强、陈维新、罗昌敬、胡文良为党委委员。根据教育部1982年制定的《关于加强教育学院建设若干问题的暂行规定》，学校实行党委领导下的院长为首的院务委员会负责制，院务委员会讨论并决定有关学院的重大事项。

1986年，经四川省政府批准，学校更名为渝州教育学院，仍隶属于重庆市教育局。

1991年，根据《中共中央关于加强高等院校党的建设的通知》和四川省高等学校党建工作会议精神，学校成立党委办公室，进一步加强了党的建设。

1995年6月，学校换届选举组建了第二届党委，实行党委领导下的院长负责制，认真贯彻民主集中制原则，出台了《党委议事规则》和《行政办公会议事规则》等制度，进一步明确了党委和行政的职权范围，加强了党政对学校工作的领导。

二、升本建院至今

2001年5月，重庆师范高等专科学校和渝州教育学院合并组建渝西学院。2005年4月，渝西学院更名为重庆文理学院，隶属重庆市人民政府。根据《中共中央关于加强高等院校党的建设的通知》等文件精神，学校实行党委领导下的校长负责制。

（一）党委统一领导学校工作

党委是学校的领导核心，履行党章规定的各项职责，总揽全局；执行党的路线、方针、政策，坚持社会主义办学方向；讨论决定学校的改革、发展和基本管理制度等重大事项；支持校长依法独立行使职权，保证以人才培养为核心的各项工作顺利进行。

1. 全面贯彻执行党的路线方针政策和国家的重要决策和部署；

2. 研究决定学校办学方向、办学思想、发展战略与规划、学校章程的制定和修改、教职工收入分配等重大改革方案和举措；

3. 领导学校的思想政治工作和德育工作，掌握学校意识形态工作的领导权、管理权、话语权；

4. 领导学校基层党组织建设和纪律检查工作；

5. 领导学校工会、共青团、学生会等群众组织和教职工代表大会；

6. 研究决定学校内部组织机构的设置调整及中层干部选拔，按照干部管理权限负责干部的选拔、教育、培养、考核和监督，依照有关程序提名推荐校级领导干部、党代会代表、人大代表、政协委员及后备干部人选；

7. 审定学校事业发展规划、重要规章制度、年度预算决算原则以及学校无形资产等重要资产处置和其他重要办学资源的配置；

8. 研究决定学校重大合资合作或对外投资项目、国家级重点建设项目，重要设备、大宗物资采购（含购买服务）、重大基本建设（含大额度基建修缮）项目、年度预算内大额度资金使用，以及重大捐赠和未列入学校年度预算的大额追加预算、支出等；

9. 研究决定其他事关师生员工切身利益的重要事项。

（二）校长主持学校行政工作

校长是学校法定代表人，在学校党委领导下，贯彻党的教育方针，组织实施学校党委的集体决定，依法行使职权，全面负责学校的教学、科研、行政管理工作。

1. 组织拟订和实施学校发展规划、基本管理制度、重要改革举措、重要建设项目、大额资金使用、年度预算决算方案以及重要办学资源配置方案；

2. 组织制定和实施教学、科研、行政管理等行政类具体规章制度和学校年度工作计划；

3. 组织拟订和实施学校教学、科研、行政机构设置方案，按照有关规定，推荐副校长人选，任免内部组织机构负责人；

4. 组织拟订和实施学校人才发展规划、重要人才政策和重大人才工程计划；依据有关规定聘任或解聘、奖励或处分教职员工；

5. 研究落实学校学科建设、师资队伍建设、思想政治教育、招生就业、国际合作交流、基础设施建设、支撑保障体系建设的具体措施；

6. 研究解决学校工会、教代会、团代会、学代会等有关行政工作的提案，以及师生员工的切身利益问题；

7. 组织开展学校对外科学技术文化交流与合作，依法代表学校与各级政府、社会各界和境外机构等签署合作协议，接受社会捐赠；

8. 履行法律法规和学校章程规定的其他职权。

（三）学校党委及行政议事决策机制

学校党委全委会在党员代表大会闭会期间领导学校工作，主要对事关学校改革发展稳定和师生员工切身利益及党的建设等全局性重大问题作出决策，会议由常委会召集，议题由常委会确定。

党委常委会主持党委经常工作，主要对学校改革发展稳定和教学、科研、行政管理及党的建设等方面的重要事项作出决定，按照干部管理权限和有关程序推荐、提名、决定任免干部，会议由党委书记召集并主持。

校长办公会议或校务会议是学校行政议事决策机构，主要研究提出拟由党委讨论决定的重要事项方案，具体部署落实党委决议的有关措施，研究处理教学、科研、行政管理工作，会议由校长召集并主持。

学校改革和事业发展中的重大决策、重要人事任免、重大项目安排以及大额度资金使用等"三重一大"事项要按照学校议事规则规定提出，经学校党委书记、校长审阅并充分沟通后，方可提交会议研究决策。专业性、技术性较强的重要事项，应经过专家评估及技术、政策、法律咨询。党委会议和校长办公会坚持"集体领导、分工负责、个别酝酿、会议决定"的原则，以及群众参与、专家咨询、风险评估、合法性审查和集体决策相结合的决策机制。党委决定重要事项，应当进行表决。表决事项时，以超过应到会成员人数的半数同意为通过。校长办公会决定事项时，校长应在充分听取与会人员意见的基础上，对讨论研究事项作出决定。

学校各二级学院建立党政联席会议制度或院务委员会制度。二级学院党政联席（院务委员会）会议是二级学院改革发展等重大事项的决策机构，按照集体领导、民主集中、个别酝酿、会议决定的原则讨论决定二级学院改革、建设与发展中的重大问题。

第三节 机构设置

一、两校合并之前

（一）重庆师专

1977年3月21日，江津地区"五七"大学党委会成立，由况兴华兼任党委书记，熊秉衡、蒲天贵、梁昌兰任党委副书记，刘宗贵、邹家业、王仕俊、李正元（现重庆师范大学当时派驻的干部）为党委委员，这些同志组成了学校第一届党委领导班子。由合川二中调来任副校长的黄正禄同志，于1979年6月进入学校第二届党委。

从1979年起，学校党委、行政的组织管理机构日趋完善。

1979年3月29日，选举产生了由邹家业、胡甫昌、黄建文、黄吉甫、熊德群、王大成等同志组成的江津师范专科学校工会委员会。邹家业同志兼任主席，胡甫昌同志兼任副主席，1979年4月21日报经江津地委宣传部批准。

1979年4月，经校党委批准，正式建立共青团江津师专委员会，由熊秉衡同志兼任书记。

1979年6月6日，中共江津师范专科学校委员会建立，由况兴华、熊秉衡、黄正禄、蒲天贵、黄玉蓉、邹卓凡等同志组成（1981年补选傅道文为党委委员）。况兴华兼任党委书记，熊秉衡任党委副书记。1984

年，学校第三次全体党员大会选举产生出由熊秉衡任党委书记的第三届学校党委班子。1989年至1991年，党委书记一直空缺，副书记有邹弘杰、钟建昌。1992年，由钟建昌任党委书记，刘定云任副书记。从1994年到合并前，刘定云一直任学校党委书记，副书记先后有：黄晓林、米祖旭、戴伟。

行政上，从建校伊始到1982年，校长一直空缺，副校长有黄正禄、蒲天贵，后增加傅道文为副校长。1983年至1989年，由黄正禄任校长，副校长有蒲天贵、周兆金。1989年，颜敬先、黄晓林新任副校长。从1990年至两校合并升本，颜敬先担任校长，副校长相继有黄晓林、易治安、徐明、戴伟、王林。

随着学校党委行政班子的不断充实完善，学校下设的党委办公室、学校办公室、人事处、教务处、总务处、保卫科等党政机构相继建立，组织机构逐步完善，管理工作迅速步入正轨。1986年5月，学校在永川县政府招待所设立重庆师专驻永办事处，作为学校的办事机构和师生的休息、生活区。据1986年12月重庆师专填报的《省级直属事业机构编制、实有人数统计表》，当时重庆师专内设机构有：校长办公室、教务处、总务处、人事处、学生处、宣传部、组织部、纪委、团委、校工会等10个党政部门，中文系、数学系、外语系、体育系、化学系、生物系、政史系、物理教研室等8个教学单位，以及图书馆、电教室、驻永办事处、附属中学等。

1989年，学校党委下设有党委办公室、组织部、宣传部、纪委等机构。1991年5月3日，学校党委下发委字〔1991〕9号文件决定成立党委保卫部，保卫部办公室设在保卫处办公室。1994年11月4日，学校党委下发委字〔1994〕25号文件，决定成立党委统战部、党委学生工作部，以上两部的办公地点分别设在党委宣传部和学生处。

1995年9月6日，学校发文撤销物资设备科的直属科建制和教务处实验实习科的二级科建制，在总务处增设物资科，在教务处增设实验设备科和实践教学科。

1997年，学校内设有校纪委、党委办公室、组织部、宣传统战部、校工会、校团委、校办公室、人事处、学生处、计划财务处、总务处、教务处、保卫处、成教处、监审处、物资设备处、离退休管理办公室、招生办公室、基建办公室等党政部门，中文系、数学系、外语系、化学系、体育系、生物系、政史系、物理系、音乐系、美术系、基础部等教学部门，教科所、电教中心、培训中心、校刊编辑部、产业办公室、图书馆等科研、教辅部门和幼儿园、附小、附中3个附属单位。

（二）渝州教育学院

1973年3月，江津地革委下发江地革政〔1973〕98号文件，同意成立江津地区教育学校党支部。1974年3月，江津地革委下发地革委政工组〔1974〕59号文件，批复成立江津地区教育学校支部委员会，由地区文教局局长唐伊任任支部书记，璧山师范校校长宋朗秋、地区新华书店支部书记陈廷彦任副书记。1976年3月，江津地委下发江委函〔1976〕53号文件，调部队转业团职干部张固基任副书记。1978年5月，根据江津地委江委宣〔1978〕56号《关于建立江津地区教育学校党总支的通知》，学校建立党总支委员会，调璧山中学校长李千白任总支书记，张固基任副书记，下设三个支部。1978年8月，由地区文教局副局长蒋谦益任总支书记，张固基仍任副书记。1981年，调大足中学党支部书记李志强任总支书记。

随着改革开放形势的发展，1985年3月中共重庆市委下发渝函〔1985〕37号文件，同意建立中共重庆教育学院永川分院委员会，不设纪律检查委员会，只设纪检委员。1985年7月，重庆市委下发渝函〔1985〕171号文件，成立以李千白为党委书记，陈维新为副书记，李志强、胡文良、罗昌敬为委员的中共渝州教育学院第一届党委，罗昌敬任纪检委员。下设有办公室、政治处、教务处、总务处、文科、理科、政教等七个支部。其中政治处、理科支部只设书记。1987年5月，调璧山县教育局长谢开绪同志到学院，任党委委员、副院长。1988年8月，李千白离休。1989年12月，中共荣昌县委副书记贺正一任学院党委副书记，负责党的全面工作，1992年6月任党委书记。1991年，根据重教党〔1991〕14号文件，渝州教育学院设置党委办公室。1995年6月，第二届党委选举，贺正一任党委书记，胡文良、孙泽平、赖恒海、何开莲为委员，未设副书记。

1985年，根据渝教工〔1985〕21号文件和重教团〔1985〕8号文件，渝州教育学院成立工会和团委。1992年，根据重教妇〔1992〕6号文件，渝州教育学院成立妇委会。党组织机构和群团机构的建立、完善，发挥了凝聚人心的核心作用，成为团结师生的中坚力量。

1980年前，江津地区教育学校行政上设有校长、副校长。1978年前，唐伊任任革委会主任，副主任先后有宋朗秋、陈廷彦、张固基。1978年后，李千白、蒋谦益任校长，张固基任副校长，下设有校办公室、教务处和总务处，教学上分设教研组。1980年，更名为教师进修学院后，李志强任院长，张栋才任副院长，下设院办公室、教务处、总务处和函授部。随着学院办学规模扩大，中共重庆市委于1984年12月任命新的领导班子，李千白任院长，胡文良、熊羽为副院长，李志强、张固基为调研员。1988年，李千白离休后，院长一直空缺，谢开绪、胡文良为副院长。1994年7月至两校合并升本前，贺正一任院长。1994年11月，孙泽平任副院长。1999年3月，孙天才任副院长。

1985年1月学校调整下设机构，设行政办公室、政治处、教务处、总务处、图书馆。1986年，设置函授部，并设置政教科、中文科、数学科、物理科、化学科、英语科、公共课教研室。1989年，设保卫科。1991年，设审计科。

1990年年底，渝州教育学院处级机构有：政治处、办公室、总务处、教务处、函授部、图书馆、政教科、中文科、英语科、教育理论研究室、数学科、物理科、化学科。1991年3月，设置党委办公室，党委办公室和政治处两个机构，一套班子，办公室主任由政治处主任兼任。

1993年9月，渝州教育学院内设机构有：党委办公室、行政办公室、政治处、教务处、总务处、函授部、图书馆、工会、团委、妇委会、政教科、中文科、数学科、物理科、化学科、英语科、公共课教研室、保卫科、审计科。

为了加强学校的管理并有利于学生的教育，重庆市教委于1995年9

月22日下发《关于渝州教育学院机构变更的批复》，同意撤销政治处，新设学生处。

1997年12月，渝州教育学院开展定员、定编、定职责的"三定"工作，内设机构共15个，分别为：院办公室、党委办公室、教务处、人事处、后勤处、财务处、学生处、图书馆、中文系、数学系、物理系、化学系、政教系、英语系、公共课教研室。

二、渝西学院

根据教育部对合并院校"五统一"的要求（即统一领导、统一机构、统一管理、统一财务、统一规划），新合并成立的渝西学院按照"五统一"原则，对原两校机关职能部门进行了"对接"与合署办公。

2001年9月，渝西学院第一届领导班子顺利组建。据中共重庆市委渝委函〔2001〕129号文件，任命原重庆商学院党委常务副书记、副院长牟延林任党委委员、书记，刘定云任党委委员、副书记（正院级），米祖旭任党委委员、副书记，戴伟、王林、孙泽平、江天健任党委委员；据渝委函〔2001〕194号文件，任命江天健为渝西学院纪委书记。据重庆市人民政府渝府人〔2001〕23号文件，任命牟延林为院长，戴伟、王林、孙泽平为副院长，颜敬先为正院级调研员，贺正一享受正院级待遇。根据渝教干〔2001〕37号文件，任命孙天才、兰刚为渝西学院院长助理。2003年12月，兰刚、谭宏任渝西学院副院长，戴伟因工作调动不再任渝西学院副院长。

2001年11月27日，渝西学院机构设置方案经学校党委审查批准，全校实际设立党政管理机构11个，群团机构2个（工会、团委），直属机构2个（发展规划与高教研究室、采购供应中心），教学、科研及辅助机构14个，其他机构1个（后勤集团），共计30个处级机构。

11个党政管理机构为：学院办公室（保留党委办公室、院长办公室、外事办公室牌子，设法律顾问室），纪委办公室、审计处、监察处合署办公，组织部、离退休工作部、人事处合署办公（设党校、人才交流中心），宣传部、统战部合署办公，教务处，科研处（挂学院报刊编辑部、科技开发办牌子），学生工作部（处），招生办公室，计划财务与资产管理处（挂外资贷款办牌子），保卫处（部），后勤管理处、基建处合署办公。

14个教学、科研及辅助机构为：中文系、数学与计算机科学系、外国语系、化学与环境科学系、体育系、生命科学系、政法与经管系（挂"两课"教学部牌子）、物理学与电子信息工程系、音乐系、美术系、教育系、计算机网络中心（含原电教中心）、图书馆；高等职业技术学院（处）、成人教育处（学院）、干部培训中心、永川城区综合办公室合署办公，挂渝西学院职业技能鉴定所牌子。

2002年1月17日，经学校党委审查、考核，批准建立中共美术系、音乐系、化学与环境科学系、物理学与电子工程系、数学与计算机科学系、政法与经管系、外国语系、教育系、体育系、生命科学系、中文系、后勤、成教职教、机关、离（退）休等15个党总支委员会，并建立中共计算机网络中心、图书馆等支部委员会，为加强党的领导提供了组织保证。

2002年11月16日，学校党委批准成立"中共渝西学院党校"，为培训党员和入党积极分子提供了新的载体。

随着国家经济形势的发展和对外开放的扩展，治安状况有了新的变化。多年来以保卫处的内保体制负责高校治安的情况，已不能完全适应现实需要，有关行政主管部门决定在高校组建公安派出所。2001年5月23日，已于4月份宣告成立的重庆市公安局文保分局卫星湖派出所在我校隆重举行挂牌仪式。我校卫星湖派出所成为了高校中建立较早的公安机构。

三、重庆文理学院

（一）2005年12月

2005年12月30日，《重庆文理学院第二届中层干部选拔任用工作实施方案》经学校党委审定通过后，以重文理委〔2005〕35号文正式公布，文件中对学校的机构设置进行了明确的划分，这是学校升本建院后的第二次机构改革。

这一次机构改革在教学服务部门中设立十个合署办公部门和一个后

勤服务公司，分别为：校务部（党委办公室〈机关党总支〉、校长办公室、发展规划处〈高教研究室〉、体系运行管理办公室、国际交流与合作处）；教工部（组织部〈党校〉、离退休工作部、人事处）；党群部（宣传部〈新闻中心〉、统战部、工会）；学工部（学生工作部〈筹〉、就业办公室、招生办公室、团委）；教学部（党委教学部、教务处、评建办）；科研部（科研处、学科建设办公室、报刊编辑部、图书馆、现代教育技术中心）；资产部（计划财务处、资产管理处、采供中心）；后勤服务公司后勤集团（管理办公室〈资产投资公司〉、服务办公室、运营办公室）；总务部（后勤服务质量监管办公室、健康与保险办公室、基建办公室、红河指挥部办公室）；保卫部（保卫处〈派出所〉）；纪检部（纪委办公室、监察处、审计处、继续教育学院〈培训学院〉）。

教学部门包括：文学与传媒系、数学与计算机科学系、外国语系、化学与环境科学系、体育系公共体育教学部、生命科学系、法律与政治系"两课"教学部、经济与管理系、物理与信息工程系、音乐系、美术系、教育科学系、基础学院大学英语教学部、应用技术学院。其他机构包括：旅游学院筹备办公室、四面山基地建设筹备办公室。

在此次深层次的机构改革中，学校根据"教育即服务"的办学理念，将传统的教学单位定位为教学执行部门，将非教学单位定位为教学服务部门，根据工作性质，又将教学服务部门分为教学策划部门、教学监控部门和教学保障部门。实现了教学管理中"裁判员"与"运动员"的分离，形成了一切机构指向教学，一切人员服务教学，一切资源保障教学的良好工作局面。学校在大力精简机构的同时，创设党委教学部，加强对教学工作的宏观策划，为党委强化教学工作中心地位提供了组织保障；2006年2月，独立设置教学督导办公室，加强对教学过程的跟踪和教学质量的监控，为教学质量持续改进提供了组织保障。

按照"三标一体"教育质量管理模型要求，学校构建了完备的监督检查考核机制：2003—2004年，由纪检部门对全校工作质量进行检查考核，从2005年起由体系运行管理办公室牵头对全校工作质量进行检查考核，这是学校最高一级的监视与测量机构，各职能部门对主控的程序和文件涉及的工作线条进行监控，并按期将检查结果报送给体系运行管理办公室。

这时的"十大部"在某种程度上仍具有合署办公、方便服务教学的性质，还不是真正意义上的"大部制"运作。但是，这一次机构改革为学校在2008年开展实质性的"大部制"改革进行了积极有益的探索，积累了许多宝贵经验。

（二）2008年7月

2006年9月，中共重庆市委、重庆市人民政府任命学校新一届领导班子：钟志奇任学校党委书记，孙泽平任党委副书记、校长；兰刚、谭宏继续担任副校长；左益、刘灿国任党委副书记（左益同时担任纪委书记），李德全任副校长。2008年3月，学校召开第一次党代会，选举产生了中共重庆文理学院第一届委员会和新一届纪律检查委员会。钟志奇、孙泽平、兰刚、谭宏、左益、刘灿国、李德全、宋凡金、冯树清当选为党委委员；钟志奇当选为党委书记，孙泽平、左益、刘灿国当选为党委副书记，左益当选为纪委书记，郑稷当选为纪委副书记。

2008年7月11日，《重庆文理学院机构改革及干部岗位设置方案》经学校党委和学校第二次教职工代表大会暨工会会员代表大会审议通过后，以重文理委〔2008〕17号文件正式公布。这是学校升本建院后的第三次机构改革，这次实质性的"大部制"改革，在全国高校中尚属首例。

这次机构改革以党的十七大精神和科学发展观为指导，贯彻落实学校第一次党代会精神，遵循有利于学校组织结构和人员配置的整体优化，有利于学科专业建设，有利于调动广大教职工的积极性，有利于提高教学质量、科研水平和办学效益的原则设置二级学院。以组团概念对教学服务部门进行重组和改造，实现"小机关、大服务"的改革目标，建立分工合理、权责明确、接口清晰、决策科学、执行顺畅、监督有力、精简高效的教学服务管理机构。此次改革，教学服务部门按建制减少处级机构18个，处级干部职数也有一定数量的减少。具体改革如下：

一是对教学执行部门采用校、院、系的三级构建，以校、院作为管理层级。以人文学科、理工学科、艺体学科三大学科群为基础，首次设立16个二级学院，分别为：文学与传媒学院、政法学院、教育科学学院、经济与管理学院、旅游学院、外国语学院（国际学院〈筹〉）、音乐学院、体育学院、美术学院、数学与统计学院、计算机学院、化学与环境工程学院、生命科学与技术学院、电子电气工程学院（机械工程学院〈筹〉）、应用技术师范学院、基础学院（只作为课程开发、管理单位，不负责学生管理）。

　　二是教学服务部门实行"大部制"，实行"实部、虚处、实科"的运行机制。即按"部"实际运作，保留"处"的建制，但只具对外功能和内部分工的意义，不具实际运作职能。"部"之下设"科"，科为最基本的实际管理单元，真正实现精干高效的大部管理构架。根据这一构想，教学服务部门设置十大部，分别为：校务部（对外保留党政办公室和国际合作与交流处牌子）、教工部（对外保留组织部、人事处、离退休工作部、党校牌子）、党群部（对外保留宣传部、统战部、新闻中心、机关党总支牌子，挂工会、科协〈筹〉牌子）、纪检部（对外保留纪委办公室、监察处、审计处牌子）、学工部（对外保留学生处、招生就业处、武装部、安全管理处牌子，挂团委牌子）、教学部（对外保留教务处、评建办、实验实训中心牌子）、科技部（对外保留科研处、学科办、科技产业处牌子）、质量管理部（对外保留体系运行管理办公室、发展规划与院校研究所办公室〈筹〉牌子）、资产部（对外保留计财处、资产管理处、采购供应中心牌子）、总务部（对外保留基建办、后勤服务质量监管办牌子）。

　　此外，根据学校校区管理需要，成立了星湖校区管理委员会，下设管理委员会办公室。继续教育学院、培训学院作为兼有教学和管理职能的机构仍然保留，并进一步拓展网络教育、社会考试等职能。图书馆、现代教育技术中心、学报编辑部（由科技部代管）作为保障教学中心地位的辅助机构得到了加强。重庆市非物质文化遗产研究中心、重庆市品牌学会（品牌研究所）、重庆高校园林花卉工程研究中心等市级以上科研机构设办公室，其地位和保障落到了实处。后勤保障机构设立重庆博达学校后勤服务有限公司和后勤集团（后称为新叶后勤服务公司）。其中，学校新注册成立的重庆博达学校后勤服务有限公司，承担原后勤集团、保卫处关于星湖校区保洁、绿化、学生宿舍管理、保安等工作职能。通过实质性公司化改革，按照管理服务、经营服务、产业经营模式探索公司化运营机制，以增强后勤服务活力。对于学校能源、交通、餐饮等工作职能仍归属后勤集团。校医院为学校附属机构，由总务部代管。

2008年7月，根据重庆市文化广播电视局《关于同意成立重庆文化遗产学院的函》（渝文广行管〔2008〕99号），我校正式成立了重庆文化遗产学院。

2009年4月，根据《重庆市教育委员会关于同意重庆文理学院设立重庆服务外包学院的批复》（渝教计〔2009〕12号）文件精神，学校下发重文理院〔2009〕9号文件，决定成立重庆文理学院服务外包学院，对外称"重庆服务外包学院"。

2010年5月，经学校第11次党委扩大会议研究决定，成立重庆文理学院材料学院。

2010年6月，学校后勤集团更名为新叶后勤服务公司。

2010年7月，应用技术师范学院更名为技术师范学院。

2010年9月，经学校研究，决定正式成立国际学院。

（三）2011年12月

2011年9月9日，学校党政领导班子进行调整：钟志奇任重庆文理学院党委书记，孙泽平任重庆文理学院党委副书记、校长，刘灿国任党委副书记，李德全任党委副书记、纪委书记，兰刚、谭宏、张进、漆新贵、万书辉任副校长。

2011年11月26日，学校成功召开了重庆文理学院第二次党员代表大会，选举产生了中共重庆文理学院第二届委员会和新一届纪律检查委员会。钟志奇、孙泽平、刘灿国、兰刚、谭宏、李德全、张进、漆新贵、万书辉当选为党委常委；钟志奇当选为党委书记，孙泽平、刘灿国、李德全当选为党委副书记，李德全当选为纪委书记，郑稷当选为纪委副书记。

2011年12月30日，《重庆文理学院内部机构设置方案》经学校党委和学校第二届教职工代表大会暨工会会员代表大会第五次会议审议通过后以重文理委〔2011〕44号文件正式印发。

此次教学执行机构设立14个学院，分别为：重庆文化遗产学院/文化与传媒学院、数学与财经学院、材料与化工学院、林学与生命科学学院、电子电气工程学院、重庆服务外包学院/软件工程学院、经济管理学院、旅游学院、马克思主义学院/公共管理学院、教育学院、外国语学院、音乐学院、体育学院、美术与设计学院。

党政管理（群团）机构设立10个大部，分别为：校务部（含党政办公室、国际合作与交流处、发展咨询委员会办公室、档案馆）、教工部（含组织部、人事处、离退休工作部、党校）、党群部（含宣传部、统战部、新闻中心、工会、科协、社科联）、纪检部（含纪委办公室、监察处、审计处）、学工部（含学生处、招生就业处、武装部、安全管理处、团委）、教学部（含教务处、实验实训中心、教学督导委员会办公室/教师教学发展中心）、科技部（含科研处、学科办、研究生处）、质量管理部（含体系运行管理办公室、发展规划处、教学评估中心、校地合作处）、资产部（含计财处、资产管理处、采购供应中心）、总务部（含基建处、后勤管理处），另设校友总会办公室（挂靠学工部）。

综合管理协调机构为星湖校区管委会，下设管委会办公室；教学辅助机构包括图书馆、现代教育技术中心、学报编辑部（由科技部代管）；继续教育、培训机构包括继续教育学院、培训学院、职教师资培训中心；国际交流合作办学机构为国际学院；后勤保障机构包括重庆博达学校后勤服务有限公司、重庆文理学院新叶后勤服务公司；附属机构有校医院（由总务部代管）。校属科研机构包括：材料应用研究院（筹），含重庆文理学院材料交叉学科研究中心、重庆文理学院科技产业孵化与培育中心、重庆地恩科技开发有限责任公司，2014年1月组建更名为新材料技术研究院；重庆文理学院文化产业研究中心；重庆文理学院非物质文化遗产研究中心；重庆文理学院品牌科学研究所；重庆文理学院社会认知与心理健康研究所。

2014年4月，学校决定成立重庆文理学院建筑工程学院。经济管理学院和建筑工程学院整合为两个学院一套班子，实行合署办公。

（四）2015年12月

2015年12月7日，学校2015年第15次党委常委会审定通过了《重庆文理学院第五次中层干部选拔任用工作实施方案》，并于12月9日印发实施。学校根据深度转型发展的要求，结合部门职能职责对部分机构进行了合并、调整，并根据学校事业发展需要，单独设立了个别机构。如根据部门职能职责的定位，星湖校区管理委员会及其办公室不再单设，合并到新的校务部。根据学校事业发展和对外合作需要，以及为了加强对创新创业、科研成果转化工作的领导，十大部中新设了合作发展部（创新创业办公室），原来的质量管理部不再单设，其原有的职能职责整合到其他部门。具体调整如下：

一是将原校务部（含党政办公室、国际合作与交流处/港澳台事务办公室、发展咨询委员会办公室、档案馆）、体系运行管理办公室、星湖校区管理委员会办公室合并、调整为：校务部（含党政办公室、质量管理办公室、国际合作与交流处/港澳台事务办公室、星湖校区管理委员会办公室）。

二是将原教工部（含组织部、人事处、离退休工作部、党校）调整为：教工部（含组织部/党校办公室、人事处、离退休工作部、人才办公室/中国科协"海智计划"重庆工作基地海智工作站/博士后管理办公室）。

三是将原质量管理部（含发展规划处、体系运行管理办公室、教学评估中心）与创新创业办公室、校地合作处、发展咨询委员会办公室、校友总会办公室等机构合并、调整为：合作发展部（创新创业办公室）（含发展规划处/院校研究所、校地合作处/科技成果转化处、发展咨询委员会办公室、校友工作办公室）。

四是将原教学部（含教务处、校地合作处、实验实训中心、教师教育教学能力训练中心、教学督导委员会办公室/教师教学发展中心）调整为：教学部（含教务处、实验实训中心、教师发展中心）。

五是独立设置质量监测与评估中心/教学督导委员会办公室、档案馆、马克思主义学院。

六是将国际学院（出国留学服务中心）、重庆文化遗产学院、非物质文化遗产研究中心整合，整合后的机构实行一套班子。

第四节　师资建设

江津地区"五七"大学成立之初，有教职工15人。重庆大学和重庆师专（现重庆师范大学）先后派出了10余名教师来校协助教学，同时，学校抓紧时间组建自己的教职工队伍，首先是从江津地区各中学、中专的领导和教师中抽调。从1977年3月到1979年秋，先后抽调江津一中校长熊秉衡、合川二中校长黄正禄进入"五七"大学领导班子。其次，学校领导多次登上新胜茶场（省劳改局辖），通过查阅档案，摸底交谈，请来了21位被错划的"右派"，如全国著名学者、诗人、文论家石天河（周天哲），还从外地聘请了一大批确有真才实学、能胜任教学工作的知识分子，担任学校的教学和行政管理工作。1977年，学校已有专任教师26人。

1978年，学校定名江津师范专科学校后，招生专业和学生人数增长更快，教师队伍建设也加速跟进。1979年，教职工达182人，其中教师81人。1981年，江津师专在本校第一届毕业生中留用20人，之后多年也都在本校优秀毕业生中选留人才。1982年年末，教职工人数达到277人，其中教师128人。1986年，教职工总人数达432人，其中教师213人。至1989年年末，全校已有教职工543人。数量增长的同时，教师职称和学历结构不断优化，1997年年末，教师中具有正高职称的1人，副高59人，中级210人。2000年升本前，重庆师专教职工数达564人，具有正高职称的8人，副高职称101人，中级职称135人。其中博士5人，硕士52人。教师来源更加多样化，1999年，学校首次引进2名外籍教师。

为提高师资队伍质量，学校一是进一步落实知识分子政策，尊重、信任、关心教师，真正依靠教师办学，通过教学、科研带领教师为实现育人目标锐意改革，激发教师在教育、教学中充分发挥聪明才智。二是积极送派教师外出进修。从1977年起，学校就派出教师到其他高校进修，这是当时学校提高教师队伍教学水平的主要措施。1981年7月，学校出台了《江津师专教师进修管理试行办法》，截至当年年底，学校派往北京师范大学、西南师范大学、四川师范大学等校进修的教师已达41人。建校前十年，共派出进修教师102人，省内外进修共264人次，进修时间1~3年不等，共投入培训经费10余万元。1986年至1991年，学校先后制定了《关于教师外出进修的若干规定》和《关于青年教师的培训意见》等政策文件，在资金划拨上向培训费倾斜，人员选送上向青年和骨干倾斜，在选送去向上向名牌院校和名牌专业倾斜，通过单科进修、助教进修班、研讨班、访问学者、研究生班甚至出国学习等多种形式的培训，提高教师队伍的水平。三是加大教师培养的投入。1993年，重庆师专获得世界银行贷款90万美元，派出了教学、管理和科研人员近50人次到全国名牌院校培训，提高了业务能力和科研水平。1994年，田贵书、戴伟、赖守国、蒋显菊四人荣获曾宪梓教育基金会高等师范院校优秀教师奖三等奖。

江津地区教育学校建校初期，只有教职工30余人，专任教师10多人。为满足发展之需，学校采取在原永川地区八县抽调优秀中学教师、从其他学校引进教师、从落实知识分子政策人员中选拔教师、从大学本科毕业生中挑选教师等办法充实师资队伍，至1980年年末，专任教师增加到90多人。至1991年年末，渝州教育学院教职工数达120人。2001年合校升本前，渝州教育学院有教职工近130人，专任教师67人，高中级职称46人。在师资建设上，1985年，重庆教育学院永川分院出台了《关于教师进修工作的意见》，意见包括进修内容、进修方式（在职进修、离职进修）、组织管理、时间保证四部分。1985年至1997年，送到全国21所高校读硕士进修班和进修急需专业的教师近40人，这些教师都成了各专业的骨干。学校还要求新分来的大学毕业生一般必须经过至少一年助教工作的锻炼，或到中学试教1~2年，才能正式登上讲台。1997年4月，制定了《关于教师队伍建设的意见》，主要内容是加强教师队伍的思想道德建设和职业道德建设，提高中青年教师的业务能力，继续充实教师队伍，组织教师开展学术交流、科研活动等。1985年，雷定琼被成都军区政治部表彰为军地共育工作先进个人。1994年，柏道洪被四川省教委授予"高师成人教育优秀教师"称号。1989年和1994年，孙泽平两度被重庆市人民政府授予"优秀教师"称号。滕发祥、赵正铭、封富分别获1994年、1998年和1999年曾宪梓教育基金会高等师范院校优秀教师奖三等奖。

2002年，学校有教职工683人，专任教师437人，其中博士1人，硕士63人，具有正高职称16人，副高职称108人，中级职称265人。为鼓励教师发展，提高师资队伍水平，学校先后实施了"教授工程""研究生工程""优秀中青年骨干教师工程"等项目，加强师资队伍的建设力度。同时，学校实施了三个层次的预留师资制度以促进学校师资队伍的建设与发展：一是选送优秀本科生到重点大学学习后回校从事教学管理与服务工作；二是与重点院校联合，选拔优秀本科生作为推免生到各院校攻读硕士学位，回校后主要从事教学工作；三是遴选部分科研能力强、教学经验丰富、正在攻读学位的博士生进行定向或委托培养，为学科带头人、学术梯队的建设奠定基础。至2004年，学校教授已达到30余名，副教授近200名，博士、硕士研究生130余名，省级中青年骨干教师4名，37人成为重庆市优秀青年骨干教师资助计划人选。

2005年，学校首次设立"教学名师奖""主讲教师奖""学术精神奖""感动校园奖""教学单位创新奖""教学服务奖""烛光奖"等七大奖项，谭昌眉、何华敏、聂智等人获奖。以后评奖中又增加了"学生最喜爱的老师奖"。奖项的评选在全校教职工中树立了示范标杆，有效地调动了教师创先争优的积极性。2006年，学校主动与四川外语学院（现四川外国语大学）、西南大学、四川美术学院、中国艺术研究院等高校合作举办研究生班，加强了师资队伍建设，改善了学历学位结构。2007年，学校按照"人才强校"的要求，将培养和引进优秀人才、建设结构优化的人才队伍作为人力资源建设重点，积极选才、聚才、用才、爱才，人力资源建设不断优化。与上一年相比，博士增长了66.7%，硕士增长了53.6%。聘请了中组部、团中央第七批赴渝"博士服务团"全体成员为兼职教授。设立百万元出国人才培训基金，强化新进人员、青年教师培训，落实助教制度。2007年，教职工人数达到1 064人，具有正高职称61人，副高职称 207 人，中级职称 362 人。专任教师达 759 人，其中博士 17 人，硕士 337 人，1 人被评为全国优秀教师，1 人被评为重庆市优秀教育工作者，1 人被评为重庆市首届有突出贡献的中青年专家，4 人被评为重庆市中青年骨干教师。

通过本科教育水平评估后，学校以改善教师队伍结构为重点，大力推进高端人才引进和培养工作。2008 年，学校设立了每年 100 万的人才引进专项经费，并在当年柔性引进了中国工程院院士涂铭旌教授，打造新材料领域交叉研究团队。2009 年，学校一方面为适应"顶天"战略需要，及时调整人才引进结构，重点引进"双高"或学术带头人和学科带头人；另一方面，为适应"立地"战略需要，加大教师培训力度，采取多项措施加强"双师型"师资队伍建设，以适应"应用型"人才培养体系需要。另外，学校还通过国际合作助推师资培养，先后与俄罗斯高校联合会、美国山南道大学、美国蒙哥马利奥本大学、俄罗斯伊万诺沃国际儿童院就师生交流互访、师资教育培训、教学资源共享等项目达成了合作协议。学校先后派出 45 名干部、专业教师、语言教师赴英美培训。截至 2009 年年底，学校专任教师中，正高级专业技术职务人员 82 人，副高级专业技术职务人员 201 人，高级职务教师占专任教师总数的比例约为 33%，拥有博士学位教师 26 人，硕士学位教师 411 人，有博士、硕士学位教师占专任教师总数的 49%，师资队伍的学历职称水平得到明显提高。

2012 年，学校先后引进正高级专业技术职务人员 3 人，博士 22 人，其中海外回国人员 5 人，牛津大学博士后张洪涛夫妇、美籍华人杨柳博士等一批高层次人才加盟学校。当年 8 月，学校派遣 30 名教师在德国慕尼黑工业大学完成为期半个月的学习。2013 年，学校积极开展多层次教师培训，全年选派优秀教师进行各类培训超过 400 人次，有 32 人通过培训、实习、挂职锻炼等方式深入企业一线进行了锻炼。组织 47 名支部书记和思政课教师到井冈山大学开展为期 8 天的集中学习培训，10 余名教师到美国西北理工大学学习培训，3 名干部参加国家留学基金管理委员会组织的培训，推荐 2 名二级学院院长到湖南大学挂职锻炼。成功引进李宏宇、徐志刚、陈中祝三位高水平"药物团队"成员，成立"新药创制中心"；引进电子科技大学博士生导师杨邦朝教授、重庆机器人首席专家何国田教授分别担任电子电气工程学院和机电工程学院、机器人工程学院（筹）院长。引进人才中，张洪涛成功入选重庆市百人计划，并当选为国家教指委委员，另有2人获批2013年"巴渝海外引智计划"立项。当年年底，专任教师中有博士学位人员77人，具有硕士学位人员654人，正高职称人员100人。

2014年，学校继续推进高层次人才引进，引进正高级专业技术职务人员1人，博士15人，其中学科带头人2人，学术带头人1人，其学术成果均达到了国内领先水平，发表学术论文中有单篇影响因子30以上的。柔性引进国内外专家学者21人，其中新材料技术研究院、新药创制中心等单位柔性引进世界一流专家4人，国内一流专家1人。学校还多层次开展教职工教育培训工作，深入实施青年教师素质工程，新增委培博士9人，双师型培训72人，教师国内培训259人，开展了专业教师俄语培训、转课程培训、专业培训、精品课程培训，有32人通过培训、实习、挂职锻炼等方式深入企业一线进行了锻炼。学校开展了第二轮"双师型"教师认定工作，共有40名教师通过认定。学校积极探索和改革新进教师培训方式，开展新进专任教师多维帮扶，通过参加教学预演课、教学诊断与反思、教学展示课、教学示范公开课等多种教学研讨活动，促进新进教师教学能力提升。2014年，学校有教职工1 272人，具有正高职称102人，副高职称231人，中级职称485人。专任教师1 029人，其中博士111人，硕士683人，具有正高职称和博士学位教师数得到大幅提升。1名教师被评为"全国优秀教育工作者"，1名教师被评为重庆市优秀教师。

2015年，学校进一步加大师资国际化建设力度，出台了《重庆文理学院关于加强教师队伍国际化建设的实施办法》，遴选了首批学校公派出国（境）留学人员。全年有9名教师赴海外留学或研修，引进有海外留学或工作经历的博士4人，录用有海外留学或工作经历的硕士11人，推进与美国山南道大学的音乐教师交流项目。学校稳步推进"双师型"队伍建设，完成第三轮"双师型"教师资格认定工作，组织60多名教师开展"双师型"教师培训工作,其中37名教师通过培训验收。2016年学校教职工人数1 274人,其中专任教师1 033人,正高级专业技术职务人员120名,副高级专业技术职务人员259名,具有博士学位的158人,具有硕士及以上学位的教师875人,占专任教师比例的81%。李璐博士入选重庆"百人计划",罗文波教授和刘奕清教授入选重庆市特殊人才支持计划。

第五节 人才管理

从1979年起,江津师专党政组织管理机构日趋完善,成立了人事处,负责师资队伍的建设和管理。1981年9月,出台了《江津师专教师工作量试行办法(修订稿)》。学校在教师的升级考评中,坚持公开公正亮明指标和评价标准,自下而上选举评委会,自下而上报名。评职过程坚持民主评议,认真考核教学效果,公布讲义、著作,在学生中进行不记名"民意测验",且领导不提名,不画圈内定。这些政策措施增强了教职工的凝聚力,提高了人员的工作积极性。1991年,重庆师专成立了校职改领导小组和评审委员会,完善了职称评定机制。制定了相应的职称评定制度,对申报人员的范围、政治条件、专业技术条件等方面作出了明确的规定。1993年6月初,《重庆师范专科学校内部管理体制改革方案》正式出台,学校按照"公开、平等、竞争、择优"和"双向选择,权利和义务并重"等原则,对全校干部和教职工按管理权限分两级实行全员聘任,即学校聘任中层干部、各部门聘任科级干部及教职工。学校成立了由纪委、监察处、工会及有关同志组成的"聘任工作协调监督工作组",确保内部管理体制改革工作顺利进行。截至6月25日,全校97%的教职工通过"双向选择"愉快地接受了聘用。9月1日起学校按照改革方案,正式启动新的管理体制。人事制度改革,实行定编定岗,全员聘任,极大地推动了学校"学科带头人培养工程""研究生培养工程""教授培养工程"的落实,有力改善了师资队伍的结构。1994年9月,为了完善和补充《重庆师范专科学校内部管理体制改革方案》的具体内容,推出了

《重庆师范高等专科学校津贴制度试行办法》，作为实行"活工资"制度的纲领性和规范性文件。

1979年11月，江津地区教育学校制定教师岗位责任制、办公室工作职责和要求等规章制度。1985年1月，重庆教育学院永川分院调整下设机构，设院办公室、政治处、教务处、总务处、图书馆。实行倾斜政策，稳定教师队伍，大力培养骨干力量。在职称评定、酬金分配、教学科研奖励、住房及医疗等政策上，给广大教师以适当照顾、优先考虑，确保其高于相应的其他人员的待遇。特别是对于中青年骨干教师，采取特殊方法，创造使其脱颖而出、健康成长的优厚条件。1985年2月，实行职工在校招聘制改革，即学校对各部门定员、定岗、定职责后，由各部门组阁，部门和职工双向选择，可以实行承包责任制，并规定两个月内未聘职工属待岗，经培训仍不能上岗的三个月后减发工资。1997年12月，渝州教育学院开展定员、定编、定职责的"三定"工作。

2001年11月27日，渝西学院机构设置方案经学校党委审查批准，构建了"机构少、人员精、素质高、能力强"和"小机关、大服务"的工作格局。出台了《渝西学院处级干部选拔任用方案》等文件，聘用中层干部67名及处级行政助理8名，科级干部53名。从2002年1月18日起，启动了非教学单位全员聘任工作。非教学单位除后勤集团外共设岗201个，设计了部门考核、竞聘答辩、签订责任书等一系列聘任步骤。至2002年1月30日止，非教学单位聘任工作基本结束。2002年6月4日，学校印发《渝西学院教学单位设岗聘任实施办法》，根据公正、公平、公开的原则，量才录用，适时调整，最后在6月23日公布结果：应聘关键岗8人、重点岗72人，其余一般岗位也聘任落实，聘任工作圆满结束。2002年6月，学校印发《渝西学院津贴分配方案（试行）》和《渝西学院教授博士硕士专项津贴发放办法》。同年10月，印发《渝西学院专业技术职务评聘工作实施细则》《渝西学院教职工服务年限暂行规定》《渝西学院教师培训管理办法》《渝西学院教职工报考研究生的暂行规定》，进一步规范人事管理。2003年12月，学校667位在编在岗教职工与重庆市人事局签订人事合同。2004年重庆市教委下发渝教职改〔2004〕57号文件，授予学校思想政治教育和数学两个学科的副高级专业技术职务任职资格评议权。2006年1月10日，经教代会讨论通过的《师德师风建设暂行条例》出台，配套有《职工师德规范》《管理与服务人员行为规范》和《教职工行为准则》。2007年，学校为进一步促进人才引进工作迈向规范化、制度化，出台了《重庆文理学院人才人事调配暂行规定》，为人才引进工作提供了制度保障。2008年，学校开展第三次机构改革，一方面按照"大部制"对教学服务部门予以重组，根据"大部制"的思路和"实部、虚处、实科"的原则，重组后的教学服务部门由原来的30多个处级机构缩减到校务部、质量管理部、教工部等10个部，有效避免了以往机构职能交叉、接口不畅的弊病。另一方面，对原有14个教学系（院）按学科专业发展和构建应用型人才培养体系要求进行了改造，组建了文学与传媒学院、政法学院、教育科学学院等15个二级学院，打通了学科专业壁垒，优化了教学资源配置与利用，为特色学科和优势专业的生长创造了有利条件。机构改革后，学校按照干部选拔任用条例和可持续发展要求，完成了第三次中层干部选拔任用。学校进一步完善人力资源建设管理，创新了选人、用人程序，对人才招聘工作进行了改革，采用了分指标权重的"新进人员专家考核评分表"，保证了招聘工作的顺利进行。

2009年，学校采取公开竞聘方式选拔、任命（聘用）干部，面向国内外公开选聘服务外包学院院长、文化研究中心主任等重要岗位的主要负责人。学校出台了教职工竞聘上岗工作方案，成立了岗位聘用与管理工作领导小组、岗位聘用监督工作委员会，召开了全校岗位设置与聘用工作动员大会，统一了思想，明确了任务，严肃了纪律，顺利完成首轮全员设岗聘用工作。当年7月，全校教职工设岗聘用后的工资全部兑现，学校成为重庆最先兑现设岗聘用后工资的高校之一。2010年，学校制定了领导干部在线学习有关规定，采取"走出去""请进来"等方式组织干部培训学习，有力提高了干部干事创业能力。学校师资培训力度空前加大。围绕"双师型"师资队伍建设目标，学校有计划、有针对性地组织教师参与岗前培训、校内培训、进修学习、顶岗锻炼、企事业实践等，尤其是规模化组织教师到相关高校驻地观摩学习培训，组织专业教师出国培训，培训规模扩大，培训方式多样，培训效果更加显著，为应用型人才培养提供了充分的人力资源保障。学校有效改革师资培训方式，组织110余名教师到南京工程学院、合肥学院、金陵大学等高校进行了为期一周的学习培训，受训教师深入课堂和实训现场全程观摩，深入了解兄弟院校实验实训教学与管理模式，从而更新了教学观念，熟悉了应用型人才培养的路径方法。学校还派出40余名语言教师和专业教师到美国、英国和马来西亚开展培训学习，选派4名教师到德国、孟加拉国等国家开展对外汉语教学，组织了9名教师到黔江支教，扩大了教师教学视野，提升了教学能力。2012年，学校按照学科导向和产业导向完成新一轮机构改革，将教学执行部门整合为14个二级学院，设置了材料应用研究院（筹）、非物质文化遗产研究中心等5个校属科研机构，实现了二级学院、科研院所的深度整合，突出了学科主体地位。学校成立绩效工资改革领导小组，经过多次校内外考察调研，广泛听取各方意见和数十次反复研讨，数易其稿，最终形成了学校绩效工资实施方案，并经学校第三次教代会讨论通过。绩效工资改革领导小组深入二级学院调研，认真解答教师的问题，及时处理，化解矛盾，顺利完成绩效工资改革工作。学校成立发展咨询委员会，邀请来自教育部、政府机关、国内外著名高校和部分企业的领导和专家担任专家委员，当年召开了发展咨询委员会第一次会议，对学校学科建设、科学研究、人才培养等方面进行了悉心指导和咨询。

2013年1月，学校召开第五次教学工作会，教育部高等教育司副司长刘贵芹、中国工程院院士涂铭旌、重庆市教委主任周旭等领导和教职工共计800余人参加讨论。会后出台《重庆文理学院关于推进学校全面转型发展提高教育质量的若干意见》和《重庆文理学院"双师型"教师认定办法》等师资建设文件，进一步加快"双师型"教师队伍建设。2013年，学校按照公开、公平、公正原则，积极、稳妥、有序地完成了第二次设岗聘任工作，同时按照聘用合同管理规定，组织全校教职工签订了《事业单位聘用合同》和《岗位说明书》，规范了聘用管理。

2014年，修订《重庆文理学院高层次人才引进办法》和《重庆文理学院博士研究生培养规定》，出台《重庆文理学院关于培育拔尖人才的若干意见》《重庆文理学院特聘教授聘任实施办法》，加快培育高层次人才，提升学校核心竞争力。2015年，学校依据《重庆文理学院特聘教授聘任实施办法》，遴选第一批校内特聘教授（研究员）共11人。学校获批设立中国科协"海智计划"重庆工作基地海智工作站，通过"巴渝海外引智计划"和柔性引进等方式，引进林慧观等国内外一流专家学者21人，高层次人才队伍建设卓有成效。学校进一步加大师资国际化建设力度，出台《重庆文理学院关于加强教师队伍国际化建设的实施办法》，遴选首批学校公派出国（境）留学人员。学校着力强化实验实训队伍建设，增加实验技术人员的招聘指标，专门组织实验技术人员招聘考试。学校持续开展海外引智工作，全年引进海外高水平科学家共10余人次来校短期交流和工作，通过校际合作项目，邀请6名高水平外籍专家来校进行短期的教学交流和科研合作。

第三章　人才培养

第一节　培养目标

　　学校发展至今，人才培养目标由开始的培养"农业学大寨"技术人员和农村中学教师，逐步发展为专门培养农村初中合格师资。学校升本建院后，随着社会需求的变化，人才培养目标逐步确定为培养高素质应用型专门人才。江津地区"五七"大学创办之时，"文化大革命"刚刚结束，全国"农业学大寨"运动需要大量技术人员，农村教育需要大量中学教师。学校在重庆大学和重庆师专（现重庆师范大学）的帮助下，借两校的学籍权，招收了1976级4个专业。至1979年，江津地区"五七"大学正式更名为江津师范专科学校。此时，学校已初具规模，具有一定的学生人数和校舍面积，教学、生活、生产用房，图书阅览室，教具、实验仪器和农用机械等较为齐全，办学方向也由面向农村、为"农业学大寨"输送人才逐渐转变成为农村初中培养合格师资。1986年，江津师专已拥有250多万元教育经费，23万多册图书，房屋面积近46 000平方米，2 147名毕业生走上了教育岗位。经调研，学校历届毕业生合格率达94%，其中相当一部分成为中学骨干教师，被提拔为校长、教导主任，有相当一部分毕业生在承担高中课程，毕业生的教育教学水平处于全国同类师专毕业生前列。

　　渝州教育学院的发展历程较为复杂，初期的江津地区教育学校目标定位是培训在职教师。随着国家改革开放的推进，还承担了培训部分企事业单位人员的任务。1978年至1980年，受四川省高教局委托，举办了全国统一招生的高师专科班。1985年，开设了电子技术、农学专业的大学专科（两年制）和师范专科班。1986年，接受了全国专家检查组检查，被认为学校已初具规模，在条件比较困难的情况下，通过多种形式、多种规格、多种层次为中学培训了大量的中学教师、干部，取得了很大的成绩。1988年，因师资和办学条件限制停招电子技术、农学两个专科班，成为专门的教师培训学校。1992年9月至1998年12月，与重庆教育学院合办委培高师专科班。1993年起，开始增设非师范专业。

2001年，两校合并为渝西学院，学校不再是单一的师范性质，而定位为一所多科性、地方性的本科学院。在继续为重庆广大农村中学培养合格师资的同时，逐渐将人才培养目标调整为以适应重庆和西部地区的经济社会需要增设新专业，培养急需的各种应用型高级人才。

第二节　专业结构

学校专业结构经历了由传统师范专业逐步转变为多学科共同发展，再到如今工管类专业占较大优势的发展历程，形成了满足地方经济社会发展需要的学科专业结构。

1976年，江津地区"五七"大学建校之初，在重庆大学和重庆师专的帮助下，招收了1976级4个专业。其中重庆师专负责中文、数学专业教学，重庆大学负责农机、农电专业教学。1977年秋，全国恢复高考，学校以江津地区"五七"大学名义招生，共招收中文、数学、农机、英语4个专业。1986年下期，已设中文、数学、外语、化学、体育、生物、政史、音乐和物理9个专业。1992年，增设美术专业。1998年，增设小学教育专业。至此，学校专业总数达11个。

1978年至1980年，江津地区教育学校受四川省高教局委托，举办恢复高考制度后统一招生的高师中文、数学专科班。1985年，重庆教育学院永川分院师范专科班有中文、数学、英语、政教、物理、化学。1986年，增设生物。1988年，渝州教育学院电子技术、农学两专业因师资和办学条件不具备停办，师范专科班有汉语言文学教育、数学教育、物理教育、化学教育、思想政治教育和英语教育专业。1993年，渝州教育学院设非师范专业会计统计、电子计算机及办公自动化、公关文秘专业，开始招收计算机应用专科专业（财会电算化）。1994年，增设经济管理、计划生育管理、环境保护、学前教育、小教文科、小教理科、教育管理，均是专科层次。1992年9月至1998年12月，渝州教育学院与重庆教育学院合办委培高师专科班，专业有中文、数学、英语。1997年，招收计算机教育专科专业。1999年，开始与重庆师范大学联办，招收了汉语言文学和数学与应用数学2个师范专业本科班。

如果说合并前的两校具有显著的师范特色的话，合并之后，在专业结构的生长过程中，学校则是在稳定师范专业的基础上，逐步向应用型本科院校专业结构发展。

2001年，两校合并组建渝西学院。合并建院之初，师范专业占有极大优势。2001年，学校开始招收第一批本科专业：汉语言文学、数学与应用数学、物理学、英语4个师范专业，生物技术、计算机科学与技术2个非师范专业。2002年，增设化学、思想政治教育、体育教育、音乐学4个师范本科专业和信息与计算科学、电子信息科学与技术3个非师范本科专业。2003年起，学校在专业增设中已显著倾向于非师范专业，只增设了生物科学1个师范本科专业，增设了广播电视新闻学、法学、应用心理学、环境科学、工商管理、艺术设计6个非师范本科专业。2004年至2005年，随着小学教育、舞蹈学、学前教育3个师范专业的增设，学校师范专业已趋稳定，共有汉语言文学、英语、数学与应用数学、音乐学、物理学、思想政治教育、体育教育、化学、生物科学、小学教育、舞蹈学、学前教育12个师范专业，在接下来10年的时间内，学校未再增设其他师范专业。学校在逐渐稳定师范专业的同时，专业结构开始逐步向非师范专业倾斜。2003年，师范专业总数与非师范专业总数大致相当，分别为9个和10个。2004年，非师范专业总数已经超过师范专业总数。至2016年，学校非师范专业的总数已占绝对优势，师范与非师范的专业总数之比为21.4：78.6。学校从专业结构上显示已成功转型为多科性应用型本科院校。期间，学校除通过生长非师范专业总数来实行专业结构的转型外，还通过在非师范专业下设专业方向来拓展专业的发展内涵。从2006年至2013年，学校共开设了工商管理（物流方向）、思想政治教育（行政管理方向）等26个专业（方向）。2012年，教育部颁布了新的本科专业目录，要求各高校不再以专业（方向）招生。2013年，学校停止了部分专业（方向）招生，2014年，专业（方向）全面停止招生。

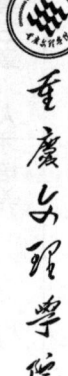

表3-1 重庆文理学院本科专业一览表

序号	专业名称	学制（年）	授予学位	设置时间	备注
1	汉语言文学	4	文学	2001	师范
2	英语	4	文学	2001	师范
3	数学与应用数学	4	理学	2001	师范
4	物理学	4	理学	2001	师范
5	计算机科学与技术	4	工学	2001	非师范
6	生物技术	4	理学	2001	非师范
7	音乐学	4	艺术学	2002	师范，原学位授予门类为文学。2012年，根据教育部新颁本科专业目录进行了调整
8	思想政治教育	4	法学	2002	师范
9	体育教育	4	教育学	2002	师范
10	化学	4	理学	2002	师范
11	电子信息科学与技术	4	工学	2002	非师范
12	信息与计算科学	4	理学	2002	非师范
13	生物科学	4	理学	2003	非师范
14	工商管理	4	管理学	2003	非师范
15	法学	4	法学	2003	非师范
16	广播电视学	4	文学	2003	非师范，原名广播电视新闻学。2012年，根据教育部新颁本科专业目录进行了专业名称调整

续表

序号	专业名称	学制（年）	授予学位	设置时间	备注
17	应用心理学	4	理学	2003	非师范
18	环境科学	4	工学	2003	非师范，原学位授予门类为理学。2012年，根据教育部新颁本科专业目录进行了学位调整
19	环境设计	4	艺术学	2003	原名艺术设计，学位原为文学。2012年，根据教育部新颁本科专业目录传达设计两个专业，同时授予学位调整为艺术学
20	视觉传达设计	4	艺术学	2003	分为环境设计和视觉传达设计两个专业，同时授予学位调整为艺术学
21	小学教育	4	教育学	2004	师范
22	舞蹈学	4	艺术学	2004	师范，原学位授予为文学。2012年，根据教育部新颁本科专业目录进行了调整
23	园林	4	农学	2004	非师范
24	美术学	4	艺术学	2004	原兼师范和非师范专业，原学位授予为文学。2012年，根据教育部新颁本科专业目录进行了调整
25	学前教育	4	教育学	2005	师范
26	社会体育指导与管理	4	教育学	2005	非师范，原名社会体育。2012年，根据教育部新颁本科专业目录进行了专业名称调整
27	工程管理	4	工学	2007	非师范，原学位授予为管理学。2012年，根据教育部新颁本科专业目录进行了调整
28	会展经济与管理	4	管理学	2007	非师范

续表

序号	专业名称	学制（年）	授予学位	设置时间	备注
29	动画	4	艺术学	2007	非师范，原学位授予门类为文学。2012年，根据教育部新新颁本科专业目录进行了调整
30	食品科学与工程	4	工学	2008	非师范
31	行政管理	4	管理学	2008	非师范
32	经济统计学	4	经济学	2008	原名统计学，学位授予门类为理学。2012年，根据教育部新新颁本科专业目录进行了调整
33	高分子材料与工程	4	工学	2009	非师范
34	信息工程	4	工学	2009	非师范
35	机械工程	4	工学	2011	原名机械工程及自动化。2012年，根据教育部新新颁本科专业目录进行了名称调整
36	金属材料工程	4	工学	2011	非师范
37	网络工程	4	工学	2011	非师范
38	化学工程与工艺	4	工学	2011	非师范
39	财务管理	4	管理学	2011	非师范
40	广播电视编导	4	艺术学	2011	非师范，原学位授予门类为文学。2012年，根据教育部新新颁本科专业目录进行了调整
41	电气工程及其自动化	4	工学	2012	非师范，原名电气工程与自动化。2012年，根据教育部新新颁本科专业目录进行了名称调整
42	材料成型及控制工程	4	工学	2012	非师范

续表

序号	专业名称	学制（年）	授予学位	设置时间	备注
43	制药工程	4	工学	2012	非师范
44	服装设计与工程	4	艺术学	2012	非师范，原学位授予门类为文学。2012年，根据教育部新颁本科专业目录进行了调整
45	软件工程	4	工学	2013	非师范
46	机械电子工程	4	工学	2013	非师范
47	风景园林	4	工学	2013	非师范
48	土木工程	4	工学	2014	非师范
49	工程造价	4	管理学	2014	非师范
50	商务英语	4	文学	2014	非师范
51	旅游管理与服务教育	4	管理学	2014	非师范
52	金融数学	4	经济学	2015	非师范
53	运动康复	4	教育学	2015	非师范
54	微电子科学与工程	4	工学	2015	非师范
55	林学	4	农学	2016	非师范
56	物流工程	4	管理学	2016	非师范
57	教育技术学	4	管理学	2004	师范，2015年撤销
58	劳动与社会保障	4	教育学	2008	非师范，2015年撤销

表3-2 重庆文理学院专业(方向)一览表

序号	专业(方向)名称	开始招生时间	备注
1	工商管理(物流方向)	2006	2016年已生长为物流工程专业
2	思想政治教育(行政管理方向)	2006	
3	思想政治教育(电子政务方向)	2006	
4	环境科学(环境治理工程方向)	2006	
5	教育技术学(影视媒体技术方向)	2006	
6	工商管理(工程造价方向)	2006	2014年已生长为工程造价专业
7	园林(景观设计方向)	2006	
8	计算机科学与技术(软件工程方向)	2006	2013年已生长为软件工程专业
9	汉语言文学(现代文秘方向)	2008	
10	社会体育(保健康复方向)	2008	2015年已生长为运动康复专业
11	工商管理(品牌管理方向)	2008	
12	计算机科学与技术(网络工程方向)	2008	2011年已生长为网络工程专业
13	化学(化工与制药方向)	2008	2011年已生长为制药工程专业

续表

序号	专业（方向）名称	开始招生时间	备注
14	艺术设计（服装设计方向）职教师资本科	2009	2012年已生长为服装设计与工程专业
15	计算机科学与技术（国际软件开发方向）	2011	
16	信息与计算科学（金融软件方向）	2011	
17	汉语言文学（汉语国际教育方向）	2011	
18	汉语言文学（国际商务汉语方向）	2011	
19	动画（数字动漫艺术服务外包方向）	2010	
20	计算机科学与技术（软件工程服务外包方向）	2010	
21	艺术设计（形象设计与展示方向）	2010	
22	物理学（无损检测方向）	2010	
23	生物技术（检验检疫方向）	2010	
24	工商管理（酒店管理方向）	2010	
25	学前教育（艺术方向）	2011	
26	广播电视编导（文化遗产传播）	2013	

2010年，学校全面停止专科专业招生，只保留初等教育1个专科专业。2016年4月，全校共设有56个专业，包含9个学科门类，其中工学18个，占33.33%；艺术学8个，占14.81%；管理学8个，占12.96%；理学8个，占14.81%；教育学4个，占7.41%；文学4个，占7.41%；法学2个，占3.70%；经济学2个，占3.70%；农学2个，占1.85%。非教师教育类专业比例提高为78.6%，专业结构与学校办学定位已实现高度吻合，专业结构与区域经济社会发展高度契合。

第三节 教学管理

学校教学管理经历了一个从规范化到追求高质量的建设过程。

1979年，江津师专教务处作为教学管理部门得以建立，出台了《江津师专学生守则》等教学管理规章制度。学校教学组织机构逐步完善，教学管理工作迅速步入正轨。1981年3月，制定了《学业成绩考核制度》。1992年，为扎实抓好教育质量，重庆师专在教务处增设"中心教研室"，在各系聘请退休和在职骨干教师担任专（兼）职教研员，协助抓教学质量。中心教研室开展日常听课及审阅教师教学计划、教学笔记、考试成绩分析、教学总结等，并在评选青年教师优质课、优秀教研组的活动中担任评委。后来，教研员更名为教学督导员。这一措施起到了促进教师改进教学、提高质量的作用。

1983年9月，重庆教育学院永川分院制定了《学员学籍管理试行办法》。1994年1月，渝州教育学院制定了《教学管理工作暂行规定》。1994年8月，制定了《关于学员学习成绩考核的暂行规定》《听课制度》《教学评估》《奖励制度》《兼职教师的聘用管理暂行规定》等，教学管理制度逐步得以完善。1985年下期始，渝州教育学院实施干部集中听课制度，规定院级干部每周集中听2至3次课，定时间、定地点、定对象、定数量。通过此举，使狠抓教学质量落到实处，显著提高了教学质量。1985年下期至1987年，渝州教育学院提出试行主任导师制，制定《关于实行主任导师制的改革方案》，以主任导师为核心，把班级建成教育、教学、管理三结合的独立实体的管理体制。1988年，渝州教育学院面对农村中学教育发展的需要，提出强化实践环节、拓宽专业知识、深化教育教学改革的十二项措施：通过干部听课、学员座谈会、评教卡、教学日志等健全评教制度，实行主辅修制，增开选修课，严格考试，对学员实行学院、县教育局和原任职学校"三结合"管理，开展理想、形势、传统教育等，促进了教育质量的提高。

2001年，两校合并升本，首先健全教学管理组织。2002年1月17日，经学校党委审查、考核，批准建立美术系、音乐系、化学与环境科学系、物理学与电子工程系、数学与计算机科学系、政法与经管系、外国语系、教育系、体育系、生命科学系、中文系等11个系，实行校系二级管理。2008年，学校进行机构改革，采取大部制管理，将系调整为二级学院。学校为积极探索"大平台、宽口径、多选择、二分三强"的新型人才培养方式，打破垂直的专业教育模式，于2003年6月开始实施平行的通识教育，建立旨在夯实基础、拓宽专业口径的二级学院——基础学院，主要负责全校一年级本科新生的通识教育及相应的教学管理、学生培养工作。学生从二年级开始重新选择专业，选择系（院）。从而使学生摆脱"一考定终身"的束缚，建立起适合学生需求与发展的人才培养新方式。2003年，为形成普通本（专）科教育与高职教育各具特色的人才培养模式和特色，学校还设立了相对独立的应用技术学院，负责高职专业人才培养和教学管理。后更名为应用技术师范学院，负责职教师资本科专业人才培养和教学管理。2012年，学校撤销应用技术师范学院，职教师资各专业并入相应的二级学院。2016年，学校设有文化与传媒学院、公共管理学院、林学与生命科学学院、电子电气工程学院等16个二级学院。

学校以质量为生命，通过教学管理与改革的整体优化和全面创新，获得了教育观念、教学质量、教学管理、办学效益等方面的最大收益。2002年，为建立一套稳定、系统、规范的教育质量管理体系，使高等教育管理和质量评估与国际接轨，学校按照ISO 9001国际质量管理体系、

ISO 14001 国际环境管理体系和 GB/T 28001 职业健康安全管理体系等三个质量管理体系的要求，围绕教育质量、教育产品、学校顾客以及教学质量在整个学校教育质量中的地位与保证方式等，构建了"三标一体"教育质量管理模型，并运用于学校教学管理中。从 2004 年 4 月开始，国家认证机构分两个阶段对重庆文理学院"三标一体"教育质量管理模型的运行情况进行了全面审核。专家们一致认为其完全符合标准要求，认证审核合格。2004 年 5 月，国家认证认可委员会批准学校通过"三标一体"认证，并颁发了认证证书。2005 年 9 月，"三标一体"教育质量模型获全国高等教育教学成果二等奖。

学校在"三标一体"教育质量管理模型的管理思想指导下，建立健全教学管理体制。在全面审视全国高校教学模式的基础上，学校建构起一整套管理制度。从教育理念到工作目标，从教育途径到工作机制，从教育艺术到工作评价，建立了一套教学管理新体系。一是建立健全教学管理制度。根据本科教学要求，制订、修订了课程计划、教学大纲、学籍管理、成绩考核管理、实验室管理、课务管理等一系列规章制度，确保了教学工作科学、高效地运行。二是制定教学质量控制标准。围绕教学的实现过程，设计了质量控制点，对教学管理提出明确的质量要求，开发出《教学管理控制程序》等程序文件和《教学工作基本规程》《教学事故认定与处理办法》等作业指导书，制定了课程教学经费标准、专业评估标准、重点课程（精品课程）评估标准、教研室工作评估标准等一系列教学管理质量标准，对教学过程的主要质量环节实施了标准化、规范化管理。三是完善质量控制保证机制。2001 年，学校成立第一届教学委员会，拟制了《教学委员会工作条例》。2003 年 11 月，学校成立了教学督导组。2005 年，学校成立了教学督导部。通过完善教学质量控制保证机制，加强对全校教师教学质量的全面监督、检查和指导。通过全面推进分级教学管理、领导干部听课、教师挂牌上课、学生评教、教学目标考核等制度，充分利用内部质量审核、管理评审、外部质量审核、教学检查与评估、教学质量投诉等手段，使教学管理工作流程化，对教学过程全面实施质量监控。针对发现的不合格项及其原因制定纠正和预防措施，并对纠正措施的落实情况进行跟踪，形成教学质量监控的闭合环路，从而建立和完善了教学质量监控与保证体系。四是建立满意度测评机制。为优化对教师教学质量的评价，学校在有条件的重点建设课程中开展"挂牌上课"试点活动。同时，启动学生评教工作，有效地促进教师持续改进教学，提高教学质量。五是实现教学管理重心下移。依据教学管理"节约化、低成本、高质量、高效率"的理念，最大限度地发挥学校和各系（院）在教学管理工作中的积极性和主动性，学校从管理体制、功能作用、制度流程等方面入手，实现了教学管理重心下移：简政放权，扩大系（院）办学的自主权；以岗定薪，按劳取酬，调动系（院）办学的积极性；加强领导，强化考核，促进系（院）的进一步发展。教学管理重心下移，确保了人才培养质量建立起"层次清晰、职责明确、各司其职、节约高效"的教学运行管理模式，保证了我校教学工作的正常运转。

第四节　教学成果

学校创建以来，以创新但又实事求是的眼光和实际行动来建设和发展学校，其中不乏创新改革，又体现出全校上下真抓实干的精神和态度。

从1988年9月开始，重庆师专在物理、生物系1988级学生中试行"2+1"主辅修制，有效地促进学校在专业设置、教学内容、教学方法和教师配备等方面的改革。"2+1"主辅修制主要精神为"三年一贯，二一分段；有主有辅，职教结合；应用为主，一专多能"。"2+1"主辅修制作为教学科研成果，获得四川省首届高等学校教学成果一等奖。因改革的成功，1989年，重庆师专被国家教委评为"全国优秀师专"。

1988年，学校针对师生普通话水平普遍偏低的实际情况，对师生员工分层次、分专业、分年龄提出推普的具体要求，学校推普工作逐步走上正轨。1992年，学校组建语言文字工作委员会，负责领导全校的语言文字规范化工作。将学生普通话学习纳入教学计划，推广"小先生"制度。1993年11月，国家语委推普检查组高度评价学校"是云南、四川两省师专接受推普工作检查的最后一站，也是最精彩的一站"。学校的推普工作获得四川省第一、全国第二的优异成绩。

1990年，为增强教学计划的针对性，提高教育教学质量，学校老领导熊秉衡、傅道文、蒲天贵带领教务、中文、数学、办公室、高教室等一行9人，赴江津对毕业生进行追踪调查研究。调查研究24天，行程1970多千米。访问了18个区镇、30个乡镇所在地和9个厂矿的63所中学，其中高完中7所，区镇中学30所，中专职校6所，厂矿子弟校10所，共访问304名毕业生。

1995年3月，重庆师专召开"95教学工作会"，提出了"深化教学改革，优化教学管理，加大教学投入，提高教学质量"的指导思想，在"优秀师专"的基础上努力争创全国示范性师专。

1998年12月22日，重庆师专第二次教学工作会召开，提出"更新教育观念，深化教学改革，加强教学建设，提高育人质量"的主题思想，着重从尽快完善98教学计划的修订、全面落实《活动课程实施方案》、认真执行《关于加强教学管理工作的八点意见》、加速教学基本建设、加速教学手段现代化进程等几方面，部署了学校当时和其后一段时间的教学工作。

2002年11月，两校合并后举行首次教学工作会，会议的主题思想是"教学为本，质量第一，办出特色，加快合格本科院校建设"，会上提出了改革人才培养模式，实行大文大理制、选课制、弹性学制，教学质量评价体系等今后五年教学改革和建设的重大问题。

2004年11月，学校召开教学改革研讨会，会上提出建立"基础学院"，实施"大文大理"制，在人才培养方式改革方面迈出坚实的一步。根据社会对复合型人才的需求，学校在2002级本科学生中推行"辅修专业"制度。学有余力的学生可以根据自身实际及社会需求选择辅修专业，只要辅修专业学分达到要求即发给辅修专业证书。

2005年，学校"高校'三标一体'教育质量管理模型的探索与实践"与"体育教育专业田径教学训练一体化体系建设"两项成果获重庆市教学成果一等奖，牟延林教授主持的"高校'三标一体'教育质量管理模型的探索与实践"课题获高等教育国家级教学成果二等奖。

2006年4月，学校举行课程教学质量评比活动，对2006级人才培养方案、课程教学大纲、教材选用、课程教案、学生作业和实验报告、学生试卷及成绩、毕业论文及指导教师、教研室工作等评比做了动员和部署。评比活动的第一项内容也即核心内容为2006级人才培养方案评审。各系（院）从专业培养目标、培养规格和主要课程的设置等方面全方位展示了各自专业如何体现学校的定位和指导思想，如何实现"宽口径、厚基础、强能力"及"文理交融"的培养模式。此次2006级人才培养方案的评审取得了预期效果，为其他项目的评比起到了很好的先导作用。

2006年，学校结合本校教学研究团队"非物质文化遗产研究中心"和所在地方文化成功申报我校首个重庆市重大高等教育教学改革研究项目"重庆高校非物质文化遗产课程体系的构建与实践"。经过研究和践行，研究团队形成了国家级精品课程"非物质文化遗产概论"，建设了重庆非物质文化遗产陈列馆、重庆非物质文化遗产虚拟博物馆、重庆市实验教学示范中心——重庆市非物质文化遗产教育传承实验中心，设立了非物质文化遗产教育传承实验学校和田野调查基地，形成了非物质文化遗产教学资源体系。2009年，其教学成果"中华民族非物质文化遗产教育传承体系在当代高校的构建与实践"获得高等教育国家级教学成果一等奖。

2007年10月，学校接受了教育部本科教学工作水平评估验收检查，获"良好"等级。

学校并没有满足或止步于教育部评估中取得的好成绩，充分认识到区域经济社会发展对学校人才培养和本科教学提出了更高的要求和期望。为此，学校展开了为期一年的"第三次本科教学大讨论"，确立了建设区域性、应用型、多科性大学的办学目标，启动了应用型人才培养体系构建的探索。2009年2月，学校召开了第三次教学工作会暨第一次学科建设工作会，提出了"转变教育思想观念，实施'顶天立地'战略，为把我校建成区域性、应用型、多科性大学而努力奋斗"的主题思想。

2010年，为贯彻落实"第三次教学工作会暨第一次学科建设工作会"精神，大力推进应用型人才培养体系构建和深化质量内涵建设，学校决定在全校范围内开展"书记、校长说办学，教学校长说教学，院长说专业，教师说课程，学生说学习"的"五说"活动，同时提出全面深入推进课程教学内容、教学方式、公共课教学、课程考核方式和毕业论文（设计）"五大"教学改革。

2012年，学校通过坚持"应用为本，管理创新，开放办学，特色发展"的办学思路，坚定不移地推进"顶天立地"发展战略，教学建设和改革取得显著成效。专业结构调整取得重大进展，人才培养方案实现全面重构，教师队伍结构进一步优化，办学条件显著改善，"五大"教学改革成效显著。"师范新升本院校的转型发展与应用型人才培养体系建设"获2012年重庆市高等教育教学成果奖一等奖。同时，还有开展应用型人才培养的其他教学研究项目获得重庆市高等教育教学成果奖，其中"'政产学研用'协同培养园林专业应用型人才的探索与实践"获二等奖，"优秀材料工程师人才培养体系的探索与实践""电子电气类专业应用型人才'四维融通'培养模式的探索与实践""构建创新型版画艺术教学体系的探索与实践"等3个项目获三等奖。

2013年1月，学校第五次教学工作会召开，会上提出了"统筹推进学校转型发展，努力构建富有特色的应用型人才培养体系"的主题思想。近两年，学校通过分类探索多样化人才培养模式，深入推进"五大"教学改革，重点建设工程训练中心与文科综合实训中心，推进政产学研合作等工作，在推进学校深度转型中已取得较大成就。

第五节　实践教学

一、实验实训室建设

实验实训是学生实践教学必需的硬件设施，在专业发展的同时，学校不断加大投入，建设满足专业教学要求的实验实训场所。

1977年，江津地区"五七"大学建成物理实验楼1 345平方米。1988年，重庆师专建成生物实验室160平方米。1989年，建成生化实验楼5 532平方米。1991年，建成植物大棚399平方米。2000年，建成第二实验楼1 321平方米。

1972年，江津地区教育学校建校。1983年，重庆教育学院永川分院建成理化实验楼2 119平方米。1984年，建成语言实验室2个。1998年，渝州教育学院建成56座英语多媒体教室1间，40座语言室1个。

2001年2月，重庆师专和渝州教育学院合并组建成渝西学院后，学校分为星湖校区和北山校区。2001年，建成第三教学楼11 143平方米，主要用于教学和实验实训。

2002年11月，学校在永川经济技术开发区征地54.67万平方米建设新校区并命名为红河校区。2003年，星湖校区建成学生活动中心6 600平方米，西区琴房669平方米，羽毛球场83平方米，生物实习养猪场160平方米。2004年，红河新校区建成格致楼27 886平方米，棚内网球场1 815平方米，健美操体育舞蹈房1 715平方米，乒乓球羽毛球场3 177平方米，篮球场5 715平方米，排球场5 624平方米，网球场3 630平方米，专用足球场9 199平方米。2005年4月，渝西学院更名为重庆文理学院后，学校红河校区建成标准田径场24 098平方米，实习工厂3 712平方米，棚内田径球类场7 094平方米，星湖校区建成花卉工程研究中心756平方米。2009年，红河校区A区建成逸夫美术楼10 000平方米，材料科技楼5 677平方米。2012年，红河B区建成格物楼26 487平方米，格术楼26 487平方米，乒乓球羽毛球场4 060平方米，篮球场4 700平方米，专用足球场2 700平方米。2013年，红河A区建成北线1、2、3、6号实习实训用房24 472平方米。

2016年，学校共建成专业教学实验实训室（中心）22个，其中5个为市级实验教学示范中心（见表3-3）。

表3-3 重庆文理学院专业教学实验实训室(中心)

序号	管理单位	实验室名称	备注
1	文化与传媒学院	传媒实训中心	
2	教育学院	教师教学能力训练中心	与教学部共建
3	建筑工程学院	建筑工程实验实训中心	
4	机电工程学院	机电工程实验实训中心	
5	教育学院	认知神经科学与心理健康实验室	
6	外国语学院	语言实训中心	
7	林学与生命科学学院	生物实验实训中心	市级示范中心
8	林学与生命科学学院	园林实验教学中心	
9	林学与生命科学学院	食品科学与工程实验实训中心	
10	软件工程学院	计算机工程科学实验教学中心	市级示范中心
11	体育学院	运动人体科学实验实训中心	
12	电子电气工程学院	物理实验实训中心	
13	电子电气工程学院	电子信息工程实验实训中心	市级示范中心
14	电子电气工程学院	电气自动化工程实验实训中心	
15	旅游学院	会展旅游实训中心	
16	美术学院	现代视觉艺术实验实训中心	
17	材料与化工学院	化学与环境实验教学中心	市级示范中心
18	数学与财经学院	金融与财务实训中心	
19	音乐学院	音乐技能实训中心	
20	公共管理学院	模拟法庭实验中心	
21	经济管理学院	经济管理实训中心	
22	国际学院	非物质文化遗产教育传承实验中心	市级示范中心

二、实践教学基地建设

学校一直重视学生实践教学基地建设，建立了相对稳定的校内外实习实训基地。随着专业和学生规模的扩大，建立的实践教学基地逐年增加，满足了各专业学生实践教学需要。教师教育类专业实习基地中既有重庆著名的重点中小学幼儿园，也有区、县重点中小学幼儿园和有办学特色的乡镇中学；非教师教育类专业实习基地中既有政府部门，也有大中型企业、公司等。实习基地条件较好，设施完善，形成了校内外相互结合、相互补充、分布合理的实习基地群。学校重视实习指导教师队伍建设，鼓励骨干教师参与各类实习指导工作，同时积极聘请校外实习基地专业人员担任实习指导教师，使学生实习质量得到有效保障。2000年，建成稳定的学生实习、实作、实训基地70多个。2007年建有校外各类实习基地210余个。2016年年底，建有校外各类实习基地300余个。

三、实践教学体系

学校在"以学生为中心，以能力为本位，以应用为主旨，以提高人才培养质量为目标"思想的指导下，坚持"目标性、系统性、规范性、实效性"的基本原则，以科技进步和社会发展对人才的要求为前提，整合实验实训、毕业实习、课程设计、毕业论文（设计）、证书培训、专业技能训练、学科竞赛、创新创业大赛等各实践教学环节，构建了课堂与课外相结合、训练与比赛相结合的四层次、一体化、开放式的实践教学体系。

在具体运行体系上，学校以学生专业能力提高为目标，以学程时间为线索，以实践内容为载体，以实践教学环节为路径，按时间顺序，分能力层次，建载体模块，搭训练平台。一是根据专业培养目标要求，将学生专业能力由低到高分为四个层次，即"基础技能、专业技能、生产实践能力、创新创业能力"。二是建立四个载体模块，将四年实践教学内容与四个能力训练对接，即"基础技能训练模块、专业技能训练模块、生产实践训练模块、创新创业训练模块"。三是坚持实践教学四年不断线，将四个训练模块的实践教学活动逐层递进地贯穿到整个学习过程。

四、实验实训室开放与利用

学校高度重视实验实训室的开放利用,最大限度发挥实验室在应用型人才培养中的作用。采取切实有效的措施,推进实验室开放和学生自主实验实训。一是学校设立专项资金,打造专业技能训练品牌项目。二是利用暑假时间,实施"优秀工程师"专业技能集中训练计划。三是实施大学生创新创业训练计划项目。四是开展学科竞赛和技能比赛活动。

通过以上这些项目和活动的实施与开展,强化了学生实践创新能力培养,促进了实验室的开放和学生的自主实验实训,有效提高了实验室的利用率,学生的专业技能水平明显提高。

第六节 继续教育与培训

继续教育与培训起始于江津地区教育学校时期。江津地区教育学校主要是举办在职教师短期培训班,也办有二年制高师专科班和一年制中专班。1980年初,江津地区教师进修学院开始在职教师的系统培训,针对学历不达标的教师,开展以学历教育为主的离职和函授进修的系统培训以及专业合格证书考试的辅导。

为适应地方经济社会快速发展的需要,在开展学历教育系统培训的同时,重庆教育学院永川分院开始开展"三沟通"辅导,举办专业证书班及专业证书后的大专班、委培班和代培班及提高初中校长思想政治水平和管理能力的校长培训班。

1985年3月,重庆市政府下发文件,决定学校人才培养任务由培训普通中学师资,改为培训农村职业中学和成人教育专业课、文化课的在职教师。此后,渝州教育学院办学目标虽多有调整,但成人继续教育与培训的功能定位始终如一。

重庆师专的成人教育工作起步于江津师专时期。1984年,作为四川省10所改革试点院校之一,重庆师专在中文和体育两系率先开展了成教试点,举办了干部专修班。

自1986年起,中文系的成教开始转为自考、电大班。体育系的成教转为办预科班，为老少边穷地区培养合格师资。1992年，重庆师专开始筹办汉语言文学、经济管理、行政管理、法律等成教专业。1993年开始招生，各系科都开始采取对外培训、成人教育、辅导自考及函大等多种形式。

随着成教办学规模的扩大，两校都加强了继续教育培训的制度建设与管理。1992年以来，重庆师专先后设置了成教处、成人教育学院等管理机构对成人教育进行专门管理，并在教师选用考核、学籍管理、教学计划制订与实施、教材选用等方面逐步完善制度，加强对成人教育的规范管理。1992年2月，渝州教育学院将既有的函授教育的规章制度汇编成册，形成系统的管理制度，使成教管理更加规范。与此同时，两校的办学专业和办学规模进一步扩大。到2001年两校合并升本前，成教专业已达20余个，培养成教和职教类学生近2万人，中小学校长培训班举办10余期，取得了丰富的办学经验和较好的社会效益与经济效益。

学校合并升本后，继续教育步入快速发展的黄金时期，实现了"规模、质量、育才和效益"协调持续发展的目标，连上新台阶，驶上了快速发展的轨道。

为满足新形势下成教办学需要，学校于2001年将重庆师专成人教育学院与渝州教育学院相关处室合并，成立成人教育学院、干部培训中心、高等职业技术学院，主管学校成人教育、培训工作和职业教育。

2002年3月6日，成教星湖校区办公室搬迁至北山校区，在北山校区形成了一个相对独立的办学场所。2009年9月，成教北山校区办公室搬迁到红河校区，成教办学融入了学校办学主体场所。

2003年6月，学校机构调整，高等职业技术学院分离，成人教育学院更名为继续教育学院，撤销干部培训中心，成立培训学院。继续教育学院、培训学院与高等教育自学考试办公室合署办公，下设办公室、教务科、培训部、招生考试科四个科室，有职工27人，在编在岗教职工16人，劳动合同工10人，临聘人员1人。其中具有研究生和硕士学历12人，处级领导干部2人，教授2人，硕士生导师1人。

学校成人高等教育立足渝西、服务重庆，依托校内二级学院和校外函授站（点），开展了函授和业余两种办学形式。至2016年，学校建有重庆工商学校函授站、重庆市机电工业学校函授站等6个函授站，重庆五一高级技工学校、重庆市农业学校等8个教学点。开设有工商管理、工程管理、电气工程与自动化、学前教育、机电一体化技术、汽车检测与维修技术等本专科专业。现有在读成教学生6 935人。累计已为社会培养本专科学生6.5万余人，数以万计的专业人才已成为社会建设的主力军和行业精英骨干。

学校从2016年起决定停招成教生，出台《继续教育学院、培训学院转型发展方案》，提出了转型发展的思路、发展目标。发展思路是：由以成人高等教育学历教育为主转为以非学历教育为主，坚持培训和自学考试并行发展的路子，逐步形成以培训优先发展、高等教育自学考试加快发展、社考与学生职业技能鉴定协调发展的继续教育办学体系。发展目标是：到2020年，按管理"四化"要求，探索富有特色的继续教育"三标一体"教育质量管理模型，形成精细化的管理。具体目标是：做好成教善后，从2016年起停招成教，以做好成教善后工作为重点，到2020年成教在籍学生"归零"；大力发展培训，完善培训体系、构建培训平台、整合培训资源，形成有品质的培训；扩大自考规模，拓展校内校外市场，提升自考过关率，形成有质量的自考；拓展社考项目，以本科应用型人才培养为契机，以学生职业技能培训为抓手，形成有规模的职业技能鉴定和社考。

学校培训工作紧紧抓住《国家中长期教育改革和发展规划纲要（2010—2020年）》提出的"构建终身教育体系"发展机遇，主要以"七个基地"为平台，以"四化"（培训条件标准化、培训项目精致化、培训团队专家化、培训服务人性化）建设为抓手，大力发展职业导向的非学历继续教育，加强培训基地建设，打造"国培计划""市培计划"品牌项目；面向先进制造业、现代服务业、新农村建设等，拓宽培训领域，开拓培训项目，传播实用技术和先进文化，提升职业素养，服务学习型社会建设。

学校精心打造"国培计划"品牌。遵循"教师成长、学校发展、教育进步"的培训理念，坚持以学员为关注焦点，高标准选聘师资，精心设置课程，提供人性化的周到服务，培训工作得到学员和上级主管部门领导的认可和赞誉。自2010年"国培计划"实施以来，共成功申报举办了46个国培项目，涉及初中语文、初中数学、初中生物、初中物理以及小学语文、小学体育、小学美术、小学英语等10余个门类。培训规模达5 000多人次，为提升重庆市中小学教师教育水平做出了重要贡献。

学校重点建设中小学校长培训名片。在培训理念、培训方式和培训管理方面都拥有了鲜明的特色，已经形成了有较大社会影响的培训品牌。重庆市教育委员会在全市教育培训工作会议上曾多次介绍并推广我校的校长培训工作经验。自1991年以来，学校已举办了40多届普通中小学校长任职资格培训和提高培训、幼儿园园长培训、中职校长培训，还承担了西部中小学校长培训、重庆市小学校长高级研修培训、重庆市中小学校长远程培训，以及区县委托的中小学校长培训等，培训规模达5 000多人次，为重庆市基层教育和职业教育培养了大量的教育管理精英人才。

学校面向社会行业，积极开发服务地方建设的社会培训项目。2013年5月，我校成功申报成为重庆市级专业技术人员继续教育基地，主要以材料工业和生物技术两个特色领域为支撑，服务地方经济建设。专业技术人员继续教育作为我校培训的一个重要组成部分，拓宽了非师范培训的渠道，同时也是我校培训多元化发展的重要体现。

自2013年至今，学校共举办专业技术人员继续教育培训班6期，其中市级培训班4期，国家级培训班2期，培训材料工业和生物技术类专业技术人员380余人，对提高我国制造型企业的自主创新能力和竞争力，促进产业技术进步，加快企业转型升级步伐，推动我国由制造大国向制造强国转变，起到了积极作用。

为满足社会需要，学校积极发展自学考试学历教育。2002年，学校申办成为重庆市高等教育自学考试主考学校，开办了独立专科、独立本科、专科衔接本科、中职衔接专科以及自考本科二学历等办学形式，开设有工商企业管理、会计、学前教育、教育学、金融、电气工程自动化等30余个自学考试独立专、本科专业。截止到2015年12月，共招收自考学生5 000余人，毕业1 500余人，为社会人才培养做出了重要贡献。

2011年11月，学校被重庆市自考委批准为重庆市自考本科二学历试点院校。学校"自考二学历"试点工作取得明显成效。自2011年以来，学校主动探索普通本科第一专业与自考第二专业的对接，在学校普通本科学生中开展了人力资源管理、金融、国际贸易、工商企业管理、电子政务、现代商务、公共关系、英语等8个自考本科二学历专业和会计、工程造价管理等2个独立本科专业，共招收学生1 800余名，创造了招生机制第一、教学环节管理控制第一、教师团队建设质量第一的三个分项第一，试点工作位居重庆市各试点高校第一的好成绩，得到重庆考试院的高度称赞。

学校履行职能，服务社会，积极承担了社会化考试工作。2003年3月，学校成为渝西地区的社会化考试考点。迄今为止，学校共承办了五类社会化考试：全国计算机等级考试、全国计算机软件技术水平（资格）考试、全国英语等级考试、重庆市学位外语考试、全国会计专业技术资格考试。

自2003年以来，参加学校承担组织的社会化考试考生总人数已达8万余人次。其中全国计算机等级考试64 000余人次，全国英语等级考试10 000余人次，全国计算机软件技术水平（资格）考试3 500余人次，重庆市学位外语考试3 353人次。社会化考试组织工作规范，得到上级主管部门的认可。

在长期的成教办学中，学校成教工作取得了较为突出的成绩。学校建成了"七基地"，为大力发展培训工作搭建了平台。学校是重庆市普通中小学校长培训基地、重庆市中等职业学校校长培训基地、重庆市幼儿园园长培训基地、重庆市中小学骨干教师培训基地、重庆市普通中小学教师培训基地、重庆市中等职业学校教师培训基地、重庆市专业技术人员继续教育基地。被设立为"4考点"，成为社会化考试服务窗口。学校是全国计算机等级考试考点、全国公共英语考试考点、全国计算机技术与软件专业技术资格（水平）考试指定考点、成教学位外语考试考点。

学校成教工作扎实规范，积极创新，先后获得各级各类表彰和奖励。2004年12月，被重庆市教育委员会评为"重庆市中小学骨干教师培训工作先进单位"。2005年12月，被重庆市教育委员会评为"重庆市'十五'期间教师教育工作先进单位"。2010年11月，被重庆市教育委员会评为重庆市高等学校教育质量与教学改革工程"教师+技师"职教师资人才培养模式创新实验区。2011年4月，被重庆市教育委员会评为"重庆市'十一五'期间教师教育工作先进单位"。2011年8月，被重庆市教育委员会评为"重庆市高等学校教育质量与教学改革工程职业技术教育教学团队"。2012年12月，被国家教育行政学院评为"中国教育干部培训网2011年度中小学校长远程培训优秀地方培训中心"。2013年1月，被重庆市职业教育协会评为"2008—2012年科研工作先进集体"。2013年4月，被重庆市教育委员会评为"2011—2012年度重庆市成人高等教育先进集体"。2013年12月，被重庆职业教育协会评为"第二届理事会先进会员单位"。2015年3月，被重庆市成人高等教育协会评为"2013—2014年度重庆市成人高等教育先进集体"。

第七节 研究生教育

学校于2008年实施大部制改革，在科技部下设置"研究生处"，正式开启了硕士研究生教育历程。2009年，学校与重庆工商大学签订了《重庆工商大学与重庆文理学院联合培养硕士研究生协议书》，标志着学校首次联合培养硕士研究生工作的正式启动。2010年，重庆理工大学成为学校联合培养工作第二个合作单位，双方签订了《重庆理工大学重庆文理学院专业学位研究生教育联合办学框架协议》，针对工程硕士（材料工程）开展联合培养工作。翌年，在双方签订的《重庆理工大学重庆文理学院合作发展框架协议书》中强化了联合培养硕士研究生工作，2012年，双方首次联合招生，并对首届10名研究生实施独立培养教育模式。同年，学校与重庆师范大学签订联合办学协议书，联合培养农业推广硕士，招收6名研究生开展联合培养。2011年，学校与四川美术学院签订了《四川美术学院关于支持重庆文理学院开展研究生教育的合作协议书》，继续拓展合作单位，并于2012年进一步签订了《四川美术学院重庆文理学院联合培养硕士研究生实施协议》，针对艺术学（非物质文化遗产）专业开展学术型硕士研究生教育，同年完成联合招生。2013年，西南大学成为学校联合培养研究生协议单位，并于次年签订《联合培养研究生实施协议》，正式开始合作，这是学校首次与"211"级别高校建立联合培养关系。为加快积累我校教师指导研究生工作经验，2014年，学校出台了《硕士研究生副导师遴选与管理办法》，在校内遴选出26名具备资格的副导师，其中有10名教师被首批聘任为副导师。

2015年1月，学校与电子科技大学签订了联合培养硕士研究生框架协议，并于同年9月招收了5名光学工程硕士研究生。同时学校积极探索研究生教育新模式，2015年内先后与俄罗斯托木斯克理工大学、意大利佩鲁贾大学签署了研究生联合培养合作协议，将联合培养模式扩大到国际范围。为培养研究生的科研能力，学校于2013年启动了研究生科研项目立项工作。首批立项的9项项目于2015年全部通过结题验收，其结题成果包含学生专利3项、SCI及EI收录论文各1篇，A、B类刊物论文3篇。学校首届研究生——2012级材料工程硕士于2015年顺利毕业。2016年，学校与昆明理工大学签订联合培养硕士研究生的协议。

截止到2016年6月，学校与重庆理工大学、四川美术学院等高校合作，在我校独立培养硕士研究生近40名，与四川大学、重庆大学、四川师范大学、辽宁师范大学、重庆交通大学等12所高校联合和兼职培养博士研究生2名、硕士研究生110余名，有博士后工作站1个，有兼职博士生导师2名、硕士生导师49名。学校初步形成了学术型与专业学位相互渗透，文、理、工协调发展，校内外导师全程指导的研究生培养格局，昭示出我校研究生教育发展的良好势头，为学校实施"顶天立地"发展战略、提升办学层次、提高美誉度打下了坚实的基础。

第八节　留学生教育

随着中国经济快速发展和国际地位的有力提升，海外学生来华留学人数日益增多，学校日益重视留学生教育工作。2008年7月，学校开始筹建国际学院；2010年7月，正式成立国际学院，作为专门承担学校招收和培养来华留学生工作的二级学院。

2008年10月，学校招收了1名来自新加坡的留学生，这是我校招收的第一名留学生，但该生到校后因不适应中国生活，后休学。2009年，学校与俄罗斯尤戈尔大学达成合作协议，同年9月，尤戈尔大学选送3名学生到我校交流学习。2010年9月，学校再次接收尤戈尔大学的3名交流学生到校学习汉语。2010年，学校总共招收10名来自俄罗斯和印度尼西亚的长短期留学生、进修生。

2011年5月，学校组织工作人员分别赴印度尼西亚、马来西亚、越南等东南亚国家开展留学生招生宣传工作，与多所大学达成了合作协议，取得了良好的效果。2012年10月，招收越南河内大学汉语进修生2名，接收了俄罗斯国际儿童院留学生1名。截止到2012年年底，学校已招收了来自俄罗斯、马来西亚、印度尼西亚、泰国、越南、非洲多哥的留学生共计30余名。

2013年，学校通过校际交流、网络宣传、市长奖学金申报、开辟新的生源点等多种形式积极开展留学生招生工作，留学生招生人数和国别大为增加。同年3月，学校与泰国皇家乌汶大学合作开展学生实习交流项目，对方学生在我校进行了为期5个月的实习交流活动。同年9月，学校接收了5名意大利佩鲁贾大学交流学生。截止到2013年年底，学校共新招收了来自意大利、乌克兰、哈萨克斯坦、马来西亚、印度尼西亚、泰国、越南、老挝、柬埔寨、多哥、毛里塔尼亚、尼日尔等12国留学生49名，新增了老挝和柬埔寨两个生源地，在校留学生总人数达到57名，留学生国别增至13个。

2014年9月，泰国皇家乌汶大学选派6名学生到我校开展为期5个月的实习交流活动。同月，1名意大利佩鲁贾大学交流学生到校学习，该生主要在文化遗产学院研究学习，国际学院主要负责其生活管理，学校留学生教育初步脱离单纯语言教育的阶段。

2014年，学校新招收来自意大利、俄罗斯、哈萨克斯坦、马来西亚、印度尼西亚、泰国、越南、老挝、柬埔寨、巴西、蒙古、多哥、肯尼亚等13国留学生41名，新增巴西、蒙古、肯尼亚等3个生源地，在校留学生总人数达到73名。

2015年，重庆市教委调整外国留学生市长奖学金分配办法，面对市长奖学金大幅下调的不利形势，学校及时调整市长奖学金指标分配方案，申请修改《重庆文理学院外国留学生校长奖学金实施办法》，招收28名来华留学生，留学生总数达101人。

学校现为留学生开办有汉语言文学（汉语国际教育）和汉语言文学（国际商务汉语）两个本科专业，提供汉语语言、中华才艺、中国文化、文学、经济、商贸等方面的必修课程，以及武术、民歌、民舞、器乐、戏剧、国画等特色选修课程。学校还根据不同需要，开办有各种层次的汉语进修班。此外，为引导留学生尽快成长成才，学院选派经验丰富的导师为留学生提供全方位的成长帮助，并提供中国"一帮一"学生，以帮助留学生尽快熟悉文化环境和周边生活。

学校认真学习留学生管理先进经验，规范管理流程，提升服务水平，大力提高留学生培养质量。从2012年起，根据国家留学基金管理委员会及学校教学主管部门的统一要求，国际学院将每名来华留学生的材料汇总形成了学籍管理档案，包括录取通知书、HSK证书、毕业实习手册、毕业论文、毕业答辩、成绩档案表、毕业证书、学位证书，整理成卷后由教学秘书统一管理。制定了《重庆文理学院留学生学士学位授予办法（草案）》。2014年，学校又编制了我校第一部外国留学生管理服务手册——《重庆文理学院外国留学生服务指南》，编写了《重庆文理学院外国留学生学籍管理办法》《重庆文理学院外国留学生管理办法》《重庆文理学院外国留学生违纪处理办法》《重庆文理学院外国留学生奖学金评定与发放办法》《重庆文理学院外国留学生厨房公约》等一系列留学生管理文件，学生管理更加有据可依。

2014年12月，成立留学生学生联合会，学生会下设学习部、生活部、体育部、文艺部等各个部门，留学生有了自己的学生组织，自律水平提高，业余生活也更为丰富多彩。

2016年，学校利用汉语教师丰富的教学经验和优势，结合国际先进的教育模式，共培养 100 余名来自俄罗斯、美国、新加坡、印度尼西亚、越南、泰国、多哥等国家的学生和教师。有 9 名外国留学生本科毕业，4 名留学生毕业论文获评学校本科毕业生优秀毕业论文。许多留学生在多方面取得优异成绩，显示了学校留学生教育的成就。

2013 年，学校留学生在"CCTV 杯汉语桥比赛"重庆赛区进入八强，在学校的英语演讲比赛中获得第一名，女生形象设计大赛第二名，学校"劲松杯"足球比赛亚军，在校运会中获得道德风尚奖，初步显示出学校外国留学生的实力和风采。2015 年 10 月，学校组织来华留学生参加了重庆市外国留学生教育国际文化节，先后参加了重庆市最美留学生比赛、汉语演讲比赛、趣味运动会、微信秀、书法摄影大赛。越南留学生陈青蓝在书法比赛中获一等奖；哈萨克斯坦留学生艾格娜姆获微信秀创作二等奖，柬埔寨留学生庄明欣、老挝留学生凯迪获微信秀三等奖；柬埔寨留学生庄明欣获汉语大赛三等奖；哈萨克斯坦留学生萨莎和多哥留学生阳光获模特大赛优秀奖。学校因在此次活动中的突出表现，获微信秀最佳组织奖。

第四章 科学研究

第一节 科研管理

随着学校承担科研工作任务的增多,学校逐步建立起了较为完善的科研管理制度,并在实践中不断修正改进,从制度上保障和规范科研工作的健康发展。1992年,重庆师专制定了《科研工作管理条例》,明确以"立足教学,面向应用,兼职为主,鼓励拔尖"作为学校科研工作的指导原则,同时决定设立校级科研项目,修订科研成果的奖励办法,使其受众面更广。1993年1月,重庆师专制定了《科研成果奖励暂行办法》。1997年9月,重庆师专印发《重庆师范高等专科学校科研管理办法》,明确了学校科研工作实行分管教学副校长领导下的"二级管理,归口协调"体制,号召全校把科研水平推向一个新的高度,同时将科研成果奖金额提高至最高5 000元。

2001年12月,学校首次设置科研处,统筹管理全校科研工作。2002年4月,成立第一届学术委员会,拟定《学术委员会章程和议事规则》。同年11月,修订《科研成果量化计分办法》《科研成果奖励条例》《渝西学院引进人才实施办法》等规章制度,进一步规范科研管理。2003年9月,学校召开第一次科研工作会议,首次提出"科研兴校,人才强校"和"科研与学校总体事业协调发展"的科研发展理念,并将其纳入学校的2003—2020发展规划,同年制定《渝西学院学术专著出版资助暂行办法》,并于同年12月首次对8部学术专著进行出版资助。2005年,学校颁发《重庆文理学院学生科技成果奖励办法》。2006年上半年,学校颁发《重庆文理学院大学生科研立项课题管理暂行办法》及《重庆文理学院引进人才科研启动经费管理办法(试行)》,加大对学生科技活动和引进人才的支持力度。

2008年,学校第三次机构改革根据"大部制"的思路和"实部、虚处、实科"的原则成立科技部,将科研处、研究生处、学科办等整合在科技部下属各职能科室中，进一步提高了工作效率。同年，学校科技部在多次征求学校各部门和广大教职工意见的基础上，对学校原科研管理系列文件进行了梳理和修订，形成了新的《重庆文理学院科研项目管理条例》《重庆文理学院科研成果奖励办法》和《重庆文理学院科研成果量化计分办法》等7个管理办法。2009年3月，学校印发了《重庆文理学院校院二级管理实施办法（试行）》，明确了二级学院在科研管理方面的权责划分及运行机制。为调动教职工的科研积极性，同期还印发了《重庆文理学院重特大科研和教学成果奖励实施办法》，加大了对国家部级以上科研项目等重大成果的奖励，奖励金额最高达到16万元/项。2010年，为更好地发挥学术组织在学科专业建设、人才队伍建设和科学研究等学术事宜中的积极作用，加强专家教授治学，经各二级学院推荐，学校确立第三届学术委员会人选。学校学术委员会下设学术风气建设专门委员会以及人文社会科学委员会、自然科学委员会和综合学科委员会三个分委员会，并于次年调整了各二级学院学术委员会。

2011年2月，学校制定《重庆文理学院科研机构管理办法（试行）》，从科研机构的设立、运行、评估等方面进一步规范和加强学校科研机构的建设与管理。同年6月，针对日益增多的学生参与科研活动和成果产出，学校制定《重庆文理学院学生科研立项管理办法》《重庆文理学院学生科技成果奖励办法》等系列文件。同年12月，学校印发《重庆文理学院重大科研项目培育办法》，进一步鼓励和扶持科研人员申报教育部及国家级科研课题的热情。同时印发的还有《重庆文理学院科研平台建设与管理办法》《重庆文理学院学术交流活动暂行管理办法》等，以规范和加强学校各科研平台的持续健康发展，鼓励学校教学科研人员积极开展各类学术交流活动。2012年，学校科技部在广泛征求意见的基础上对《重庆文理学院学术专著出版资助办法》《重庆文理学院重特大科研和教学成果奖励实施办法》等6个项目和成果管理系列文件进行了修订。2013年底，修订《重庆文理学院促进科技成果转化办法》《重庆文理学院重大科研项目培育办法》《重庆文理学院科研二级管理办法（试行）》等管理办法。2014年，学校印发《关于调整科研项目有关经费的通知》，将部级及以上科研项目的经费配套政策调整为立项奖励政策，按照项目级别最低奖励金额2万，最高达32万。同时修订《重庆文理学院科研成果量化计分办法》，其计分标准更细，对高级别成果的计分更高。这些规定既尊重科研工作的实际，又激励了科研群体的热情。

第二节　科研机构与平台

1982年，江津师专成立了第一个科学研究小组"吴芳吉研究小组"，1984年，改组为"吴芳吉研究室"。1996年，重庆师专在原有研究室基础上组建了教育科学研究所、吴芳吉研究所、民族研究所等5个科研机构。1997年2月，教育科学研究所为进一步提升学校科研工作，在制订"九五"科研工作规划中提出：要强化对科研工作重要性的认识，摆正科研工作的方向及目标，建立科研工作的激励机制，搞好科研队伍建设，建立多渠道筹集科研经费的新模式。1998年，重庆师专成立巴渝文化研究所。截止到2001年，根据学校学科与事业发展，共建设有14个校级科研机构。

学校升本后，逐步开始与校外机构合作建立科研平台，进行科学研究，服务地方发展。2003年3月，学校与重庆大足石刻艺术博物馆联合成立"渝西学院大足石刻教学科研研究基地"，同时组建"渝西学院大足石刻研究所"。同年9月，又与重庆江津市四面山森林经营所签订校地合作协议，建立江津四面山教学科研基地、四面山资源研究所。2005年7月，学校成立职业教育研究所。2006年3月，学校依托国家社会科学基金项目"重庆非物质文化遗产保护对区域经济发展的作用研究"，成立非物质文化遗产研究中心，对重庆市的世界文化遗产——大足石刻等国家级文化遗产代表作品进行研究。2007年4月，学校同时批准成立教师发展研究所、品牌科学研究所、数学研究所。2007年，学校"重庆高校园林花卉工程研究中心"被市教委立项建设，并于2009年通过验收，这是我校首个市级工程技术研究中心。

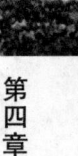

2010年6月,学校"特色植物种苗工程技术研究中心"被市科委立项为市级工程中心进行建设,并于2013年6月通过市科委验收。2010年,"重庆市高校微纳米材料工程与技术重点实验室"被重庆市教委立项为重庆高校市级重点实验室,并于2012年通过验收,这是我校首个市级重点实验室。2013年,"微纳米光电材料与器件协同创新中心"被重庆市教委确立为市级协同创新中心,并于2014年获得市级财政择优资助资金1 000万。2013年1月,学校非物质文化遗产研究中心被批准为重庆市级重点人文社科研究基地。同年,学校"重庆市光电材料与器件工程技术研究中心"被重庆市科委认定为市级工程中心,"重庆光电材料与器件协同创新研究院"被重庆市科委立项建设。2014年1月,我校依托材料与化工学院建立的"环境材料与修复技术重点实验室"被重庆市科委认定为市级重点实验室。同年7月,作为主要参与单位之一,"中华多民族文化遗产与文化凝聚协同创新中心"在学校正式挂牌,同年12月,"群与图的理论及应用重点实验室"成功获得重庆市教委立项建设。2015年,学校与俄罗斯、澳大利亚共建的"中俄澳纳米光电材料技术国际联合研发中心"获得重庆市科委立项建设,成为学校首个市级国际合作基地。同年,由特色植物研究所牵头组建的"特色植物产业协同创新中心"被重庆市教委认定为"重庆市2011协同创新中心",成为学校第二个市级协同创新中心。创新靶向药物国际研究团队申报的"激酶类创新药物重庆市重点实验室""创新靶向药物重庆市工程实验室"分别通过重庆市科委、重庆市发改委的评审,被认定为市级重点实验室和工程实验室。依托学校"重庆市品牌学会"被重庆市社科联命名为重庆市第三批人文社会科学普及基地。

截止到2016年12月,学校获得了3个市级工程中心,6个市级重点实验室,1个协同创新研究院,1个市级社科基地,2个市级协同创新中心,1个国际科技合作基地,5个市级创新团队。设立了6个校属独立科研机构,6个校级科研平台,3个校级协同创新中心,成立了24个校级科研机构。

第三节 科研团队

20世纪末至21世纪初期,学校在教育科学研究所主导下以兼职研究人员为基本力量,通过学习、学术交流、请专家讲学等形式增强科研意识、提高学术水平,加强科研队伍的建设,锻炼科研能力。在科研队伍建设上主要采取以特色科研方向成立专业研究所,以专业研究所促进学科团队发展的模式。

2005年开始,学校面向海内外公开招聘高层次学术人才和管理人才,明确以特色人才组建特色团队,开展特色研究,培育特色学科的发展策略。2005年,引进以刘奕清教授为代表的高层次人才,生命科学与技术学院组建起以教授、博士为主体的花卉研究所,致力于速生桉、脱毒生姜、金银花、蓝莓等特色植物资源的开发利用及成果转化。目前,该团队有25人,全部具有博士学位,其中高级职称9人。以该团队为依托,2009年,学校园林花卉工程研究中心获得重庆市首个高校"园林花卉"教学团队称号。2010年,又首次获得重庆市"特色植物种苗工程"创新团队称号。

2006年3月,学校成立以牟延林教授和谭宏教授为带头人的重庆文理学院非物质文化遗产研究中心。研究中心以"昌明国故,融化新知"为宗旨,确立以理论研究为基础,以教育传承为途径,以保护发展为旨归的科研格局,围绕非物质文化遗产保护、传承和创新中的重要问题开展研究。2013年1月,非物质文化遗产研究中心被批准为学校首个重庆市人文社会科学重点研究基地。经过10年的建设和发展,中心现有专职研究人员21名,其中教授11人,副教授6人,博士(含在读)15人,聘任校内外兼职研究人员17人,包括四川大学长江学者曹顺庆教授、徐新建教授,北京大学蔡华教授、杨旭生教授,中国社科院汤晓青教授,中国人民大学赵旭东教授,厦门大学彭兆荣教授,意大利佩鲁贾大学丹尼尔教授等。该团队已经成为国内知名、重庆市内有重要影响力的非物质文化遗产专业研究团队。2014年,重庆市非物质文化遗产保护协会成立,团队带头人谭宏教授当选为副会长,刘壮副教授当选为理事。

2008年，学校成功引进著名材料科学专家、中国工程院院士涂铭旌教授，着力打造新材料研发团队，于2009年11月成立"重庆文理学院材料交叉学科研究中心"。研究中心积极采取"内培+外引"的模式，汇聚了一大批国内外优秀学者，引进学术领军人物牛津大学张洪涛博士（重庆市百人计划），通过"巴渝引智计划"引进新西兰皇家科学院院士、新西兰奥克兰大学高唯教授，重庆市科学研究院首席科学家杨柳教授等10名学术领军人物。研究中心围绕当今社会经济发展需求，确立"发光材料的研究与应用""透明导电材料的研究与应用"等5个研究方向，获得6个市级科研平台。目前研究中心研究团队有教授9人，副教授8人，高级工程师2人，21人具有博士学位。研究中心于2010年2月申请"重庆高校新材料开发及应用创新团队"获得市教委立项建设，并于2012年7月通过验收。

2010年，引进西南大学施武杰教授到学校数学与财经学院工作，极大地推进了学校数学学科建设。2013年，"群与图的结构理论及其在信息与决策中的应用"被市教委确立为市级创新团队。学校还引进贵州科学院专家、哥德尔终身成就奖获得者张明义教授到软件工程学院短期工作。

2013年7月，学校引进美国亚利桑那大学药学院博士后陈中祝、美国亚利桑那大学药学院副研究员徐志刚博士等成立新药创制中心，这是一所涵盖有机化学、分子生物学和药物化学等学科，集科研与教学为一体的校属独立研究单位，是留美学者、我国知名医药公司及我国生物、化学界研究人员共同致力于探索开发全新药物的研究机构。此外学校还通过"巴渝引智计划"引进李宏宇、林慧观等著名科学家。

2015年，为了满足海外高层次人才引进的需求，学校申报了中国科协"海智计划"重庆文理学院海智工作站，获得重庆市科学技术协会、中共重庆市委组织部设站支持。

第四节　科研项目与成果

1983年，江津师专中文系组织力量编选了《白屋诗集》并在全国发行。1985年，重庆师专承担了四川省高教局下达的全国性古籍整理研究工作重点项目——《吴芳吉集》编撰、校点任务。1992年，渝州教育学院参研的"重庆市农村初中引进职业技术教育对策研究"子课题"重庆农村初中教师队伍的知识与技能培训是农村教育改革与发展的必须——解决农村初中引进职业教育面临的师资问题的研究"顺利结题，其成果获重庆市科技进步二等奖。重庆师专承担的"高等师范专科学校（生物、物理、化学）实验基本技能训练规范研究"课题被列为1992年四川省教委重点科研项目。1993年5月，重庆师专下发文件批准18项课题为学校首批校级科研项目。1995年2月，重庆师专经国家教委审核获准承担大型科研课题——世界银行贷款"师范教育发展项目"改革课题"中学教材教法课改革方案"。1998年11月，在重庆市第一届普教优秀科研成果评选活动中，渝州教育学院5位教师的论文分别获得二等奖2名，三等奖1名，优秀奖2名。

2001年，学校获批省级科研项目6项。2002年，获批省级科研项目9项，获得资助经费9万元。2003年，获批纵向科研项目21项，其中周文德主持的"高师汉语教学与中学语文新课程体系普适性研究"获立为全国教育科学规划项目，实现重大突破。2004年，学校申报的"重庆非物质文化遗产保护对区域经济发展的作用研究"获得国家社科基金资助立项，同时"高校思想政治理论课社会实践教学环节研究"获立为教育部人文社科项目，赵正铭的"课堂教学有效性研究"获得重庆市第三次社会科学优秀成果奖三等奖，实现了历史性突破。2005年，学校教师分别发表SCI收录论文3篇，CSSCI收录论文4篇，获得重庆市第四次社科优秀成果三等奖2项。

2006年，学校纵向科研项目立项数为27项，获批经费48.4万元。2008年，纵向科研项目立项42项。2009年，罗文波老师申报的"注意瞬脱中面孔加工的神经机制"获得立项，这是学校首次获得国家自然科学基金项目。2010年，纵向科研项目立项77项，全校教师在各级各类学术期刊上发表科研论文1000余篇，作品200余幅，其中SCI、EI、ISTP三大检索系统收录论文70余篇，A、B级期刊论文70余篇，核心期刊论文近500篇，获得重庆市自然科学三等奖1项。2011年，学校仅国家级项目立项数就达到13项，获批经费265万元。2012年，纵向科研项目立项数突破100，达到101项，获批经费共计527.5万元。与此同时，横向课题也从2006年的4项增长到2012年的29项。2013年11月，以学校刘奕清教授为首席专家，联合西南大学等20余个单位申报的"重庆现代设施农业关键技术集成与产业示范"项目喜获国家星火计划重大项目资助，这是学校首次获得国家科技计划重大项目资助。2013年，学校全年获得省级以上科研项目111项，科研到账经费首次突破了千万元大关，发表三大检索收录论文150篇，其中被SCI、SSCI收录71篇，首次在SCI、SSCI一区期刊上发表论文3篇，出版专著、教材58部，获得专利59项，获得教育部中国高等学校人文社科三等奖1项，重庆市政府科研成果奖8项，科研奖励金额总额超过100万。2014年，学校首次获得国际交流合作专项1项，获得省部级以上科研项目128项，其中国家自科基金项目10项，教育部人文社会科学项目13项（重庆市排名第二），省级项目94项，科研到账经费近1200万元。SCI、SSCI收录论文90余篇，其中二区以上24篇，取得各项专利授权64项。在成果获奖方面，《非物质文化遗产概论》首次获得重庆市社科成果二等奖，另外还有3项成果获三等奖。学校的"特色苗木良种选育及现代设施繁育技术体系创新与应用"首次获得重庆市科技进步二等奖，另外还有2项成果获得自然科学三等奖。2015年，学校共获得各级纵向科研项目138项，其中国家自科基金项目10项（面上项目2项），首次获得国家社科基金教育学项目，教育部人文社科项目14项，项目质量取得新突破，科研经费达1 730余万元。2015年10月，学校创新靶向药物国际研究院团队凭借"抗ED和肺动脉高压一类新药开发"项目在第四届中国创新创业大赛总决赛中夺得生物医药行业团队组第一名，并受到刘延东副总理等领导的接见与好评。

第五节　科研合作与交流

2000年11月，重庆师专教育科学研究所应滩盘镇党委、政府之邀到滩盘镇就滩盘中学基础教育改革的有关问题举行座谈，教育科学研究所定期派教师到滩盘中学，采取听课、上示范课、学术讲座、交流等形式指导教学。2003年9月，学校与江津四面山森林经营所签订协议，建立江津四面山教学科研基地、江津四面山资源研究所，并获得了16.67万平方米四面山林场土地的无偿使用权，学校对四面山辖区生物多样性进行了调查，总结出四面山森林群落演替对其土壤特性的影响规律，建立了生物标本馆、附属设施以及濒临灭绝植物栽培基地。2006年11月，学校与教育部重点人文社科研究基地中山大学中国非物质文化遗产研究中心合作成立重庆工作站，双方通过人员互访、资源配置及信息共享等多种途径促进合作，取得实质性成效，中心还挑选秀山县中和镇中学作为传承区域的中小学教育传承实验学校。2007年9月，学校与重庆市农村工作办公室共同申报的"农村土地制度改革研究"获得2007年度重庆市重大咨询研究课题立项。2008年5月，非物质文化遗产研究中心与重庆市艺术研究所达成共建"重庆文化遗产学院"的意向，并最终于2009年6月正式成立。2008年10月，学校到江苏远东控股集团有限公司考察，并签订品牌管理产学研基地建设项目合作协议书。2009年3月，应垫江县人民政府邀请，学校出席第十届垫江牡丹文化节，并与垫江县人民政府签订"校地共建"战略合作协议书。同年4月，学校及重庆市品牌学会与在美国上市的浙江长兴昌盛电气有限公司签订"重庆市品牌学会—长兴昌盛电气有限公司品牌管理产学研基地"建设项目合作协议。2009年，学校园林花卉工程研究中心与重庆秀山红星中药材开发有限公司合作，在秀山扶持培育重庆市金银花工程技术研究中心，创建种苗生产示范基地66.67万平方米。同年7月，学校与永川区联合成立了西部首家校地合作"预防腐败研究中心"，首批研究成果参加了2010年的全国"源头防腐与公共资源综合交易研讨会"。

2010年9月至10月，学校非物质文化遗产研究中心先后参与渝东南、忠县、大足县五金博物馆等文化生态保护区申报及规划设计。同年11月，学校与彭水苗族土家族自治县人民政府签署"校地合作"框架协议，正式结成战略合作伙伴关系。学校非物质文化遗产保护与研究中心及园林花卉工程研究中心分别与该县文广新局和县科委签订合作协议，成立研究分中心并推广无毒生姜种植。

2011年5月、6月、11月，分别开展多项学术研讨会议，邀请来自全国各地及海外的有关学者共聚一堂，以表达对涂铭旌院士从教60周年及突出贡献的祝贺。同年5月，学校还承办首届中国文学人类学青年学术论坛，论坛以"探求人类学的新发展"为宗旨，鼓励青年学者开展跨学科和交叉学科的创新性研究，随后学校成立中国文学人类学研究会重庆研究中心，成为该学会在国内设立的第一个实体性研究机构。同年9月，学校获国家自然科学基金中俄合作交流项目，随后与俄罗斯科学院新西伯利亚数学所等单位的众多俄方学者进行长期互动学习交流，双方在群论方面均取得了大量的研究成果。同月，学校材料交叉学科研究中心与四川北研实业有限公司就LED照明用荧光粉合作项目签订"院士工作站"协议，北研实业承诺将根据协议投资32万元人民币作为科研启动经费，之后每年投资50万元人民币作为"院士工作站"的运行费用。同年11月，学校与重庆理工大学签订校校合作协议，两校在科学研究、重点实验室及工程中心等科研平台建设、科研创新团队建设、学科建设及研究生教育等方面开展深度合作。同月，学校材料交叉学科研究中心分别与招商局铝业有限公司、贵州科学院、重庆泰蒙科技有限公司等单位联合成立铝合金研发联合实验室、先进电子材料及电子元件联合实验室、材料应用技术实验室、先进刀具材料产学研联合实验室，同年12月，又与重庆医科大学共建"微纳米技术与转化医学联合实验室"，进一步推动了新型材料在工业、医学领域的转化与应用。

2012年6月，学校与永川区政府、重庆市天沛农业科技有限公司联合共建占地133.33万平方米的"重庆（永川）特色种苗科技城"，进一步促进了农业科技成果的转化、孵化、推广与应用。同年11月，学校联合重庆表面工程技术学会等单位邀请了美国、英国、俄罗斯、加拿大、新西兰及国内各地区高校、科研院所、企业单位的专家学者召开"2012年微纳米材料科技及应用国际高层论坛"。来自中国工程院的周玉院士、赵连城院士、李言荣院士、新西兰皇家科学院和工程院的高唯院士、国际矿产资源科学院和乌兹别克共和国自然科学院的何知礼院士与我校名誉校长涂铭旌院士相聚文理，与众多学者一起对微纳米材料领域的最新进展、微纳米材料的最新发展趋势以及研究成果转化进行深入交流。

2013年5月，学校非物质文化遗产研究中心承担永川区生态廉政文化园规划设计。同年8月，学校获国家自然科学基金国际（地区）合作与交流项目，与新西兰奥克兰大学高唯院士在纳米材料制备与应用方面进行深入合作与交流。同月，学校承担江津区楹联习俗、白沙闹元宵习俗、蚕门武术、昆仑太极等非物质文化遗产项目申报工作。10月，在"2013国际知名研发机构重庆行动大会暨两江国际科技创新论坛"会议期间，学校与澳大利亚皇家墨尔本理工大学联合成立"中澳三维快速制造联合研究中心"，中心整合双方在人才、技术和平台等方面的资源优势，合作开展3D快速打印关键技术的应用研发，推进相关技术在人体个性化植入器件制造、汽车、摩托车关键零部件制造，重大装备制造产业等方面的应用及发展。

2014年，我校积极拓展重大国内外合作渠道，学校申报的"群的数量性质国际研讨会"获得国家自科基金委国际合作与交流项目专项资助。学校与俄罗斯托木斯克理工大学共同申报立项了国家科技部重大国际合作项目，获得资助经费333万元，这是我校首次获得的国家重大国际合作项目。此外，与皇家墨尔本理工大学联合申报的澳大利亚国家研究基金项目获得了澳政府42万（澳元）资助。2015年，由我校牵头与俄罗斯、澳大利亚共建的"中俄澳纳米光电材料技术国际联合研发中心"被重庆市科委立项为我校首个国际合作基地，获得80万元经费资助。

第六节 成果转化与服务社会

1992年9月，重庆师专出台《重庆师专关于大力开展科技开发服务工作的意见》，力图把科技与产业相结合，把研究成果转化成生产力。学校鼓励部分单位及个人先后开展多项开发活动，如：科技开发服务公司、劳动服务公司、校办工厂等。经过数年的探索，各项活动在产生经济效益的同时也遇到了不少来自资金、体制等方面的困扰。

2001年11月7日至12月2日，学校开展以"勇于创新、科技兴校、再创辉煌"为主题的首届科技文化月活动。2002年12月，校工会举办首届教职工科研成果、科技创新工艺品制作展览。2006年6月，学校参与承办我国第一个"文化遗产日"活动，在永川渝西广场举办了"保护文化遗产，守护精神家园"万名群众签名活动。学校依托"重庆高校园林花卉工程研究中心"和"特色植物种苗工程技术研究中心"，首次在重庆引种选育速生桉良种，选育出的"巨桉无性系 WLEG-17"和"巨尾桉DH3229"两个速生桉良种，在重庆市20个区县推广应用种植面积突破66 667万平方米。2007年3月，学校非物质文化遗产研究中心协助重庆市梁平县重点打造其特色旅游产品经济链，在当地形成一条以非物质文化遗产为主线的旅游线路。同年5月，学校参加文化部在四川成都举办的"国际非物质文化遗产节"活动，在博览会上展出学校非物质文化遗产研究中心的研究成果。2008年7月，学校参与建设的"中国故事·重庆非物质文化遗产"展览馆在北京奥林匹克公园中心区落成，并于8月1日正式启用，在北京奥运会和残奥会期间向各国政要代表开放。2009年3月，学校计算机学院和永川区劳务经济工作办公室在永川区双竹镇联合举办永川区第十三期农民工素质提升培训班，先后共有1 000余名农民工参加了培训。同年4月，学校文化遗产研究中心被永川区科协、科委命名为非物质文化遗产、国家标准科普教育基地。

2010年5月，学校品牌科学研究所参加重庆市第十届科技活动周开幕式暨大型科普展览咨询活动，散发以"相信中国，相信品牌的力量"为主题的重庆市品牌科学普及宣传资料3 000余份。2011年，学校的材料研究院与重庆市雪伦科技有限公司合资共建重庆吉色光电子科技有限公司，在重庆地区率先开发出批量生产的LED黄色荧光粉，建立灯具示范生产线，实现技术向产业的转化，转化年产值达到1 000万元。2012年4月，学校社会科学界联合会被命名为重庆市第一批社会科学普及基地。同年5月，材料交叉学科研究中心党支部与永川区红旗小学联合开展"科普知识进校园，榜样引领树理想"活动。同年6月，学校教育学院与永川区南大街街道签约社区心理健康服务公益合作项目，我校心理咨询师定期、定点在街道社区为群众进行心理辅导。同年7月，学校林学与生命科学学院大学生暑假"科技支农"团队和永川区农委经济作物站一起赴永川五间镇开展"三下乡"社会实践宣传活动，现场宣讲种植生姜、蓝莓、红叶石楠、西瓜等经济农作物的优势，并发放宣传资料1 000余份。同年11月，学校与永川区政府、科研院所和企业联合组建永川区材料测试分析中心，成为渝西地区首家材料分析与检测机构，与永川区政府合作成立"永川区大学科技园"，建成2 000平方米的科研成果孵化培育基地。

2012年，学校园林花卉工程研究中心突破竹根姜"姜瘟病"瓶颈，在国内首次建立无病原竹根姜种苗的标准化、工厂化、规模化组培繁育生产线，集成创新竹根姜级联放大的链式三级繁育技术体系，支撑重庆丰都、酉阳、永川、荣昌、彭水、黔江、潼南等区县生姜产业1 333.33万平方米种植基地优质种源。此外，脱毒姜种还在贵州遵义、四川宜宾、广西南宁等地种植推广。2013年，中心系统建立红阳猕猴桃、蓝莓、百合、黄精等20多个名特植物的50多个品种（系）的工厂化繁育体系，引领支撑石笋山、黄瓜山等永川山地特色效益农业，推动永川猕猴桃、蓝莓畅销国内外，所培育的猕猴桃、蓝莓脱毒种苗在重庆巫山、开县、万州、黔江以及广西灵川、江西井冈山、湖北恩施等地广泛推广，累计推广1 333.33万平方米，带动形成超10亿元的特色植物产业链。2014年，我校共有10人被重庆市科委遴选为科技特派员，特派员团队多次赴万州区、丰都县等地指导当地农民种植生姜、猕猴桃及水产养殖生产。学校依托新材料技术研究院培育了"克罗米恩金属材料科技有限责任公司""众祥晟科技有限责任公司"等小、微型科技企业，进行发光材料及器件、先进近净成形技术、高性能金属粉体材料等项目转化，实现经济效益500万元。

第七节　学科建设

2006年，学校无机化学学科被重庆市教委确立为"十一五"市级重点培育学科。2008年，在学校"顶天立地"发展战略背景下，学校正式启动第一批"申硕"校级重点学科建设工作，确定了化学、林学、数学、社会学等4个一级学科为我校首批"申硕"重点学科，电子科学与技术、教育学等为"申硕"重点建设学科。为使重点学科的建设与管理规范化、制度化、科学化，2009年，学校出台《重庆文理学院重点学科建设与管理办法》，全面规范重点学科的遴选、经费管理、评估、奖励等工作要求。2010年，无机化学学科顺利通过重庆市教委验收，成为我校首个市级重点学科。2011年，学校启动第二批重点学科建设工作，立项建设材料科学与工程、林学、社会学、工商管理等4个校级特色重点学科，化学、数学等5个校级重点学科，材料工程硕士、林业硕士等5个"申硕"专业学位建设点。同年，林学（一级学科）、材料学（二级学科）、人类学（二级学科）被重庆市教委确立为"十二五"市级重点培育学科。

2012年，学校修订完善《重庆文理学院重点学科建设与管理办法》，印发《重庆文理学院学科带头人、学术带头人和学术骨干选拔与管理办法》和《重庆文理学院重点学科和专业学位经费管理办法》，使各项工作规范化、效能化。2013年，学校开展第二轮重点学科终期验收工作，结果显示，第二轮学科建设取得的科研成果较第一轮增长了至少2倍以上。通过两轮学科建设，学校各重点学科形成了较鲜明的学科特色，学科实力大幅提升，形成重点建设一批、重点发展一批、重点培育一批的可持续发展格局，汇聚并壮大了学科队伍，产出了优秀建设成果，建成了高层次学科平台，为学校进一步推进学科建设，实施"顶天立地"发展战略打下了坚实基础。

2014年，学校启动第三轮学科建设，确立材料科学与工程等4个校级重点学科，电子科学与技术等5个校级重点建设学科，1个培育学科（软件工程），立项材料工程硕士等5个硕士专业学位点。2015年11月，学校对第三轮重点学科（含硕士专业学位建设点）建设情况进行中期检查，半数以上学科超额完成了中期建设任务，材料科学与工程、环境科学与工程等学科提前完成全部任务指标，5个学位点建设有序推进。

为了发挥校属独立科研机构在学科建设与科学研究中的桥头堡和主

力军作用，2015年12月，学校组织新材料技术研究院等5个校属独立科研机构编制"十三五"发展规划，为学校编制"十三五"学科建设规划提供了有力支撑。同月，我校林学（一级学科）、材料学（二级学科）、人类学（二级学科）三个"十二五"市级重点学科均以"优秀"等级成功通过重庆市教委专家组的终期验收，学校市级重点学科数量增至4个。

第八节　学术期刊

1982年4月，江津师专创办并出版第一期学术期刊——《江津师专》，学校特意成立专门的处级机构——学报编辑室，组建编辑委员会负责刊物的编辑与运行。1983年至1984年，刊物出版因故中断。1985年4月复刊，出版第二期，刊名也更名为《江津师专学报》。同年6月因学校更名而改称《重庆师专学报》。《重庆师专学报》自创刊到1990年年底，八九年间总共出刊20期。1990年年底，学校组建了第二届学报编委会，为学报配设专职编辑，从这时起，学报编辑出版工作逐步常态化：确定为季刊，每季度月末15日按时出版，质量也逐步提高。1994年，学报先后加入"四川省教育学院、师专学报研究会""重庆市期刊协会"，成为会员单位。1998年，学校组建了由学校党政领导、各主要学科带头人和学报专职负责人组成的第三届学报编委会，并重新设置系处级独立建制的学报编辑部，实行校长领导下的主编负责制。同年9月，经重庆市新闻出版局"渝新出报〔1998〕37号"文件批准，《重庆师专学报》由内部学报获准转为正式的学报类期刊，国内公开发行，国内统一刊号CN51-1552/G4，季刊，每期16开96页，系文理综合版。1999年《重庆师专学报》获得国际标准刊号ISSN1008-6501，正式在国内外公开发行，由6印张96页增加到7印张112页。编辑部制定《学报稿件审理办法》《学报稿酬发放标准及外稿收费暂行办法》等一系列工作条例。在重庆市新闻出版局组织的综合考评中，被重庆市新闻出版局评为"良好"等级，获得"重庆市高校首届学报评选优秀奖"。同年11月，《重庆师专学报》正式加入重庆市高校学报研究会和重庆市期刊协会，成为理事单位。2000

年 6 月,《重庆师专学报》加入《中国学术期刊（光盘版）》和《中国期刊网》,获得首届《CAJ-CD 规范》优秀执行奖,并于年底成功承办重庆市高校学报研究会 2000 年年会。

1985 年 9 月,重庆教育学院永川分院创办了《重庆教育学院永川分院院刊》,1985 年至 1986 年均出版 1 期。1987 年至 1989 年因故停刊 3 年。1990 年复刊,更名为《渝州教育学院院刊》,季刊,文理综合版。由于稿源问题,1991 年至 1994 年间,《渝州教育学院院刊》时常合刊出版。1995 年,更名为《渝州教育学院学报》。1998 年 9 月,经重庆市新闻出版局"渝新出报〔1998〕37 号"文件批准,《渝州教育学院学报》获准由内部刊物转为国内外公开发行。从 1999 年第 1 期开始,国内统一刊号为 CN51-1551/G4,国际刊号为 ISSN1008-648X,季刊,16 开 64 页,每季度末出版。

2001 年,重庆师专与渝州教育学院合并组建渝西学院,从 2002 年第一期起,《重庆师专学报》更名为《渝西学院学报》(社会科学版),《渝州教育学院学报》更名为《渝西学院学报》(自然科学版)。运行之初,学校并未单独设置学报编辑部,而是由科研处代管。2003 年,学校领导班子调整办刊思路,设立独立建制的处级部门——报刊编辑部,配置了一定数量的专职编辑,并成立了第三届编辑委员会。2003—2005 年,编辑部逐步建立了学报工作流程、审稿制度和稿酬发放标准等。2005 年,《渝西学院学报》(社会科学版)由季刊变为双月刊,在当年的期刊编校质量考核中,以万分之零点五五的差错率跃居全市社科期刊排行第六名。《渝西学院学报》(自然科学版)以万分之零点八九的差错率位居全市科技期刊排行第 23 名。从 2006 年第一期起,《渝西学院学报》(社会科学版)和《渝西学院学报》(自然科学版)均随校名变更而改称《重庆文理学报》(社会科学版)和《重庆文理学院学报》(自然科学版)。2006 年 3 月,学报社会科学版开辟"非物质文化遗产研究"专栏,开始了学报的特色栏目建设。同年 8 月,《重庆文理学院学报》(自然科学版)由季刊改为双月刊,页码由 6 印张 96 页增加到 7 印张 112 页。

2007 年 4 月,《重庆文理学院学报》(社会科学版)由 7 印张 112 页增加到 8 印张 128 页，"非物质文化遗产研究"栏目在第六届和第七届重庆市期刊好作品评选中连续两届获得优秀栏目奖。2008 年，由于学校实行大部制管理，原报刊编辑部撤销，新成立的学报编辑部挂靠学校科技部管理。2009 年 5 月，学报编辑部承办了"全国地方高校学报研究会会长扩大会议"，学报社会科学版成为副会长单位。2010 年 3 月，学报编辑部承办重庆市高校学报研究会年会。2011 年，学报两刊均获得教育部科技发展中心"中国科技论文在线优秀期刊二等奖"称号。2012 年 3 月，在第十一届重庆市期刊好作品评选中，学报两刊选送的 16 件作品全部获奖。《重庆文理学院学报》（社会科学版）"非物质文化遗产研究"和"文学与人类学"两个特色栏目双双荣获"优秀栏目奖"。同年 6 月，学报社会科学版在重庆市第七届期刊综合质量考核中被评为优秀，首次进入重庆市一级期刊行列，并被通知有资格申报"重庆重点学术期刊建设工程出版专项资金资助"。学报编辑部首次被评为重庆市高校期刊优秀团队。

  2013 年 1 月，经新闻出版总署审批，重庆新闻出版局批复，《重庆文理学院学报》（自然科学版）更名为《重庆高教研究》，由重庆市教育委员会主管，重庆文理学院和重庆市高等教育学会联合主办，系国内外公开发行的教育类专业学术期刊。刊物以"关注高等教育发展进程，反映高等教育改革创新理论成果和实践经验，搭建学术交流平台，为促进西部地区高等教育事业发展服务"为办刊宗旨，立足重庆，面向西部，辐射全国。随后《重庆文理学院学报》（社会科学版）也更名为《重庆文理学院学报》。同年 3 月 10 日，出版"《重庆文理学院学报》30 周年刊庆暨《重庆高教研究》创刊纪念专刊"，收到中国教育学会名誉会长顾明远教授的题词和著名书法家、学报原副主编傅晏风先生的撰联，以及期刊界同仁的贺信。

  为进一步加强编校规范，加强编辑队伍建设，2013 年，学报编辑部加强了对部门内部的规范化建设，制定和完善了相关的内部管理制度。2014 年，为进一步规范期刊建设与管理，明确期刊发展方向，又制定并出台了《〈重庆高教研究〉管理办法（试行）》和《〈重庆文理学院学报〉管理办法（试行）》以及《重庆文理学院期刊编辑部稿件处理系统管理办法（试用）》和《重庆文理学院期刊编辑部绩效考核办法（试行）》。2014年,《重庆文理学院学报》荣获全国高等学校文科学报研究会第五届全国高校社科期刊"优秀期刊"称号,"非物质文化遗产研究"栏目获得"特色栏目"称号。在全国地方高校学报研究会第四届评优活动中,荣获"全国地方高校学报特殊贡献奖","非物质文化遗产研究"栏目被评为"全国地方高校学报名栏"。通过请进来、走出去等方式,学校及期刊编辑部加强了《重庆高教研究》的建设与管理,于10月成功承办了"《重庆高教研究》质量提升研讨会",邀请了教育部原副部长周远清等10余位教育界知名专家学者光临指导。同年《重庆高教研究》成功申请了邮发代号,并于2015年正式通过邮局发行。从2015年起,学报"非物质文化遗产研究"栏目由重庆市文化委员会与重庆文理学院联合主办,并获得重庆市文化委员会连续5年每年10万共计50万元的栏目建设专项资助。随着稿源的不断丰富,在第八届期刊编校质量考核中,《重庆高教研究》的差错率为万分之零点九六,居重庆市期刊前列。从2016年第一期起,《重庆高教研究》页码由7印张112页增加到8印张128页,每期针对高等教育重热点问题组织专题研究和讨论,使刊物紧跟前沿,集中焦点,深度阐发,学术影响力持续提升,在业界产生了较大影响,引起了相关媒体的关注。截至2016年6月,《重庆高教研究》已有60余篇文章被《新华文摘》、人大复印报刊资料、《高等学校文科学术文摘》、中国社会科学网、中共中央编译局等权威机构媒体转载,多篇文章在咨政决策方面发挥了重要作用。

第五章 学生工作

第一节 教育管理

一、建章立制，规范管理

我校学生工作始终遵循"学生为本，德育为先"的基本原则，紧密结合学校人才培养目标，继往开来，锐意创新，不断健全学生教育管理制度，更新学生工作理念，夯实学风建设。总体而言，学生教育管理工作经历了从教育管理到教育管理、指导与服务并举的转变过程。

1979年，江津地区"五七"大学更名为江津师范专科学校，走上了高师发展道路。教务处、学生工作办公室等一系列学生管理机构相继建立，并出台《政治辅导员工作细则》《江津师专学生守则》等10余项全方位、多层次的管理规章制度，学生教育管理工作步入正轨。此后，学校从学生学习、生活、实践锻炼等方面入手，结合时代需求、社会发展、大学教育变化以及学生实际情况，数次修订《学生手册》和《学生管理文件汇编》，不断完善学生教育管理规章制度。

1984年9月，编印的《学生手册》发布"江津师专学生学习、生活常规"，对学生在教室、寝室、食堂、图书馆、阅览室、运动场、游泳池和运动房及公共场所等地的行为规范提出了具体要求。1985年4月，学校承办了四川省师专学生工作研讨会。同年11月，学校举行思想政治工作汇报交流会，交流研讨学生思想政治教育工作。1986年4月，学校成立思想政治教育研究会，建立大学生思想政治教育工作机构，在全校开展"整顿学校纪律，树立良好校风"活动，并以此为契机开始加强社会主义精神文明建设，推动大学生思想政治教育工作，提高育人质量。

1989年9月，学校制定了《重庆师范专科学校学生违纪处分暂行办法》。1990年，根据教育部相关文件精神，出台了《重庆师范专科学校学生管理规定实施细则》，从学籍管理、课外活动、校园秩序、奖励与处分等方面分别对学生行为表现做出规范。1992年12月，随着办学规模的扩大和时代的发展需要，学校组织编印了《规章制度汇编》（学生分册），学生管理制度得到进一步完善，内容涉及学生规范、学生管理、学生考评几大方面，制定了 20 余个学生管理规定（规则、制度或办法），为优化和改进学生教育管理工作提供了有力依据。

1995 年 11 月 23 日，《中国普通高等学校德育大纲》（以下简称《大纲》）颁布。《大纲》颁发后，学校召开专题会议，形成以下共识：一是对课堂教学时间予以保证，如"形势与政策"课分为常识性课程与专题讲座，"常识性课程"每学期安排 6~8 学时，从新生入学到学成毕业贯穿始终，并在内容上做了科学安排；二是抓常规思想教育和行为习惯培养，团队生活和周末教育间周进行，辅导员制订计划，系统地把教育内容分解到周，以专题讲座、讨论、主题班会、竞赛、师能训练等方式进行；三是学校根据中心工作开展大型教育活动，如新生入学教育、毕业生教育、例行重大节日教育，如元旦、三八、五四、七一、十一、一二·九等节日。长征胜利 60 周年时也开展了广泛的纪念活动，对学生思想起到潜移默化的良好作用。1997 年，为做好学生宿舍的管理和服务等工作，新增《学生学习时间管理的十条规定》，细化了学生宿舍管理规定，制定学生宿舍《会客制度》《卫生管理制度》《公物管理制度》《维修管理制度》等。

进入 21 世纪以来，教育环境、教育对象发生了巨大变化，2005 年版及以后的《学生手册》适时新增了学生《思想政治目标教育实施办法》《能力素质培养实施办法》《学生诚信档案》等规定。2006 年 3 月，学校获评教育部首批"依法治校示范校"，是重庆市高校中唯一获奖的学校，反映了我校在学生管理工作中"以人为本"的精神追求和法制化、科学化、规范化的管理理念。2010 年版的《学生手册》分为学习管理、奖励处分与申诉管理、团学活动管理、学生资助管理、安全与纪律管理等几大板块，将学生教育管理规章制度的分类进一步细化和优化，各类管理规定总计增加至 40 个左右。随后几个版本的《学生手册》沿用了这种分类格式，并在 2014、2015 年版的《学生手册》中增加《本科生导师制管理办法》《大学生学习承诺实施办法（试行）》《学生学习及表现警示制度》等，凸显学生分层分类指导，解决学生成长发展困惑，强化对学生开展个性化的指导与服务。

二、思想引领，德育为先

主题教育活动：突出主题活动，激发青年健康向上。根据党委总体部署，各时期开展系列主题活动，对学生进行社会主义、爱国主义和集体主义教育。如以"我爱你，中国"为主题的师生歌咏会，以祝福党的生日为主题的歌咏晚会和以庆祝红军长征胜利60周年、70周年为主题的长征歌曲演唱晚会等。同时，学校还有意识地通过抢答赛、演讲赛、辩论赛等主题活动方式，将大量反映当前现实生活的思想教育内容融于其中，使学生从中受到了教育，得到了锻炼。

主题团日活动：学校主题团日活动采取"班级—院级—校级""社团（部门）—'三委会'""宿舍—楼层—宿舍团总支"等几种模式，对广大团员采取分层引导，取得了较好的效果。团委先后下发了《关于开展重庆文理学院大学生"学雷锋、当传人、树新风"主题教育活动的通知》《关于开展"中华魂·中国梦"（中华美德颂）主题团日活动的通知》《关于开展我校"青年大学生如何开展社会主义核心价值观——从'三农'问题谈起"主题讲座的通知》《关于组织我校师生学习宣传贯彻习近平总书记系列重要讲话精神"四进四信"活动的通知》等文件。通过上下联动、多方合力，结合"我的中国梦""四进四信""贯彻和践行社会主义核心价值观""坚持依法治校建立和谐校园"等主题，组织广大团员青年以支部、社团、团校、部门、宿舍团总支为单位，积极开展了"与信仰对话""我与国旗合个影""我喜欢的理论名篇""学'习'天天见""梦想100人生规划""纪念一二·九学生爱国运动80周年签名活动"等系列活动100余场，大大提高了共青团日活动的质量，增进了团组织的凝聚力和活力，使学生树立了正确的人生观、价值观、世界观。在第31届重庆市"校园之春"活动中，我校团组织生活案例被评为重庆市"优秀案例"。2015年，学校组织召开团组织生活"四进四信"学习研讨会，研讨会找准"四点"用力，夯实"四进"载体，实现"四信"目标，该案例成功入选团中央"四进四信"活动优秀项目，网络投票居重庆市高校第一。学校还成功申报全国高校践行社会主义核心价值观"示范团支部"1个。

培育先进典型：学校涌现了获得全国第五届青少年科技创新奖的谢小平，见义勇为舍身救落水儿童而被追授为重庆市"优秀共青团员"的李龙，危急时刻挺身而出"抢救八旬老人"的吴小刚，率领重庆市残疾人足球队勇夺全国第七届残疾人足球锦标赛第一名的身残志坚的优秀运动员吴刚，"舍己救人"的唐显峰等4名同学。还树立了"挑战杯"团队、"经典诵读"团队、"数学建模"团队、"田径队"男子十连冠、女子六连冠等榜样集体。学校积极利用先进典型事迹教育和引导学生，拓展了团员青年思想政治教育的途径。

抢占引领制高点：为深入贯彻党的群团工作会议精神及关于网络宣传工作的有关要求，学校下发《关于全面推进我校"网上团支部"队伍建设切实加强网络宣传工作的通知》，创建了团委的微信公众号——"重文理团委"（微信号cqwu-tw），加强新媒体建设，以16个二级学院团总支为平台，分别构建了16个二级学院的公众平台，广泛建设"网上团支部"，培养了一批"网络评论员""网络宣传员""网络文明志愿者"。二级学院微信群数量达到500余个，微博500余个。通过创编网络文章、图片、微视频等手段，有效加强了对大学生的思想引领，通过建队伍、强阵地、发声音，搭建网络平台，改善工作方式，传播青年声音，分享创新思维。按照扬正控负的总体思路，扎实推进重点工作，让团员青年在网上能找到自己的组织，确保我校共青团网络宣传工作的实效性。

三、培养骨干，强化队伍

（一）学工队伍建设

辅导员是大学生思想政治教育的骨干力量，其素质和能力对大学生思想政治教育工作有着非常重大的影响，学校历来高度重视辅导员队伍建设工作。辅导员队伍历经了初步形成—逐步健全—完善成熟三阶段。

1979年，学校根据教育部《关于政治辅导员工作条例》并结合学校实际制定了《政治辅导员工作细则》（初稿），政治处同时提出《在学生工作中对政工干部的几点要求》，明确了辅导员工作要求，初步形成了辅导员队伍。20世纪80年代，面对西方各种新思潮的不断涌入，为在新形势下做好学生思想政治工作，学校于1984年和1986年，分别出台《江津师范专科学校政治辅导员工作细则》《学生专、兼职辅导员、班主任补贴暂行办法》《关于考核专职辅导员的具体内容》等文件，逐步健全和完善辅导员队伍。系列文件的出台对政治辅导员队伍建设问题规定明确、措施得力、执行严格，收到了良好效果，辅导员队伍力量得到壮大。

进入21世纪，学校辅导员队伍建设日益完善，进入成熟阶段。2002年以来，先后出台了《学生处辅导员管理考核办法》《辅导员（班主任）工作考核实施办法》《学生思想政治辅导员队伍建设实施办法》《辅导员深入学生宿舍管理办法》《关于加强学生思想政治教育工作队伍建设的实施意见》《思想政治辅导员队伍建设条例》《优秀辅导员评选办法》等系列文件，结合大学生思想呈现出的多元化特点，不断查找问题，确定建设措施。从2010年起，每年开展辅导员论坛或"大学生周末思想教育"讲课比赛，不定期开展专家专题培训、选送优秀辅导员参加国内外培训、分批组织辅导员参加校内外专题培训，不断促进和鼓励辅导员加强学习、全面发展，更好地为学生成长和学校的发展服务。

学校通过岗前培训、日常培训和骨干培训三个途径，不定期组织辅导员参加校外专家专题讲座、教育部或市教委组织的专项培训、各级学术机构组织的学术交流、到各大学或企事业机构实地考察等系列培训活动，提高辅导员的素质和能力。组织开展辅导员职业技能比赛、周末教育课比赛、辅导员博客大赛等比赛，不断促进和鼓励辅导员加强学习，全面发展。近年，学校有1人荣获"全国高校优秀辅导员"称号，1人获得重庆市"辅导员年度人物"称号，14人荣获"重庆市高校优秀辅导员"称号，获得学校优秀教师、优秀教育工作者、优秀党员、优秀党务工作者共计30人次，成功申报市级及以上课题100余项，获各级各类资格证书40余人次。

（二）学生骨干培养

建校以来，学校就十分重视学生干部的培养。在培养原则上，坚持早发现早培养、看发展趋势不求全责备、民主选举任人唯贤、定期交流轮岗锻炼等原则。在培养方法上，坚持高年级的学生干部带低年级的学生干部、能力强的学生干部带能力弱的学生干部、团校干部培训带动系级干部培养、以教师示范促进学生干部自觉自律等方式。在培养途径上，通过团校和校系干部培训班的系统培养，提高学生干部的理论修养和思维能力；通过大型活动的举办，培养学生干部的协作意识和综合能力；通过放手让学生干部主持多方面工作，培养学生干部的自主意识和创新能力；通过有意地向学生干部压担子，培养学生干部克服困难的勇气和毅力。在学生干部的成长过程中，大力提倡"有作为才有地位，有地位才会有更大的作为"的思想意识，努力使学生干部群体形成一种"见了荣誉就让，见了后进就帮，见了先进就学，见了工作就抢"的好风气。他们中的优秀者，或留校任职，或走出学校进入社会担当重任。他们普遍素质过硬、能力过硬、作风过硬，受到学校和社会的广泛好评。

四、狠抓常规，助推学风

建校以来，学校高度重视学风建设，始终坚持"以学生为中心、以成才为目标"的育人原则，采取多种措施，鼓励和引导学生勤奋学习，努力成才。长期以来，学校在学风建设方面形成了一整套比较系统、科学的做法。

以思想教育引导学风建设。通过入学教育、周末教育、个别谈心、学术报告等形式，让学生从思想上认识到进入大学应该干什么、应该怎么干，较好地实现了变"要我学"为"我要学"，激发了学习的自觉性、主动性、积极性。以激励机制促进学风建设。由学工部牵头，相关职能部门配合，制定了一系列激励性的规章制度，在学生中广泛开展争先创优活动，争创学风建设先进集体、先进个人，通过推荐优秀学生到重点大学学习、鼓励学生考研等措施，形成了"比、学、赶、帮、超"的良好学习风貌，充分发挥了正面激励和导向的作用，切实调动了学生刻苦学习的积极性，并通过大力宣传先进典型，引导学生全面发展。

以学生活动推动学风建设。学工部、校团委和各学院相互配合，大力开展丰富多彩的学生活动，充分发挥第二课堂的作用，推动全校学风建设的蓬勃开展。以重点举措保障学风建设,一直坚持开展学生早操、早晚自习,以此强化学生的学习习惯,锤炼学生的自学精神,每学年度各学院早操、早晚自习平均出勤率均达到95%以上。学校制定并实施了《学生课堂规范》和《学生一日学习生活秩序规范》,对学生的课堂行为和一日学习生活秩序做出了明确的要求,确保学生良好的学习生活秩序。学校坚持充分发挥学生党员、学生干部在学风建设中的示范表率作用,通过加强对学生党员和学生干部的教育培养,使他们在学风建设中做到以身作则、带头示范,并大力开展班集体建设,努力营造良好的校风、学风。办学至今,共举行六次学风建设专题研讨会,总结了学校学生工作所取得的成果,积极探索学分制下的学生教育管理新模式,修订和完善了学分制下的学生管理规章制度,促进了各学院学生工作的经验交流和水平提升。同时,学校还积极开展家校沟通,通过寄送喜报、学生消费记录单、电话交流等多种方式向学生家长反馈学生在校的各种表现,通过家长与学校一道促进和保障学风建设。

五、塑造品牌,立德树人

(一)构建大学生思想政治教育可视性评价机制

在高等教育面临新形势和新情况的背景下,学校以"建立目标体系、落实目标任务、评价工作效果"为逻辑主线,以"动态评价与静态评价、定性评价与定量评价、主观评价与客观评价"相结合为基本原则,积极构建大学生思想政治教育可视性评价体系,将大学生思想政治教育从"隐性"层面提升到"显性"层面,把"看不见,摸不着"的测评工作变为一个方向明确、指标清晰、层级分明、系统直观的工作评价系统。

2001年,学校党委创造性地提出并实践"发展性"学生工作理念。在这一理念的指导下,为实现学生思想政治教育的系统化、规范化和科学化,于2003年制定并实施《大学生思想政治目标教育实施办法》,明确不同年级学生的教育目标、实现途径、教育方法和评价手段,为实现大学生思想政治教育可视性评价搭建了平台,克服了过去思想政治教育工作的空泛,使思想政治教育的思路更加清晰、内容更加具体、操作性更强、目标更加明确。这一新的学生思想政治目标教育模型实施以后，受到众多高校思想政治教育工作者的关注，先后有多所高校来校学习或应邀外出交流，也得到了重庆市教委的充分肯定。

  2004年，学校探索并建立了以诚信为本质、以可视性评价为目的的《诚信档案》制度，要求每位学生将自己每学期的成长过程和消费情况在《学生成长记录单》和《学生消费记录单》（简称"双记录单"）上如实填写，以替代空洞、模糊的《学生思想品德鉴定表》。《学生成长记录单》记录了学生的思想政治素质、日常行为表现、专业学习与科研、社会实践锻炼、过级鉴定以及奖励与处分情况等6个方面，全面地反映出学生在校期间的发展历程和成长状况。《学生消费记录单》以学生的家庭经济收入、在校期间的支出来源以及消费支出状况为基础，共设计了学习培训、生活费及人际交往费用等14项具体消费项目，详细反映出学生的消费结构和消费状况。该制度通过确立多元化的评价主体，建立指标化的评价体系，运用可视化的记录载体，追求透明化的评价过程，利用信息化的评价手段，导用社会化的评价结果，得到了学生及家长的广泛认可。

  （二）创建"校领导与大学生在线交流"

  学校采取"直面沟通、载体沟通和家校沟通"的多维沟通手段，以校领导值班制度、职能部门协助制度、话题遴选制度、交流预告制度、交流公示制度和问题督办制度等系列制度作为支撑，创建并坚持"校领导与大学生网络在线交流制度"。学校党委决定每周五（后改为每周一）晚7点半至9点半，校领导轮流参加与学生的在线交流。从2003年5月16日推出在线交流以来，学校认真实践"教育即服务""学生即顾客""质量即生命"等先进教育理念，做到了周周有主题，每周不间断，迄今已成功开展363期，充分发挥了其思想教育、心理咨询、政策沟通、调查研究等导向性功能，在引导学生理解学校规章制度和阶段性工作重点、人生目标确定、学习方法探讨、成长成才等方面发挥了独特作用，为学生提供了一种满意型的思想政治教育服务产品。2007年5月20日，在重庆参加"全国网络思想政治工作现场会"的与会领导和专家到校考察调研，对此给予了高度评价，称赞此活动是"学校与学生联系的绿色通道和心连心的舞台",是"学生踊跃参与的第二课堂",是"学校精心开设的一门特色课程"。《光明日报》《中国高等教育》《重庆日报》等媒体纷纷对这一做法进行了报道。

（三）开展大学生心理健康教育

1994年10月15日，重庆师专成立了"蔚蓝心理咨询中心"。之后，学校一直坚持学生心理咨询工作，且越办越成熟。升本建院后，心理咨询中心得到有力加强，专兼职人员已增加到12人，有专门的咨询室，配有电脑和常用心理测验量表及软件，制定了相应的规章制度，创办有《蔚蓝心理咨询》季刊。为了更方便、更有效地为学生提供咨询服务，中心实行单周一、三、五，双周二、四、六的全天坐班制度，并开设有心理咨询专线。心理咨询工作在学校正式开展以来，已建立起一套较为有效的运作机制，取得了一定的成绩。"蔚蓝心理咨询中心"创始人之一、教育系曹成刚教授被重庆市教委评为"重庆市师德先进个人"，其论文《青年学生心理健康认识现状及原因探析》获重庆市第四次社会科学优秀成果奖。

（四）实施"大学生成长目标导航计划"

2012年，学校在广泛调研和充分论证的基础上，开始实施"大学生成长目标导航计划"。同年4月18日，召开"大学生成长目标导航计划"研讨会。2013年3月14日，召开大学生成长目标导航工作推进会，正式确定开始实施"大学生成长目标导航计划"，坚持以"学生成长发展"为关注焦点，探索从"教师中心"向"学生中心"的转变，组建专业导师、人生导师、校外导师和朋辈导师团队指导大学生成长，并开发"大学生成长目标导航"系统软件。该计划按照"成长目标—核心能力—实施路径—信息支持"的思路，为学生提供简洁、明晰、可视的成长目标导航路线图，使学校的人才培养更好地服务和满足学生需求，使教师的教与学生的学有机地结合，从而让学生过上更加有目的、有意义、有任务、有憧憬的大学生活。在该计划推行过程中，学校学工人员不断开展理论研究，成功申报学工品牌项目"目标教育助推学生发展工程"，重庆市教委人文社科项目"从目标教育视角构建高校人才培养目标分层模式"，重庆市高等教育教学改革研究项目"成长目标导航与大学生学习管理新模式的探索与实践",重庆市高校辅导员择优资助项目"运用新媒体建立大学生成长目标导航机制"等,发表相关学术论文10余篇。2014年,指导各二级学院分类建立了指导大学生成长的专业导师、人生导师、校外导师和朋辈导师团队达100余人。截止到2016年4月,3 000余名参加试点的学生有了导师指导与帮扶,学习的积极性和主动性得到提高,自我规划、自我管理的能力得到提升。

（五）深化周末思想教育课程改革

建校初,学校搭建周末晚点名育人平台。2009年,学校在传统周末晚点名的基础上面向全校非毕业班开设"大学生周末思想教育"公共必修课,讲授思想道德、就业创业、安全法制、能力素质、心理健康、形势政策等多方面的知识,培养学生为人、为事、为学、为业的全方位能力与技巧。2013年和2015年,学校对"大学生周末思想教育"的教学大纲、专题板块、授课形式、师资配备等方面进行两次教学改革。2010年,成功申报重庆市教改项目"大学生周末思想教育课程化改革与探索"。2011年,成功申报重庆市人文社会科学项目"大学生思想政治教育周末课程化研究",出版《大学生周末思想教育教程》等校本教材4部。2011年,在重庆市大学生思想政治教育座谈会上,校长孙泽平汇报我校大学生思想政治教育周末课程化建设的举措,得到与会领导的高度评价。近年来紧紧围绕"大学生思想政治教育周末课程化建设"这一主题,发表了学术论文20余篇,《中国教育报》对其建设的部分成果给予了专题报道。

第二节 招生就业

一、招生工作

江津地区"五七"大学,是当时江津地委主办主管的学校,其招生范围也都在江津地区所辖8县。1976年,学校招收"社来社去"学生206人（实为1977年2月入学）,有农机、农电、中文、数学4个专业,学制2年。第二届学生为通过1977年冬季恢复高考后的首届学生,入学时间为1978年3月，专业为中文、数学、农机、外语4个，其中中文、数学、农机三专业学制3年，外语为一年制短训班；四专业人数共296人。第三届学生为通过1978年夏季高考后的学生，专业为中文、数学、外语3个，学制3年，人数259人。从1978年起，学校招收学生均为夏季考生。

1979年，学校更名为江津师范专科学校，走上师范发展道路，由四川省高教局管理，生源范围扩展到四川省除甘孜、阿坝、凉山州外的所有地区，招生人数为213名，多为1979年应届高中毕业生，专业有5个，为中文、数学、外语、化学、体育，其中体育专业办学地点先在永川县江津地区体校内，1980年方回到学校本部就读。

1983年，生物专业开始招生，生源扩展到全四川省，招生人数319名。

1984年，政史专业开始招生，招生人数654名。

1985年，学校更名为重庆师范专科学校，招生专业共7个，生源来自全四川省，招生人数669名。

1986年，物理专业开始招生，学校专业增加至8个，招生人数877名。

1987年，音乐专业开始招生，学校专业增加至9个，招生人数939名。

1988年，体育专科预科开始招生，招生人数42名。学校专业不含预科共9个，全体生源均来自四川省，专科招生人数897名。

1992年，美术专业开始招生，学校专业增加至10个，招生人数962名。

1993年，体育专科预科停招一年，1994年恢复招生。

1998年，学校在重庆市直辖后首次招生，专科专业达到15个，招生范围为四川省和重庆市，专科招生人数为1 106名。同时，增设了普通专科预科，招生人数53名。

1999年，学校开始与重庆师范学院合作开办本科教育，重师在我校举办办学点，招收本科生70名，专业为中文和数学。学校15个专科专业招生人数为1 127名，专科预科74名。

2001年，学校成功合并升本，定名为渝西学院，逐步走上了以本科教育和非师范教育为主的发展道路，招生人数大幅增加，招生范围快速向全国扩展。升本当年本科招生范围仍限为重庆市，首届招生有5个本科专业，共405名新生；专科招生范围为四川省和重庆市，有26个专业或方向，共招生 2 744 人，同时，高职专科开始在重庆范围内招收三校生；专科预科招生 78 人。

2002 年，本科招收 13 个专业或方向。招生范围扩展到重庆、四川、云南、广西、海南、江西、河南、湖南、湖北 9 个省市；同时，重庆职教师资电子类开始招生，招收本科新生 941 名。本科预科开始招生，首次招收 57 人。专科及高职专科有 32 个专业或方向，招生人数 2 035 名。专科预科继续招生 47 人。

2003 年，本科专业或方向增加到 22 个。招生范围增加为重庆、四川、云南、广西、海南、江西、河南、湖南、湖北、山东、山西、陕西、河北、黑龙江、贵州、甘肃等 16 个省市。同时，重庆应用技术本科开始招生，本科招生人数共计 1 287 名。本科预科招生人数 54 人。专科及高职专科有 34 个专业或方向，招生人数 1 988 名。专科预科继续招生 51 人。

2004 年，本科专业或方向增加到 32 个。舞蹈学专业开始招生，本科招生范围增加到 18 个省市自治区，较 2003 年增加了内蒙古和辽宁。艺术类专业开始在山东和湖北设立校考考点。2004 年本科招生人数共计 2 083 名。本科预科招生人数 113 人。专科及高职专科有 30 个专业或方向，招生人数 2 073 名。专科预科继续招生 40 人。

2005 年，学校更名为重庆文理学院，本科专业或方向增加到 37 个。招生范围增加到 20 个省市自治区，较 2004 年增加了广东和新疆。艺术类专业继续增设省外校考考点，有山东、湖北、湖南、河南，首次试验广播电视新闻学专业招收艺术类考生。2005 年本科招生人数共计 2 221 名。本科预科招生人数 80 人。专科及高职专科有 30 个专业或方向，招生人数 1 466 名。专科预科继续招生 47 人。

2007 年，本科专业或方向增加到 42 个。招生范围增加到 21 个省市自治区，较 2005 年增加了安徽。艺术类专业继续增设或调整省外校考考点。2006 年有山东、内蒙古、新疆、湖北、湖南、江西等考点，2007 年调整为山东、内蒙古、湖北、湖南、江西。2007 年本科招生人数共计 2 657 名。本科预科招生人数 84 人。专科及高职专科有 19 个专业或方向，招生人数 950 名；专科预科停止招生。

2008年，本科专业或方向增加到47个。招生范围增加到25个省市自治区，较2007年增加了浙江、江苏、甘肃和贵州。艺术类专业省外校考与上年相同，有山东、内蒙古、湖北、湖南、江西。2008年本科招生人数共计3 062名。开始招收重庆市体育特长生篮球和田径专项。本科预科招生人数75人。专科及高职专科减少为17个专业或方向，招生人数970名。

2009年，本科专业或方向增加到53个。招生范围增加到26个省市自治区，较2008年增加了北京市。艺术类专业继续增设或调整省外校考考点，2009年艺术校考省份有山东、内蒙古、河北、山西、甘肃、福建、湖北、湖南、江西。2009年本科招生人数共计3 509名。首次开办中外合作办学项目——工商与信息管理国际班。本科预科招生人数97人。专科及高职专科有20个专业或方向，招生人数766名。

2010年，本科专业或方向增加到57个。招生范围仍为26个省市自治区，艺术类专业较2009年增加了黑龙江与安徽二省为省外校考考点。2010年本科招生人数共计4 166名。本科预科招生人数127人。专科及高职专科有11个专业或方向，招生人数596名（含首次接收重庆市三二分段二年制专科246人）。

2011年，本科专业或方向增加到65个。招生范围仍为26个省市自治区，艺术类专业新增一个广播电视编导专业。继续增设或调整艺术类专业省外校考考点，2011年停止了黑龙江省的艺术校考，增设了广西和贵州。停止重庆三本即应用技术本科招生，开始面向全国招收高水平运动员篮球专项生，重庆体育特长生仅为田径专项，同时首次在山西招收对口升学本科157名，2011年本科招生人数共计4 728名。本科预科招生人数146人。停止全日制普通专科招生，专科仅接收重庆市三二分段二年制专科208人。

2012年，本科招生专业或方向为59个。招生范围增加为27个省市自治区，较往年增加了西藏。艺术类专业省外校考考点与上年相同。暂停招收重庆职教师范本科，继续招收山西对口本科，继续招收高水平运动员篮球专项，重庆体育特长生项目增加为田径、足球、艺术体操。2012

年本科招生人数 5 060 人。本科预科招生人数 177 人。专科仅接收重庆市三二分段二年制专科 350 人。

2013 年，本科招生专业或方向为 62 个，招生范围仍为 27 个省市自治区。调整艺术类专业省外校考考点，减少为山东、湖北、湖南、山西、甘肃、河北、广西。恢复重庆对口本科招生，继续招收山西对口本科，继续招收高水平运动员篮球专项，重庆体育特长生项目为田径、足球、艺术体操。2013 年本科招生人数 4 580 人。本科预科招生人数 137 人，专科仅接收重庆市三二分段二年制专科 386 人。

2014 年，本科招生专业或方向为 62 个，招生范围仍为 27 个省市自治区。继续调整艺术类专业省外校考考点，省外考点有山东、湖北、湖南、山西、甘肃、河北、江西。继续招收高水平运动员篮球专项，停止招收山西对口本科，重庆体育特长生项目为田径、足球。2012 年本科招生人数 4 635 人。2014 年本科预科停止招生，专科仅接收重庆市三二分段二年制专科 521 人。

2015 年，本科招生专业或方向为 60 个。招生范围仍为 27 个省市自治区，全面停止省外艺术专业校考。继续招收高水平运动员篮球专项，停止重庆体育特长生招生。2015 年本科招生人数 4 857 人。专科仅接收重庆市三二分段二年制专科 601 人。

2016 年，本科招生专业或方向为 61 个。招生范围仍为 27 个省市自治区，继续全面停止省外艺术专业校考。继续招收高水平运动员篮球专项。2016 年本科招生人数 4 800 人。停止重庆市三二分段二年制专科招生。

二、就业服务

（一）平台建设

建校之初，毕业生就业工作按国家下达的计划指标实行"统包统分"安排，强调的是"服从分配"，就业工作主要体现为做好国家分配工作。随着高等教育改革的发展，从 20 世纪 90 年代中期开始，高校毕业生除个别特殊院校和专业外，逐步开始实行"自主择业"。学校于 2000 年成立了就业办，为学生提供就业方面的服务。就业办通过举办双选会、成立就业联盟、发布网上求职信息、开设创业先锋班、建设微型企业孵化园、充分发挥各级人社系统人才交流中心的作用等方式搭建学生就业平台。为整合区域就业资源，2009年，学校联合永川其他高校组建了重庆职教城就业联盟。同年11月21日，重庆职教城2010届毕业生"双选会"在学校红河校区隆重举行。

（二）就业推进

2009年11月20日，学校就业创业工作会召开，提出"创业至上就业为本"的理念，将创业纳入就业工作体系。2010年5月7日，召开2009届就业工作表彰暨2010年就业工作推进会，将就业工作纳入专项考核与表彰。学校先后出台《关于印发〈重庆文理学院就业工作暂行管理规定〉的通知》《关于印发〈重庆文理学院毕业生就业工作管理规定〉的通知》，指导和推进就业工作。2013年3月，学校在2013届毕业生就业工作推进会上要求，各二级学院院长要高度重视就业工作，充分体现"一把手"工程。各二级学院要广泛收集就业信息、开拓就业渠道。学校分管领导要经常联系各学院，随时掌握各学院就业工作动态。各学院要做好考研、公招等专项工作服务与指导，加强特殊学生、困难学生的就业帮扶，做好毕业生就业跟踪和信息收集、统计工作，切实做好毕业生就业工作。

2014年，学校在2013年招生总结暨2014届毕业生就业工作推进会上提出，学校下一步的就业工作要按照"分两头抓"的思路，要以人才培养质量为着力点，从根本上提升毕业生就业竞争力。要落实就业工作"一把手"工程和全员化，做好就业常规工作。各二级学院要高度重视就业工作，要将就业工作与党的群众路线教育实践活动结合起来，要将就业工作与学校转型发展和人才培养模式改革结合起来，要将就业工作与学生教育管理工作结合起来。加强专业内涵建设，提高教育教学质量，通过改革人才培养模式，增强毕业生就业创业能力。

2015年5月，学校在2015届毕业生就业工作推进会上提出：就业工作要与专业结构调整和人才培养模式改革相结合，就业工作要与创新创业教育和转变毕业生就业观念相结合，就业工作要与"三严三实"专题教育活动相结合。解决大学生就业就是解决民生，各单位领导干部必须克服"懒政、怠政、不作为"现象，积极发挥政策导向作用，充分调动一线就业工作人员的积极性。各二级学院院长务必亲自统筹毕业生就业工作，做好服务和保障。要随时掌握本学院毕业生就业的情况和问题。各学院要从两方面抓就业：一是从源头抓起，"治标"与"治本"结合，通过抓人才培养模式改革来提高毕业生就业竞争力；二是多渠道抓好就业工作本身，提高就业质量。

（三）市场拓展

为帮助学生就业，学校努力通过多种形式，积极拓展毕业生就业市场和空间。2006年，学校领导带领相关人员，走访了江津、綦江、万盛等重庆10余个区县，开展毕业校友的调研活动和信息收集工作，从区县教委、社会人士以及用人单位收集到了对我校和毕业生评价的第一手材料。

2013年10月25日，学校与浙江省绍兴市越城区人民政府举行了"专业人才引培、校企对接合作洽谈会"，学校成为该区"专业人才引进培养合作共建基地"，5个学院与参会的部分企业签订了《绍兴市越城区校（院）企合作协议》。2015年5月21日，学校与昆山高新区举行"人力资源开发合作洽谈会"，与该区众多企业达成合作协议。通过与江浙地区地方政府、企业单位的合作，学校成功地将毕业生输送到了长三角地区。

2013年11月13日，重庆职教城就业联盟与珠三角地区企业合作洽谈会在我校举行，11家珠三角地区企业和学校达成合作协议，学校将毕业生就业市场拓展到了珠三角地区。

近年来，与学校达成就业合作协议的还有四川省泸州市酒城建筑职教集团、四川泛美航空教育集团、重庆长江轮船公司、重庆东江实业有限公司、美国维多利亚游轮（中国）管理公司等，为学生就业提供了稳定的渠道。

（四）就业教育

学校通过主办就业指导讲座、各类招考能力培训班等形式，帮助学生分析就业形势，应对就业压力，提高就业能力，另外，还通过主办或组织学生参加各类模拟比赛，以实战锻炼的形式培养学生的就业择业能力。

学校近年举办的招考能力培训班有：2013年12月21至22日，2014届毕业生事业单位招考能力提高班；2014年2月28日至3月1日，2014年事业单位招考暨三支一扶考试能力提高班；2014年3月28至30日，2014年公务员招录考试能力提高班；2014年11月28日，2015年硕士研究生入学考试备考冲刺公益培训班；2014年12月28日，2015年公务员、选调生招录考试能力提高公益培训班；2015年3月14至17日，2015年事业单位招考暨教师公招公益培训班；2015年10月17日，永川软件园企业储备干部预备班（第一期）暨重庆职教城毕业生就业技能提升公益培训班。

主办或组织参加的求职模拟比赛有：2013年，重庆市"动感求职"杯大学生职场模拟招聘大赛；2014年，由学工部、校团委主办，大学生就业创业协会、社联活动策划部承办的"职场青春"大学生模拟职场大赛；2014年，"云日"杯重庆市第三届普通高校大学生职业生涯规划大赛；2015年，"正和岛"杯重庆市第二届大学生职场模拟招聘大赛。

（五）领导关怀

2006年6月6日，重庆市教委学生处副处长谢建松一行两人到学校指导调研毕业生就业工作。12月28日，重庆市大学中专毕业生就业指导中心主任文厚润一行三人到学校检查指导毕业生就业工作。

2011年6月14日，全国高校毕业生入伍预征督查工作组成员、教育部高校学生司副司长黄宇、教育部高校学生司综合处干部董荣妮、教育部高校学生司就业处干部冯晓凯、成都军区司令部动员部参谋周军一行，在重庆市大学中专毕业生就业指导中心主任文厚润、重庆警备区军务动员处参谋郑仕伟等人员陪同下，到我校对2011年毕业生入伍预征工作情况进行检查指导，随后视察了我校大学生微型企业创业园。2011年8月，教育部简报〔2011〕第118期刊发学校改革发展情况，专题报道了学校就业创业工作。2011年10月21日，在重庆市教育委员会主办，重庆市大学中专毕业生就业指导服务中心承办的"时英杯"首届重庆市高校就业指导课程教学大赛讲课比赛中，我校学工部教师李莉荣获第一名，入围全国决赛。2011年11月22日，在教育部召开2012年全国普通高校毕业生就业工作网络视频会上，袁贵仁部长在讲话中指出：重庆文理学院着力建设大学生微型企业创业园，落实大学生创业方面取得显著成效。

2013年5月25日，教育部全国高等学校学生信息咨询与就业指导中心就业网络处处长方伟、副处长文双元带领江苏省高校招生就业指导服务中心、南京林业大学、南京工业职业技术学院相关负责人在重庆市大中专毕业生就业指导服务中心主任文厚润、重庆市教委学生处副处长刘畅的陪同下莅临我校考察调研。2013年6月26日，教育部召开2012—2013年度全国毕业生就业典型经验高校座谈会。教育部副部长刘利民出席会议并讲话，学校副校长万书辉出席本次会议并接受教育部"2012—2013年度全国毕业生就业典型经验高校"授牌。2013年12月，市教委印发文件《重庆市教育委员会关于评选西南大学等6所高校为首批重庆市普通高校毕业生就业示范中心的通报》（渝教学〔2013〕17号），我校被评为6所首批重庆市普通高校毕业生就业示范中心之一。

2014年3月4日，重庆市人社局人才交流服务中心主任赵云中、副主任熊荣军、大学生工作部部长石智勇、重庆万国人力资源管理有限公司总经理袁珂姣等到我校调研。我校副校长万书辉、学工部部长董刚等陪同调研。

（六）所获荣誉

2007年3月，获重庆市普通高校毕业生就业工作先进集体。2009年3月，获重庆市2007—2008年高校毕业生就业市场建设奖。2011年3月，获重庆市2009—2010年普通高校毕业生就业工作创业指导服务奖。2011年4月，被永川区微型企业发展工作领导小组评为"微型企业发展工作先进单位"。2011年11月，获重庆市第二届大学生创业大赛优秀组织奖。2011年12月，被重庆市人社局、财政局、就业工作领导小组授予"重庆市创业孵化基地"。2012年3月，被中共重庆市永川区委办公室、永川区人民政府评为"2011年度城乡就业工作先进集体"。2012年3月，被重庆市教委、重庆市人民政府征兵办公室评为"2011普通高校毕业生入伍预征工作先进集体"。2012年9月，被授予"征兵工作先进单位"。2012年12月，获重庆市第三届创业大赛优秀组织奖。2013年3月，被重庆市教委评为"2011—2012年度高校毕业生就业工作先进集体"。2013年5月,被教育部授予"2012—2013年度全国毕业生就业典型经验高校"。2013年6月,获2013年重庆"动感求职"杯大学生职场模拟大赛优秀组织奖。2014年6月,被中共重庆市委教育工委、重庆市教委评为"重庆市第三届普通高校大学生职业生涯规划大赛优秀组织奖"。2014年6月,获永川区2014年创业大赛优秀组织奖。2015年6月,获重庆市第二届大学生职场模拟大赛优秀组织奖。2015年7月,获永川区2015年创业大赛优秀组织奖。

第三节 学生奖助

一、健全制度

在1989年之前,学校没有出台专门的学生奖励与资助制度,但在《江津师范专科学校学生学籍管理办法实施细则》(试行稿)(1984年9月版《学生手册》)和《重庆师范专科学校学生学籍管理办法实施细则》(1986年8月版的《学生管理文件汇编》)的第八章"奖励与处分"中,均制定了学生奖励方面的规定。学校当时设立的奖励主要有"三好学生""优秀学生干部""积极分子"等少量类别,实行精神鼓励与物质奖励相结合、以精神鼓励为主的奖励办法。

1989年9月版《学生管理文件汇编》中,除了《学生学籍管理办法》,新增了《学生专业奖学金暂行办法》,决定从1987级开始,在学生中实行专业奖学金制度,分为一、二、三等及单项奖。在1990年9月版的《学生管理文件》中,学生奖励则并入了《学生管理规定实施细则》中,将"三好学生"等荣誉称号的奖励和专业奖学金奖励的内容合并在一起。

1992年12月版《规章制度汇编》(学生分册)和1997年10月版的《学生手册》出台专门的《重庆师专学生奖励与处分条例》,除"三好学生"等荣誉称号的奖励和专业奖学金奖励的内容外,对学生参加各级各类比赛获得名次的奖励标准也做了相关规定;还出台《重庆师专学生评优办法》,规定三好学生、先进学生干部(1997版学生手册中改为"优秀学生干部")、积极分子、优秀毕业生的评选条件和评选办法。此外，制定《重庆师专团员、团干奖惩办法》，规定团内奖励条件及等级。自此，学生奖励的制度已经初步形成体系，涉及个人的奖项主要有三好学生、先进学生干部、积极分子、优秀毕业生、优秀团干部、优秀团员、先进班集体等。学校每年五四青年节前后开展先进集体和先进个人的评选活动，并开展相关的表彰活动和先进事迹宣讲活动。

自2004年开始，学校将学生奖惩方面的管理内容分列开来，单独制定《重庆文理学院学生奖励办法》《重庆文理学院学生奖学金评定办法》，设立"先进班集体""文明寝室""五四红旗团支部（团总支）""社会实践先进集体"等若干集体奖和"感动校园"奖、"十佳青年""三好学生""优秀学生干部""优秀团员（团干部）""社会实践（自立自强、精神文明建设、文艺活动、体育活动、科技创新）先进个人""优秀实习生""优秀（良）毕业生"等10余个个人奖，极大丰富了奖励类别，充分调动了学生德智体美全面发展的积极性和主动性。

2010年，结合国家政策和重庆市教委的相关工作，学生奖励制度中又增加了《重庆文理学院国家奖学金管理暂行办法》《重庆文理学院国家励志奖学金管理暂行办法》《重庆文理学院国家助学金管理暂行办法》。《重庆文理学院学生奖励办法》除了规定国家（励志）奖学金、师范专业奖学金、综合奖学金、单项奖学金等奖学金名称外，还新增了国家助学金，且集体奖和个人奖增设了标兵的评选，进一步鼓励了学生刻苦学习、不断进取。目前，每年学校奖励各类先进集体和个人4 000余个（人次）（不包括学生竞赛获奖、国家励志奖学金和国家助学金获奖人次）。

二、助学工作

（一）助学贷款

学校自建校以来，就十分关注家庭经济困难学生，出台了多种文件和管理办法来逐步拓展、完善学校的资助工作。1993年10月，学校成立了勤工助学小组，在校内开展一系列劳务活动，一方面使学生得到了锻炼，另一方面资助学生顺利完成学业。1994年，学校在经费紧张的条件下,为了帮助家庭经济困难学生完成学业,出台《关于学生贷学金管理办法》,使部分家庭经济困难学生通过向学校贷款的形式来解决学费、生活费等问题。

1999年,国家助学贷款政策出台,学校积极贯彻国家政策,积极联系相关银行,开展学生的国家助学贷款申请工作,配合银行逐步为学生办理国家助学贷款。同时,学校为了帮助未获得国家助学贷款审批资格的学生顺利完成学业,于2003年又出台《渝西学院校内助学贷款实施办法》,解决部分学生的学费、生活费等问题。2004年,我校首批国家助学贷款学生资格得到审批,第一批办理国家助学贷款的学生为223人,金额为988 815元。

2004年,国家大力开展贫困助学工作,学生助学工作得到了高度的重视。学校也开始实施"贫困生爱心助学工程",并初步建立以绿色通道、奖助学金、助学贷款、勤工助学、临时困难补助和学费减免为主体的、多元化的困难学生资助体系,帮助家庭经济困难学生顺利完成学业。鉴于家庭经济困难学生人数较多,为更好地开展学生资助工作,规范学生贷款工作,2005年,学校出台《重庆文理学院学生国家助学贷款管理实施办法》。2006年,学校专门成立"重庆文理学院国家助学贷款管理中心",主要负责学生的勤工助学和国家助学贷款的工作。随着国家助学贷款制度的改革,由国家助学贷款逐步转变为生源地助学贷款以来,学生贷款的人数不断增长。

2007年8月,国家新出台"生源地信用助学贷款"政策,我校积极响应国家号召,于2008年开始办理生源地信用贷款,首次办理贷款人次达291人次,金额近165万元,以后贷款人数逐年增多。2009年,学校出台《重庆文理学院生源地信用助学贷款管理办法(试行)》。

2008年,学校成立"重庆文理学院学生资助管理中心",全面负责学校的助学工作,重点开展助学贷款、勤工助学、国家助学金评定与发放、大学生应征入伍补偿、临时困难补助、节假日贫困学生慰问、困难学生帮扶、企业和企业家奖助学金开拓、管理等工作。从2010年开始,国家开发银行的生源地信用助学贷款全部通过国家开发银行助学贷款信息网申请,贷款方式和程序简化,贷款人数猛增,仅2010年贷款人次就达3 017人次,贷款金额达1 619.8万元。截至2015年,我校有23 000余人次办理了生源地贷款,有效地缓解了家庭经济困难学生的经济压力,帮助他们顺利完成学业。

（二）勤工助学

学校为减轻经济困难学生的经济负担,积极为学生开设勤工助学岗位。1993年10月,学校成立了勤工助学小组。1995年,学校为加大勤工助学资助力度,特向省财政申请勤工助学启动资金5万元,从学杂费和预算外收入中划拨5万元作为配套资金,扩大学生勤工助学活动队伍。

2003年,学校出台《渝西学院学生勤工助学管理办法》。2005年,出台《重庆文理学院学生勤工助学管理办法》,从制度上开始保证勤工助学活动的顺利开展,保证学生勤工助学后补助的发放标准和发放时间等。为进一步增加勤工助学岗位,学校在2007年出台《重庆文理学院"学生助理工作制"实施办法》,帮助了更多学生。与此同时,学校积极与校外企业合作,进一步为学生开创勤工助学平台。2006年,开设了学校桶装水勤工助学项目,由学校与水厂签订协议保证桶装水质量,之后全部由学生负责管理和桶装水送货等,旨在为学生拓宽勤工助学岗位,同时鼓励学生自强、自立。每年通过此项目受益的学生100余人,根据个人劳动情况,勤工助学补助最高的学生可达1 000元以上。

此外,学校于2010年开始和中国移动公司重庆永川分公司和中国邮政重庆永川邮政公司合作,创建学校移动营业厅和学校邮政服务中心两个"勤工助学创业实践基地",帮助家庭经济困难又励志创业的学生开辟勤工助学岗位,在该岗位上参加过勤工助学的部分优秀学生现已成为移动公司和邮政公司的正式员工。2011年,学校又建立了洗衣房勤工助学项目,勤工助学学生主要是做好洗衣机维护、洗衣房环境卫生、洗衣机投币器硬币回收等工作,此项目既帮助了经济困难学生,又服务了全校师生。

（三）国家奖助学金

2003年,教育部和地方政府开始设定国家奖学金,国家奖学金政策是每年资助一等奖学金6 000元,二等奖学金4 000元,我校2003年获得国家奖学金金额为262 000元。2004年，国家重新修订了国家奖学金评选制度，并建立了国家助学金，将国家奖学金金额统一确定为4 000元每人每年，国家助学金为1 500元每人每年。

2006年，国家又在原有的国家奖学金和国家助学金基础上，设立了地方奖学金，地方奖学金由地方财政解决拨款问题，标准为每人每年1 500元，首批获得地方奖学金的学生为121人，金额达181 500元。2007年，国家加大了对贫困学生的资助力度，规范了国家助学体系，将国家助学金分为三个等次，一等助学金3 000元，二等助学金2 000元，三等助学金1 000元。同时，将地方奖学金更名为国家励志奖学金，并将奖学金标准提高到每人每年5 000元，主要用来奖励和资助家庭经济困难又成绩优秀的学生。当年学校获得国家奖学金的人数为36人，获得励志奖学金的人数为410人，获得国家助学金的人数为4 408人，总人数4 845人，总金额10 714 000元。

2010年，学校出台《重庆文理学院国家助学金管理暂行办法》。为了配合国家助学金的评定工作，学校在2010年出台《重庆文理学院家庭经济困难学生认定与管理办法》。2011年，国家助学金增加了资助力度，一等助学金4 000元，二等助学金3 000元，三等助学金2 000元。从2011年开始，学校受到国家资助的学生人数都未低于5 000人。2015年，学校获得国家奖学金和国家励志奖学金、国家助学金人数6 932人，资助金额21 628 000元。这极大地缓解了学校经济困难学生的经济压力，帮助他们顺利地完成学业。

（四）社会资助

在上述资助项目之外，学校还充分利用校内校外资源帮助学生解决生活问题，与校外企业和爱心人士签订捐资助学协议。1998年，学校出台了《重庆师专关于评定"周建南助学金"办法的通知》，每年为50名学生争取经济帮助，每生每年达1 000元。在紧密联系校外资源开展捐资助学的同时，校内教师开始了捐资助学活动。为了更好地开展师生帮扶活动，学校于2011年出台了《重庆文理学院"师生结对帮扶活动"实施方案》，动员全校师生开展捐资助学，不论是学校领导、部门负责人还是离退休老同志或刚参加工作的新教职工，都纷纷加入师生帮扶工作，在全校开展了轰轰烈烈的"师生结对帮扶活动"。

2010年，学校与重庆新泰机械有限责任公司进行校企合作，建立"新泰奖学金"，用于奖励表现特别优秀的学生，当年就有15名学生获得3万元的奖学金。2013年，新泰公司主动提出增加奖学金投入，将奖学金金额从每年3万元提高到每年10万元，自此每年均有25名学生分享10万元的新泰奖学金。与此同时，学校通过重庆银坤集团联系深圳爱心人士何力先生，在学校创立"银坤—何力奖助学金"，每年为45名学生争取经济帮助，每人每年为5 000元，进一步缓解了经济困难学生的经济压力。

2013年，学校将"结对帮扶"活动进一步拓展和完善，出台《重庆文理学院关于切实做好"四困生"帮扶工作的实施意见》。2014年，出台《关于进一步做好"四困生"帮扶工作的通知》，对于经济困难学生、学业困难学生、就业困难学生和心理困难学生等不同困难类型，有针对性地开展相应的指导和帮扶活动，为学生的健康成长成才做好服务。2015年，学校与西南财经大学光华教育集团合作，建立光华奖学金，首批获奖者25人共获得10万元奖学金，同时光华教育集团还为获奖学生配备校外导师，指导学生成长和创业。

第四节 学生社团

学校积极鼓励学生在完成学习任务之余，以兴趣为纽带，组建或参与各种学术性、文艺性社团，发展兴趣特长，活跃校园文化。自1976年建校以来，以中文系学生为主，相继建立的太白文学社、湖光文论社、神笔书画社及了望采访社等社团在校内学生中产生了积极的反响，并且逐步将影响从校内扩大到校外。

学校在进入80年代后期的快速发展期之后，学生社团也顺应时代潮流开始了自我完善和发展壮大。在众多的学生社团和刊物中，影响较大的有：重庆师专书法协会、重庆师专新闻通讯社、数学爱好者协会、桥牌协会、摄影艺术沙龙、星湖写作社以及《流萤》《学生生活报》《湖光》

《了望》《星湖》等内部小报。这些社团和刊物均有完善的体制，以刊物为载体，以活动为依托，邀请校内外专家学者开讲座或举办其他交流活动，在丰富学生课外生活的同时，提高了学生自身文化素质和动手能力。

学校升本后，学生人数更多，生源地域更广，同时学生的个性特长更为突出，爱好兴趣更加广泛，学生社团数量也随之大量增加。除传统的写作、书法、摄影之类社团外，各类语言交际、文化创意、电脑设计、影视动漫、体育健身、志愿服务以及各类学术专业社团等，都迅速成长起来。同时，学校举办社团文化艺术节，由各个社团承办各项活动与赛事，以此鼓励学生锻炼才能，促进社团成长壮大，丰富学生精神生活，活跃繁荣校园文化。

2003年11月至12月，党委宣传部对学生社团情况进行了不同程度的摸底调查，对星湖写作社、渝西青年、燎原社、武术协会、健康教育社、家电维修协会、语言文化艺术社和朝阳演讲会等8个具有代表性的社团进行了重点调查，形成了《摸清底数，找准症结，探询规律，改进管理——关于我校学生社团建设的调查报告》。调查显示，截至2003年10月15日，在党委宣传部通过审批成立的学生社团有27个。按所在单位划分，中文系4个，数计系4个，外语系1个，美术系1个，物信系2个，教育系10个，体育系3个，校团委1个，化环系1个。按社团的外延来划分，文科类社团有15个（如星湖写作社），理科类社团有7个（如中数协会），其他类5个（如象棋协会）。按社团的内涵来划分，可分为3类，其中实践操作型社团12个（如家电维修协会），理论型社团10个（如青年研究会），兴趣型社团5个（如武术协会）。社团内办有刊物者5个，如燎原社的《燎原》、化环系的《清源》。据统计，参加这27个社团的学生有1 547人，占当时全校学生总数的16%。上述社团规模大小不一，人数在50~100人之间的社团有11个，100人以上的社团有3个，50人以下社团有13个。招收范围也有所不同，同在一个学校，面向本系内招收的社团有17个，在全校范围招收的有10个。

2008年，为进一步加强和规范学校学生社团管理，充分发挥学生社团育人功能，推动社团健康发展，依据教育部《普通高等学校学生管理规定》，共青团中央、教育部《关于加强和改进大学生社团工作的意见》，结合学校实际，学校成立了学生社团联合会，制定了《学生社团联合会章程》。《章程》明确规定了学生社团联合会是在学校党委宣传部直接领导下，由校团委代理党委宣传部执行指导监督工作，对各个学生社团进行监督、管理、服务的学生组织。《章程》对学生社团的成立、登记注册、监督管理、活动开展、财务管理、组织机构、宣传刊物管理、考评及奖惩等方面进行了明确规定，为学校学生社团的健康发展奠定了坚实基础。

2013年，学校开展学生社团联合会成立五周年工作总结会。大会通过《重庆文理学院社团考核制度》《重庆文理学院学生社团财务制度》两大基本管理制度，进一步规范学生社团的管理，确定"学生社团自我管理、指导教师和挂靠单位监督管理、校团委宏观管理"的三级管理体制。

截至2016年，学校正式注册的学生社团共62个，在一代代社联人、社团人的努力下，学生社团逐步"走出去"，取得丰硕的成果。渝西青年社、电子电器协会被评为重庆市2011年"五四红旗团支部"。青年志愿者协会被评为2011、2013、2015年度"城乡市民学校"建设"先进集体"。大学生心理成长协会荣获2014年"重庆市第五届大学生成长论坛"宿舍心理之家建设优秀成果二等奖。星湖写作社被评为2015年重庆市"精品学生社团"。学校第八届社联理事长张雨濛同学代表学校出席在北京召开的第二期全国大学生社团骨干培训班，与全国近200余所高校的社团干部代表共同交流学习社团管理经验和发展构想。2010年至2016年，学校学生社团联合会不断改革创新，开展了"高校学生社团骨干培训班""新社长交流会""学生干部素质拓展训练""社团嘉年华""社团交流茶话会"等一系列形式新颖、学生喜闻乐见的活动，提升了学生社团的活动质量，提高了社联与社团干部的凝聚力，打造了校园文化建设的另一阵地，呈现出学校学生社团百花齐放、百舸争流的新局面。

第五节　文体活动

学校以团委为主，多部门配合，大力开展文体活动。在众多学生活动中，各种文娱表演和体育比赛依旧是主流，其内容健康、形式多样、生动活泼、丰富多彩、积极上进，在校内外产生强烈反响。

一、文娱表演

1986年7月，重庆市举办第五届大学生"校园之春"文艺表演，学校参演节目"春祭"倾倒山城人民，不仅荣获创作、表演两个一等奖，还被《重庆日报》等广大公众媒体争相报道。1987年9月27日，校团委举办学校首届迎新文娱晚会，取得良好效果。1988年12月18日，中文系师生主办历时六天的"文化艺术节"。1989年5月7日，校工会举办首届教职工片区文艺汇演。"大学生校园之春"活动、"棠城之秋"演出、"校园十佳歌手赛""交谊舞大赛"等都给师生员工的课外生活抹上了一层靓丽的色彩。学校文娱表演向专业化、高雅化方向发展。

从1982年下半年恢复工会活动以来，学校积极开展文体活动，年年有计划，月月有安排。1998年，校工会与党办、学生处联合举办学校第二届艺术节，活动长达1个多月，有歌咏比赛、电影周、拔河比赛、曲艺小品专场、趣味运动会、化装舞会、书画艺术长廊、元旦歌舞晚会等。学校成功举办的"星湖春潮艺术节"，其规模之大，人数之多，历时之长，内容之丰富是空前的，整个系列活动充分体现了群众性、教育性、师范性和艺术性，在校内外产生巨大影响，重庆电视台、《重庆日报》《重庆青年报》等多家媒体进行了报道。

2001年至2010年，校团委以提高青年学生文化艺术修养为目标，以周末素质培训学校、周末文化广场等各级各类文化艺术活动为载体，积极拓展第二课堂综合素质培养路径，构建起校、系（院）、班三级文化艺术活动平台。共开展9届"畅想文理"文化艺术节、9届"科技文化月"、8届"社团文化艺术节"、7届"技能大赛"活动，共有20余万人次在各种文化活动中受到熏陶、得到锻炼。

2006年至2010年，学校承办市级"校园之春"5项活动，承办"中央民族乐团""东方歌舞团""浙江昆剧团""西南大学交响乐团"4场"高雅艺术进校园"活动。

2005年，在全国第一届大学生艺术展演活动中，学校罗英的绘画作品《希望》获全国一等奖；杨利莎的绘画作品《江南印象》、兰丽娟的作品《陶罐与花衬布》获全国三等奖；美术学院史金环的作品《出门之前》、林宝银的作品《清潭白鹭》获全国一等奖；覃丽的作品《无题》获全国二等奖；学校获优秀组织奖。2005年在重庆市第一届大学生艺术展演活动中，学校获一等奖5项、二等奖8项、三等奖15项并获优秀组织奖。在重庆市第二届大学生艺术展演活动中，学校获一等奖11项、二等奖30项、三等奖28项并获优秀组织奖。

2004年至2010年，学校在重庆市"校园之春"活动中获一等奖25项、二等奖25项、三等奖55项、单项奖10项，并连续6年获优秀组织奖、22人次获先进工作者、优秀指导老师奖项。

2006年至2010年，学校大学生在全国、全市各级各类课外科技文化活动中共获得市级以上奖励2 130余项，并多次获优秀组织奖，充分展示出我校大学生的综合素质和学校的办学水平。

2011年至2016年，学校分别获得第四届大学生"艺术展演"全国优秀组织奖，第三、四届市级"优秀组织奖"。先后承办校园之春"模仿秀""青春活力舞大赛""职场模拟大赛""辩论赛""我的中国梦"演讲比赛等市级比赛，先后5次承办全国的"高雅艺术进校园"活动，丰富了我校大学生的文化艺术生活，营造了良好的文化氛围。学校师生在全国大学生艺术展演中获全国奖项11项，市级奖项164项，获"校园之春"奖项86项，受到社会各界的高度评价。

同时，学校积极加强对各系（院）文化活动的指导和督查力度，指导系（院）结合专业特点和学生实际广泛开展各具特色的文化活动。如文学与传媒系的"文化艺术节"，数学与计算机科学系的"应用数学大赛"，法政系的"一二·五"普法日宣传活动，教育科学系、应用技术学院、物理与信息工程系的"原创DV拍摄"大赛等。

"周末文化广场"作为一个综合性育人活动，从2001年11月至2016年，累计已举办573期，得到广大师生的喜爱，它不仅极大地丰富了广大师生的精神生活，还成为学校学生锻炼能力和提高综合素质的阵地。

目前，周末文化广场已发挥出品牌效应，在重庆市高校中打造校园文化精品实践树立了成功的典范，得到了市领导和兄弟院校的认可，成为"重庆市高校校园文化建设中一道亮丽的人文风景线"。《多彩周末缤纷校园——重庆文理学院大学生周末素质拓展工程的探索与实践》获得2008年全国校园文化建设成果优秀奖，关于周末文化广场的科研成果《高校第二课堂教育的创新与实践——渝西学院"周末文化广场"活动初探》获得了重庆市第二届教学成果二等奖。

二、体育活动

学校十分重视师生的课外体育活动，竞争激烈的各种体育比赛是校园文化生活中最活跃的劲旅，也是互助精神、协作能力的充分展示。长期以来，学校体育文化浓郁，从"体育节"到"校运会"，从教职工趣味运动会到气排球比赛，从钓鱼比赛到教职工乒乓球比赛，从冬季长跑到彩虹跑，无一不显示出全校师生秉承"每天锻炼一小时，健康工作五十年，幸福生活一辈子"的理念。学校每年一度的田径运动会，足球赛、篮球赛、排球赛、交谊舞比赛、越野赛等，是学校贯彻德智体全面发展教育方针、提高学生素质的重要举措，为校园文化建设的进步起到了推波助澜的作用。

1983年5月，川南片区高校排球赛在学校举行，学校男、女队分别获得第二名和第三名的佳绩。

在1985年6月的重庆市大学生体操比赛中，我校李涛同学获男子二级四块金牌、两块银牌及个人全能项目的冠军，王玉英同学还荣获二级运动员称号。

1988年4月在我校举办的重庆市高校体操比赛中，学校男、女两个团队分获第二、三名。

1988年12月5日，校学生会举办的首届"劲松杯足球赛"在各系代表队的激烈争夺中，历经28天落下帷幕。由于足球运动所产生的巨大影响力和学生的热情投入，学校决定以后每年冬季举办一届"劲松杯足球赛"，并正式将其列入校园活动系列。

1989年5月,在我校举办的四川省高校体育专科篮球赛中,学校勇夺男女队冠军。

1991年5月,在四川省师范院校体育专科排球赛中,学校男女队皆获得第一名的优异成绩。

1994年,学校组团参加四川省第二届大学生运动会,捧回了女子篮球、男子篮球和田径三个团体冠军奖杯,囊括了专科组的三个冠军。

1996年3月,学校举办"四川双竹杯武术邀请赛",各路英雄聚会黄瓜山,学校健儿身手不凡,取得辉煌的战绩。《四川日报》《重庆日报》等新闻单位报道学校体育工作的累累硕果。

1998年4月29日至30日,在重庆石油高等专科学校隆重举行的重庆市首届大学生田径运动会上,我校代表队团结一致、奋勇拼搏,终于以总分107分的显著优势夺取第一名,受到大会表彰和市有关领导、各兄弟院校的一致赞誉。李杰、刘刚还被评为精神文明运动员。

1999年4月30日,在西南师范大学落幕的重庆市第二届大学生田径运动会上,我校男女体育健儿经过奋力拼搏双双取得上好成绩,男队蝉联乙组(体育专业组)团体冠军,女队首次在全市参赛也取得了团体总分第二名。男队谭军、女队杨敏分别打破了10项全能和400米跑2项市大运会纪录。学校代表队还荣获了大会颁发的唯一团体体育道德风尚奖,队员谭军、杨敏,裁判袁高燕获得了个人的体育道德风尚奖。12月17日至19日,学校篮球队在重庆市第一届高等学校篮球联赛中获得男子第一名、女子第二名的好成绩。

2000年4月14至15日,在重庆市第三届大学生运动会上,学校代表团乙组(体育专业组)男队创下了勇夺三连冠的骄人纪录,女队再次荣膺亚军称号,而首次组队参赛的甲组(普通系组)男女队也分别取得第五名和第四名的优良成绩。乙组女队的黄文君还打破了市大运会的400米栏记录。

2009年12月,在"浩沙杯"全国万人健美大赛总决赛中,学校选手的"自选动作"和"规定动作"两项均获一等奖。在第五届、第六届全国农运会上,由学校指导的代表队分别获得团体第一、团体第三的好成绩。田径、篮球、足球、健美操等多个体育项目在重庆市比赛中硕果累累。

在第十七届中国大学生篮球联赛西南赛区的比赛中，学校取得重庆市冠军，代表重庆参加西南赛区比赛荣获第四名并首次进入全国总决赛。同时学校还组队代表重庆市参加了全国民运会珍珠球项目，男子荣获二等奖，女子荣获三等奖。此外，我校跆拳道代表队参加重庆市大学生跆拳道锦标赛荣获十金二银团体第一名，在全国大学生跆拳道锦标赛中荣获团体第三名。武术、健美操、田径、足球、羽毛球、网球代表队在各级各类竞赛中成绩也有显著提升。群体活动成绩优异，取得"重庆市大学生徒步穿越黑山谷户外竞技"个人冠军和团体冠军，还取得重庆市全民健身运动会的三金二银。

2011年至2016年，学校师生员工积极参加各级体育竞赛，累计荣获国家级奖项15项，省市级奖项136项。

三、科技竞赛

升本建院前，学校举行"师能竞技周"、元旦游园活动、桃花岛"英语角""新生三笔字大赛"、手抄报大赛、黑板报展评、普通话趣味表演赛等，从不同角度强化了师能训练。

升本建院后，校团委结合学生实际，精心组织开展学习经验交流活动、学术论坛、学生科研立项及论文比赛、"挑战杯"、数学建模、计算机操作大赛等活动。由团委牵头连续组织开展六届"科技文化月"活动，组织参加了全国大学生第八、九届"挑战杯"课外科技学术作品竞赛和全国大学生第五届"挑战杯"创业设计大赛，组织参加全国大学生数学建模竞赛、英语演讲比赛、电子设计大赛等，取得了较好成绩。通过项目制、导师制等措施，积极推进学生科研能力培养，大力支持各系（院）的学生科研工作，完善学生科研的立项、管理、奖励办法等工作，促进学校大学生科研水平的整体提高。

2006年12月30日，全国大学生数学建模竞赛15周年庆典暨2006年高教社杯全国数学建模竞赛颁奖仪式在人民大会堂隆重举行。全国人大副委员长许嘉璐、教育部副部长吴启迪和中科院院士李大潜、王元等出席。我校基础学院副院长、数学建模总教练罗万成副教授率获奖学生代表刘建中赴京出席了大会,王元院士亲自为获奖者颁奖。我校学生在这次竞赛中取得了优异成绩,首次获得甲组(本科组)的全国一等奖,同时还获得4个全国二等奖、9个重庆市一等奖和4个重庆市二等奖等共18个奖项。甲组总成绩在重庆全市高校中排名第四,乙组总成绩在全市同类高校中排名第一。

2006年至2010年,学校参加"挑战杯"大赛再创新高,获全国三等奖6项,市级以上奖励50项。在"昆山杯"全国大学生创业大赛中,学校作品"土家苗韵餐饮"获重庆市金奖并入围全国比赛。学校作品在"联通杯"创业大赛中分别获一等奖和三等奖。在"数学建模"比赛中,学校共获92个奖项,其中专利2项,国家级奖励18项。

2011年至2016年,学校学子在"学创杯"2014年全国大学生创业综合模拟大赛中获特等奖1项,在2012年全国大学生科普作品创作大赛中,马翠、张瑶创作的作品《对过敏说no》获全国三等奖,学校共有3个项目在首届华夏川商公益创业计划决赛中获资助。在大学生"挑战杯"中,获全国二等奖2项、三等奖3项、市级奖项30项的好成绩,学校成功承办了第十一届"挑战杯"重庆市决赛,获2012年、2015年"挑战杯"赛事的全国"优秀组织奖",连续五年获得"挑战杯"赛事重庆市"优秀组织奖"。

2006年以来,学校创造性地开展学生科研立项工作,由校团委和科技部牵头,每年加强对学生科研立项的指导和督导。2006年至2010年,全校学生共立项438项,其中重点项目137项,一般项目301项。在校内外各级各类学术刊物发表文章260余篇,其中核心期刊50余篇。2011年至2016年,学校学生科研立项650项,在各级各类刊物上共发表文章500余篇,成功申报专利30余项,获国家级奖项500余项,市级奖项2000余项。我校学生科技团队"新型环保材料创新团队"获2015年"小平科技创新团队"的殊荣(重庆市仅2个,全国共50个),在学生科技创新中取得历史性的突破。

第六节 社会实践

一、主要活动

发扬五四精神，走与工农兵相结合的道路，是大学生教育中一个重要课题。学校一直重视学生课余社会实践活动的开展。

1987年9月4日至7日，校党委宣传部率领师生调查组就永川地区物价问题进行了详细的调查，并向全校师生作了专题汇报，此举受到当时正在学校检查工作的重庆市高教办同志的高度赞扬。1988年10月5日，学校为深化教育改革，组织了四个调研小组分别就川东、川南、川西、川北四个地区的教育状况进行了为期10天的考察。1989年开始，学校采取以校党委为统一领导，校团委为主要召集者，学校其他部门紧密配合的形式，与地方政府积极联系，组织中文、外语、政史等系同学300余人次，有组织地利用周末时间到学校周边的双竹、石脚、黄文三个乡的中小学开展第二课堂和教育教辅活动，这为从1990年暑假学校正式开展"暑期三下乡"活动打下了良好的基础。

1990年暑假，学校响应国家有关文化、科技、卫生"三下乡"的号召，专门成立暑期社会实践领导小组，采取集中和分散相结合的形式，对重庆市各区县以及四川省省内部分地区的国营大型企业、国家重点工程以及陕甘宁边区进行了实地考察。同学们在实际调查结束后纷纷发表感想或看法，上交调查报告1 700多篇。这次活动后，学校被四川省教委评为"四川省社会实践先进单位"，并受到中宣部、国家教委和共青团中央的表彰。谢凤雏、龙图2名老师以及叶贤忠、聂荣2名学生被四川省教委等单位评为社会实践活动先进个人。另外，在全校范围内还有70多名学生被学校表彰为社会实践活动积极分子。这些活动极大地开阔了师生们的视野，使其充实了知识，学会了调查研究，增长了才干，同时也密切了学校与社会的联系。

2001年升本以来，经过长期的探索和实践，学校的志愿者服务工作将社会化运作和项目化管理密切结合，青年志愿者工作取得了新进展。

全校青年学生累计参与志愿服务实践超过80万小时，开展"义务献血""造血干细胞血样采集""关爱孤残儿童""义务支教""法律宣讲""文明交通"等志愿服务活动。永川血站每年到校开展"义务献血"活动，学校志愿者积极配合，全力做好服务工作，10年来，学校师生共有1万余人次献血，总献血30余万毫升。

同时，学校团委还与永川血站开展"防艾知识"进课堂活动，邀请永川血站的老师深入课堂给学生讲解"义务献血""预防艾滋病"等方面的知识，从2013年开始，基本做到了在校生的全覆盖，这一做法得到了上级组织的肯定和师生的一致好评。学校学生覃永河成为永川区捐献造血干细胞第一人，获得重庆市第33届"校园之春"之感动校园十大人物提名奖。学校青年志愿者协会目前是全校人员最多的社团，每届社员人数约1 500人，深入社会、深入家乡开展各级各类的志愿服务。

2010年以来，学校团委进一步改进和优化"校队、院队、小分队、个人分散实践"的四级联动暑期"三下乡"社会实践长效机制，建立各类社会实践基地，大学生社会实践进一步向规范化、制度化、科学化发展，取得了良好的成效。5年来，成功组织校队10支、院队100余支、小分队500余支，5万多人次奔赴祖国各地开展"带薪实习""社会调研"等多种形式的实践活动。结对23所"市民学校"，开展"市民学校"活动1 000余次。

2011年至今，学校每年都广泛宣传、严格考核、认真选拔，助推学校大学生到西部去、到祖国需要的地方去工作、学习、体验、成长，至今共选拔400余名大学生奔赴祖国各地。

二、工作成效

2010年6月12日，在重庆市永川区人民政府主办的"6·14"世界无偿献血日庆祝活动中，学校获"永川区2008年—2009年度无偿献血先进集体"称号，谢荣成等3人获"永川区2008年—2009年度无偿献血先进个人"称号，杨松等4名学生获"永川区2008年—2009年度无偿献血优秀志愿者"称号。2011年5月7日，重庆职业院校共青团联合会二届一次会议在永川区党校召开,学校团委在2010年积极开展"关爱留守儿童"工作,全校和10余所学校共结对400个,开展了多个"大手拉小手""爱的奉献"等主题活动,得到永川各界的好评,被授予2010年"关爱留守儿童先进团组织"称号。毕杰、贺国琴2名同学获"2010年重庆市永川区大学生青春榜样人物"称号。管明飞、胡正坤、颜家军3名同学获"2010年重庆市永川区大学生青春榜样人物"提名奖。

2009年至2010年,学校共计组织献血12次,献血50 000余毫升,在活动中涌现了大量的优秀志愿者,活动效果得到社会各界高度赞扬和认可,被评为重庆市2009—2010年度无偿献血"先进单位"。国家人口计生委召开2010年全国关爱女孩青年志愿者行动总结表彰大会,学校荣获2010年全国关爱女孩青年志愿者行动"优秀组织奖",学校苏静同学的作品《对巴南区"关爱女孩行动"的调研报告》、王玉辉的《多管齐下,构筑关爱女孩保护网——以重庆市渝西片区为例》、蒋莹的《从脚步开始我的足迹——"关爱女生"志愿者行动在路上》获得三等奖,彭立新、常仕美等10名同学获"2010年关爱女孩青年志愿行动志愿者"荣誉称号。

根据重庆市永川区人民政府办公室《关于表彰无偿献血先进集体和先进个人的通报》(永川府办发〔2012〕107号)文件,我校被评为重庆市永川区2010—2011年度无偿献血先进集体,谢荣成等3位老师荣获无偿献血促进奖,向术桃、崔文君同学被评为无偿献血先进个人,罗玲梅、王俊同学被评为无偿献血优秀志愿者。2013年12月4日上午,为庆祝第27个国际志愿者日,学校120余名志愿者参加永川团区委、区文明办联合主办的"弘扬志愿精神、争做文明使者"主题实践活动。团市委、永川区政协、永川区文明办、团区委相关领导出席本次活动。启动仪式上,我校文化与传媒学院"大手拉小手"关爱留守儿童志愿服务队获得永川区"优秀青年志愿服务集体"称号,文化与传媒学院刘博文同学获得永川区"优秀青年志愿者"称号。

2011年至2015年,学校连续5年被评为重庆市社会实践"先进集体",30余支小分队获得重庆市社会实践"优秀团队"称号,3次获得重庆市支持城乡社区共青团市民学校建设先进集体。团中央网站、《重庆青年报》、华龙网等多家媒体对学校宣传报道100余次。在2012年的社会实践活动中，学校荣获2012年度重庆市大中专学生志愿者暑期"三下乡"社会实践活动先进单位，林学与生命科学学院"科技支农服务团"、电子电气工程学院"义务家电维修服务团"、数学与财经学院"支教服务团"、经济管理学院"服务城乡统筹调研团"、材料与化工学院"科技调研团"荣获市级"优秀团队"，陈柏骏、胡在东、秦玲、吴波4位教师获得市级"先进工作者"，李琛瑶、李勇、龙伦庆、夏倩、张运佳、朱运6名同学获得市级"先进个人"称号。2013年，学校青年志愿者协会被重庆市团委评为2012年度重庆市支持城市社区共青团市民学校建设先进集体。

2013年，学校获大学生暑期"三下乡"社会实践活动先进单位；软件工程学院"我的中国梦·天翼与你同行"实践服务团、教育学院"我的中国梦·教育帮扶"实践团、音乐学院"我的中国梦·文化宣传"实践团、美术与设计学院"我的中国梦·教育帮扶"实践团被评为市级"优秀团队"；杨娟等4名老师被评为市级"先进工作者"；唐越等6名同学被评为市级"先进个人"。2013年9月22日，学校收到全国项目办相关文件通知，学校被评为大学生志愿服务西部计划优秀项目办，是重庆市获此殊荣的4所高校之一。

2014年，学校孙小媛老师赴井冈山参加了"西部计划骨干培训班"。学校还出色完成了"中国青年志愿者海外服务计划"第四批志愿服务工作。外语学院教师曾薇作为第四批中国（重庆）援毛里求斯队队长，圆满地完成汉语教学、义务支教、爱心传递等志愿服务工作。外语学院学生张渝佳等4名同学在"中东欧国家地方领导人会议（CHINA-CEEC）"中为四方来宾提供外宾接待等志愿服务工作，得到来宾和相关领导的肯定和赞扬，200余名志愿者多次参加"四国女足"赛的各项志愿服务工作，为重庆、永川圆满地完成"四国女足"赛事做出了贡献。2015年，学校"寻访英雄足迹"调研团被评为全国社会实践"先进团队"。

第七节　创新创业

实施大学生创新创业教育是我国创新型国家建设、高等教育育人模式改革、缓解就业压力的一项重要举措。2006年，党中央、国务院作出了建设创新型国家的决策，要求高校在人才培养过程中必须加强对大学生的创新意识、创业精神和实践能力的培养。此后，学校越来越重视大学生创新创业教育，推出一系列政策和措施，支持大学生创新创业实践。

一、学校支持

2009年11月20日，学校召开就业创业工作会，正式确立"创业至上，就业为本"的就业创业工作理念，鼓励和指导学生进行创业，并在当年成立大学生知行创业园，举行挂牌开园仪式。

2010年5月，教育部下发《关于大力推进高等学校创新创业教育和大学生自主创业工作的意见》。同年6月7日，重庆市政府73次常务会议审议通过《重庆市人民政府关于大力发展微型企业的若干意见》。学校贯彻文件精神，更加深入全面地推进创新创业教育。编制《重庆文理学院大学生创业就业指导教学大纲》，把《大学生创业就业指导》内容统一纳入大学生周末思想政治教育课，对学生开展"全员化""全程化"创业指导，并专门组织人员编写出版了我校第一本创业类教材《大学生创业就业指导》（西南交通大学出版社出版，主编刘灿国、白成良，副主编陈盛兴、李莉、周道林）。其次，把大学生文化创意、信息科技、技术创新类创业项目作为微型企业申报的切入点和突破口，在全市首开发展大学生微型企业之先河。同年12月10日，学校大学生微型企业孵化园正式挂牌。

2011年6月，学校成立"重庆文理学院大学生创新创业教育指导与服务中心"，中心挂靠学生工作部，由学生工作部负责其日常运行与管理工作。2012年1月，学校大学生微型企业孵化园被重庆市人力资源和社会保障局命名为"市级创业带动就业孵化基地"。2012年8月，永川区人民政府在我校成立永川区大学科技园。

2013年9月，学校制定了《重庆文理学院"创业先锋班"人才培养方案》，针对具有强烈创业意愿且具备创业潜力的学生开展精英化教学。2013年11月21日，学校首期"创业先锋班"开班典礼在学生事务中心三楼举行。2015年3月，学校与重庆市教委、四川美术学院共同牵头撰写了《创业进行时——重庆市大学生创业典型案例集》（重庆大学出版社出版，学校编写人员为董刚、李莉），作为大学生创新创业指导教材。

为进一步强化学校创新创业教育改革的顶层设计，推进学校创新创业教育综合改革，2015年12月，学校整合相关单位职能成立了创新创业工作委员会，下设创新创业办公室，金盛任办公室主任。委员会负责对全校创新创业工作进行宏观布局与整体指导，统筹协调学校创新创业教育改革的各项工作，真正形成了多个部门齐抓共管的联动协调机制，对创新创业工作的开展具有强大的推动作用。

二、创业实践

2009年，学校大学生创业园开启了邮政营业厅、博文咖啡书屋等一系列的"勤工助学式"创业实践。同年12月，学生创业项目"土家苗韵特色食品项目"和"速生桉树组培项目"参加重庆市首届大学生创业大赛，荣获2项金奖。2010年9月27日，学校首个大学生微型企业"重庆艺涵商务信息服务有限公司"取得工商执照，获财政补贴26 000元。

2012年2月27日，电子电气学院学生郝华、李宏明等创立的"重庆熠佳节能灯有限公司"作为学校唯一由在校大学生创办的微型企业，在"第二届重庆创新型企业家暨首届创新微企宣传评选活动"中荣获重庆市"首届十佳创新微企"奖。同年8月21日，美术学院学生宗如创办的大学生微型企业"重庆意启装饰中心"获得"YBC创业资助金"5万元。创业学生郝华、管明飞作为全市优秀创业青年代表，受到市委常委、常务副市长马正其亲切接见并合影留念。

2014年5月8日，重庆市大学生创业成果展洽交流会在陈家坪会展中心举行，学校组织8个优秀的大学生微型企业参展，获得社会各界的关注和肯定。同年12月15日，由重庆市教育委员会、重庆市人力资源和社会保障局、重庆市科学技术委员会、重庆市工商行政管理局、重庆广播电视集团五部门联合主办，重庆市大学中专毕业生就业指导服务中心、重庆广播电视集团电视广告经营中心承办的重庆市第四届大学生创业大赛总决赛在重庆交通大学落下帷幕。学校大学生创业团队"三叶环保有限公司"获一等奖和3万元创业启动资金，"圣若望交通科技有限公司"获三等奖和1万元创业启动资金。

2015年7月至9月，学校参加首届中国"互联网+"大学生创新创业大赛"超星杯"重庆赛区竞赛，获金奖1项、银奖2项、铜奖10项，获奖数量和质量位居重庆市高校前列。同年10月9日至12日，学校新药创新团队参加第四届中国创新创业大赛，获生物医药行业全国总决赛团队组第一名，并夺得最佳人气奖，受到中共中央政治局委员、国务院副总理刘延东接见。同年11月，学校"百川兴邦众创空间""e创星空""机电创客""水族空间"等被重庆市教委、重庆市科委授予首批"重庆市级众创空间"。学校大学生创业项目参加第十四届"挑战杯"全国大学生课外学术科技作品竞赛，获全国二等奖和市级特等奖。

三、表彰荣誉

2011年3月28日，重庆市教委组织召开重庆市2011年普通高等学校毕业就业工作会。学校被评为"重庆市2009—2010年普通高校毕业生创业指导服务奖"，党委副书记刘灿国在大会上作"创业至上，就业为本——大学生微型企业创业孵化园的实践探索"的创业教育经验交流发言。同年4月27日，学校被永川区评为"微型企业发展先进单位"。同年8月3日，教育部简报〔2011〕第118期《以就业创业促学校改革发展——重庆文理学院的探索与实践》，专题报道了我校大学生创业就业和学校改革发展所取得的成就及典型经验。同年11月22日，教育部召开2012年全国普通高校毕业生就业工作网络视频会，袁贵仁部长在会上指出：重庆文理学院在着力建设大学生微型企业创业园，落实大学生创业方面取得显著成效。

2013年5月24日，教育部办公厅印发《关于公布2012—2013年度全国毕业生就业典型经验高校的通知》，学校被教育部评为 2012—2013 年度 50 所全国毕业生就业典型经验高校之一。

2014 年 12 月，学校大学生微型企业孵化园被重庆市教委评为"2014 年重庆市大学生创业示范基地"，被重庆市工商局评为"2014 年重庆市十大微企创业孵化园"。

2016 年 6 月 14 日，教育部"全国高校创新创业总结宣传工作组"来校调研，孙泽平校长以《改革人才培养模式，构建创新创业体系》为题，向专家组介绍了我校创新创业工作的整体思路、工作格局、典型经验和工作成效。专家组走访了学校教学、人事、财务、总务等部门，查阅了相关文件资料，与学生、教职工进行座谈听取意见，还实地察看了非遗中心、大学生创业园、材料创新馆等创业孵化基地，给予学校创新创业工作高度评价。

2016 年 7 月 18 日，教育部发函公布 2016 年度 50 所全国创新创业典型经验高校名单，学校荣列其中。

第六章 校务管理

第一节 基本建设

1972年,江津地区教育学校建校,总建筑面积1 468平方米。1976年8月,江津地区"五七"大学选址黄瓜山麓卫星湖畔,校园占地30万平方米。1977年,江津地区"五七"大学新建高低压线路,结束照煤油灯历史。建成物理实验楼1 345平方米,女生一舍1 962平方米,西区石砖楼1 779平方米,教师宿舍612平方米,宿舍、保管室850余平方米,校办农场耕种土地4万余平方米。1978年,江津地区"五七"大学建成外语楼950平方米,教师三、四、五、六号楼2 582平方米,附小831平方米。江津地区教育学校建成教学楼1 592平方米,综合楼2 562平方米。1979年,江津师专建成男生一舍3 634平方米,教师七号楼914平方米,新建学生一食堂投入使用。

1980年,江津师专建成标准田径场26 704平方米。1981年,江津师专建成第一教学楼4 108平方米,教师八号楼2 589平方米,新建东山坡简易水厂,开始使用自来水。江津地区教师进修学院建成文曲路教师宿舍1 333平方米。1982年,江津师专建成行政办公楼1 217平方米,教工食堂745平方米,老卫生科241平方米;建成400米标准田径场。1983年,江津师专建成教师九、十号楼2 668平方米;重庆教育学院永川分院建成理化实验楼2 119平方米,运动场1 530平方米。1984年,江津师专建成附中男生宿舍620平方米,风雨球场2 073平方米,乒乓球房418平方米;重庆教育学院永川分院建成语言实验室2个。1985年,重庆师专建成图书馆3 622平方米,美术楼1 189平方米,露天篮球场1 430平方米;重庆教育学院永川分院建成一教楼1 925平方米。

1986年,重庆师专建成教学楼1 868平方米,女生二舍2 298平方米,附中教学大楼1 993平方米;在永川县政府招待所设立"重庆师专驻永川办事处",房屋面积8 285平方米;购买两吨压力锅炉开始蒸汽煮饭。渝州教育学院建成男生宿舍 1 477 平方米。

1987 年，重庆师专建成男生二舍 1 698 平方米，教师 11、12、13、14 号楼 3 576 平方米，办事处 1、2、3 类住宅 2 832 平方米。同年 3 月 9 日，永川县人民政府发文《关于重庆师范专科学校同黄文乡八角垭村有关用地问题的处理意见的通知》(永府函〔1988〕27)，解决了学校土地权属争议问题。同年 8 月 4 日，重庆师专与石脚乡四村土地遗留问题进行现场划界定桩，所定界桩及土地范围从 1987 年 8 月 4 日起生效，参加划界定桩的单位有永川县城乡建设委员会、永川县土地管理办公室、永川县农业办公室、永川县公安局、永川县临江区委和区公所、永川县石脚乡党委和人民政府、永川县石脚乡四村党支部和村民委员会、重庆师专、永川县卫星水库管理所、永川县农机水电局。同年 12 月 12 日，市委二党校将原永川地委党校黄瓜山土地及房屋、果园、鱼塘 8 308.6 平方米移交学校。同年 12 月 31 日，学校彻底解决与卫星湖水库、石脚乡、文峰乡的边界问题，校园面积增至 53 万余平方米。

1988 年，重庆师专建成西区五舍 2 513 平方米，生物实习室 160 平方米；教院建成文曲路教师宿舍 600 平方米。1989 年，重庆师专建成生化实验楼 5 532 平方米。1990 年，重庆师专建成教师单身一舍 1 608 平方米，教师十五号楼 2 074 平方米，演奏厅 833 平方米，邮电楼 225 平方米，校办厂 564 平方米，女生三舍 2 390 平方米，永川办事处用房 540 平方米，六教楼 833 平方米。

1991 年，重庆师专建成第二教学楼 4 890 平方米，幼儿园 750 平方米，后勤办公楼 450 平方米。1992 年，重庆师专建成单身二舍 1 307 平方米，荷花池宿舍 1 572 平方米，教师十六号楼 1 902 平方米。1993 年，重庆师专实行住房改革，优惠售房 95 套，办事处集资建房，7 号楼改造。1994 年，重庆师专建成保卫处办公楼 1 276 平方米。1995 年，重庆师专建成办事处用房 1 475 平方米。1996 年，重庆师专建成学生二食堂 1 356 平方米，植物大棚 399 平方米；渝州教育学院建成文曲路、玉屏路教职工宿舍 4 630 平方米。

1998 年，重庆师专建成教师公寓 3 728 平方米，学生三食堂 528 平方米；渝州教育学院建成56座英语多媒体教室1间，健身中心581平方米。1999年，重庆师专建成女生公寓8 092平方米；渝州教育学院建成同文里教师宿舍4 460平方米，40座语言室1个，扩建办公楼1 165平方米。2000年，重庆师专建成第二实验楼1 321平方米，羽毛球场600平方米，排球场924平方米，露天灯光球场1 301平方米，乒乓球场1 113平方米。2001年，星湖校区建成双竹学生公寓18 143平方米，第三教学楼11 143平方米，田径棚2 173平方米，投掷场1 885平方米，器械体操练习场275平方米。

2002年11月26日，学校与永川市签订征地协议，在永川经济技术开发区征地54.67万平方米建设红河新校区。星湖校区建成教师公寓4 941平方米，室内灯光球场1 525平方米，网球场1 469平方米，水厂用房872平方米。

2003年4月，永川经济技术开发区将红河校区净地移交学校；同年9月13日，红河新校区奠基。星湖校区建成第四教学楼1 072平方米，学生活动中心6 600平方米，西区琴房669平方米，羽毛球场83平方米，生物实习养猪场160平方米。

2004年，红河新校区建成知津楼38 022平方米，格致楼27 886平方米，博文馆22 795平方米，知膳楼8 078平方米，映梅苑、话竹苑、滋兰苑、润菊苑学生宿舍51 872平方米，棚内网球场1 815平方米，健美操体育舞蹈房1 715平方米，乒乓球羽毛球场3 177平方米，篮球场5 715平方米，排球场5 624平方米，网球场3 630平方米，专用足球场9 199平方米。其中，格致楼获2004年"三峡杯"优质结构奖，知津楼、博文馆荣获2005年度"巴渝杯"优秀工程奖，红河校区在整个建设过程中创造了重庆市高校修建新校区的奇迹，建设时间短、质量高，是当年重庆市最先投入使用的高校新校区。重庆市教委高度肯定了我校新校区建设，先后多次在我校组织召开了市高校管理现场工作会、新校区建设经验交流会和重庆市高校教职工住房建设经验交流会。

2005年，红河校区建成听松苑、观柏苑学生宿舍24 973平方米。2006年，红河校区建成恪勤楼11 524平方米，体质测试中心157平方米，标准田径场 24 098 平方米。2007 年，红河校区建成人和居 1、2、4、5 号楼 74 468 平方米，简易食堂 4 854 平方米，实习工厂 3 712 平方米，怀德楼 4 035 平方米，棚内田径球类场 7 094 平方米，星湖校区建成花卉工程研究中心 756 平方米。2007 年 9 月，学校建成后勤服务楼共 4 幢，建筑面积 4 034.80 平方米。

2009 年 3 月 6 日，学校与永川区政府签订《土地置换协议书》，永川区将红河校区东侧相邻土地净用地 18 万平方米划给学校扩建校区，学校将永川办事处、北山校区土地及房产置换给永川区。同年 9 月，红河校区建成逸夫美术教学楼 10 000 平方米，并获邵氏基金 300 万港元的资助。

2010 年 6 月 18 日晚，永川地区特大暴雨引发星湖校区后山塌方和泥石流灾害，重庆市政府、市教委、市国土局、永川区委、区政府等各级领导高度重视，给予学校大力支持。重庆市国土局对星湖校区后山泥石流治理专项补助 640 万元。同年 9 月，红河校区建成赋棠苑学生宿舍 15 978 平方米，体育综合馆 1 773 平方米。同年 10 月 14 日，学校与重庆坤飞建设（集团）有限公司签订《重庆文理学院红河校区 A 区北线建设工程投资代建合同》，全面合作建设人和居 6、7 号教工住宅和北线实训楼。同年 11 月 12 日，学校在红河 A 区博文馆召开红河校区 A 区规划调整及 B 区规划征求意见会，全面展开红河 AB 区建设。同年 11 月 30 日，学校与永川区新城建设管理委员会正式履行红河校区 B 区土地交接手续，永川区正式将位于红河校区 B 区土地移交给学校，当日完成了土地面积复核、坐标点测量及定位等工作。

2011 年 2 月 10 日，红河校区北线改造工程（含四栋多层附属用房和两栋高层建筑）正式启动建设。2011 年 2 月 21 日，红河校区 B 区建设举行奠基仪式，红河校区正式分为 A、B 校区，原红河校区为 A 区，新建 18 万平方米校区为 B 区。同年 9 月，红河 A 区建成留学生公寓 15 152 平方米，材料科技楼 5 677 平方米。同年 10 月 17 日，教育部港澳台事务办公室组织专家对红河校区逸夫美术教学楼进行评审，题字"逸夫助学文理院，丹青挥洒中华魂"。

2012年4月，建成红河AB区地下通道。同年4月24日，重庆南江建设工程公司承建星湖校区后山泥石流治理项目全面完成建设整治任务，提高了星湖校区防震抗洪减灾能力并综合解决了森林防火与消防通道问题。同年5月24日，重庆市南江地质勘测队启动星湖校区第二期泥石流治理工程中的前期地质勘探工程，重庆市国土局给予地质灾害治理专项补助462万元。同年6月29日，重庆市教委、重庆市林业局考察星湖校区后山泥石流治理区域绿色植被恢复项目，市林业局支持星湖校区后山植被恢复资金150万元。同年9月，红河B区建成知行楼20 174平方米，格物楼26 487平方米，格术楼26 487平方米，知味楼15 907平方米，桃苑、李苑学生宿舍39 020平方米，乒乓球羽毛球场4 060平方米，篮球场4 700平方米，专用足球场2 700平方米。

2013年，红河A区建成北线1、2、3、6号实习实训用房24 472平方米，人和居6、7号楼53 214平方米；红河B区建成杏苑学生宿舍18 402平方米。

2014年8月，学校完成星湖校区、红河校区电力增容配套建设；红河校区第二供电线路"玉文线"建成，实现了真正意义上的双电源目标。同年9月，合理调整医疗用房，将校医院搬迁至原幼儿园处，新装修400平方米医疗用房，大大提高了星湖校区医院医疗服务保障能力。

2015年7月至8月，重庆市审计局高校基建专项审核工作小组对红河A、B区建设基本情况、资金的筹集使用情况、内控制度的建立及执行、基本建设程序的执行情况进行了全面细致的审计，对学校2002年以来实施的新校区建设情况做出了客观的较好评价。专项审计调查指出了改进方向，进一步规范了基建工程款项的拨付及管理工作，持续完善内部管理体系。

2016年3月，学校完成红河校区A、B区共39幢房屋和红河A区北线2个地下停车库的不动产权证办理。同年5月，人和居3号教职工住宅开工建设。同年6月，红河校区综合实训楼开工建设。学校完成星湖校区、红河校区临时校舍不动产权证办理。

第二节　设施设备

1977年初，江津地区"五七"大学拥有教学、科研仪器设备共8 029台件，金额为708 458元，其中千元以上设备36台件，金额为56 332元；全校图书资料13 807册，报刊247种，其中院系资料图书10 331册。到1986年年底重庆师专时，10年间仪器设备增加到19 900台件，金额为2 671 244元，增长3.8倍，其中千元以上设备188台件，金额为987 827元；全校图书资料320 332册，增长23倍，报刊2 107种，增长8.5倍。1987年至1996年，学校教学、科研设备总台件数增加了1 245台件，金额为2 089 919元，其中广播电视设备59台件，通信设备37台件，体育设备148台件。截至1992年，学校已拥有摄影、电视摄录编、语音教学、影视放映、卫星地面接收、有线电视、调频电台和电子电器维修等设备和器材，另外还有5 000余小时的音像资料。1993年6月，学校获世界银行贷款项目资助，其中85%用于购置设备，3.4%用于图书购置，购置设备1 156台件，装备了电教室，添置电脑140台，理科实验开课率由78%提升到90%以上。

1982年，永川地区教师进修学院拥有物理、化学实验室各一个，以及40多平方米的实验仪器、药品保管室，图书室藏书4万余册。1984年，重庆教育学院永川分院建设了两个语言实验室，共70余座，并配有教学磁带千余盒。1985年，上级拨款10多万元购置教学仪器、设备，以后每年市教委拨款和学院投入经费添置部分教学仪器、设备，基本满足了教学和实验需求。物理系实验自开率和化学专业实验自开率均为100%。1998年，渝州教育学院建设一个56座的英语多媒体室，1999年建设一个40座语言室和配套收录机。设置电教室，配电视机、高速翻录机、录像机、功放机等，并购置录像带300余盒、录音带800余盒。2000年，图书资料13.3万册，订阅报刊近800种，图书管理微机12台及配套管理软件。

两校合并前（2001年12月），重庆师专固定资产总值6 373万元，图书资料53.9万册，渝州教育学院固定资产总值902.7万元。2002年底，固定资产总值6 879万元，图书资料56万册。2004年红河校区建成时，固定资产总值达到2.44亿元，图书资料增至72万册。

从2001年起，学校先后投入资金1 600余万元建设数字化校园网络基础，更新升级和增加了主干网络的关键设备及服务器；建成网络运行管理中心机房；搭建国际互联网出口通道。2003年完成了"西部大学校园网工程"，2004年8月，利用日元贷款和专项资金完成学校新校区网络建设，完成了红河、星湖、北山三校区网络整合，敷设地下光缆近70千米，信息点达13 000余个，校园网光纤覆盖了全校所有的教学、管理部门和教职工及学生宿舍区。校园网联网主机4 000余台，出口流量平均达80M/秒，入口流量平均达85M/秒。

从2004年起，学校开始获中央财政专项支持，当年获资助200万元，购置现代通信与电子技术、生物技术等实验仪器和设备。2005年获资助200万元，购置环境科学等实验仪器和设备。2006年获资助200万元，购置计算机技术等实验仪器和设备。2007年获资助200万元，购置应用化学、园林与花卉等专业实验仪器和设备。2008年获资助500万元，购置认知与心理健康、电子工艺与控制工程、运动人体科学等专业实验仪器和设备。2009年获资助900万元，购置环境科学与工程、翻译与涉外商务、现代造型艺术与技术创新等实验仪器和设备。2010年获资助1 100万元，购置电子电气产品检测与分析、材料工程技术、一体化数字校园、无机化学等实验仪器和设备。2011年获资助700万元，购置信息工程、食品科学与工程等实验仪器和设备。2012年获资助800万元，购置经济管理、工程训练等专业实验仪器和设备。2013年获资助1 300万元，购置化学-材料-环境交叉学科、建筑施工综合实践、材料工程创新、文化遗产数字传媒等所需实验仪器和设备。2014年获资助1 400万元，购置机电工程、园林、音乐表演、现代企业运营等专业实验仪器和设备。2015年获资助1 500万元，购置特色植物种苗工程、工程力学与结构、材料工程、化工与制药、智能信息处理等实验仪器和设备。2016年获资助1 900万元，主要用于实验室建设。

2004年至2009年，学校获"国家日元贷款项目"，最终实际到货仪器和设备1 078台/套，购置计算机600余台，并陆续充实了化学教学实验中心、环境科学实验室、生物教学实验中心、园林实验室、电子工程与自动化教研室、电子技术与控制工程实验中心、音乐技能实训室、视觉艺术创作中心、（微格）实验中心、传媒艺术实验中心、计算机基础实验室、网络室等。

2004年年底，学校教学科研仪器设备总值达到4 100.12万元，2005年年底为5 744.17万元，2006年年底为7 356.61万元，2007年年底为7 706万元，2009年年底为9 600万元。至2013年年底，建成1个研究院、13个实验中心、8个实验室，教学科研仪器设备15 593台件，价值14 904.84万元，图书171万册，电子图书81万册。2014年年底学校固定资产总值为17.84亿元，年增长比率约为4.7%，固定资产总量146 681台件，其中：教学科研仪器设备价值为18 971.62万元，共18 043台件，生均教学科研仪器设备值达到8 508元/生。2015年学校固定资产总值为18.24亿元，年增长比率约为2.24%，固定资产总量153 142台件，其中：教学科研仪器设备价值为22 872.02万元，共20 605台件，生均教学科研仪器设备值达到10 800元/生。2016年5月底，学校固定资产总值为18.38亿元，固定资产总量153 987台件，其中：教学科研仪器设备价值为23 817.35万元，共21 014台件。

第三节 办学经费

自1976年建校以来，随着学校办学规模不断扩大，办学水平不断提升，学校总收入逐年增长，从建校初的4万元，增长至2002年两校合并时的6 915万元，再至2015年全年收入已近5亿元。近年来，国家加大对高等教育的投入，直接体现为学校生均拨款从2010年的6 690元/年·生，提升到2013年的10 500元/年·生，2016年达到11 000元/年·生。作为学校资金来源重要组成部分的财政拨款也随之有了大幅的提升，财政拨款由建校时的4万元，增长至2002年两校合并时的3 064万元，再至2015

年度的30 086万元，财政拨款增长迅速。

学校抓住机遇，通过多方面努力，积极争取各类专项资金。1993年6月，学校获得世界银行资助贷款90万美元，主要用于购置急需的教学仪器设备和人员培训等。

2001年10月，学校与日本协力银行签署《评估备忘录》，截至2009年年底共取得合同金额为3.22亿日元的贷款，主要用于购置仪器和设备。日元贷款项目购置的仪器设备，从根本上改变了学校教学、科研设备短缺，技术含量较低的现状，为学校升本建院以及升本建院后的建设发展，提供了有力的硬件支撑，有效促进了学校的健康发展。

2004年，学校中地共建专项资金申报成功。截至2015年年底，共取得中地共建专项资金9 000余万元，新增、改建、扩建现代通信与电子技术实验室、生物技术实验室、环境科学实验室、计算机中心、应用化学实验中心、园林与花卉实验中心、电子工艺与控制工程实验中心、运动人体科学实验中心、环境科学与工程实验中心、翻译与涉外商务实验中心、现代造型艺术与技术创新实验中心、电子电气产品检测与分析实验中心、材料工程技术应用研究中心、一体化数字校园、信息工程实验中心、食品科学与工程实验中心、经济管理实验中心、工程训练中心、化学-材料-环境交叉学科实验中心、建筑施工综合实践教学中心、材料工程创新中心、文化遗产数字传媒实验中心、机电工程中心、园林专业实验实训中心、音乐表演艺术教学中心、现代企业运营综合仿真实践教学中心、特色植物种苗工程中心、工程力学与结构实验教学中心、材料工程实验教学中心、化工与制药工程实验中心、智能信息处理实验室等。其中有的实验室或实验中心居国际（国内）领先水平。

2006年，在学校发展资金紧缺、急需外部输血的关键时刻，学校与远东国际租赁公司签订4 000万元设备租赁协议，及时有效地帮助学校渡过了在发展过程中的资金瓶颈困难期。

为扩大建校规模，提升办学硬件水平，学校抓住机遇，锐意进取，果断筹资建设新校区。2002年至2016年5月底，学校校区建设累计完成投资9.82亿元，其中学校自筹4.5亿元，银行贷款5.32亿元，主要用于新校区基础建设及教学科研设备购置，为学校高速建成现代化的合格本科院校提供了硬件保证，同时，为今后学校长远规划和发展奠定了坚实基础。

学校重视资金筹措，更重视可持续发展。在资金紧张、资源有限的情况下，学校领导班子抓住机遇，锐意进取，低成本、高效益完成新校区建设，同时合理筹划，科学理财，号召全校师生共同努力，克服困难。学校利用国家化债政策，积极组织化债，其中国家投入化债资金1.18亿元，至2016年12月底，学校未归还银行贷款为1.368亿元，并确定了化债计划，按期完成教委下达的化债任务，使学校有效避免陷入债务困境，步入良性发展轨道。

第四节　国际交流与合作

一、对外合作交流

学校与国外高校的合作交流起步于2003年与美国大学的交流，并在之后长期持续，逐步加深。2003年，美国西北理工大学校长谢佐齐博士访问学校，与学校签订了友好学校框架协议。2008年11月，学校与美国西北理工大学再次续签了友好学校协议，从此两校开始了实质性的国际合作。2010年10月，孙泽平校长一行6人回访了美国西北理工大学，就进一步推进两校已经达成的合作项目以及拓展新的合作项目进行了实质性的交谈。同时，孙泽平校长一行还访问了美国山南道大学，与之签订了友好学校框架协议。2011年3月，美国山南道大学校长Fitzsimmons Tracy、常务副校长Grigsby Bryon Lee等一行回访学校，签订了两校师生互换协议。同年9月，两校开始了第一轮学生互换，来自美国山南道大学音乐学院的学生Julia交换到学校，进行了为期一学期的学习。2012年8月，学校选派出1名音乐学院学生到美国山南道大学音乐学院学习了一学期。2013年，两校启动了教师交换项目。2013年3月和2014年3月，美国山南道大学音乐学院博士生导师Michael Forest教授和拜伦·琼斯博士分别来学校音乐学院进行为期近10天的学术及教学交流活动。2014

年1月和2016年4月，音乐学院舞蹈教师汪琳琳和民族乐器教师宋光亮分别到美方交流两周。

与俄语国家的合作交流是学校对外合作的另一重要区域。2011年3月21日，学校俄语语言文化中心顺利挂牌，并在美术学院启动了大学俄语的教学工作。同年6月，孙泽平校长率队赴俄罗斯交流访问，在俄罗斯伊万诺沃化工技术大学挂牌成立了汉语语言文化中心。2012年3月16日，学校与俄罗斯伊万诺沃国际儿童院合作建立"中俄青少年教育发展研究中心"。同年5月，教育部将该中心纳入了中俄人文合作工作机制。2013年6月1日，学校参加了俄罗斯伊万诺沃国际儿童院成立80周年庆典大会，该庆典大会得到了中国驻俄罗斯大使馆的高度重视，特派中国驻俄罗斯大使馆教育处赵国成公使参加。2014年9月，通过国家汉办项目，学校派出1名教师赴俄罗斯伊万诺沃国际儿童院汉语课堂进行汉语教学，为期三年。2014年10月19日至25日，举办了由重庆市教育委员会主办、学校承办的"中俄青年文化艺术交流活动周"，俄罗斯联邦驻中国大使馆官员、俄罗斯高校联合会、俄罗斯伊万诺沃国际儿童院、俄罗斯伊万诺沃国立化工大学、教育部国际司、重庆市教育委员会相关领导参加。截至2016年，俄罗斯伊万诺沃国际儿童院已选派6名毕业生到学校进行本科阶段的学习。

与亚洲国家的合作交流也在近年得到了长足的发展。2008年年底，在中国国际青年交流中心的引荐下，我校与韩国大邱加图立大学建立了合作关系。2009年1月，学校邀请了马来西亚泰莱大学到我校交流访问，双方就学生交流、教师交流、课程衔接、开办预科等项目进行了洽谈并签订了框架协议。同年4月，应马来西亚泰莱大学的邀请，学校相关领导到马来西亚泰莱大学进行了为期6天的交流访问，交流期间签订了师生交流协议，项目于2009年年底正式启动。

学校最新的对外合作区域扩展到了欧洲，并且超出了单纯语言文化交流的范围。2012年9月15日，学校与意大利佩鲁贾大学签订了校际合作框架协议，建立了科学与教育领域战略合作关系，鼓励双方教师、研究人员和学生开展交流和合作。协议签订后，意方Daniele Parbuono教授每年都会一至两次到学校考察，与学校非物质文化遗产研究中心进行学术交流。2013年9月至12月，意大利佩鲁贾大学派出2名研究生、3名本科生来我校进行交流学习。2014年1月至5月，我校派出5名同学赴意大利佩鲁贾大学进行交流学习。

此外，学校还先后与美国蒙哥马利奥本大学、俄罗斯托木斯克理工大学、韩国加图立关东大学、马来西亚泰莱大学、马来西亚沙巴艺术学院、印度尼西亚泗水工商学院、泰国乌汶皇家大学、泰国博仁大学、泰国陕迪拉工商管理学院，越南河内大学等10多所国外院校建立了长期合作关系，开展了师生互派、"2+2专升本""3+1+1本升硕"、中泰互派实习等合作项目。

二、海外引智

1976年至1998年，学校还处于专科办学阶段，国际合作与交流尚处于起步阶段，当时的国际交流主要是邀请一些外籍友人到校开办讲座，扩大师生的国际化视野。1999年8月28日，学校迎来了第一批美中友好志愿者——来自美国密歇根州的Michatlcodayd和Mary Cunderson夫妇，主要从事语言类课程教学并组织英语角等提高学生听说能力的活动，学校由此真正打开了开放办学的大门。2006年开始，学校逐步扩大外籍教师自主招聘规模，外教质量不断提高，结构逐步优化，数量从之前的2名增加到10余名，每年均聘有长期外籍教师13余人。2010年9月，学校长期聘用外教人数达到16人，为历年来最高。语言类外教主要来自美国、英国、加拿大、澳大利亚以及新西兰等英语国家，专业类外教主要来自俄罗斯、白俄罗斯和乌克兰等欧洲国家，主要承担美术、音乐、舞蹈、设计等艺术类课程教学。所有外教均具备大学本科或本科以上学历，其中多名具备博士及硕士学历。2012年3月15日，学校第一次引进科研型外教，聘任了来自加拿大的专家高慧丽到学校材料交叉学科研究中心开展教学与科研工作。2013年至2014年期间，学校又引进一名来自俄罗斯的合作科研外籍专家，与学校新材料技术研究院开展科研合作。截至2016年5月，我校累计聘请各类长短期外籍教师约80余人次、外籍专家

10余人次。

自2013年起,重庆市教育委员会开始实施巴渝海外引智计划。2013年至2015年年底,我校开展了近10项巴渝海外引智计划相关合作项目。其中新材料技术研究院立项8个,结项4个;新药中心立项4个,结项3个。2016年,学校创新靶向药物国际研究院立项1个,数学与财经学院立项2个,花卉研究所立项1个。通过巴渝海外引智计划,先后引进了来自美国、澳大利亚、新西兰、英国、意大利、俄罗斯等国家12名高级专家教授来学校进行科研教学工作,其中包括美国空气化工产品有限公司的杨柳博士和新西兰奥克兰大学的高唯博士。

三、师资国际化工程

学校自2010年开始连续3年于每年暑假派送专业教师和管理人员赴美国参加培训,共派出74名专业教师和管理干部参加了两周的国外培训,68位英语教师到英国和美国开展为期1个月的培训,10余名教师通过西部项目或其他项目到国外进修,10多名教师赴海外参加对外汉语教学。2009年至2016年共执行了36批次(123人)因公出访任务,与欧洲、亚洲、美洲相关学校和机构进行了广泛的交流;2007年至今已有近30名教师通过国家留基委西部项目或其他项目到国外访学、进修或教学。截至2016年,学校有3个月以上国外学习和工作经历的教师已有50多名(约占教师总数的6%),并通过各种渠道引进海外博士7名、硕士13名。

四、国际科研合作

近5年,学校科研国际合作交流取得了一系列突破。2015年,建立了学校首个市级国际科研合作平台"中俄澳纳米光电材料技术国际联合研发中心",并与澳大利亚皇家墨尔本理工大学共建了"重庆市中澳3D打印快速制造联合研究中心",与新西兰奥克兰大学工学院共建了"微纳米功能材料研究实验室"等3个科研合作平台。目前学校有4项在研重大合作项目,其中1项获科技部重大国际科技合作交流专项;澳大利亚国家研究基金项目1项,国家自然科学基金国际合作科研项目2项。近3年,学校举办了"微纳米材料科技及应用国际高层论坛"和"群的数量性质及相关课题"等 2 次大型国际学术会议以及近 10 次专题国际研讨会，同时派出 10 多批次出国出境团组参加国际学术会议或研讨会。

2013 年，学校联合重庆市科学技术研究院以及重庆莱宝科技有限公司与俄方托木斯克理工大学共同申报科技部国际科技合作与交流课题。近两年，双方在师资交流、留学培训、科学研究等领域进行了深入交流与合作，于 2016 年 4 月签署了金属材料工程本科专业的联合培养协议。

五、学生出国留学实践

学校首个学生出国留学合作项目是学校与美国西北理工大学的联合培养项目。2008 年 11 月 13 日，学校与美国西北理工大学签订了友好学校合作协议，2009 年，两校开始了学生联合培养项目。同年 9 月，学校组建了首届工商管理国际班，有 18 名学生参加该项目。该班采用"2+2"模式，通过课程衔接和学分互认的方式实现学生的联合培养，同时获两校颁发的本科学位。2011 年至 2012 年，国际班相继增设财务管理、软件工程专业，规模逐步扩大。2012 年，财务管理专业招收了 8 名学生，软件工程专业招收了 5 名学生。自 2009 年至今，学校已组建了 5 届国际班，共有 55 名学生参加了该项目。目前，有 30 名学生毕业，已拿到两校的学位证书。其中，22 名学生选择了继续在美国深造，并成功申请美国高校研究生。

2010 年，学校在旅游学院选送了 1 名专业教师及 5 名本科学生到马来西亚泰莱大学进行为期 5 个月的免费学习交流。2011 年 9 月，有 5 名本科学生赴马来西亚泰莱大学攻读硕士课程。

2012 年，学校与美国蒙哥马利奥本大学合作开展"本升硕"项目。2012 年 9 月，有 1 名本科学生赴美攻读硕士课程。同年 9 月 15 日，与意大利佩鲁贾大学签订了校际合作框架协议，2013 年启动了师生交换及交流项目。

2015 年 5 月，学校成立了出国留学服务中心，负责学生出国留学咨询及服务工作，为学生出国留学提供了更为专业贴心的服务。

除了留学之外，出国参加社会实践也是学生出国体验的重要渠道。

2008年12月8日，学校与中国对外友好合作服务中心签订友好合作协议，联合推行"大学生暑期赴美带薪实习项目"。2009年7月，项目正式启动，学校派出首批10名学生赴美参加了为期4个月的社会实践，学生从大二到大四不等，分别来自外国语学院、旅游学院、教科学院和生命科学与技术学院。此后，项目的规模不断扩大，2010年项目人数为18人，2011年为24人，为历史最高。2014年，为了提高服务质量，学校与重庆外事服务中心签订友好合作协议，继续推进该项目。截至2016年，参加项目的学生已达近100名。通过该项目，学生们拓展了国际视野，磨炼了意志，提高了独立生活的能力，得到了非常好的锻炼。另外，学校还组织开展了赴新加坡带薪实习项目，推荐22名学生参加了新加坡带薪实习，分别于2011年5月9日和6月7日前往新加坡实习。

第五节　信息化建设

学校历来重视教育信息化工作，在学校跨越发展进程中充分发挥教育信息化支撑发展与引领创新的重要作用。学校教育信息化的发展可以分为三个阶段：2003年前是初创期，2004年到2009年为快速发展期，2010年至今可谓成熟期。

一、初创期（2003年前）

学校教育信息化的起步基本上与学校的建立同步，由于当时条件限制，在教育教学中主要是运用一些简单的电教手段，如光学投影机、幻灯机、录音机、电影机，建立了电视差转台，转播中央电视台节目。1985年，学校成立电教室，为处级机构，使学校教育技术的推广应用有了较快发展。这期间，先后购置了电视节目制作设备、语音室、学校闭路电视系统、卫星地面接收站等，集中了当时学校最先进的设备设施。1992年，电教室更名为电教中心；1992年12月，建立了教育调频无线电台。随后，学校增添了语音室、录像放像室，增加了较多的音视频教育教学资料，其中包含自制的音像节目。1996年电教中心通过世界银行贷款项目购置了第一台多媒体电脑。

1999年，学校根据信息化发展新趋势、新潮流，建立了网络中心，真正开始了学校信息化的步伐。1999年，学校投入资金70余万元，在二教楼2500房间建立了网络中心，建设了校园局域网，互联网带宽出口128K，在办公楼、图书馆、教学楼安装了信息点100个，学校第一次在互联网上有了自己的主页（www.cqtc.net）。2000年，网络中心迁往星湖校区三教楼。

2001年年底，学校升本后，为了整合资源，推进信息化发展，学校将电教中心、计算机中心和网络中心合并，组建处级机构计算机网络中心，建设了自己的互联网网站。2002年，通过自筹资金为学校西区教工宿舍安装了宽带。2003年，学校获国家"西部大学校园计算机网络建设工程"项目400万元人民币资助，"西部大学校园计算机网络建设工程"是经国务院批准，国家计委批复立项，由教育部组织实施的重点建设项目。该项目的实施，为学校教学楼、图书馆、办公楼和教工宿舍以及学生宿舍都安装了宽带，使校园网规模大大扩展，信息点增加到3 000个，中心机房得到改观，网络核心设备得以升级，同时建立了100座的网络机房，网站资源得以丰富，学校信息化得到快速发展。2003年5月22日，校园网"毕业生就业通道"正式开通。同年6月2日，校园网成功接入中国教育与科研计算机网，为学校师生教学和科研提供了更有利的条件和方便，对树立学校外部形象也起到了积极作用。当年暑假期间，完成了对新教师公寓（筒子楼）的信息系统（电视、网络、电话）安装。同年8月，学校将广播线路改造为低音系统，提高了播音质量。2003年暑期，重庆市教委在学校召开了"西部大学校园计算机网络建设工程"研讨会。同年，学校被评为"2002年度重庆市高校校园网络工作"先进集体。

二、发展期（2004—2009年）

2004年，随着红河新校区建设的进行，学校信息化建设进入了新的发展期。2004年2月1日，学校校园网正式启用教育网门户www.cqwu.edu.cn。同年6月至9月，红河校区校园网络建设、通信系统建设、广播系统建设以及语音室、多媒体教室、视频会议系统等教育技术设施全面启动建设。红河校区电话、网络、电视、广播信号开通，实现了三校区互联。完成了学校精品课程网站的建设和10余位教师的教学录像的拍摄和制作工作。2004年6月1日，由教育部教育管理信息中心和中国国情调研中心主办的"全国教育网络系统建设工作会议"在北京召开，会上，学校获"全国教育网络系统示范单位"称号并受到表彰，并于同年8月4日，参加了教育部信息中心主办的"全国教育信息化优秀单位风采展"，同时在教育部网站上展出。

2005年2月，完成了财务专网基础设施的建设，使星湖、红河、北山三校区财务管理实现了一体化。同年4月28日，学校电视演播室在红河校区格致楼建成，有效地提高了学校电视节目制作质量。同年9月30日，学校完成电子政务与重庆市教委电子政务联网工作。同年10月19日，红河校区200座"自主学习中心"正式向学生开放，该中心是同期重庆高校最大的外语自主学习中心，对学生外语自主学习有着重要意义。

2005年8月9日，重庆市委副书记邢元敏到学校视察，邢元敏对学校信息化建设中扩大影响、辐射地方、构建渝西地区综合教育信息平台的做法给予了充分肯定。同年10月28日至29日，川渝高校网络建设研讨会在学校召开，来自四川大学、电子科技大学、西南大学等40余所川渝高校的网络中心和计算机院系负责人近70人参加了研讨会。同年11月9日，《重庆商报》登载了反映学校挂牌四周年及信息化建设情况的文章《莫道春风湖畔绿十分锦绣更前头——重庆文理学院校园信息化建设掠影》。《中国教育报》、中国教育科研网、网易、新浪、《通讯世界》等全国近30家媒体也相继报道了学校的中央与地方共建实验室项目——网络实验室建设情况。

2006年1月5日至6日，现代教育技术中心承办的重庆市高校教育技术专委会2005年年会在红河校区召开，来自全市各高校、重庆市电教馆等单位的教育技术界的有关领导、专家学者共计90余人参加了会议。同年6月15日，现代教育技术中心在红河校区格致楼多功能会议室举行了绿色上网卡发放仪式，永川电视台、《新华社每日电讯》、中央人民政府网站、新华网、《江西日报》等38家媒体进行了报道。同年6月25日，现代教育技术中心正式开通校园网远程接入系统。同年9月14日，现代教育技术中心自行开发网络存储接入系统，并对全校教职员工开通网络存储服务。同年10月，现代教育技术中心又新建成10个多媒体教室，使学校多媒体教室数达83个，座位数突破10 000个。同年11月，现代教育技术中心接受重庆市高校数字化校园示范单位申报评审，被评为优秀，并被市教委授予"重庆高校数字校园示范校"。

学校信息化建设的长足发展得到了上级领导的关注。2007年3月31日，教育部高教司司长张尧学来校视察了网络中心。同年5月11日，全国政协副主席张梅颖率全国政协视察团参观学校网络中心。同年5月19日，教育部思政司网络处处长李永智到学校就网络思想政治工作进行调研，并到网络在线交流室、网络主控机房、外语自主学习中心进行实地调研。同年5月20日，参加全国网络思想政治工作研讨会的代表一行40余人，参观学校网络在线交流室、网络主控机房和外语自主学习中心。同年12月，现代教育技术中心工作人员出席在人民大会堂召开的全国教育信息化建设工作会议，并以"构建教学平台推进教育信息化主动服务教学"为题在会上作了10分钟的发言。

在大力推进基础设施建设的同时，现代教育技术中心大力推进信息化在教育教学和管理中的应用，2008年3月6日，中共重庆文理学院第一次党代会专题网站开通，制作了党代会专题片《风正好扬帆》。同年4月，认真组织力量开展了精品课程网站和视频资源建设工作；全力开展重庆市实验教学示范中心申报工作；完成我校申报重庆市3个特色专业的视频制作材料。同年9月，完成电视新闻改版并建立网上新闻栏目，制作、播放《校内新闻》改版后第一期。学校有线电视新闻新版开播仪式在博文馆学术报告厅举行。同年12月，完成网络教学平台升级改造，开展网络课程和精品课程制作培训，完成新建传媒实验（实训）中心建设方案；卫星接收站从星湖搬迁到红河校区。

2009年2月，全面完成逸夫楼的网络、电视、广播线路安装，完成培训学院学员宿舍电视系统改造工作，完成实验教学管理系统软件开发工作。同年3月，为重庆市教委大学生思想政治工作试评估制作专题片《时雨春风育桃李》。同年4月，非物质文化教育传承实验中心成功申报重庆市级实验教学示范中心。

三、成熟期（2010—2016年）

经过几年发展，学校信息化建设和发展进入成熟阶段，各项建设和应用都迈上了新台阶，学校大力推进信息化应用，大力开发应用软件，进一步完善网络基础设施建设。

2010年，完成"数字校园"系列软件建设中的办公自动化系统和及时通讯的软件开发工作，做好学校网页和各部门网页改版的候选模板设计工作，对校园网络线路、网络设备和广播电视线路进行全面检查和维护，完成新学生宿舍和部分学生宿舍弱电线路和设备的架设和改造，对主机房网络设备进行了优化调整。同年10月，完成学校网络站群系统的开发，使之能有效利用站群系统对全校主页的管理，更快、更好地完成二级单位的网站改版工作。

2011年1月21日至22日，学校承办的重庆教育城域网运营管理与高校"数字校园"建设工作会以及2010年重庆教育和科研计算机网学术年会成功召开。暑假期间，完成红河校区留学生公寓网络、闭路和广播的弱电建设，其中完成新增网络端口900余个。先后完成星湖校区学生宿舍600余个网络端口的改造、星湖房屋改造中相关的广播闭路系统改造、两校区网络主机房备用电源的改造以及网络主机房14台新增服务器的安装和数据迁移工作。同年6月9日，重庆市教委、重庆市科委、重庆市经信委领导和专家组成的验收小组一行9人，对学校"数字校园"建设进行检查，通过合格验收。

2012年9月20日，红河B区网络工程建设完毕并通过测试运行正式启用。同年10月，现代教育技术中心主控机房从A区格致楼全面搬迁到B区格术楼。

2013年6月27日，经费发放管理系统正式上线。同日，永川片区学校信息化建设研讨会在现代教育技术中心多功能室（格术楼B2706）召开。

2015年3月15日，开通红河B区无线网络。同年6月9日，毕业生离校系统正式启用。同年11月10日，启动现代教育技术中心自主研发的"网上预约报账系统"。同年12月7日至18日，对恪勤楼室内无线设备安装调试，实现WIFI自动漫游，提高用户的使用体验。

2016年1月6日，学校召开"十三五信息化规划项目论证会"，学校领导就信息化建设工作作了重要批示。

2016年，学校信息化建设已进入一个新阶段，全校信息化建设总投入5 000余万元，建成了有线与无线有机衔接的网络系统，信息点40 000余个，校园网接入计算机总量20 000余台，应用系统初步覆盖学校主要领域。全校教学、管理、生活基本实现数字化、网络化、信息化。师生利用计算机网络进行各种教学、科研和管理等活动，完成了教学、科研、学科建设、管理、服务等活动的数字网络空间环境建设，提高教职员工的工作效率，在学院跨越发展进程中充分发挥了教育信息化支撑发展与引领创新的重要作用。

第六节　图书情报与档案

一、图书情报

1976年，江津地区"五七"大学建立了图书阅览室，重庆市图书馆、重庆师范学院图书馆、江津地委宣传部等单位先后赠送了2 000册图书。1978年，正式设立图书馆，名称为江津师范专科学校图书馆，图书3万多册。1980年，图书馆由教务处管理改为学校行政直接管理，图书10万册左右，利用部分教室作为馆舍，面积580平方米，阅览座位120个。1985年7月，图书馆大楼（现星湖校区弘文馆）竣工，馆舍面积3 652平方米，图书藏书28万册。2001年，图书馆藏书37万多册。渝州教育学院图书馆的前身是1972年设置的江津地区教育学校图书室，1985年正式设立图书馆，时有图书4万多册；1990年8月，图书馆馆舍落成，面积达2 683平方米；到2000年，图书资料达到13.3万册。2001年5月，重庆师范高等专科学校图书馆和渝州教育学院图书馆合并组建成渝西学院图书馆。2004年11月,新图书馆大楼(现红河校区博文馆)投入使用,馆舍宽敞明亮、造型别致,位于学校学海广场,屹立于学校中心,是学校的标志性建筑。2005年4月,渝西学院图书馆更名为重庆文理学院图书馆,图书馆分红河校区博文馆和星湖校区弘文馆两处馆舍,总面积26 417平方米,阅览座位2 700余个。

2016年,学校图书文献总量263.5万余册,其中印刷型文献总量176万余册,电子图书79万册,过刊合订本8.5万册。图书馆还珍藏有《四库全书》《古今图书集成》及《申报》《民国日报》复印本等珍贵文献。先后引进"中国期刊全文数据库""中文科技期刊数据库""人大全文复印资料数据库""中国优秀博硕士学位论文全文数据库"、EBSCO等20余个中外文数据库,自建了"渝西地方志""重庆文理学院优秀学士论文"等多个数据库。图书馆还积极开展馆际互借和文献传递工作,基本形成了纸质馆藏、数字馆藏、虚拟馆藏相结合的文献资源保障体系。

学校一直非常重视图书馆的现代化建设。1995年,图书馆利用学校世行贷款添置了2台计算机和1台复印机。1996年初,图书馆利用通用图书馆集成系统软件的部分模块开始进行图书的编目工作。从此,图书馆的现代化、自动化建设工作进入了起步阶段。1997年,图书馆引进了由重庆大学图书馆开发的"图腾"计算机集成管理软件,经过近三年的建设,图书馆全面实现了图书采访、编目、检索、流通的自动化管理。随后,图书馆自动化管理软件逐步实现了从低级到高级的升级转化。学校图书馆在2002年的重庆市高校图书馆自动化评估中获得"优秀"。2004年起,图书馆组织全校各系(院)资料室统一使用图书馆的自动化管理软件进行管理,开始了系(院)资料室书刊管理由手工向自动化管理方式的转换。2010年9月,图书馆启用了新的亚德现代图书馆管理系统,实现了图书馆、学院资料室书目数据库的合并,建立了全校文献书目数据中心,实现了统一平台、资源共享的分散采购、分级管理的文献资源管理服务模式,提升了图书馆业务管理的现代化水平。

与此同时,图书馆先后建设了1 000M到馆、100M到桌面的馆内有线和无线网络,先后建设了两个配置先进的电子阅览室。2000年,图书馆建立门户网站并有专用的 Web 服务器和域名。图书馆的网站不断改版，以适应数字图书馆的发展与需要。图书馆建立了海量的数字资源存储系统，配置了先进的服务器和磁盘阵列系统，充分满足读者对数字资源的需求。

图书馆始终坚持"读者第一、服务育人"的办馆宗旨，根据时代不同，不断创新服务形式，提升服务质量，为学校教学、科研服务。在20世纪80年代，图书馆就向全校读者提供外借、内阅、参考咨询等服务，书刊实行半开架借阅，周开放达到59小时。从2000年9月起，图书馆实行全方位开架借阅，阅览室周开放时间达98小时，外借书室周开放时间达77小时，数字资源提供24小时服务，所有资源都对读者开放。特别是2004年，随着红河校区博文馆的投入使用，以及星湖校区弘文馆的多次维修改造，极大地改善图书馆办馆条件。全馆各室均采用藏、借、阅、检一体化的管理模式，读者可免费查阅数字信息资源和检索纸质资源，实现了读者"足不出户"既可查阅数字资源，又可自由阅览书刊。图书馆除提供传统的书刊借阅等服务外，还提供了实时咨询、留言咨询、电话咨询、电子邮件咨询等形式多样的现代化参考咨询服务。图书馆根据学校教学科研的需要，不断拓展服务新领域，开展了查收查引、馆际文献传递、定题服务、课题检索、信息编印等高层次信息服务项目。

同时，图书馆还积极将自身打造成为学校校园文化建设的重要阵地。建馆初期，图书馆就组织过"学生书评小组"，组织学生参与管理期刊阅览室、编新书以及评选优秀图书馆馆员等活动，对学校图书馆工作起了较好的促进作用。1991年6月，学校召开全校性的"图书工作大会"。在学校的有力推动下，图书馆、团委和学生处三个部门共同成立了重庆师专学生读书活动小组（又称"图书馆学生管理委员会"），并于10月15日召开了隆重的成立大会。在学校领导和有关单位的大力支持下，图书馆陆续举办了读书心得座谈会、手抄壁报比赛、读书演讲比赛、征文比赛、评选十佳校园藏书家、评选优秀读者、"大学生一月读一书"等活动，读书活动搞得较有声色。1997年1月，图书馆正式成立重庆师专学生读书活动中心，举办了多届辩论赛，在全校引起了极大的反响，成为读书活动响亮的品牌。1999年《中国教育报》对重庆师专开设"读书课"、开展相关读书活动做了相关报道。随着学校的发展，图书馆不断加强和完善图书馆读书活动的机制，于2006年、2013年先后更名为学生读书活动部、大学生文化协会，每年都开展读书活动，引导广大读者爱读书、多读书、读好书，提升学生的学习热情，传播文化，服务育人。

二、档案工作

档案工作随着学校各项工作的发展而逐渐完善。在江津师专成立初期，档案工作由各办公室负责管理。1984年，江津师专建立档案室，隶属学校办公室，配专职人员1名。1991年，重庆师专建立综合档案室，配有2名专职人员，各处级单位设兼职档案员1名。1994年，重庆师专将综合档案室设置为科级建制，仍隶属学校办公室。1988年，制定《重庆师范专科学校教学档案管理暂行办法》，教学档案管理进一步规范。1992年、1993年建立《教职工业务档案归档制度》《基建档案工作管理办法》《设备档案工作管理办法》等制度。到1996年，逐渐形成党群、行政、教学、科研、基建、设备、出版、财会、声像、实物等10余类共3 867卷档案。建立有案卷目录19本，全引目录28本，分类目录28本，专题目录4本，全引卡3 700余张，专题卡400余张，文号索引1本，人名检查3本，发文汇集31本。编有《学生、教职工基础数字汇编》《教材教法改革与探索论文汇编》等16卷编研资料。1985年至1995年，提供利用、咨询档案2 350余人次，提供档案5 000余卷次，占藏量的20%以上。1997年，达科技事业单位档案管理国家二级标准。

渝州教育学院的档案工作起步于江津地区教育学校创建初始，从1972年起保存有财会档案，文书档案和学籍档案归档起步于1978年。1989年，渝州教育学院有案卷148卷，档案柜9个。1991年，配置1名专职档案员，将1989年后收集归档的档案按《高等学校档案实体分类法》整理归档，教务、财会、基建等部门的同志承担部分档案整理工作。1992年，渝州教育学院设档案室，各处室设1名兼职档案员，由副院长胡文良分管档案工作。1998年，更名为综合档案室，孙天才兼任综合档案室主任。先后编写了《渝州教育学院组织机构沿革》《文件汇编》等编研成果。1999年,实现档案目录电子化,建立了125人的业务档案,制定了《档案查借阅制度》。

2001年两校合并升本后,集中原两校档案及人事档案成立综合档案室,隶属学校办公室,为科级建制。2006年,档案室馆舍整体搬迁至红河校区博文馆一楼,总建筑面积1 000余平方米,实现库房、办公、阅览三分开,购置246立方米档案专用密集架。2006年接受上级检查,达科技事业单位档案管理国家二级标准。当年档案室还引进了"南大之星"档案管理系统,建立档案管理局域网,实现了馆藏档案目录、文书档案全文数字化管理。2012年,通过服务外包,对原重庆师专、渝州教育学院以及重庆文理学院三个全宗的党群、行政、教学类永久长期档案进行了数字化,共有729 059页,156 371条目。

近年来,在干部档案审查、经济责任审计中,档案发挥了巨大作用,档案查阅量猛增。2005年至2015年,总共提供综合档案利用服务19 120人次,82 558卷次。

为适应档案工作发展要求,进一步规范档案管理,2015年,开展归档方式改革研究,根据国家档案局最新发布的《归档文件整理规则》,进行"以件归档"方式的调研,撰写调研报告,组织工作沙龙,于2016年3月试行。

在档案编研工作方面,承担并完成学校从2002年至今的大事记编写任务,并指导督促各二级单位编写部门大事记。从2004年起开始编纂《重庆文理学院年鉴》,到2016年共编辑出版12部年鉴,综合收录了各年度的重要资料。从2008年起,承担《重庆教育年鉴》重庆文理学院条目的拟写任务。2012年开始,领衔《重庆名校志——重庆文理学院》的编纂任务,其中办学思想、人才培养、服务社会等主题都是第一次进行研究和梳理,弥补了以往校史研究当中的空白。校志编纂通过项目分解、多部门联合协作的方式进行,并申报成校级科研项目,该模式在重庆市高校校志编纂工作推进会上受到了市教委史志办领导的高度肯定。2016年,在校庆40周年之际,又牵头承担了《重庆文理学院志(1976—2016)》

的编纂任务。

根据学校事业发展需要，2016年1月，综合档案室升级为档案馆，处级建制。现有专职档案员5名，其中高级职称1人，中级职称3人，初级职称1人。全校归档单位41个，兼职档案员50余人。现保存有重庆师范高等专科学校、渝州教育学院、重庆文理学院3个全宗的综合档案和人事档案共3万多卷（盒）。档案馆成立以来，确立了"科学管理，依法利用，服务发展"的工作理念，拟定了《档案利用审批程序》《二级部门归档范围及保管期限指导性意见》等工作制度，在归档方式、归档时间、收集方式等方面实施了诸多改革，成效显著，推动了学校档案工作进一步制度化、规范化和信息化。

第七节　后勤服务

后勤服务一直是学校教学、科研、管理工作的重要保障，1976年年底，江津地区"五七"大学成立医务室。1977年，设立后勤处作为后勤、基建工作的管理机构，1978年改名为总务处，下设总务科、基建科、物资科、膳食科、电工班、汽车班等机构。1990年4月，重庆师专成立水电气管理科，总务科更名为事务科。1996年基建科从总务处当中剥离出来，总务处下设有动力科、膳食科、运输科、事务科、物资科、驻永办事处等机构。

为方便师生生活，1977年学校购置了一台货车，改善运输物资条件。1977年7月兴建高低压线路，首先安装50kVA变压器一台，结束了照煤油灯的历史。1981年兴建东山坡简易水厂一座，安装50kVA变压器一台，学校开始了使用自来水的时代。1987年5月四川省教委投资40余万元，兴建西山坡水厂，满足了师生饮用标准水的要求。1987年11月，四川省教委专项投资70余万元兴建的天然气工程完工，全校用上了天然气，教职工结束了烧煤历史。1991年10月，学校投资10万元，安装环形主管洪水工程，东西山两座水池并联成网。1998年元旦，经过6年多时间的筹备和建设，永师路建成通车，大大改善了重庆师专的交通条件。

民以食为天。1986年6月,学校投资购买两吨压力锅炉,开始用蒸汽煮饭。1992年起,为了让师生吃上放心肉,总务处经多方努力,建立了生猪屠宰点,负责师生的猪肉供应,既降低了生产成本又提高了生活质量。1993年3月,根据高校膳食改革的精神,为了方便师生加餐及校外人员就餐,四食堂实行了保本微利承包,学校不再拨经费,办成了全天性营业食堂。1996年3月,面包房实行了目标责任制,减少了管理层次,扩大了面包房的自主经营权。1996年4月,学校投资17万多元,建立了微机售饭系统,实现了餐饮服务管理电脑化。

居住问题是关系教职工切身利益的另一件大事,学校积极努力、多方筹资,不断改善教职工居住条件。1982年5月,部分教职工迁入新建的8号楼居住,1984年又建成教职工宿舍9、10号楼。为方便师生在永川城里的生活,在永川城区拥有一个中转站,学校经过多方努力,于1986年5月得到上级同意,决定在永川县政府招待所设立"重庆师专驻永办事处",作为学校的办事机构和师生的休息、生活区。1987年11月,驻永办事处在原永川县政府招待所移交的8 285平方米房屋基础上,进行了1、2、3类住宅改建,共计建筑面积2 832平方米。1993年,学校实行了住房改革,学校优惠售房95套,办事处集资建房,7号楼集资改造。1999年9月,首批教职工集资建房竣工并投入使用。

在积极进行后勤硬件建设与改善的同时,总务处也不断开展后勤改革,通过多种措施提高后勤服务水平。1994年,水电气供应管理实行指标分段式价格收费改革。1996年5月,动力科实行了目标责任制,以加强管理、节约能源。自1991年以来,在做好常规工作的同时,总务处还坚持开展了一年一度的"百日优质服务"活动。后勤职工坚持义务服务、上门服务和微笑服务,主动为师生排忧解难,增加服务项目,尽量满足师生要求,如食堂膳食增加花色品种,为身体不适的师生制作病号饭,给生病学生送饭,开夜餐等;义务为师生修门窗,配钥匙,补盆盅,修自行车、摩托车、洗衣机、电器设备等。在优质服务的过程中,先进集体和先进个人不断涌现,使后勤服务质量越来越好。

1972年江津地区教育学校建校至1983年更名为重庆教育学院永川

分院期间，永川地区教育局投资70多万元，新建、改建、扩建了学员宿舍、礼堂、食堂、办公综合楼、理化实验楼、教职工宿舍等8000多平方米。1985年，重庆市投资175万元，新修教学楼、图书馆、男生宿舍、教职工宿舍、厨房、锅炉房、校门、传达室、电工房等8540平方米。同时还修建和改造大小蓄水池四个近400立方米，以及部分道路和堡坎，抢修危坎1100立方米，改造教职工宿舍57套，消除了土木结构房屋，原建校时的校舍全部改造。1996年，渝州教育学院修建教职工宿舍（集资建房）4690平方米。2000年，学校拥有教室2200平方米，图书馆2683平方米，实验室1926平方米，学员宿舍3523平方米，食堂412平方米，会堂412平方米，行政办公用房2420平方米，教职工生活用房10377平方米，其他附属用房1622平方米，校舍总面积达25575平方米，大大改善了办学条件。

学校升本后，于2002年设立了后勤集团，集团下设饮食服务中心、物业服务中心、学生宿舍服务中心、能源服务中心、城区综合服务中心、办公室、财务部等部门。2008年7月，学校将原后勤运行体制改为后勤集团和重庆博达学校后勤服务有限公司两块运行，后勤集团下设行政部、能源部、餐饮部、采购部，负责星湖校区水电气设施设备维修、餐饮服务、交通运输服务、水电管理服务。重庆博达学校后勤服务有限公司主要从事物业管理、餐饮管理和以承接服务外包方式从事人力资源管理、餐饮服务等经营项目，下设办公室、宿舍部、安保部、环境部、工程维修部、餐饮部等部门。2009年，后勤集团与学校签订《重庆文理学院后勤服务社会化经营协议》。同年12月，后勤集团更名为新叶后勤服务公司，下设行政部、餐饮部、工程维修部、水电管理部。

为更好地适应高校发展和社会化改革形势，进一步提升后勤服务水平，学校继续大力推进后勤改革。2004年，学校在物业管理服务、能源管理服务、餐饮服务、学生社区管理服务等方面，全面开展外方认证工作，率先在我国西部高校后勤系统中获得ISO9001：2000国际质量管理体系、ISO14001：1996环境管理体系、GB/T28001-2001职业健康安全管理体系认证证书，构建起高校新型后勤保障体系。后勤保障实现了由注重服务条件转变为关注顾客需求，由被动服务转变为主动服务，由经验型服务转变为法制型服务，由固定型服务转变为发展型服务，由重视服务结果转变为重视服务过程的可喜变化。同年，在重庆高校中率先大胆开放新校区的后勤服务市场，通过公开招标，选聘社会上有实力、有信誉的专业物业公司，对新校区所有建筑和场地的各种后勤服务，进行全面的、专业化的大物业服务，学校在新校区不再设立任何后勤机构，不再配备后勤服务人员，由后勤集团代表学校对社会服务企业的后勤服务进行协调、指导和监督，从而建立起了"市场提供服务，学校自主选择，行业规范自律，职能部门监督"的全新的后勤保障体系，后勤管理体制和运行机制发生了根本的改变。2005年，后勤集团报送的"建立三个管理体系，提升后勤标准化管理"学校后勤改革经验材料，在西南片区高校后勤协作暨经验交流会和京津沪渝直辖市高校后勤工作研讨会上交流发言并经重庆市教委选送教育部后勤改革处，在中国高等教育学会后勤管理分会成立二十周年庆祝大会上被评为优秀成果三等奖。2005年11月11日的《重庆时报》以二分之一版面刊载了题为《突破制约学校发展的瓶颈》的文章，宣传了学校的后勤改革。

2008年，学校出台《关于推行大后勤发展战略实施后勤服务质量建设工程的意见》。2009年，后勤工作实行目标管理，实施了三大改革，内容为：制定经营目标指标，签订目标管理责任书；优化食堂管理队伍，实施管理员助理制度；建立应急响应机制，实施30分钟到场维修制。

为满足不同习俗、不同口味学生的就餐需求，学校积极进行食堂改革，于2005年在两校区开设特色餐厅，并单独开设了清真窗口。积极配合学校对红河校区食堂的改造，使学生在标准化食堂的就餐率达到了100%。2010年7月，校内餐饮服务由新叶和博达两家公司分别经营和管理。2011年，两校区教工食堂开始供餐。2012年9月，B区学生一、二食堂开始营业。2013年9月，B区快乐食间特色档开始营业。在做好学校后勤服务的同时，后勤员工还向外拓展经营。2013年，重庆博达学校后勤服务有限公司中标重庆红江机械责任有限公司职工食堂经营项目，2014年又中标重庆新泰机械责任有限公司保洁服务项目和重庆红江机械责任有限公司绿化养护项目，实现了公司立足星湖、服务红河、对外拓展市场的"三步走"发展战略。

在校舍管理方面，后勤集团于2006年启用自行研发的学生宿舍管理软件，实现了床位在线实时安排调整和自动化管理。同年，还做好了星湖校区危房拆除等方面的工作。2008年"5·12"地震后，做好了学生转移安置，积极参与、协助教师住宅危房拆除工作，将星湖校区原二食堂改造为商业门面。在做好了星湖校区经营门面招租的报名登记和经营户资质材料收集，并及时汇总上报学校相关部门进行资质审核的前提下，9月28日召开"星湖校区经营门面招租会"，完成门面招租工作，解决了20户教职工家属或子女的就业问题。2010年7月，学校将红河校区物业管理面向重庆博达后勤服务有限公司和新叶后勤服务公司竞标，重庆博达后勤服务有限公司中标，星湖校区、红河校区物业全部实现学校公司自行管理。同年8月，新叶后勤服务公司完成星湖、红河两校区学生寝室天然气热水器改热水供应系统工作，学生寝室结束使用天然气供热水历史。

学校积极进行节能减排改造，2012年9月与同方泰德国际科技（北京）股份有限公司洽谈教学场所照明系统节能改造，学校能源管理逐步迈向合同式管理。2013年4月，学校建筑节能改造能源管理项目通过重庆市建委、市机关事务局、市教委等联合验收，全校教学、办公和实验楼等公共区域全部换装LED灯，改造面积达10.8万平方米。2014年4月，学校成为全国首批"节约型公共机构示范单位"，同年6月，国家住建部、财政部专项资金补助的学校能耗监测平台项目完成公开招投标。同年12月，学校建成能耗监测平台，教学楼、图书馆等重点用能场所实现光线强弱、人数多少的自动调节控制，红河校区办公用空调实现自动化管理控制，全校水电气管理基本实现适时在线监测。学校成立"在校大学生医疗救助基金"，首期救助金额为14.87万元。2014年3月，学校成立重庆文理学院红十字会。重庆博达学校后勤服务有限公司获重庆市高校后勤协会"重庆市高校伙食先进集体"。

2015年8月24日，学校与重医附属永川医院签订合作协议，共同创办兴龙湖社区卫生服务中心，拓宽学校医院改革发展新路，探索高校医院改革。2015年，重庆博达学校后勤服务有限公司红河校区B区保洁班组荣获重庆市厂务公开协调小组办公室授予的"民主管理示范班组"称号；重庆博达学校后勤服务有限公司被中国教育后勤协会授予"2015年校园物业服务实体（企业）百强"称号。2016年5月16日，学校与重医附属永川医院合作创办的兴龙湖社区卫生服务中心试运营。学校后勤全体人员还成功取得了2003年抗击"非典"、2009年抗击甲型H1N1流感的胜利，参与了2006年8月10日黄瓜山救火、2010年6月19日星湖校区泥石流救灾等行动，成功保卫了师生生命财产安全，维护了校园秩序稳定。

　　升本以来，学校后勤工作获得了上级和社会的高度认可，赢得了广泛的赞誉。2004年12月，学校被评为"重庆市高校后勤社会化改革先进单位"，12栋学生公寓被命名为"重庆市高校标准化学生公寓"，3个学生食堂被命名为"重庆市高校标准化学生食堂"。2007年，在全国高校后勤系统宣传与信息工作研讨会上，后勤集团获得"全国高校后勤系统宣传与信息工作先进集体"的称号。2010年6月，在由重庆市教委、市教科文卫体工会举行的重庆市高等院校烹饪技能大赛中，学校代表队获得"红案大锅菜"比赛项目金奖和市教工文卫体工会"重庆教育系统五一劳动之星"荣誉称号，并获得红案、白案银奖和铜奖。2011年，星湖校区维修部荣获重庆市总工会"工人先锋号"称号。2012年6月25日，学校成为重庆市首批"无烟学校"。

第八节　安全管理

　　安全管理工作是维护校园稳定、推进学校发展的重要保障。1976年，江津地区"五七"大学在黄瓜山麓正式兴办，由于地处山村孤点办学，位于多个乡镇结合部，社会治安比较复杂，加之远离两级公安机关，发生治安问题主要依靠校内保卫组织，所以安全保卫工作对学校尤显重要。1980年，江津师专成立了保卫科，由校办公室主任谭紫光兼任科长。1984

年，保卫科组建校卫队，负责校园巡逻、大校门管理、楼宇值守、市场管理、旅游管理、后山巡逻等工作。1986年10月，为方便工作，重庆师专保卫科改为校长分管的直属科室。1987年10月，保卫科升格为保卫处。1989年10月，经四川省公安厅公政发〔89〕486号文批复和重庆市公安内保发〔89〕224号文批复，成立了重庆师专公安科，经过1年筹备，于1990年9月验收合格后正式挂牌。学校公安科与保卫处实行"两块牌子、一套人马"合署办公。1994年，建成保卫处办公楼1 276平方米。

在学校对安保工作的高度重视下，重庆师专多年来未出现过政治案件，未发生重特大刑事案件和安全责任事故，并多次获得上级部门表彰。1992年，学校获四川省人民政府"社会治安综合治理先进集体"荣誉称号。1991年至1995年，校长颜敬先连续5年被重庆市人民政府、重庆市公安局评为"先进治安责任人"。校公安科也从1991年至1995年连续5年被重庆市公安局评为"经文保先进集体"。原保卫处处长王作福受公安部表彰，获重庆市公安局三等功。保卫处（公安科）干警也曾先后受到各级嘉奖。

1986年，渝州教育学院设保卫科，负责校门值守、校园巡逻及突发事件的处置。因长期未发生重特大安全事故，安全工作受到上级管理部门和师生的一致好评。

随着社会经济的飞速发展，治安状况有了新的变化。多年来，以保卫处的内保体制负责高校治安的情况，已不适应现实需要。据此，有关行政主管部门决定在高校组建公安派出所。2001年4月，经公安部批准，撤销重庆师专公安科，成立重庆市公安局文保分局卫星湖派出所。部分保卫处同志转警。2001年5月，重庆师专保卫处和渝州教院保卫科合并为渝西学院保卫处。2004年8月，学校与重庆金科物业管理有限公司签订物业服务协议，将红河校区安保巡逻值守工作转包给物业公司护卫队管理。星湖校区安保巡逻值守工作仍由校卫队承担。2005年4月，渝西学院更名为重庆文理学院，渝西学院保卫处更名为重庆文理学院保卫处。2006年12月，学校成立保卫部（保卫处、卫星湖派出所）。

2008年7月，学校实行大部制改革，推行"实部、虚处、实科"管理模式，将保卫处职责划转到学工部，成立公共安全科和治安管理科，将保卫处更名为安全管理处。同时，学校成立了重庆博达学校后勤服务有限公司，并将星湖校区校卫队划转到重庆博达学校后勤服务有限公司管理，负责学校安全巡逻保卫工作。学工部（安全管理处）职能发生转变，负责全校安全工作的规划、监管和总结，对各二级单位的安全管理工作进行监督、检查、指导。2009年年底，因公安机构建制改革，原重庆市公安局文保分局卫星湖派出所划转到永川区公安局，校区警务管理移交地方派出所。2010年6月，重庆金科物业管理有限公司与学校终止合同，将其护卫队工作职责（红河校区安保巡逻值守）交由重庆博达后勤服务有限公司安保部接管，负责安全防范（重点部位的值守、校区内日常安全巡查）、消防管理、交通秩序维护等工作。

在学校的维稳工作和治安综合治理工作中，保卫处、卫星湖派出所全体同志恪尽职守、务实工作，切实为学校的安稳工作做出了较大的贡献。派出所干警、保卫干部和校卫队员在2002年3月31日下午和2006年8月10日中午的星湖校区附中后山2次大火中一马当先冲锋在前，勇赴火场，坚持奋战，最终将大火扑灭，保障了师生员工的生命财产安全，充分履行了"保一方平安"的重任。2002年4月，为清理校园周边环境，保证学校师生员工的生命及财产安全，按照重庆市公安局的统一部署，卫星湖派出所在学校及周边地区组织开展了"飓风七号行动"，对学校的租赁户、暂住人口、商贸小区、临时工棚、大校门至双竹公寓的网吧进行了清理。2003年春，在学校防控非典时期，保卫处对出入大校门的车辆进行了清理并对校内暂住人口办理了临时出入证，严控进出人员和车辆，保证了校园无一例非典病患出现。

按照学校建设总体规划和要求，加强视频监控"技防"设施建设，不断提升学校的监测预警、应急处置和安全管理水平，有效防止各类事故发生。2010年，学校耗资550万元，建立"重庆文理学院校园指挥中心"，在星湖、红河两校区共建设281个监控点，基本实现重点要害部位和人员密集场所的全覆盖。随着学校基础建设和学生实验实训室的建立，学校每年都会投入一定的经费用于视频监控的增设和维护。2016年，学校共建设748个监控点，投入经费790余万元。

学校全面开展消防"四个能力"建设，构筑消防安全"防火墙"，构建平安和谐校园。2010年11月，学校首次与永川消防支队联合承办"永川区首届大学生消防运动会"，永川区各高职院校参加。2011年，完成学校红河校区宿舍底楼防护栏的消防逃生窗改造。2014年5月，学校根据工作需要设立消防科。2012—2015年期间，更换灭火器4 500余具、消防水带400余条、疏散指示牌1 000余块。2015年3月，对《安全稳定控制程序》及7个作业指导书进行了修订，按照"分级分层，层层落实"和"党政同责、一岗双责"的原则，层层落实责任，签订安全稳定责任书，学校自上而下基本形成了安全稳定工作"网络式"联动管理模式，校园秩序和谐井然，师生安全意识明显提升，安全防范能力不断增强。2016年年初，按照重庆市公安消防总队的要求，安全管理处联合重庆博达后勤服务有限公司成立"重庆文理学院微型消防站"，对全校8个消防控制室进行整合，新购30余万元的消防突发事件应急设施设备。

在保卫处、派出所的勤防严治下，确保了学校零安全责任事故，多次受到上级部门表彰。2003年，学校被重庆市公安局评为文保系统内部治安保卫工作先进集体。2004年10月，在重庆市公安局通报的全市高等学校派出所2004年上半年执法质量检查评比结果中，学校卫星湖派出所以95分的优异成绩名列榜首。2005年，学校被评为"重庆市文保系统内部治安保卫工作先进集体"，学校保卫处同时成为全市高校保卫处中唯一荣获"调研工作组织奖"的先进单位。2006年，学校被重庆市教委评为"消防工作先进集体"。2007年1月，重庆市公安局授予卫星湖派出所"示范警务室"荣誉牌。2007年3月，重庆市公安局政治部授予"市局文保分局卫星湖派出所集体嘉奖"荣誉。同年，保卫处被重庆市公安局评为"市属文保单位内部治安保卫工作先进集体"。

2009年和2011年，学校两次被永川区人民政府授予"永川区消防工作先进单位"称号。2012年12月，学校被重庆市公安局、重庆市委教育工委、市教委维护高校政治稳定工作领导小组办公室授予"十八大安保工作成绩突出通报表扬"奖牌。2012年12月，学校被重庆市高等教育学会保卫专业委员会评为"综合治理工作先进集体"。2014年，学校被重庆市公安局、中共重庆市委教育工委、重庆市教育委员会维护高校政治稳定工作领导小组办公室、重庆市高等教育学会保卫专业委员会评为"2014年度高校安全稳定综合工作先进集体"。2014年和2015年，学校被重庆市永川区消防安全委员会评为"消防安全工作先进单位"。

第九节 离退休工作

离退休人员是学校的宝贵财富。他们在职的时候尽职尽责，离休或退休后仍旧关心学校的各项工作，继续为学校的发展做出贡献。1982年，《中共中央关于建立老干部退休制度的决定》（中发（1982）13号）指出：老干部离休退休以后，一定要很好地安排照顾，基本政治待遇不变，生活待遇还要略为从优，并注意很好地发挥他们的作用，这应当成为我们党和国家的坚定不移的政策原则之一。此后，国务院先后颁发了《国务院关于工人退休、退职的暂行办法》《国务院关于老干部离职休养的暂行规定》《中共中央关于建立老干部退休制度的规定》等重要文件。重庆师专和渝州教育学院分别根据实际情况，给符合条件的人员办理离退休手续，两校离退休人员的管理也逐步走向规范化和制度化。

1984年10月，重庆市高校老协永川分会在重庆师专成立。80年代中期，重庆师专成立了老年教育工作者协会，同时作为重庆市高校老年教育工作者协会的分会，原党委书记况兴华任会长，傅道文、屈义生等同志任副会长。成立之初，条件简陋，没有专门的活动场所，许多老年活动都因为受条件制约而无法开展。随着离退休人员的逐年增加，学校根据离退休工作的需要，相关活动硬件逐步开始到位。1990年，《中共中央组织部关于进一步加强老干部工作的通知》明确指出：老干部工作是党的干部工作一个重要组成部分。根据文件精神，1990年初，学校成立离退休领导工作小组，学校领导任组长，学校组织部负责具体的工作。同年，学校建立离退休党支部，支委会由黄清会、熊秉衡、陈廷萱等同志组成，黄清会任支部书记。从此，学校离退休工作逐步走上正轨，离退休工作在老有所为、老有所乐等方面取得了良好的效果。1993年10月13日，重庆市老教授协会重庆师专分会正式成立。中共重庆市委宣传部副部长、重庆市老教授协会会长鲁济典教授等莅校与学校新老领导、各部门有关负责人及学校全体老教授协会会员一起举行了成立大会，选举刘国铭任学校老教授协会会长，陈金康任副会长。在重庆市所有高校的老教授协会，都是市老教授协会的分会，唯有学校的老教授协会同时是一个独立的法人单位，具有法人的一切权力。1995年6月，学校召开离退休工作会，刘定云、颜敬先在会上作重要讲话，学习上级离退休工作精神，明确新时期开展离退休工作的具体任务和要求。1995年9月，重庆师专在离退休工作领导小组下设立离退休工作办公室，挂靠党委组织部，负责处理全校离退休工作的日常事务。学校制订《重庆师专离退休工作管理办法》，离退休管理工作更加规范化、制度化。截至2001年5月，学校有离退休人员157人，其中离休干部10人，处级或副高以上人员69人。

渝州教育学院老干部工作由党委书记分管，政治处负责离退休工作，有兼职干部1人负责离退休工作日常事务。1990年年初，渝州教育学院建立离退休人员活动室，购置了必要的设施和活动用具，建立离退休人员阅览室，每年为离退休人员订阅多种报刊、杂志，送一些老同志到永川老年大学学习，对离退休人员待遇不折不扣兑现，福利性或学院创收的经费与在职职工基本相同，有时还略有优待。1992年5月，渝州教育学院成立老龄工作委员会，由各部门主要负责人和部分离退休人员共12人组成，贺正一任主任，李千白、胡文良任副主任。1995年，渝州教育学院共有离退休教职工34人，其中女同志4人，中共党员17人，离休干部4人，分别是李千白、李志强、封思善、曹敏。

2001年11月，成立离退休工作部，与人事处合署办公，刘灿国任人事处处长、离退休工作部部长，何开莲任组织部副部长兼离退休工作部副部长。2002年1月，学校成立离退休党总支委员会，龚大完任总支书记。针对两校合并的实际状况，学校不断增强老同志工作的针对性，学校领导定期向老同志通报校情，定期组织老同志参观考察。学校实施处级干部分片联系老同志制度，定期到老同志居住集中的家属院走访，了解思想动向和问题。此外，还建立了老同志生病入院必看望的制度。2002年3月，学校离退休工作部在星湖校区老协办公室召开由原两校老协全体理事参加的老协理事会，决定成立升本后的老协筹备工作小组，负责重庆高教老协渝西学院分会的组建工作，组长由党委副书记刘定云担任。2003年，学校组织62名离退休人员开展历时15天的"万里长江健身行"活动，参观三峡大坝、东方明珠等30余个景点，考察和体验了改革开放以来祖国的巨大变化。

  2004年9月，学校邀请离退休老领导对红河校区刚建成的教学楼、学生食堂、学生宿舍进行全面检查，重庆师专老校长黄正禄专程从成都赶回参加本次活动。学校进一步构建科学有效的离退休工作网络，在已建立离退休两级管理工作机制的基础上又对其进行了明确要求，使各单位把对离退休教职员工管理、服务工作列入工作计划，确实做到齐抓共管，形成合力。2010年，学校组织校离退休老年舞蹈队参加重庆市第四届老干部艺术节高校韵律操展演，获银奖。2011年年底，学校有离退休人员312人，其中离休干部9人，中华人民共和国成立初期参加革命工作的老同志10人。2012年5月，学校为70岁以上的老同志分年龄段发放高龄慰问金。2013年，学校组织老同志参加重庆市第四届老干部艺术节，节目"竹楼情歌"获最佳组织奖。已经80岁的高龄老同志陈金康、刘国铭等分别出版个人学术专著。2014年，在红河校区北侧新建成老年活动中心，面积达1 400余平方米，建有阅览室、棋牌室、多功能厅、排练厅、展览厅、健身室、教室等20余间，配备专用观光电梯、音响设备、健身器材等价值近百万元的设施设备。同年，对星湖校区老年活动室做了维修改造，重新装修墙面，增设厕所并更换门窗和照明灯。2015年，组织老同志参加重庆市第五届老干部艺术节，舞蹈节目"康定情歌"获最佳组织奖。同年，将老同志的定期体检由2年一次调整为1年一次。2015年年底，全校离退休人员共340人，其中离休干部7人，中华人民共和国成立初期参加革命工作的老同志6人。2009年至2015年，学校连续6年获重庆市离退休信息统计先进单位。2016年1月，周洪亮担任离退休工作部部长，黄贵懿任离退休工作部副部长。新的时期里，学校将继续坚持贯彻习近平总书记系列重要讲话精神和全国离退休干部"双先"表彰大会精神，紧紧围绕"六个老有"，认真落实离退休同志各项待遇，紧密协调离退休工作部与老协、老教授协会、学校关工委的工作，共同开展好离退休工作，积极引导老同志为学校发展继续发挥力量。

第七章 党建工作

第一节 纪检监察

一、机构沿革

1976年，江津地区"五七"大学成立。1983年10月，学校在机构改革时，校党委任命陈廷萱为党的纪律检查委员。1984年5月2日至3日，江津师专召开第三次党员代表大会，选举产生了新一届学校党委，同时成立学校第一届纪律检查委员会，选举刘有权任纪委书记、陈廷萱为纪委副书记。纪委成立后，一直与学校党委组织部合署办公，直至1986年7月配备的专职工作人员邓小红同志到岗后，于当年9月开始独立办公。1989年，重庆师专设立监察处，任命杜介民为监察处处长，1991年，学校任命李培福为监察处处长。1993年，中共中央、国务院决定将纪委机关和监察部合署办公，根据中央精神，同年师专将纪委办公室、监察处、审计科合署办公。当时监察处处长未聘任，实际专职人员只有时任纪委书记刘有权和审计科科长郭琲珂两位同志。1995年，学校党委任命江天健为纪委书记。1996年1月，学校第四届党委成立，同时成立了学校纪律检查委员会，选举江天健为纪委书记，任命何小兵为监审处副处长，副校级调研员黄建文为纪委专职干部。1999年，学校任命魏良福为监察处处长。

1985年3月，报中共重庆市委同意，成立中共重庆教育学院永川分院委员会，不设纪律检查委员会，只聘学校纪检委员，党委委员罗昌敬兼任纪检委员。1986年至1987年期间，渝州教育学院总务处下设审计科，先后由蒋兴玉和何治荣担任审计员。

2001年，重庆师专、渝州教育学院两校合并成立渝西学院，同时成立中共渝西学院纪委，任命江天健为纪委书记，何共初为纪委副书记、纪委办公室主任、监察处处长，苏兴文为审计处处长助理。2004年7月，学校党委任命苏兴文为审计处副处长。2005年，何伦坤任监察处处长助理。2006年,学校领导班子调整,党委任命左益为学校党委副书记、纪委书记。2008年,重庆文理学院召开第一次党员代表大会,选举产生新一届纪委,选举左益为纪委书记,郑稷为纪委副书记。同时党委任命郑稷为纪委办公室主任、监察处处长。2008年7月,学校进行机构改革,将纪委办公室、监察处、审计处整合为纪检部,实行"实部、虚处、实科"的运作机制,下设综合科和审计科。同时,党委任命苏兴文为纪检部副部长兼审计处处长。2011年,学校党委任命李德全为学校党委副书记、纪委书记。同年,重庆文理学院召开第二次党员代表大会,选举李德全为纪委书记,郑稷为纪委副书记。任命郑稷为纪委办公室主任、监察处处长,任命杨勇为审计处副处长。2016年,学校第五次中层干部换届调整,任命蒋礼文为纪委办公室主任、监察处处长,任命杨勇为审计处副处长(主持工作)。为全面落实"转职能、转方式、转作风"要求,适应反腐败斗争新形势、新任务的需要,学校增设监察科。为加大案件查办工作力度,纪委整合纪检监察人员,专门成立两个纪检监察室负责办信办案工作。

二、廉政教育

教育是纪检监察机关的主要工作职能之一,学校纪委坚持把党纪国法宣传教育作为纪检监察基础性工作来抓,通过编撰内部简报、开展主题教育、实地走访廉政教育基地、邀请上级领导做辅导报告等形式开展教育,提高了各级干部对党风廉政建设重要性的认识,增强了广大党员遵纪守法的自觉性,保证了党纪党规的贯彻落实,促进了我校党风廉政建设和反腐败工作的深入开展。

编撰内部简报,供全校党员学习。从1986年下学期起,学校纪委不定期编撰《纪检情况反映》内部简报,2001年,名称改为《纪检监察信息》简报。2009年,加入了审计等相关内容,名称改为《纪检监察审计动态》,以全国、全省的一些正反两方面的典型案例和学校纪检监察审计工作动态为主要内容,提供给全校各支部组织党员学习。

开展主题教育学习活动,增强党员遵守党纪党规的意识。1987年,纪委联合学校组织部、宣传部，举办了 4 期党员脱产学习班，对全校党员进行党章的再教育。1991 年，组织全校 278 名党员集中学习中纪委发布的党员领导干部犯严重官僚主义失职错误、党员在涉外活动中违反纪律、在经济方面违反纪律等 7 个党纪处分规定。1992 年，开展了党纪基础知识教育，纪委为全校党员订购了人手一册《党纪基础知识讲座》，重点学习了"什么是党的纪律"等内容。2001 年，组织开展了以"实践'三个代表'，加强作风建设，做人民满意的好党员、好干部、好教师"为主题的示范与警示教育活动。2005 年，以学习贯彻中央《建立健全教育、制度、监督并重的惩治和预防腐败体系实施纲要》，继续加强党员、干部对党的重大理论、政策的学习。2010 年，开展了"党性党风党纪主题教育月"活动。

通过购买警示教育影片、实地走访廉政教育基地等形式，对党员、领导干部进行形象化宣传教育。1987 年，纪委采用购买或翻录具有警示教育的录像片的方式，对党员、领导干部进行教育，丰富了教育内容，强化了教育效果。2006 年，纪委联合重庆市永川监狱，采取由服刑犯人进校园现身说法的方式，集中进行法纪教育。2010 年，组织学校正处级以上领导干部参观了重庆市廉政教育基地。2013 年之后，学校纪委每年都组织干部和关键岗位工作人员到重庆市九龙监狱或荣昌廉政教育基地开展反腐倡廉警示教育活动。

邀请上级部门领导同志到校作党风廉政专题报告。2004 年，邀请重庆市委教育纪工委书记刘路明同志作报告。2006 年，邀请永川市检察院检察官作报告。2007 年，邀请重庆市教育纪工委书记刘路明同志上党风廉政建设专题党课。2008 年，邀请重庆市纪委副书记李维超同志作报告。2009 年，邀请重庆市委党校副校长周放教授作报告。2010 年，邀请重庆市教育纪工委书记时琳琳同志作报告。2012 年，邀请重庆市教育纪工委副书记、纪检监察室主任范永同同志作报告。2014 年，邀请重庆市纪委常委、市监察局副局长王建东同志作报告。2016 年，邀请重庆市纪委派驻市教委纪检组组长时琳琳同志作党风廉政建设专题辅导报告。

组织开展大学生廉政教育活动。从2009年起，每学年收集整理大学生所关心的反腐倡廉相关内容，做成教学幻灯片提供给辅导员，在大学生中进行专题讲授，使廉政文化进入大学生课堂。2011年，组织大学生动漫作品《失去平衡的心》和《清莲》参加重庆市纪委廉政公益广告创意征集活动，其中《失去平衡的心》获得三等奖。2015年，通过精心组织和遴选，将大学生创作的两个书画类、两个艺术设计类、两个网络新媒体类廉政文化作品参加第四届全国高校廉政文化作品征集活动，其中分别获得书画摄影类二等奖和艺术设计类三等奖，我校是全市唯一获得两个奖项的高校。

三、过程监督

学校纪委监察处把监督执纪作为履行工作职责的核心任务之一，充分发挥纪监审合署办公优势，进一步整合监督力量，加大过程监督力度，有效保证了党的方针政策、党风廉政建设要求、学校党政决策部署和中心工作任务在全校的贯彻落实。

1984—1985年，江津师专党委根据上级统一部署，进行全面整党工作，纪委在全校开展党纪党风检查中，主要负责核查"三种人"工作，为保证学校的长治久安做了大量工作。

在1989年政治风波中，学校纪委同志和各支部纪检干部一道，坚决站在党的立场上，维护党的政治纪律，掌握全校党员思想动向，按照分工要求，到达重点部位，做好学生的思想工作。事后，参与和具体负责"清查清理"等工作。

1993年上半年，学校在人事制度、机构设置、住房分配等方面，进行了大幅度的改革，纪委主要领导既是参与者，又是监督者，保证了这些改革顺利进行。

2001年升本建院之后，随着学校改革发展的不断深入和学校事业的发展壮大，纪委监察处加强了对财务、基建、采购、招生、人事、科研等重点领域和关键环节的监督，以及学校年度重点工作任务在落实过程中的监督，确保监督的整体成效。

2003年到2014年，按照上级要求和学校安排，学校纪委监察处牵头开展了学校的民主评议政风行风工作。

2003年9月，学校成立了以纪委书记江天健同志为组长的红河校区建设监督小组，严把"五关"，即施工队伍考察关、招标监督关、决算审计监督关、材料质量关、工程验收结算关，对施工队伍和项目班子的考察、招投标方案的制定、招标的过程、建设合同的签订、决算审计等环节进行严格监督，充分发挥红河校区建设指挥部监督组的职能。

2003年到2008年，为确保学校经费使用"五增六减"要求得以实现，纪委监察处严格执行学校关于公务用车、公费接待用餐审批程序和登记制度，每周都将用车、用餐情况汇总后及时送给各位校领导。对发现的问题及时给校领导汇报，并将公务用车、公费接待用餐纳入期末工作质量考评中。

2014年，按照新形势要求，根据学校《纪委巡视工作办法》的规定，学校纪委组织纪委委员和各单位纪检委员为成员的巡视工作队伍，对二级单位落实学校党风廉政建设工作要求和党风廉政建设责任制落实情况、二级单位领导班子及其成员特别是党政主要负责人遵守党的政治纪律、组织人事纪律、财经纪律、《廉政准则》和生活纪律等情况以及贯彻落实学校党政重大决策部署、学校中心和重点工作情况、"三重一大"决策和执行情况进行每周两次的常规巡视。在每年"五一""端午""国庆""中秋"等重大节假日期间对违反中央"八项规定"精神的情况开展专项巡视。

除了常规监督工作，学校纪委监察处还按照上级和学校要求，开展了大量的专项治理工作。2002年至2004年，负责全校处级单位工作质量考评工作。2006年，开展治理商业贿赂专项工作。2009年，开展治理"小金库"专项工作。2010年，开展治理收送"红包"、领导干部超标使用公务车和领导干部违规经商办企业"三项治理"工作和校办企业"小金库"专项治理工作。2011年5月，启动以解决领导干部插手干预工程建设、基层执法单位违规执法、侵占惠民资金问题为重点的"三项行动"以及深化"三项治理"工作；同年10月下旬，开展"小金库"自查和清理工作。2012年，开展了教育乱收费专项治理工作和干部兼职及兼职取酬管理工作。2013年，围绕贯彻落实中央八项规定精神、市委七条实施意见、"八严禁十二不准"要求开展了为期四个月的正风肃纪专项行动。

四、审计监督

自1990年学校成立审计机构以来，积极开展了财务收支审计，干部经济责任审计，基建维修工程项目、专项经费、合同和科研项目审签等工作。

积极开展财务收支审计，进一步规范财务管理水平，提高资金使用效益。2004年、2007年、2009年、2012年，开展了对学校四个年度的财务收支审计；2005年，开展了对校医院2000年至2004年财务收支情况的审计；2006年、2010年，分别开展了对学校后勤集团财务收支审计；2014年，探索性地开展了对学校校办企业的财务收支审计工作；2015年配合市审计局社保处完成了对学校2014年度预算执行和其他财政财务收支审计、学校二级单位2014年度财务收支专项审计调查。

加大处级领导干部届中和离任审计力度，切实发挥审计的监督效能。2002年，开展对升本建院32个处级单位65名中层干部离任审计；2006年，开展了对2名退休处级干部的离任审计；2009年，开展了对学校第二届36名处级干部的任期经济责任审计；2011年，开展对转岗、调任、退休等原因的6名处级干部的任期经济责任审计；2012年，开展了对学校第三届38名处级干部的任期经济责任审计；2014年、2015年，开展了对9名处级干部的届中经济责任审计；2015年，配合市审计局社保处完成了对我校党委书记钟志奇同志和校长孙泽平同志的经济责任审计；2016年，开展了对学校第四届24名处级干部的经济责任审计。

全面开展对基建、维修项目的跟踪审计，合理控制工程造价。自2002年开展基建、维修项目审计以来，截至2016年，共计完成基建、维修项目390项，审减金额达6 828.56万元，为学校节约了大量建设资金；2003

年，学校红河校区开始建设后，基建审计人员全员参与红河校区地质勘探、土石方平场、教学楼、学生宿舍、图书馆、办公楼等项目的跟踪审计及结算审计工作；2015年，积极配合市审计局交通处完成了对我校2003年新校区建设以来的所有基建项目的专项审计。

开展专项审计，提高资金的绩效水平。2004年，开展了对学校各单位发放加班费情况的专项审计。2005年，开展了对新生生活用品收支结算的专项审计。2005年、2008年、2009年，分别开展对红河校区物业管理费结算的专项审计。2010年、2011年，开展了对学校教学服务部门及教辅部门的资产专项审计。2011年，开展了对原校办企业借款、教师读研借款的坏账注销的专项审计。2011—2013年，连续三年开展了对学校教学经费的绩效审计。2013年，开展了科研经费专项审计调查工作。2014年，开展了重点学科建设经费和国培项目经费专项审计工作。

开展合同和科研项目常规审签工作，提高合同和科研项目经费管理的规范化水平。自2006年开展各类经济合同审签以来，共计签审1 757份经济合同，其中纠正不合规经济合同36份。2004年至2016年期间，根据学校科研管理部门的委托，共计审签国家级科研项目26项。2015年，配合市审计局社保处完成了对我校科研经费专项审计调查工作。

五、执纪问责

执纪问责是纪检监察机关的主要职责，学校纪委监察处为深入推动全面从严治党要求，积极拓展线索来源，加大办信办案力度，坚持对腐败行为零容忍，用更高的标准、更严的纪律要求约束学校党员干部，充分体现"纪严于法、纪在法前"的要求，营造学校风清气正良好政治生态和育人环境。

1986年6月，重庆师专纪委接到四川省高教局纪检组电话通知，要求检查我校1984级干部专科委培生乱办班、滥发文凭等问题，纪委向党委汇报后立即组成调查组，查证了办学依据、招收手续、学员来源及学业成绩各项事实，于7月4日将调查结果上报省高教局纪检组，澄清了事实，明辨了是非。这是学校纪委成立以来，第一次接办上级移交的信访举报件。

1990年至1999年期间，渝州教育学院纪委分别查处了财务科工作人员挪用公款、党员教师练习法轮功、图书馆工作人员违规生育二胎、教务处工作人员伪造公章办理毕业证等几起案件。

2001年以来，学校纪委、监察处逐步形成了以网络留言板、举报信箱、举报电话、举报邮箱以及审计线索等为主的全方位信访举报监督渠道，制定并完善了受理来信来访制度，认真办理每件信访举报件并及时回复信访举报人，做到"事事有回音，件件有着落"。据不完全统计，2001年以来，我校纪委共受理来信来访近300件。

纪委、监察处加大案件查办力度，严肃惩处腐败分子。2006年，查办图书馆工作人员贪污案和保卫处工作人员贪污案。2009年，查办了保卫处工作人员贪污、挪用公款案及现技中心集体私分国有资产案。2010年，立案查办了经管学院教师违规生育二胎案。2010年至2011年，查办了资产部工作人员贪污挪用公款案。2014年，查办了总务部工作人员受贿案。在以上案件的查办过程中，相关人员都受到不同程度的党纪国法的处理。

六、获奖情况

2008年，学校纪委荣获了2007年度"重庆市反腐倡廉宣传教育工作先进集体"称号。

2010年，学校纪委监察处被重庆市教委评为"2008—2009年度重庆市高校纪检监察系统办案先进集体"。同年，学校积极贯彻落实《工作规划》，在接受市教育工委惩防体系建设检查中获得好评，市教委副巡视员程明亮用"责任落实、制度健全、措施到位、成效显著"十六字高度评价了我校党风廉政建设取得的成绩。

2011年，学校纪委监察处被重庆市纪委评为"2007—2011年重庆市纪检监察系统先进单位"，学校审计处被市教委评为"重庆市教育审计工作先进单位"。

2012年，学校被市教育纪工委评为"2011—2012年度重庆市高校纪检监察系统办案先进集体"。"教学经费绩效审计项目"被重庆市审计局评为"重庆市优秀内部审计项目"。

2013年5月，学校审计处被重庆市教委评为"重庆市2011—2012年度教育审计工作先进单位"。

2016年，学校纪委被评为重庆市纪检监察系统先进集体。

第二节 组织工作

一、基层组织

（一）基层组织沿革

1977年3月21日，经江津地委批准，成立江津地区"五七"大学党委，至1996年重庆师专建校20周年时，学校党委已下设中文系总支、数学系总支、政史系总支（各下设教工支部1个、学生支部1个）和总务处总支（下设6个支部）等4个党总支，外语系支部、物理系支部、化学系支部、生物系支部、音乐系支部、体育系支部、美术系支部、校办支部、党群支部、人事处支部、教务处支部、学生处支部、保卫处支部、基础部支部、电教中心支部、图书馆支部、离退休一支部、离退休二支部、附中支部等19个直属党支部。

1972年5月，江津专区教师进修学校和江津专区教育行政学校合并组建江津地区教育学校。1973年3月，江津地区教育学校成立党支部，1974年3月成立支部委员会。1978年5月，江津地区教育学校党支部升格为党总支，下设3个党支部。1983年，永川地区与重庆市合并后，学校与重庆市教师进修学院合并，更名为重庆教育学院永川分院。1985年3月，重庆教育学院永川分院党总支改设为党委。同年7月，经选举并报重庆市委批准，成立了第一届委员会。

2001年，渝西学院成立后，按照教育部对合并院校"五统一"（即"统一领导、统一机构、统一管理、统一财务、统一规划"）的要求，学校于年底开展了校内机构设置和干部聘任工作。2002年1月，经学校党委研究决定，设置15个党总支（机关、后勤、成教职教、离退休及11个教学系党总支），并建立计算机网络中心、图书馆等直属支部。全校各党总支、支部陆续开展了选举工作。随着学校办学规模日益扩大，党员干部队伍不断壮大，基层党组织数量相应有较大增长。学校根据党员队伍变化情况，及时调整基层组织设置。2016年4月底，学校共设置31个二级党组织（其中党总支27个、直属支部4个），包括：15个二级学院党总支，6个机关党总支（机关第一、第二、第三、第四、第五、第六党总支），以及图书馆党总支、继续教育学院/培训学院党总支、博达公司党总支、新叶公司党总支、新材料技术研究院党总支、离退休党总支、马克思主义学院党总支、现代教育技术中心党支部、文化遗产学院/国际学院党支部、特色植物研究院党支部。各二级学院党总支一般按照教研室（系）设置教工支部，按照年级、专业设置学生支部；机关党总支一般按照部门设置下属支部。目前全校共设置党支部93个（含4个直属支部），其中在职教工支部51个、离退休教工支部6个、学生支部36个。党的基层组织体系的健全为各项工作开展提供了组织保障。

近年来，全校党组织数量变化如下图：

年度	党组织总数	党委数	党总支数	党支部数	备注
2006	73	1	18	54	
2008	81	1	21	59	
2012	122	1	25	96	
2016	121	1	27	93	

（二）组织机构

组织部是党委的重要职能部门之一，在校党委的领导下，负责组织工作、干部工作和党校工作，其主要职责为：协助上级部门做好校级及校级后备干部的考察、选配工作，建立校级后备干部队伍；按照学校党委的安排做好处级干部的选拔、培养、考核、教育、管理和监督工作，调整、配备、建设好学校中层领导班子；做好科级干部的选拔、培养、考核、教育、管理和监督工作；协助有关部门做好老干部工作、人才工作，落实党的干部政策和知识分子政策；负责党的基层组织建设和党员教育管理工作；办好党校，做好党校日常工作；做好干部和党员统计，管好干部档案和文书档案，做好党费的收缴、管理、使用工作。

江津地区"五七"大学建校之初，学校党委下设办公室，尚未单独建立组织部。1983年，江津师专党委建立组织部、宣传部。2001年升本建院后，重庆师专和渝州教育学院的组织部门合并重组为渝西学院组织部，此后，组织部与人事处逐步推行合署办公。2005年年底，学校按照"实部、虚处、实科"的思路，进行第二次机构改革，在教学服务部门下设教工部等11大类部门，组织部、人事处作为教工部内设部（处）沿袭至今。教工部负责组织干部工作的科室为干部人事科，2012年3月，科级机构调整时，干部人事科更名为组织干部科。此外，学校党校办公室亦挂靠教工部（组织部）。

组织部历任主要领导为刘有权（1983—1986年年底）、钟建昌（1985.12—1986.12任副部长，1986.12—1989.09任部长）、江天健（1990—1994）、梁绍君（1995—2001.11）、刘灿国（2004.07—2007.02）、宋凡金（2007.02—2016.01）。2016年1月，周洪亮任组织部部长。

（三）基层组织建设

为切实加强和改进基层党组织建设，学校划拨充足的党建工作经费，及时调整优化基层组织设置，努力打造高素质党务干部特别是党组织书记队伍，不断健全党建工作制度，精心设计党建工作载体，基层党组织的政治功能和服务功能得以彰显，政治核心、战斗堡垒作用得到充分发挥。

学校出台了一系列党建工作制度，议事规则方面有：《中共重庆文理学院委员会议事规则》《中共重庆文理学院委员会书记办公会议事规则》《重庆文理学院校长办公会议事规则》《重庆文理学院党政联席会议事规则》等议事规则（2006年制定，此后做了进一步修订完善），《重庆文理学院二级学院党政联席会议（院务委员会）议事规则（试行）》(2009年）。党务管理方面有：《中共重庆文理学院委员会党务公开实施细则》(2013年）、《中共重庆文理学院委员会党建经费使用管理暂行办法》(2015年）。党员发展教育管理方面有：《中共重庆文理学院委员会发展党员工作细则》（2006年制定，此后陆续制定票决制等工作办法）、《中共重庆文理学院委员会党员组织关系管理细则》(2013年)。干部管理监督方面有:《重庆文理学院中层干部"目标业绩"测评通报制度(试行)》(2006年)、《重庆文理学院中层干部外出请假规定》(2009年)、《关于进一步规范学校市管干部和处级干部因公临时出国的管理办法》《重庆文理学院处级以上干部因私出国(境)管理办法》(2016年)。一系列制度的制定和修订,为规范党组织活动、推进党组织建设提供了制度保障。

学校各级基层党组织在根据上级部署要求抓好"规定动作"的同时,紧密结合自身实际,精心设计工作载体,不断推动党建工作创新。2010年至2012年,学校主要以基层党组织和党员创先争优活动为主线开展工作。在此期间,连续3年开展"五个好"基层党组织创建活动,经过党组织自评、党员民主测评、专家组现场考核、党委审定等多个环节,3年里共有20个党总支、直属支部(2010年5个、2011年8个、2012年7个)被学校党委授牌,"五个好"基层党组织占比达到80%。2011年,学校还组织开展了纪念建党90周年"爱党·爱国·爱学校"主题系列活动,"文理先锋·创先争优活动优秀成果"展示评选活动,"党员示范寝室建设""模块化党建"等13项成果获得表彰。2011年至2012年开展了基层党建特色项目立项活动,"高校二级学院党建工作服务学生成长成才的机制探索"等8个项目获得立项,其中重点项目3项,一般项目5项。2013年以来,主要以党的群众路线教育实践活动、"三严三实"专题教育、"两学一做"学习教育为主线开展工作。在此期间,领导班子定期召开民主生活会、支部定期召开组织生活会、领导干部参加双重组织生活、党员定期接受民主评议以及党组织书记讲党课、实施年度述职评议考核等工作较以往更加严格规范,逐步形成常态化,形成工作长效机制。校内各党总支、直属支部也在实践中不断探索和改进党建工作的方法途径,基层党建特色更加明显。2015年年底,学校召开基层党建工作交流会,总结了学校近年来基层党建工作取得的成绩和经验,林学与生命科学学院、公共管理学院等7个单位在会上作交流发言。

学校涌现出一批先进基层党组织。2012年,材料交叉学科研究中心党支部(后升格为新材料研究院党总支)被评为"重庆市创先争优先进基层党组织"。2016年,数学与财经学院党总支被评为"重庆市先进基层党组织"。2001年以来,在重庆市教育系统举行的5次先进基层党组织评比表彰中,学校共有9个(次)党组织受到表彰。

二、党员队伍

(一)党员发展工作

1977年,江津地区"五七"大学共有共产党员97人。1984年,江津师专党员数增至199人。1996年,重庆师专党员数增至279人。升本建院以来,随着学校办学规模的扩大、招生人数的增多,学校发展党员数相应有较大的增幅。至2006年8月,学校已有党员1108人,其中教职工党员504人,学生党员604人。2012年年底,学校党员总数达到2367人,其中学生党员1531人,党员总数及学生党员数均达到历史最高数。

学校认真落实《中国共产党发展党员工作细则》,做好在中青年教职工和优秀大学生中发展党员工作,做到了制度有保障、发展有计划、工作有督导、质量有提高。各党总支、直属支部于每学期初制订发展计划报组织部,组织部根据各单位入党积极分子队伍状况、发展党员工作质量等情况进行审查后,下达发展指标。2006年5月,学校党委根据中组部《发展党员工作细则》(试行),结合学校发展党员工作实际,制定了《中共重庆文理学院委员会发展党员工作细则》(试行),进一步明确细化了学校发展党员的标准、程序和要求。此后陆续完善了团内推优、公示、政审等一系列工作办法,为发展党员工作提供了制度保障。

从2012年上半年起,学校开始推行特邀党建组织员制度,聘请一批工作经验较丰富、时间精力能保证的老领导、老同志担任特邀党建组织员,协助完成发展党员工作。2012年4月,经学校关工委推荐,学校党委研究,决定聘请陈世海等15位离退休老同志担任特邀党建组织员。每个二级学院由1~2名特邀党建组织员联系,督促指导发展党员工作,协助完成材料审查、组织谈话等具体事宜。

2013年至2014年,《关于加强新形势下发展党员和党员管理工作的意见》(中办发〔2013〕4号)和新修订的《中国共产党发展党员工作细则》先后颁布，确定了发展党员的新"十六字"方针，即"控制总量、优化结构、提高质量、发挥作用"。对此，学校积极应对，采取措施，主动作为。

适度控制总量，注重改善结构。在学校学生人数稳步增长的情况下，发展党员数和党员总数仍适度压缩。2012年，学校发展党员813人。2013—2015年，发展党员数维持在600人左右（2013年628人，2014年606人，2015年604人）。2015年年底，党员总数已由2012年的2 367人降至1 973人，其中学生党员总数已由1 531人降至1 039人。与此同时，高学历、高职称党员人数有较大增长，党员队伍结构进一步优化。2008年，学校研究生党员为215人，2012年增至308人，2015年增至403人。副高级以上职称党员2008年为143人，2012年为168人，2015年为227人。

明确审批权限，规范发展程序。2006年5月，为适应学校本科教育与管理的需要，经学校第十一次党委会研究，将各党支部发展党员的审批权授予各党总支。新《细则》出台后，学校党委及时收回审批权限，各支部发展党员情况经组织部汇总预审后，上报党委进行集体讨论和表决。学校进一步完善了入党积极分子备案、发展对象预审、政治审查、入党宣誓等流程，针对"一书两簿"(《入党志愿书》《入党积极分子培养教育考察登记簿》《预备党员教育考察登记簿》)，组织部还专门制作了材料填写模板。

加强业务培训，强化督导考核。学校持续推进特邀党建组织员制度，每学期均召开支部书记、组织委员发展党员专题会议，重点针对工作中的薄弱环节进行业务培训。组织部以书面通知形式及时反馈问题，指导、督促各党总支、支部认真整改落实。把发展党员工作情况纳入部门目标指标考核体系，每年年底进行年度工作质量考核。

（二）党员教育管理

学校根据国家、省市形势和上级重要部署指示，以开展党内重大专题教育为契机，加强党员教育管理。建校以来，先后开展了整党、党员重新登记、"三讲"教育活动、"三个代表"重要思想教育活动、保持共产党员先进性教育活动、深入学习实践科学发展观活动、创先争优活动。党的十八大以来，学校根据中央、市委部署开展了党的群众路线教育实践活动、"三严三实"专题教育，以处级以上领导干部为重点，带动广大党员践行群众路线、落实"三严三实"要求。学校师生党员通过政治学习、专题组织生活会、民主评议等形式接受教育。2016年4月底，学校启动"两学一做"学习教育，把从严治党要求从"关键少数"拓展到"普遍多数"，全体师生党员参加学习教育。学校为此制定了实施方案和工作推进表，明确了广大党员的学习形式和学习任务，为全体党员发放了学习资料和专用笔记本。目前，"两学一做"学习教育正有序推进。

学校注重建立健全党员经常性受教育机制，把党的思想政治建设抓在日常、严在经常。从2010年起，每年年初下发正式文件，对教职工政治理论学习、党员组织生活和党风廉政教育做出统筹安排，并对执行情况进行目标考核。2012年以来，学校每年12月下发文件，对党员民主评议进行专门部署安排，加强工作谋划、过程指导和质量考核。2015年5月，印发《关于推进基层党组织书记讲党课制度的通知》，对"党组织书记讲党课、全体党员听党课"这一学习教育形式进行制度化。2015年"七一"前后，全校各党支部组织开展了讲"三严三实"专题党课活动。2016年"七一"前后，以支部为单位，讲授"两学一做"专题党课。

学校扎实开展党内统计这一基础性工作，积极推进信息化建设，加强党员组织关系管理。依托"中国共产党基本信息管理系统2005"软件、12371党建信息平台对全校党组织和党员基本信息进行管理，认真开展年度党内统计工作，多次被评为"优秀报表单位"。从2011年起，开始通过12371党建信息平台转接党员组织关系，使组织关系转接更加方便、快捷和高效。2013年4月，出台《中共重庆文理学院委员会党员组织关系管理细则》，对党员组织关系转出、转入、校内转接的原则、方法、程序以及党员出国（境）组织关系管理等做出了明确细致的规定。2016年3月，学校启动党员组织关系集中排查工作，排查对象包括正式组织关系在学校的党员以及2007年以来组织关系转出学校的党员，共计8 300余人。校内各支部采取多种方式，重点对2007年以来组织关系转出，但未收到回执的党员进行了联系排查和登记造册。此项工作尽管时间跨度较大，工作任务较重，但各职能部门、党总支、支部之间能积极协同配合，进展较为顺利，为下一步组织处置、规范管理和启动"两学一做"学习教育打下了良好基础。

广大党员的先锋模范作用得到较好发挥，成为推动学校事业发展的骨干力量，一大批优秀共产党员、优秀党务工作者脱颖而出。近年来，刘定云（2007年）、周洪亮（2011年）先后被评为"重庆市优秀共产党员"。2001年以来，重庆市教育系统举行的6次党内表彰中，学校受到表彰的优秀共产党员、优秀党务工作者共有21人次（不含受到表彰时尚未进入学校工作的），如表7-1：

表7-1　2001年以来重庆市教育系统党内表彰中我校受表彰情况

获奖年度	优秀共产党员	优秀党务工作者	表彰单位	备注
2001	孙泽平　谭昌眉　何祖祥	贺正一　米祖旭	中共重庆市委教育工作委员会	
2003	何独明　周文德	牟延林		
2006	周及至　肖宇窗	刘定云		
2007	刘定云（同时受到市委表彰）　王大平			当年未评选优秀党务工作者
2011	胡明进　吕军成　蒋礼文	宋凡金		
2012	苏本磊　杜勇、李东平　郭仿军			当年未评选优秀党务工作者

2005年以来，学校先后举行7次"七一"表彰活动，共表彰优秀共产党员、授予"优秀共产党员标兵"称号277人次（其中学生党员71人次），表彰优秀党务工作者52人次。

三、干部队伍

党的十二大以后，学校把"努力实现干部队伍的革命化、年轻化、知识化、专业化"作为新时期干部工作的指导方针，培养选拔了一大批忠于党的教育事业并具有科学文化知识、教学管理能力和充满朝气的骨干队伍。

2001年升本建院以后，在启动机构改革工作、重新设置内设机构的同时，学校及时启动了原有干部队伍的重组、调整工作。通过公开竞争，对竞聘者的年度考核、群众推荐、群众测评、资格审查、命题考试、述职答辩、群众认同、评委评分、师生投诉等九大类近万个基础数据进行综合分析、公示，选拔聘任（任命）中层干部67人，处级行政助理8人，相比原有干部数精简了30%，比重庆市编委下达指导数减少40%，干部队伍的学历、职称、年龄等结构也得到较大改善。2002年年初开展科级岗位人员聘任工作，共聘任科级干部53名，学校干部队伍力量进一步加强。

此后，学校于2006年、2008年和2011年年底至2012年年初，分别开展升本建院以来的第二、三、四次干部选拔任用工作。2015年年底至2016年上半年，学校依据《党政领导干部选拔任用工作条例》开展第五次中层干部和科岗人员选拔任用工作，实现了"三个改善"：一是进一步改进完善了干部任职资格、考核和推荐方式，拓宽选人用人视野等方面的工作。该次中层干部选任，打通了从事管理工作的职员晋升领导岗位渠道和从专技岗晋升领导岗位的渠道。有7名专业技术人员，之前没有科岗任职经历，但符合相关选任条件，也被确定为考察对象。二是进一步改进完善了干部队伍结构，特别是学历、职称结构。该次选任的中层干部中，博士24人，占19.5%；硕士74人，占60.1%；全部具有本科以上学历；拥有正高级专业技术职务者52人，占42.6%。中层干部队伍的学历、职称（学科、专业）结构进一步优化，整体素质进一步提高。三是进一步改进完善了选人用人工作机制，形成能上能下、能进能出、促进交流轮岗的机制。该次中层干部选任，共交流、轮岗干部56人（含提拔或平级重用没有在原单位任职的），其中平级交流、轮岗38人。交流、轮岗力度、规模之大，达到历史之最。此外，在该次科岗人员选任工作中，首次明确提出实行科岗人员交流制度，在人、财、物、招生、基建等岗位任职满8年的科岗人员，均实行了交流轮岗。

学校在抓好干部选拔任用工作的同时，不断加大干部管理教育监督考核力度。学校于每年年初制定党员干部年度培训计划，选派干部赴美国西北理工大学、北京大学、井冈山大学等地培训，组织干部参加重庆市高校处级干部培训班学习，与国家教育行政学院联合创建"干部在线学习"平台，邀请校内外专家学者举办专题讲座，分层次、多渠道加强党员干部培训。近年来，学校通过开展干部人事档案专项审核、领导干部因私出国（境）证件专项治理、干部个人事项审核抽查等工作，进一步强化了领导干部的日常管理监督；通过采取校领导评价与干部互评、师生评议相结合，干部个人测评与部门工作目标业绩相结合，年度考核与任期考核相结合的方式，建立健全了领导干部"多维考核评价机制"。通过强化管理教育监督考核，学校干部队伍的综合素质得到极大提升。

第三节 宣传工作

从建校初期至1980年代中期，学校党的宣传工作没有独立部门负责，宣传工作职能一般由政治处、党委办公室等部门承担。1986年，重庆师专设立党委宣传部。至此，宣传工作开始独立，成为宣传部的主要工作职能。宣传工作主要包括政治理论学习、内外宣传、普法教育、网络舆情、精神文明建设五个方面。

一、政治理论学习

重庆师专政治理论学习主要是学习和贯彻党的路线、方针、政策，围绕如何加强党的领导的主题进行。1979年春，学校组织全校师生深入学习贯彻十三届三中全会会议精神，动员教职员工将工作重心转移到教学科研上来，努力搞好本职工作。1982年下半年开始，学习贯彻十二大精神，进行整党工作，主要解决"文化大革命遗留下来的党内思想不纯、作风不纯、组织不纯和纪律松弛等问题"。1986年以后，学校组织教职工进一步学习贯彻《中共中央关于教育体制改革的决定》和《中共中央关于加强高等院校学生思想政治教育的决定》等文件精神，并举行思想政治工作汇报会，大力加强社会主义精神文明建设。1986年1月，学校中心学习小组成立并深入讨论办学指导思想问题。同年4月，学校思想政治教育研究会成立，邹弘杰等任理事。1989年，学校积极贯彻上级指示，在全校范围内开展了"清除精神污染"工作，有效保证了学校各项工作免遭冲击。1991年6月12日，学校正式出台《重庆师专十年计划》和《八五计划》，提出了"德育为首，一体两翼"的办学思想，建立起了学校党政实施的思想政治工作体系的雏形。1991年至1994年，学校先后开展了建党70周年庆祝活动，学习贯彻邓小平同志南方谈话、党的十四大精神等活动，统一了思想，保证了党委对学校工作的领导，为学校改革和发展的各项任务顺利进行提供了保障。1996年，学校中心组和中干会、教职工大会先后开展了十四届六中全会精神的学习贯彻活动。1999年，学校党委召开动员大会，向全校中层以上干部、全体共产党员进行动员并部署"三讲"党性党风教育暨党员民主评议工作，并认真学习党和政府关于取缔"法轮功"的决定。同时，全校上下开展了十五届四中全会精神的学习和宣传贯彻活动。2000年前后，贯彻"三个代表"的要求，学习党的十五大、十五届五中全会精神，抓好"三讲"教育"回头看"，落实各项整改任务，进一步加强党的建设，并全力投入学校"迎评升本"工作。

渝州教育学院的政治理论学习主要体现在以下方面：1985年，按上级党委要求进行了整党。1989年，学校党委对教职工提出要求：必须遵守宪法和法律，不得有违反宪法和法律的言行；不说不利于安定团结的话，不做不利于安定团结的事；坚守岗位，改进工作，改进服务；积极做学生的宣传教育工作。1993年11月，学院党委制定院级干部廉洁自律的六条规定。1995年6月，换届选举组建学院第二届党委，建立中心学习小组制度，制定了"党委议事规则"和"行政办公会议事规则"。

2005年7月至11月，学校开展保持共产党员先进性教育活动，建立和完善共产党员"长期受教育，永葆先进性"的长效机制。

2008年开始，学校在党员领导干部和全体共产党员中开展学习实践科学发展观活动，提高思想认识，解决突出问题，创新体制机制，促进学校各项事业的科学发展。

从2012年开始，全校师生学习贯彻十八大精神，以及十八届三中、四中、五中全会精神，制定了专门的学习方案，从校级中心组、二级中心组、教职工、大学生四个层面开展学习贯彻活动，进一步凝聚了人心。

2014年5月，学校组建了首届党委理论宣讲团，深入宣讲中国特色社会主义理论体系，特别是社会主义核心价值观，宣讲党的重要会议精神和重要文献，宣讲中央、市委和学校的重大方针政策。

2013年至2015年，学校在校级中心组、二级中心组层面积极开展党的群众路线教育实践活动和"三严三实"专题教育活动，由理论宣讲团集中宣讲，教育引导全体党员干部牢固树立宗旨意识和马克思主义群众观点，改进工作作风，赢得师生的信任和拥护。同时，学校对二级中心组学习实行"片区制"改革，把全校分为五大片区，由理论宣讲团成员分专题主讲，进一步提高了学习实效。

2016年5月，学校党委开始"学党章党规、学系列讲话，做合格党员"（简称"两学一做"）学习教育活动，从校级中心组、二级中心组、普通党员三个层面开展，进一步增强党的创造力、凝聚力、战斗力，为推动学校改革发展提供了坚强保障。

二、校内外宣传工作

建校初期，学校办学条件比较艰苦，校内宣传舆论阵地主要由黑板报、公共张贴栏、广播等组成。1977年，学校教育广播台成立，成为校内宣传的主阵地。2004年8月，完成学校新校区网络建设，建立了学校校园网主网站和各二级单位网站，每年发布校园新闻信息1 000余条，对宣传学校的重大决策、重要活动、改革举措、实践成效等发挥了重要作用。2006年，学校校史馆——峻德馆建成，每年可接待参观人数2 000余人次，为进一步宣传学校的办学成效、扩大社会影响做出了努力。此外，党委宣传部门坚持每月更新校园橱窗，定期督促检查广告、海报、标语等宣传物管理情况，定期巡查校区宣传，进一步规范了校内宣传环境。密切配合学校重大活动，做好了校园宣传环境的布置，充分发挥了校内舆论宣传阵地的作用。

1982年起至90年代末，学校的对外宣传主要集中在学报、校报方面。1988年，校报记者关于学校"2+1"主辅修制的消息发表在《中国教育报》，1991年，校报现场短新闻《大学校长插秧记》在层层推选层层获奖后受到国家教委好评。从1992年至今，每年都有四五条新闻作品获重庆市高校校报协会好新闻一、二等奖。2001年渝西学院成立以来，学校每年都在《光明日报》《中国青年报》、人民网、《重庆日报》《重庆晨报》等市级以上媒体发表宣传文章数十篇，进一步提升了学校的知名度和美誉度。

三、法制宣传教育

法制宣传教育工作由学校保卫处、公安科、政治处等部门兼任，主要是安全教育、社会治安等内容。1985年12月，全校师生集中学习新宪法。1986年5月，学校成立了普法领导小组，积极开展普法教育，指导教职工学习普法文件，并进行了集中考试。1992年，学校获四川省人民政府"社会治安综合治理先进集体"荣誉称号。2004年3月，重庆市教委组织专家到校检查评估，给予学校"法制教育创新有效，制度建设系统完备，过程管理落实到位，权益维护保障有力，运行效果良好"的评价。

2005年，学校获教育部首批"依法治校示范校"称号，是重庆市唯一获此殊荣的高等学校。

2006年至2015年，学校先后制定"五五""六五"普法规划，并积极开展普法宣传教育系列活动，组织师生参加重庆市优秀法制作品大赛、全国法制动漫作品大赛等诸多大赛并获得优异成绩。主动与地方公安、法院、司法部门联系，将违法犯罪的个案引入思想政治教育课堂，开展法纪教育。每年的"12·4法制宣传日"和"3·15消费者权益日"，学校会与永川区司法局、法院、检察院、国税局、药监局等十余个单位一起开展法制宣传教育和法律咨询活动，受到了群众的普遍肯定和赞誉。同时，学校利用宣传橱窗、教育广播台、校园网、LED等平台积极开展普法宣传教育活动，极大增强了广大师生员工学法、用法、知法、守法的意识。2011年4月，学校被命名为"重庆市永川区人民法院法制宣传教育基地"。2013年5月，学校被永川区政法委确定为首批"零犯罪"创建学校。

四、网络舆情工作

2003年,学校高质量完成"西部大学校园网工程",并在2004年8月完成新校区网络建设,完成红河、星湖校区网络整合,为数字化校园建设和新校区的网络建设提供重要保证。2003年"非典"期间,学校启动"校领导与大学生网络在线交流"制度(至今已举办363期),成为新华社、《光明日报》、《中国高等教育》等多家媒体竞相报道的热点,受到各级教育行政部门、兄弟院校、学生家长和社会各界的高度赞誉。2014年6月18日,学校开通腾讯官方微博,成为展示学校风采、发布即时消息的重要渠道,为师生搭建了与社会信息交流、思想沟通和资讯互动的平台。

2014年,学校成立了网络信息安全科,制定了《重庆文理学院关于进一步加强校园网络系统安全管理的通知》《重庆文理学院网络系统安全突发事件应急预案》《关于加强我校网络信息员队伍建设的实施意见》等制度文件,对涉校舆情实行二十四小时舆情监控,构建起校园网络安全防范体系。同时,每年的5月至12月,网络信息安全科对各二级单位主网页和招生就业网页的运行情况进行专项检查,对其中存在的问题进行通报和整改,极大提升了学校网络宣传质量。

五、精神文明建设

虽然建校初期的办学条件比较艰苦,但精神文明建设依然扎实推进。1980—1990年,学校每年开展"文明礼貌月"活动,使校风校貌大为改观。中央乐团演出分队来校公演,音乐家盛中国作"师范生的艺术修养"报告,给全校师生奉献了一场听觉、视觉上的盛宴。1984年,为迎接首届教师节,学校为教职工做了10件实事。1985年10月,老山战斗英雄代表段树春政委等来校作报告,激发了全校师生的爱国主义热情。学校组织师生参加历届重庆市"校园之春",获得优异成绩。

2001年11月,学校"周末文化广场"首次举办,引起了轰动,被称为"重庆市高校校园文化建设中一道亮丽的人文风景线"。2002年以来,学校相继邀请了全国劳动模范巡讲团、重庆市大中小学教书育人楷模高教分团、聂荣臻元帅精神报告团、"高雅艺术进校园"艺术团等来校进行精神文明巡讲，极大地丰富了师生的精神文化生活。学校大力宣传"公民基本道德规范"、突出正气的弘扬，强调文明言行的养成，着力开展文明修身工程，并编制了系列学习读本，突出抓师德、师风、师表建设，坚持开展"三育人"先进、"八大奖"等评选活动。大力营造"尊老爱幼、男女平等、夫妻和睦、勤俭持家、邻里团结"的氛围，突出尊老爱幼教育，进行了文明家庭评选等活动。学校相继涌现出重庆市"敬业奉献"道德模范杨洪锦老师、四川省第十二届精神文明建设"五个一工程"优秀作品奖获得者郭莘舫老师、"拾金不昧"的"道德模范"梅偲奕、全国第3 662位造血干细胞捐献者覃永河、勇救落水女生的刘元龙、身残志坚的残疾人乒乓球队员李林恩、"科技先进个人"田友明等优秀典型。

第四节　统战工作与民主党派

统一战线是学校党委工作的一个重要方面，是思想政治工作的重要组成部分。它的主要任务是认真贯彻党的统战政策，大力做好党外知识分子、民主党派、海外侨胞、留学人员、少数民族、宗教人士的工作，充分发挥统一战线协调关系、沟通思想、理顺情绪、化解矛盾的优势，对于推进学校改革、发展和稳定，具有重要作用。

一、统战工作

学校建校以来就把统战工作列入党组织的议事日程，但由于学校规模较小，统战对象不多，直到1994年，学校才正式设立党委统战部。

多年来，学校坚持采取双月座谈会、中秋茶话会、迎春团拜会以及各种情况通报会等会议形式，加强学校领导、相关职能部门负责人与统战群团的联系交流，注重发挥人才优势，加强民主监督，为学校发展献计献策。充分发挥统一战线协调关系、沟通思想、理顺情绪、化解矛盾的优势，推进学校改革、发展和稳定。2013年5月，学校总结统战工作经验，上报了"从五个方面贯彻落实全市高校统战工作会议精神"材料，受到重庆市委统战部部长范照兵常委亲笔批示。

学校从经费和场地上支持民主党派按照各自章程开展活动。2014年以前，各民主党派活动经费无论人多人少经费均相同，从2014年起，实行基数2 000元+人数（每人100元）的标准划拨经费，进一步加大了支持力度。

2014年7月，设计装修了民主党派和统战群团活动室、会议室，冠名为"同心苑"。同年底，学校组织开展了首届"重庆文理学院同心杯——气排球联谊比赛"，组织各民主党派、知联会、少联会等党外人士与校级领导参加，有力地促进了校级领导和党外人士的联系交流，夯实了团结奋斗的牢固基础，共同营造了积极向上的工作氛围。

二、民主党派

（一）中国国民党革命委员会

1988年3月，梁英贤、罗自林调入重庆师专，学校有了中国国民党革命委员会（简称民革）党员。1993年，民革重庆市委永川直属支部成立，在重庆师专先后发展了刘希东、吴强、唐英、杨晓莲等民革党员。

1998年，民革重庆市永川工作委员会成立后，学校成立了民革支部，共有成员6名，首届支部主委罗自林，委员刘希东、吴强，民革重庆市委主委李克熙出席了成立大会。

2001年，刘希东任支部主委，支部委员吴强、唐英。

2010年，吴强任支部主委，支部委员唐英、陈绪林。

2015年，吴强任支部主委，支部委员唐英、张沁。

2016年，民革重庆文理学院支部党员已经发展到19名，其中正高职称9名，研究生及以上学历7名，是一支朝气蓬勃的队伍。在中共重庆文理学院统战部和民革永川区委的领导下，积极开展组织建设、参政议政、统战课题研究、社会服务等工作，多次获得上级部门的表彰。

支部党员中，有多人曾担任过永川区人大代表、政协委员。其中梁英贤担任过民革重庆市委永川直属支部、民革重庆市永川工委主委，民革重庆市委常委，重庆市政协委员和人大代表。杨晓莲担任过民革重庆市永川工委委员，重庆市人大代表。刘希东担任过民革重庆市永川工委、民革重庆市永川区委委员，永川区人大常委。永川区政协委员吴强的提案《关于规划高铁车站与城区快速公交线路的提案》被评为2014年的重点督办提案。

从2010年开始，民革重庆文理学院支部连续5年对永川区双竹镇七郎村弯头小组的残疾人覃祖华进行了结对帮扶，从家庭规划、加大养羊规模、女儿就业等方面进行了帮助。2016年，对永川区松溉镇打鱼河村长石坝村民小组曾令荣一家进行结对帮扶。支部党员连续多年为位于永川区仙龙镇粉店的"民革爱心超市"捐赠旧衣物、书籍等，困难群众可以免费登记领取。政协委员长期为永川区政协的"政协关爱基金"捐款，帮扶贫困大学生完成大学梦。

2014年暑期，民革重庆文理学院支部参加了民革永川区委举行的"坚持走中国特色社会主义道路教育实践活动"，民革党员表达了跟随中国共产党走中国特色社会主义道路的决心。在活动中参观了坐落在云南腾冲的中国远征军抗日纪念馆和中国远征军抗日将士公墓，增强了民革党员的爱国热情。

（二）中国民主同盟

1983年4月，中国民主同盟（简称民盟）永川小组成立。随后江津师专韩光琼、屈义生、张人权、沈成贵先后交了入盟申请书，于1983年5月加入民盟组织。同年7月22日，民盟永川县支部成立时，江津师专校内已有盟员9人。随即，民盟永川县支部江津师专小组成立。

1985年4月3日，民盟重庆市委批准成立由韩光琼任主委，屈义生、张人权任支委的江津师专支部。该支部隶属民盟重庆市委领导，此时有盟员11人（江津师专支部的部分工作由永川县支部"代管"）。学校举办了民盟支部成立大会。校办主任邹弘杰、民盟重庆市委组织部长、民盟永川县支部主委陈艾以及民进江津师专支部负责人乐静芳等到会祝贺。

1987年9月3日，民盟重庆师专支部与民盟永川县支部合并，成立了永川县工作委员会，下设重庆师专支部，主任委员由徐中瀛兼任，罗昌德任副主任委员，屈义生、余代林任委员，此时有民盟会员22人。

1987年，渝州教育学院也建立了民盟支部，吴昌海任支部主任委员。

两校合并后，渝州教育学院民盟支部与重庆师专民盟支部合并成立渝西学院民盟支部，后随学校更名改称重庆文理学院民盟支部。

2010年9月9日，盟员增加到52人，王蕾任第十届民盟支部主委，姜希泉、夏晶晖、谢吉容任副主委，叶昌莲、罗庆礼、陈辉任委员。此外，高志强任民盟永川区委主委，罗庆礼、王蕾任民盟永川区委委员。

2015年10月9日，由于盟员的人数增多，永川区盟委同意民盟重庆文理学院支部升级为民盟重庆文理学院总支部，选举并产生了第一届民盟重庆文理学院总支部委员会，王蕾任主委，夏晶晖、岳彩镇、张绍彬任副主委，叶莲、贾晓勇、刘碧桃任委员。

民盟盟员中，9人担任过永川区（县、市）政协委员，其中高志强还担任过永川市政协常委，永川区政协副主席，民盟重庆市委员会委员、常委，政协重庆市委员会委员。王蕾出任过永川区人大代表、政协常委、重庆市人大代表。

2012年，盟员易文德教授成功申报2012年国家自然科学基金项目"基于时间序列特征的金融资产相依结构模型构建及应用研究"，王蕾教授与永川区政协成功申报2012年永川区软科学课题"基于'幸福永川'建设为导向的永川区民众主观幸福感现状及影响因素调查研究"。

（三）中国民主建国会

2007年10月，经管系李坤同志正式成为中国民主建国会（简称民建）会员，成为学校第一位民建会员。

2013年4月8日，学校民建会员增加到6名，为了进一步提升民建会员的素质，更好地开展民建会员组织活动，扩大民建的影响力，民建重庆文理学院支部筹备组特向永川区委申请成立民建重庆文理学院支部。

2013年4月23日，民建重庆文理学院支部正式成立。

截至2016年5月，民建重庆文理学院会员总数为9人，分别为江智利、李坤、王锦标、闫永海、赵晓飞、蒋巧、杨君、戴静、赵妍。

民建重庆文理学院支部成立后，积极组织会员申报课题，提出议案，为地方经济社会发展建言献策。

2013年，支部会员李坤成功申报了民建重庆市委课题"重庆市农业产业化经营发展现状与对策研究",被民建重庆市委采用、市政协立案。

2014年,支部会员李坤成功申报重庆市科委项目"五大功能区划下的重庆城镇化道路研究",闫永海成功申报民建重庆市委课题"供应链金融视角中的中小企业融贷模式创新研究",赵晓飞成功申报民建重庆市委课题"依托成渝经济区协调发展五大功能区的现代物流研究",均被民建重庆市委采用、市政协立案。

2015年,支部会员蒋巧成功申报永川区委统战部课题"在数字化媒体时代如何开展网络统战工作的研究"并获三等奖,赵晓飞成功申报民建重庆市委课题"依托产业定位,加快发展都市功能拓展区的物流节点建设研究",李坤成功申报民建重庆市委课题"促进重庆市涉农项目资金监管的对策研究"。

2016年,民建支部会员江智利、李坤、蒋巧、赵晓飞成功申报民建重庆市委课题4项。

除此之外,支部还组织会员进行地方经济建设考察调研,帮助地方促进经济、教育、文化事业发展。其中比较重要的活动有:

2015年3月26日,支部组织会员到永川区服务外包产业园区参观调研,与外包产业园区相关领导围绕永川发展软件产业"政府主导、市场机制、企业主体、应用为先"的发展思路、"产城融合"的发展模式、"智慧城市"的发展突破口展开了深入讨论。通过此次实地考察,大家一致认为园区将成为学校与企业进行校企合作的一个重要平台。

2016年4月17日,民建重庆文理学院支部参加了由民建永川区四支部牵头组织实施的"精准扶贫——民建在行动"双月支部活动。走访永川区双石镇五龙桥村三户困难户,了解了他们的家庭成员、年龄、身体状况、家庭收入来源、子女就业就学等基本情况以及生产生活中遇到的实际困难,为下一步用实际行动帮助贫困群众脱贫致富做好了基础工作。

短短数年间,支部和会员凭借出色的工作成绩,先后获得了一系列奖励和荣誉。2013年,支部会员李坤、蒋巧获得了永川民建成立30周年"创先争优"优秀会员。

2014年,支部被重庆文理学院党委统战部表彰为年度统战信息工作先进集体，支部主任江智利获得年度统战信息工作先进个人称号。李坤被民建重庆市委授予年度参政议政工作先进个人称号，蒋巧被评为永川区政协教科文卫专委会先进个人。

2015年，中国民主建国会成立70周年，支部被民建永川区委评为理论研讨工作先进集体，江智利、李坤被评为民建永川区委"创先争优"优秀会员。蒋巧获民建重庆市委2015年优秀会员。重庆文理学院党委统战部授予民建支部2015年度统战理论研究优秀组织奖，李坤获2015年度统战信息工作先进个人称号。

（四）中国民主促进会

中国民主促进会（简称民进）是最早在学校发展会员和设立组织的民主党派。1982年6月28日，民进江津师专支部成立大会召开。民进中央常委、四川省筹委主任委员刘西林亲临祝贺，民进省筹委委员甘道铭主持大会，省筹委副主委徐天逸宣读了民进四川省筹委《关于建立江津师专支部的决定》和中共四川省委统战部的《贺信》。支部有会员乐静芳、吴汉骧、易治安、胡道泽和张是5人，乐静芳任支部主任，吴汉骧任副主任。

1985年，江津师专更名为重庆师专，支部相应更名为民进重庆师专支部，与民进省筹委直属永川小组同属民进重庆市委领导。

1984年，重庆教育学院永川分院建立了民进支部，先后由吴洪川、张昌华、曹优明等任支部主任。

2001年5月，两校合并升本，重庆师专民进支部与渝州教育学院民进支部合并为民进渝西学院支部。

2005年4月，学校更名为重庆文理学院，支部亦更名为民进重庆文理学院支部。

2015年4月26日，选举产生新一届支部委员陈梁、冯利朋、傅新燕、文静、杨保亮。冯利朋任主委，文静、傅新燕任副主委，委员陈梁、杨保亮。

支部自建立之日起，在校党委的帮助指导下，遵照民进上级组织的指示和要求，团结会员和所联系的群众，在加强自身建设和履行参政党基层组织应尽之责方面，做了不少工作，取得了较好成绩。

1990年，支部成员乐静芳、熊羽先后到双凤乡中学、双竹镇等地举办支教、赠书以及联合教研活动。其他会员也曾应组织安排，先后到重庆的永川、万盛、渝中、四川宜宾，贵州的赫章、六盘水等地讲学。

2012年，支部成员秦继伟和文静多次参加区委组织的永川旅游文化调研，执笔完成《永川区旅游文化建设调研报告》《关于我区乡村全民阅读的调研报告》。

2015年5月7日，支部相关同志随同学校党委副书记、纪委书记李德全，永川区政协副主席、民进永川区委主委钟代华赴永川区红炉镇新店小学实地调研。10月12日下午，在民进永川区委的部署下，支部主委成员在红炉镇会龙桥村小进行了"情洒村小"送书活动。

2015年9月19日，支部赴涪陵区开展了为期1天的"互联网+模式"调研，调研的重点是武陵山大裂谷的互联网+生态旅游平台。

2015年11月17日下午，支部参加了民进市委会理论立项课题结题论证会，支部主委冯利朋博士就所承担课题"民主党派如何适应'四个全面'提出的新要求"，从在全面建成小康社会中发挥实干作用、在全面深化改革中发挥智库作用、在全面依法治国中发挥三大作用、在全面从严治党中发挥监督和践行作用四个方面对课题展开了结题论述。民进重庆市委主委陈贵云、民进重庆市委专职副主委张克敏对课题的理论研究成果给予了充分肯定。

支部多位会员先后担任人大代表和政协委员。熊羽在四川省政协第六次全委会期间，代表四川民进参加与张皓若省长对话的会议，结合学校及同类学校实际，就改善办学条件、稳定教师队伍、提高教育质量作了专题发言，颇受各方认同。吴洪川、程新跃、朱德隆担任永川政协委员期间，所交提案不仅数量多，质量也高。如关于"设立市长公开电话"等多项提案被政府采纳，被评为提案优秀工作者。

自支部建立以来，会员中吴汉骧、乐静芳、何玉君、程兴跃、梅贞、冯英、苏德胜、朱德隆、汪达成、刘晓琴等，都曾被学校或永川市评为教书育人先进，吴汉骧、易治安、程兴跃曾被评为市先进教师，陈兴容、熊羽曾被评为个人省先进教师。许多会员也屡在市县两级被评为先进，支部在1990年被评为重庆市民主促进会先进支部，1991年荣获重庆市各民主党派工商联为四化建设服务先进支部，1994年被民进永川工委（市、区委）评为先进支部，2004年10月被民进中央评为先进支部。

2014年，秦继伟撰写的理论文章《充分发挥人民政协作为协商民主重要渠道作用的制度体系研究》获重庆市政协2014年度政协理论研究优秀论文三等奖，2014年民进重庆市委参政党理论研究优秀论文二等奖；《中国特色新型智库建设研究——以人民政协为例》获政协永川区委2014年度政协理论研讨二等奖。

2014年10月，民进重庆文理学院支部被评为重庆市民主促进会先进支部。

2015年，支部荣获学校"统战信息工作先进集体"称号，支部主委冯利朋副教授获"统战理论调研工作先进个人"荣誉。支部获校党委组织的第一届"同心杯"气排球比赛冠军。民进成立70周年，冯利朋获"重庆市先进个人"称号，其论文《民主党派如何适应"四个全面"提出的新要求》获市委统战部高校理论研究三等奖。

（五）九三学社

2001年前后，学校教职工王飞铨、李宗斌、查仁民等加入了九三学社。2006年前，所有成员均属于九三学社永川支社。2006年6月，基于永川区九三学社组织的壮大及其他方面的因素，永川成立九三学社工委，随即成立了九三学社重庆文理学院支社。

重庆文理学院九三支社现有1个主委，2个副主委，3个委员，共18名社员（1名退休），支社成员1人为区委委员。现今社员中担任过永川区政协委员的有2名，经历过挂职锻炼者3名，担任过科级以上干部者10名，副教授以上者11名，全部担任过教学工作。

在仅有2个永川区政协委员的条件下，学社社员共提出提案40余件，社情民意5件。参与九三学社、永川政协调研10余起，其中参与九三学社市委课题调研1个。积极参加学校双月座谈会，为学校的发展建言献策。

学校九三学社社员以本职工作为重心，自2006年以来，围绕学校"顶天立地"的战略部署坚持做好教学、科研和管理工作,在科学研究、专业建设、人才培养、教学管理上取得了有目共睹的成绩,多人次被评为学校先进工作者。其中,在学校教务网络系统的建设、研究生部的成立、非物质文化遗产中心的建设、运动人体科学实验中心的成立和建设、软件学院专业建设等方面,均有学社社员的心血。

学社社员多次在诸多领域服务社会,颇具影响。在音乐领域,支社成员多次组织永川多个部门进行合唱演练,所取得的成绩在永川乃至重庆都具有较大影响力。在永川智慧城市建设方面,学社社员亦是倾尽全力给予支持。在铜梁龙传统文化传承与发扬,在体育产业发展、永川商贸物流等方面,均有较好的服务质量或较大的智力支持。在扶贫、助学方面亦有作为。

第五节 党校工作

一、党校概况

中共重庆文理学院委员会党校是在学校党委领导下,培训党员、干部、入党积极分子的学校;是学习、研究、宣传马克思列宁主义、毛泽东思想、邓小平理论以及"三个代表"重要思想和科学发展观的阵地;是党员、干部和入党积极分子增强党性锻炼的熔炉。其是在重庆师专党校和渝州教育学院党校发展基础上,由渝西学院党校演变而来。

重庆师专党校前后经历了两个发展时期,先是1985年年初的业余党校时期,后是于1991年4月开始的党校时期。1991年4月,根据中发〔1990〕12号《中共中央关于加强高等学校党的建设的决定》和中发〔1990〕15号《中共中央关于加强党校工作的通知》,重庆师专党委结合学校实际,正式成立"中共重庆师范专科学校委员会党校",党校校长由时任党委副书记的钟建昌兼任,纪委书记刘友全兼任副校长,组织部部长江天健、团委干部杨晓东分别任办公室正副主任。渝州教育学院党校成立于1994年5月,党校校长由时任党委书记的贺正一担任。2001年5月,两校合并组建为渝西学院。2002年11月,渝西学院党委批准成立"中共渝西学院党校",党校校长由时任党委书记的牟延林担任。2005年4月,学校更名为重庆文理学院,中共渝西学院党校随之更名为中共重庆文理学院委员会党校。2006年,学校领导班子调整后,党校校长由党委书记钟志奇担任。

二、职责任务

学校党校坚持以毛泽东思想、邓小平理论、"三个代表"重要思想和科学发展观为指导,紧紧围绕学校中心工作,围绕党的基层组织建设和党员、干部队伍建设,围绕新形势下思想政治工作面临的新问题,认真贯彻落实中共中央关于干部教育培训工作的精神,结合"区域性、应用型、多科性大学"的学校定位,创新培训机制,拓展培训载体,注重培训实效,分批次、分层次、分类别对全校党员、干部、入党积极分子进行培训,初步建立起分梯次、立体化的教育培训体系。其职责和任务主要有:一是对全校党员进行普遍轮训;二是对科以上党员干部和处级领导干部进行马克思主义基本理论的教育培训;三是对入党积极分子进行教育培训;四是对基层党务工作者进行培训;五是进行高校党建理论的研究;六是通过各种形式宣传马列主义、毛泽东思想、邓小平理论和党的路线、方针、政策。

为切实承担起自己的职责,履行好党校的任务,学校党校在各个时期分别举办了各种专题教育,例如"坚持共产主义信念""继承和发扬党的优良传统和作风""世界上第一个共产党的纲领——《共产党宣言》""从党章修改看党的理论与建设的与时俱进""入党程序、条件和党员的义务、权利""理想、信念、情操与大学生成长成才""党的性质、宗旨和组织制度""党的纪律与党的作风建设""大学精神、大学理想与大学文化实践""以实际行动争取做一名合格的共产党员""政党知识及中国共产党历史梗概""中国共产党的光辉历程""四个全面引领民族复兴的战略布局""全面从严治党:做忠诚干净担当的共产党员"等。

三、制度建设

从重庆师专党校、渝州教育学院党校、渝西学院党校到今天的重庆文理学院党校,从筹备党校至今,各时期党校都具有相对完备的制度体系。例如《中共重庆师范专科学校党校章程》《渝州教育学院党校办公室职责》《党校培训学员管理规定》《党校培训班主任班委会工作职责》《党校培训先进集体和优秀个人评选办法》《中共重庆文理学院委员会党校工作条例》《入党积极分子培训工作手册》《党员发展工作指导手册》《特邀党建组织员指导手册》《党校授课教师安排》等规章制度。

四、主要做法

近年来，党校在学校党委的坚强领导下，认真贯彻落实《中国共产党党校工作条例》，紧扣学校建设特色应用型大学的办学目标，充分发挥了党校培训党员干部的主渠道、主阵地作用。

加强党校工作的思想认识。第一，正确定位党校的主渠道、主阵地、熔炉功能，改变党校培训以往偏重于入党积极分子的局面，形成入党积极分子培训、党员培训、干部培训的系统培训，并积极围绕学校中心工作开展党校培训，注重"理论联系实际"，侧重工作的实践性。第二，不断建立和健全党校培训制度。建立党校工作制度，包括学籍管理、课程建设、考试考核、请假考勤、评优评先制度等。第三，不断加强党校队伍建设。党校努力建设"三支队伍"：建立了一支理论水平较高、党建工作经验丰富、结构合理、比较稳定的师资队伍；健全了由学校党委书记兼任党校校长，党委副书记和组织部部长兼任副校长，各职能部门负责人兼任校务委员的管理队伍；同时，党校还下设专门的办公室，负责处理党校日常工作，并有一支比较稳定的班主任队伍。另外聘请了一批具有丰富的党建工作经验与充足的时间、精力的老领导、老同志做特邀党建组织员，协助做好党校工作。

积极构建全员全方位全程化培训体系。第一，培训层次。党校针对学校不同层次的人员，不断扩大工作覆盖面，努力做到培训全员化。目前，党校培训主要涉及三大方面：第一，培训对象。入党积极分子培训，目前已举办65期，每期约1 000余名。党员培训，每年新发展、新转正党员约1 200余名。干部培训，全校处级、科级干部均得到不同层次的培训。第二，培训方式。党校采用课堂讲授与专题讲座、在线学习相结合，

"走出去"与"请进来"相结合等多种方式组织开展全方位的培训工作。在国外培训方面，分批次把全体处级干部送往美国西北理工大学等国外名校培训。在国内培训方面，分别组织处级干部赴北京大学参训；组织党务干部、两课教师、辅导员等赴井冈山等地参训。另外，党校还和国家教育行政学院联合举办在线学习，分批选送干部参加市委教育工委组织的干部培训，邀请市委党校专家、学校领导等举办专题讲座。第三，培训过程。培训覆盖党员发展全过程：从学生递交入党申请书起，党校即指导基层党支部确定培养联系人，下达培养任务书，明确培养主体和培养对象各自的权责。此后从确定为入党积极分子到确定为发展对象、接收为预备党员、预备党员转正、毕业生党员离校等各个关键环节，党校均认真制定培养方案，做好教育培训工作。覆盖干部选拔任用全过程：所有处级干部和科级干部在任期内都接受了不同层次的培训，重点围绕提高干部的政治素质、道德品行和精神境界，切实加强党性教育和党规党纪教育，并把培训结果积极应用到干部选拔任用全过程。

努力开创党校工作新格局。第一，积极开拓党建工作阵地，创新党员教育管理方式。充分依托、持续完善党校工作阵地，大力开展入党积极分子、党员和党务干部三类人员的教育培训，积极构建党委、总支、支部三级联动的培训体系，在培训内容的时代性、培训方式的创新性等方面进行了探索。第二，开展形式多样的党务干部培训。通过专题讲座、交流考察、在线学习等方式，积极开展学生支部书记培训、特邀党建组织员培训、基层组织员培训、党建信息平台管理员培训等工作。第三，积极参加西部地区党校工作研讨会，全面贯彻落实全国高校党建工作会议精神，总结交流党校工作经验，探讨在新形势下如何加强和改进党校工作，提升党校工作的科学化、规范化和制度化水平。第四，积极探索新形势下网上党校学习和培训，争取全面实现线上学习和线下学习的有机结合，实现党校学习培训电子化、网络化。第五，将培训工作和理论研究结合起来，积极开展基层党建特色项目立项工作。学校党委在通过验收的特色项目中遴选部分成果显著、亮点突出、示范明显的项目，组织其他基层党组织观摩学习并加以推广，在党内进行表彰。

第八章　群团工作

第一节　工会工作

工会是教职工自愿参加、自愿结合的群众组织，是拥有法人代表资格的社会团体。在上级工会和学校党委统一领导下，学校工会践行"为教职工服务，为教学科研服务"的理念，紧密围绕学校中心工作，引领教职工充分发挥主人翁精神，积极参与学校教育教学工作，有力地助推了学校的发展。

一、发展简况

1979年3月，江津师专成立了工会工作筹备组，并于3月29日选举产生了由邹家业、胡甫昌、黄建文、黄吉甫、熊德群、王大成等组成的江津师范专科学校工会委员会，邹家业同志任主席，胡甫昌同志任副主席。

永川地区教师进修学院自1982年下半年恢复工会活动，由陈礼先负责工会工作。1983年11月，选举产生重庆教育学院永川分院第一届工会委员会，主席陈礼先，副主席柏道洪。

学校升本后，第一届工会委员会于2003年10月经选举产生，由校党委副书记刘定云兼任工会主席，游祥国任副主席。2008年7月，选举产生学校第二届工会委员会，李忠彬任主席。2012年6月，选举产生学校第三届工会委员会，主席李忠彬，副主席陈丽。2016年5月，选举产生重庆文理学院第四届工会委员会，戴晓敏任主席，皮锋、谢荣成任副主席。

工会下面以党总支（直属支部）为单位建立二级工会，选有主席负责二级工会工作。

二、民主管理

参与学校民主管理，维护教职工合法权益是学校工会的重要职责。学校一贯坚持依法治校的办学思路，对与教职工切身利益有关的重大问题的决策，均提交教代会讨论。

1985年，重庆教育学院永川分院召开第一届教代会，讨论通过了《关于实行主任导师制的改革方案》。1986年，渝州教育学院第一届二次教代会通过《函授教育暂行工作条例》。1987年，第一届教代会第三次会议通过《教职工住房分配修改方案和预算外收入分配方案》。

1993年，重庆师专成立由纪委、监察处、工会及有关同志组成的"聘任工作协调监督工作组"，确保内部管理体制改革工作顺利进行。

两校合并成立渝西学院后，于2003年召开第一届教代会，至2016年，已召开四届教代会，先后审议通过了《重庆文理学院应用型深度转型发展行动方案》《重庆文理学院章程》《重庆文理学院民主管理工作委员会章程》《渝西学院"教学名师奖"等九个奖项评奖办法》《机构改革及干部岗位设置方案》《重庆文理学院内部机构设置方案》《重庆文理学院第三次管理岗位设置与聘用实施细则》《重庆文理学院绩效工资实施方案》《红河校区敬业安居小区方案》等，让教职工了解改革、支持改革、参与改革，使各项改革的不断推进具有深厚的群众基础，既保障了教职工的合法权益，又维护了学校的整体利益，保证了学校管理科学化、决策民主化，推进了学校民主管理制度的健全和完善。2010年，学校成立了民主管理工作委员会，专门用于解决学校面临的一些具体的难题。

三、民生关怀

工会持续开展"面对面、心贴心、实打实"服务活动，关心职工健康，救助家庭困难。从2004年开始，每2年组织1次全校教职工体检；2015年开始，增加为每年体检。同时，专门为女教职工增加妇科检查，购买安康保险。给基层工会送发《家庭药箱进万家》养生保健读本，给教职工发《教师健康手册》。邀请专家举办"婚姻家庭问题研究""妇科常见病防治""美容与健康""家居插花与装饰""家庭装修知识"等知识讲座。与学校居委会共同组织教职工及家属参加由国家卫计委牵头开展的眼病义务普查。积极组织开展济困救难、扶困助学活动，2006年，由校工会牵头，学校设立"重庆文理学院教职工重大疾病帮困互助金"，用于帮助患重大疾病的教职工解决个人自付医疗费用过高带来的暂时困难，至今已为30人/次给予532 725.30元的补助和借支。从2015年开始，参加重庆市总工会职工互助保障活动，为全校1 194名在职职工办理"重大疾病互助保障"，目前已有1名患病教职工领取了10 000元的互助赔偿金。及时看望救济伤病住院教职工，每逢节日，走访慰问困难教职工。2009年，建立全国工会帮扶中心困难职工档案，先后为152人/次患病等困难教职工提供帮扶慰问金151 300元。教职工在生育小孩时给予贺喜金，教职工父母去世时给予慰问金。2015年，启动教职工生日慰问工作，全校在职教职工在生日当月都会收到生日慰问金。组织拍婚纱照活动，关心青年教师婚恋，多次与重医二院、永川区工会、永川银监分局团委、永川区人民法院等单位联合举办青年联谊会，为单身青年构建交流平台。开展创文明小区活动，参加百万女职工素质达标活动，召开家政问题研讨会，举办家政问题征文活动，评选重庆市和永川区诚信文明模范家庭，表彰十佳女职工和先进工会工作者。

2002年，学校启动教职工住宅楼人和居的修建工程，工会牵头负责教职工在人和居住房和车位的申购工作。在工会的组织下，到2015年止，已有1 101户教职工选购和入住人和居1、2、4、5、6、7号楼，483户教职工选购了人和居6、7号楼地下停车位，2016年启动人和居3号楼的建设工作。

四、理论学习

开展"创造学习型组织、争做知识型职工"活动、"劳动我最美"全国职工微博大赛、"第二届重庆市女职工读书节"活动。举办工运理论研讨、女性成才理论研讨会，1篇论文获《创新、实践、发展》优秀论文特等奖，2篇论文入刊《西南政法大学学报》，2篇论文发表在《重庆工运》杂志上。论文《民主管理与现代大学制度的关系》获2012年深化创新厂务公开民主管理优秀征文三等奖，1篇论文获重庆市教科文卫体工会第三届工运理论研讨竞赛活动三等奖。组织工会干部开展拓展培训，提高工会干部团队精神、互助精神、开拓精神。举办课件制作、书法摄影讲座、打字比赛、"我为本科教育添光彩"双语演讲比赛、"我心中的人民教师"演讲比赛等。选拔优秀教师参加重庆市高校青年教师教学技能竞赛，兰尧尧、胡骄键、张媛媛3名青年教师参加了自然科学基础学科、社会科学、自然科学应用学科3个组别的比赛，分获二、三等奖，并获优秀组织奖。召开女教授、女博士座谈会，为学校发展建言献策。

五、关爱社会

自2001年起，学校工会组织教职工向开县井喷事故、四川汶川地震、青海玉树地震、印度洋海啸等受灾地区捐款1 121 510.80元，为患白血病的儿童和教师捐款65 323.20元，向残疾人捐款18 031.9元，为文传学院患病学生捐款12 750元，为绿化长江行动捐款48 205元，向奉节县冯坪中学捐赠助学款40 009.20元。

六、文体活动

工会每年开展教职工喜闻乐见的、有益身心健康的活动。有乒乓球、羽毛球、排球、网球、足球、围棋、钓鱼等体育比赛，也有环校园健身跑、广播体操比赛、教职工运动会、趣味运动会等大型活动。学校还组织教职工参与各类校际、校地体育比赛，促进联络，增进友谊。组队参加重庆市高校专家教授运动会，2015年获第一名，并在2013年成功承办此项赛事，获得上级和各兄弟高校一致赞扬。参加第20届高校"校长杯"网球赛获男子乙组双打冠军。参加永川区总工会主办的第一至五届职工运动会，先后获得团体总分第一、拔河第一、网球男双冠军、网球女双冠亚军、乒乓球女单冠军、男子游泳冠军、羽毛球女单亚军等好成绩。2015年，参加重庆市高校钓鱼比赛，获团体第二名。教工足球队分别与西南大学、永川中医院、永川供电局等单位进行友谊赛，乒乓球队分别与永川公安局、永川乒乓球联队、涪陵师院、重庆工学院等进行比赛。自2008年3月首个教职工社团网球协会建立，先后成立了乒乓球、羽毛球、合唱团、健身舞、足球、钓鱼、桥牌、摄影、双扣、篮球等11个教职工文体协会，带动教职工参加文体艺术活动。这既丰富了教职的工业余文化生活，也促进了校园精神文明建设。同时，工会积极举办健美操培训班、周末舞会、文艺晚会、合唱比赛、卡拉 OK 演唱会、电影周、曲艺小品专场、化装舞会、游园活动、灯谜竞猜、书法摄影绘画展等文艺活动，培养教职工的文艺爱好，提高其艺术修养。另外，工会还组织举办了教职工片区文艺汇演、"家家乐"亲情运动会、教职工科研成果、科技创新工艺品制作展等各类活动，展示职工才艺，促进学校各单位和家庭的和谐。2015 年，组织教职工参加永川区总工会举办的"永川区第三届职工文化艺术节"比赛，获器乐比赛一等奖、书法比赛二等奖和演讲比赛三等奖。组织参加重庆市高校教职工摄影展，校级领导干部摄影展，永川、重庆及全国书法展。

七、所获荣誉

2006 年，学校被评为重庆市校务公开先进集体。2010 年，学校获重庆市民主管理示范学校称号。2013 年，学校被评为重庆市厂务公开民主管理工作示范单位。2008 年，工会被评为重庆市总工会模范职工之家。2013 年，工会被评为全国模范职工之家。工会还获"全国先进基层工会组织""全国优秀职工书屋"等称号，并连续 6 年获重庆市高校工会工作综合竞赛先进集体特等奖。校务部党政办公室、博达星湖工程维修班、创新靶向药物国际研究院先后获重庆市工人先锋号称号。

第二节　团委与学生联合会

一、团　委

共青团是党的助手和后备军，学校高度重视团委会的工作。江津地区"五七"大学第一次党委会上，决定在学生中分班建立班委会，学校建立团委。1977 年 4 月 20 日，各班学生党、团支部成立。

1979 年 4 月，经校党委批准，正式建立共青团江津师专委员会，熊秉衡兼任第一届团委书记，王光荃任副书记。1983 年，学校召开第五次团员代表大会，选举产生第五届校团委，何共初被选举为书记，伉大林任副书记。何共初在会上作"高举共产主义旗帜，开创共青团工作的新局面"报告。1985年，学校更名为重庆师专，校团委也更名为共青团重庆师专委员会。1988年11月，学校召开第七次团代会，选举产生了第七届团委会，兰刚被选举为副书记，在大会上作了"加强团的自身建设，为培养新型人才而艰苦奋斗"的报告。在1991年4月举行的学校第八次团代会上，兰刚被选举为校团委书记。1996年11月，学校召开第十次团代会，选举李德全为校团委副书记。在1998年11月举行的第十一次团代会上，李德全被选举为校团委书记。

1985年11月，重庆教育学院永川分院召开首届团代会。会上刘弥作报告，会议选举黄正洪任团委书记。1990年12月，渝州教育学院新一届团委由孙泽平、肖勇等5位同志组成，孙泽平任团委书记。1995年10月，渝州教育学院调整补充团委干部，孙泽平任团委书记，肖勇任副书记。1998年3月，团委由肖勇任书记，杜勇任副书记。

学校升本后，于2003年4月18日召开了共青团渝西学院第一次代表大会，选举产生了第一届渝西学院团委会，李德全为校团委书记，宋明江、吴彪为副书记。

2006年5月20日，学校升本后的第二次团代会、学代会在星湖校区召开，共青团重庆市委副书记王志杰、学校部部长刘战、永川团市委书记林伟以及重庆大学等兄弟院校团学工作负责人到会指导和祝贺。大会选举宋明江任团委书记、吴彪任副书记；郑跃军任学生会主席，吴彪任秘书长。

2010年10月30日，学校升本后的第三次团代会、学代会在红河校区恪勤楼304会议室隆重召开，共青团重庆市委副书记卢波、学校部部长易炳翀、市学联驻会主席姜凌舟，学校党政领导钟志奇、孙泽平、兰刚、左益、刘灿国、李德全和学校老领导、关工委常务副主任刘定云出席了大会。永川区、江津区等区县团委的负责同志以及重庆大学、西南大学、重庆师范大学、重庆邮电大学、重庆工商大学、重庆教育学院等兄弟院校团委负责同志到会指导和祝贺。学校各相关部门、二级学院负责人与300余名团代表、学生代表参会。大会选举谢荣成任团委书记，刘明明任副书记，彭立新任团委（学生）第一书记，杜胜禾任（学生）

第二书记。

2016年5月28日，学校升本后的第四次团代会、学代会在恪勤楼304会议室隆重召开。团市委副书记吕杰，重庆市学生联合会驻会执行主席齐继东，学校党委书记钟志奇、校长孙泽平、党委副书记刘灿国，副校长兰刚、谭宏，党委副书记、纪委书记李德全，副校长万书辉，学校老领导、关工委常务副主任刘定云，永川区团委副书记任阳，各兄弟院校团委书记，学校各相关职能部门及二级学院分管学生工作的主要负责人和全体团代表、学生代表共计300余人参加了本次大会。大会选举刘明明任校团委书记，向明任副书记，尚尔成任团委（学生）第一书记，高俊美任（学生）第二书记。

校团委以"一切为了学生，为了一切学生，为了学生的一切"为指针，围绕学校党政中心工作和青年学生关心的重大问题，认真落实学校办学指导思想，牢固树立"发展型"理念，精心打造成长型团队，大力提高服务教学工作的能力，在全校创新质量管理理念指导下，注重每个重要工作环节质量的把关，找准各项工作接口，工作目标到周，工作任务到人，做到工作有策划、实施有记录、整改有实效，保证了团委各项工作规范、有序、扎实地推进，为学生能力素质培养做出了应有的贡献。

2005年2月，学校在红河校区第二阶梯教室进行开学工作干部培训，重点学习了中共中央、国务院《关于进一步加强和改进大学生思想政治教育的意见》，用中央最新精神引领学校共青团和学生会的工作。同年3月30日，学校学工部负责人在全校中层干部工作会上作了"关于加强和改进大学生思想政治教育"的专题报告。同年5月22日，学校"五四"表彰大会在红河、星湖两校区举行。大会对75个先进集体、341名优秀学生干部、227名三好学生、236名优秀团员、286名优秀团干、531名各类活动先进个人进行了表彰。

2006年8月30日下午，校团委全体工作人员及学生工作干部50余人在星湖校区举行《江泽民文选》学习座谈会。校党委副书记米祖旭、宣传部部长李天福到会并讲话，对全校1万多名团员掀起《江泽民文选》学习高潮起到了很好的推动作用。

2006年至2010年，学校切实加强团的制度建设，先后制定《重庆文理学院学生能力素质培养实施办法》《重庆文理学院大型活动（会议）管理办法》《重庆文理学院学生科技成果奖励办法》《重庆文理学院学生团体管理办法》《重庆文理学院科研立项管理办法》《重庆文理学院团委对各二级学院团学工作考核办法》等制度。经团组织培养发展成为党员的团员青年有950余人次。学校团委被评为重庆市"十佳五四红旗团委"1次、重庆市"五四红旗先进团委"3次；教育科学学院团总支、音乐学院团总支、数学与统计学院团总支、电子电气学院团总支分别被评为重庆市"雷锋团总支"和重庆市"五四红旗团总支"，数学与统计学院2005级数学与应用数学一班团支部被评为重庆市"五四红旗团支部"。

2011年至2016年，学校党委建立党团资源互动、团内资源联动的发展机制，将团的建设融入到学校党建工作之中。学校每学期开学都要召开党委常委会，专题研究、指导和部署共青团工作，不断加强政策、资金、人员等方面的支持。校领导、各职能部门领导定期深入到团学活动中，上党课、上团课、进社团、校领导面对面交流等活动的常态开展，充分体现了学校党委对团委工作的高度重视和关心支持。学校通过第四次中干、科岗换届，配齐了校团委及二级学院团总支的干部，加强了对团干部的选拔、培养和管理，选拔了胡守敏、陈晶等8人到市教委、区县团委进行挂职锻炼。近5年间，学校团干部有5人晋升副教授、7人晋升讲师。团干部成功申报了4项团中央研究课题和4项教育部课题。

2014年，校团委、青年联合会被第十届青少年发展论坛组委会授予"优秀组织奖"称号，9篇高水平学术论文被论坛会议收录。由校团委干部主持的课题"高等教育大众化背景下团学工作队伍转型研究"成功申报教育部高校思想政治教育专项课题，取得了历史性突破。

校团委在2012年获重庆市"十佳五四红旗团委"称号。留学生公寓402团支部、九舍804公寓团支部分别获团中央、学联评选的2014年度"中国大学生百炼之星"。徐毅文同学获"2012年中国大学生年度人物入围奖"。体育学院团支部获评2015年重庆市"示范团支部"。钱间建、何玲玲等5名教师获"重庆市优秀共青团干部"荣誉称号，兰兴梦等5名学生获"重庆市优秀共青团员"荣誉称号。

二、学生联合会

江津地区"五七"大学第一届学生会于1977年4月选举产生。1984年9月，江津师专批复同意中文系、数学系、外语系、化学系、体育系、生物系建立二级学生会，作为校学生联合会的分支机构，受校学生会、系党总支（支部）领导。

1986年，在渝州教育学院团委的组织下，成立了第一届学生联合会，与校团委一起开展活动。

建校以来，团委、学生会在组织学生管理学习、开展文体活动、评先选优中发挥了重要作用。学校十分重视对学生会的指导和管理，重视发挥学生"自我管理、自我教育、自我服务"功能，合理定位各级学生组织的职能职责，鼓励学生组织干部创造性地开展工作，形成了"一体两翼"的良好工作格局。同时，在学生组织干部队伍建设上探索出了"集中培训和分散培训相结合、单独辅导和普遍培训相结合、理论培训和实践培训相结合"的"三结合"培养模式，切实提高学生组织干部队伍的综合能力。

2011年至2016年，学校给两校区包括学生会在内的"三委会"配备专门的办公室和会议室，在红河B区修建学生活动室，装修星湖、红河活动中心，购置100余万元的舞台、音控设备，为团学活动的开展提供了有力的硬件保障。

2012年，学校进行学生组织改组试点工作，团委印发《重庆文理学院学生组织机构及职责》的通知，优化了团委、学生联合会、学生社团联合会以及二级学院、班团委的部门设置和职能，重组了"心理健康部""体育保健部""生活环保部""社联评议部"等部门，并在班级中增设了"心理健康委员""安全委员"等岗位，切实关心学生的身心健康发展。

2012年以来，学生会在学生干部中积极开展党的十八大精神和习近平总书记系列重要讲话精神学习活动，努力提高学生干部的思想政治理论水平。为给学生干部提供展示自己的舞台，积极开展了"优秀干事"

评选活动，累计举办15次，评选出优秀干事150余名，极大地激励了学生干部工作的积极性。为提高学生干部在公文写作和基本办公软件使用方面的能力，积极举办公文写作大赛和文字材料格式培训等活动，参与人数500余人。为加强社团管理，繁荣社团文化，鼓励各类社团向优秀社团学习，追求自身特色，更快更好地发展，创新开展了社团骨干培训班，自2013年举办至今已开展了3期，每期2次，参与培训的社团骨干达600余人。常年坚持开展"三委会"篮球赛、学生干部素质拓展等活动，组织学校各级学生会开展"三走"活动，即倡导广大学生"走下网络、走出宿舍、走向操场"，并以此为契机，督促学生远离网络游戏、释放青春热情，在拓展训练中锻炼自己，在读书活动中升华自己。

2010至2011学年，校学生会被重庆市学联评为重庆市"十佳学生会"，胡正坤、梁书鹏、杜胜禾3名同学被评为"优秀学生会干部"。校学生会和团委会在校党委、行政的领导下，围绕学校中心工作和青年成长成才的根本需求，广泛开展丰富多彩的主题活动，切实加强自身建设，团结带领广大青年学生健康成长。2011至2012学年，校学生会再次被评为重庆市"十佳学生会"。杜胜禾同学被评为重庆市十佳学生会干部，曾文、陈颖、高屾3位同学被评为"重庆市优秀学生会干部"。

第三节　科协与社科联

一、重庆文理学院科学技术协会

重庆文理学院科学技术协会（简称科协）是全校科技工作者和学生的群众组织，是党委领导下的人民团体，是学校党政联系科技工作者的桥梁和纽带，及对外交流的平台。

2008年11月6日，学校举行校科协成立大会。重庆市科协党组书记、常务副主席李天安，市科协副主席甘联军，市科协企事业部部长袁强到会指导工作。校团委书记宋明江代表群团部门致贺词。大会通过于洪卫等21人当选为科协第一届委员会委员，并通过《重庆文理学院科学技术协会章程（草案）》。随后，校科协一届一次会议召开，选举高志强为科协一届委员会主席，宋明江、石东平、曹成刚为副主席，马雁为秘书长。

重庆市科协于 2013 年 4 月启动社区科普大学（总校）教师资源库建设工作，在校科协组织申报下，学校曹成刚、林红、张铁军、王先胜、邓小红等 5 位教师入选教师资源库。

2015 年，重庆市科协、重庆市委组织部联合发文《关于同意在重庆文理学院等 3 家单位设立海智工作站的通知》，同意在学校设立中国科协"海智计划"重庆工作基地海智工作站，并提供工作经费支持。

2008 年至 2016 年，校科协积极组织开展科普宣传活动、科普讲座、科技项目申报等活动，有力地增强了校园科普氛围，提升了教职员工的科技文化素养。

二、重庆文理学院社会科学界联合会

重庆文理学院社会科学界联合会（简称社科联）是学校党政领导下的学术性团体，是学校加入各级社会科学学会（协会、研究会）的师生员工和挂靠学校的各级社会科学学会（协会、研究会）的联合组织，是学校党政联系广大社会科学工作者的桥梁和纽带。

2011 年 5 月 28 日，学校社科联在红河校区恪勤楼 304 室召开成立大会暨第一次代表大会。

2012 年 4 月 13 日，重庆市社会科学普及工作会在市社科联会议室举行。学校社科联被命名为重庆市第一批社会科学普及基地。

2013 年 4 月 18 日，经重庆文理学院社会科学联合会第二次常委会研究，选举兰刚、李德全任校社科联副主席，谷继建任校社科联专职副秘书长。

2013 年 5 月 3 日，学校社会科学联合会第二次常委会选举，报重庆市社会科学联合会备案，产生新一届组织机构，党委书记钟志奇任社科联主席，兰刚、李德全、杨忠谦任副主席，周文东任秘书长，谷继建、周丽永任副秘书长，张海容任办公室主任。

2016 年 4 月 13 日，根据学校第五次机构调整和工作需要，社会科学联合会经第三次常委会选举，对社会科学联合会组织机构成员进行了调整。钟志奇任主席，兰刚、李德全、宋凡金（常务），杨忠谦、蒋巧任副主席，周文东任秘书长，胡守敏、周丽永任副秘书长，张海容任办公室主任。

2011年至2016年，学校社科联相继邀请涂铭旌院士、裴跃进教授、李德全教授、谭宏教授、清华大学"英语神厨"张立勇先生等人作学术讲座，组织开展"科技文化月"、科普知识大赛等多项社会科学普及工作，组织社会科学工作者参与社会调查、决策论证、项目评估、成果鉴定和学科培训等社会科学咨询服务，促进了社会科学研究成果的转化和应用，为社会科学学科发展，推动重点学科及研究基地建设，壮大社会科学队伍，培养、造就社会科学人才，促进社会科学学术团体之间、理论工作部门与实际工作部门之间、社会科学界与自然科学界之间的联系和协作，推动校园文化建设等，发挥了重要作用。校社科联还积极为学生提供参与科学教育、科学创新、科学活动的机会和条件，为培养高素质人才做出了积极贡献。每年学校均有多名同学参加全国科普知识创作大赛等活动，并屡获殊荣。

第四节 少联会与知联会

一、少数民族联谊会

为组织少数民族师生员工开展增进民族团结的活动，促进少数民族师生积极投身教育改革和提高教育质量，为办好学校献计献策，1988年7月9日，学校成立重庆师专民族事务工作小组，由田贵书（土家族）担任组长。1992年10月31日，工作小组在办公楼会议室召开了少数民族师生迎新会。1993年4月23日，工作小组召开少数民族师生会，参加会议的有35名少数民族师生，校长颜敬先、副校长易治安出席会议并讲话。次日少数民族师生还参观了泸州朱德纪念馆。2008年11月，民族事务工作小组改称少数民族联谊会，由副校长兰刚（畲族）担任顾问，杨家兴（哈尼族）担任会长，刘壮（土家族）、王蕾（藏族）担任副会长，刘壮兼任秘书长，理事有田永酉（土家族）、张纬武（蒙古族）、杨慷慨（侗族）、武卫（回族）、向明（苗族）、胡晓（羌族）等。2014年10月15

日,少数民族联谊会第二次代表大会暨换届大会在恪勤楼 422 会议室举行。永川区民宗局副局长龙世江,永川区少数民族联谊会会长马昌盛,校党委副书记、纪委书记李德全,校党委统战部部长周文东,校民盟支部主委、永川区少数民族联谊会副会长王蕾,少数民族师生代表等 50 余人参加会议。卢成武(藏族)当选为会长,李强(土家族)、陈华(土家族)、向明(苗族)当选为副会长,田永酉(土家族)、张纬武(蒙古族)、陈盛兴(土家族)、何玲玲(苗族)、武卫(回族)、伏春平(藏族)当选为理事,陈华当选为秘书长,陈明勇(土家族)、丁芳(仡佬族)、胡晓(羌族)当选为副秘书长。

二、党外知识分子联谊会

党外知识分子是知识分子群体中的一部分,是党的人才工作的组成部分,也是统战工作的重要方面。2007 年 1 月,何华敏、王明华、杨帆、刘娴丽、石东平、郭莘舫 6 位同志经学校党委推荐,被重庆市委统战部批准为重庆市党外知识分子联谊会会员。2008 年 12 月,学校党外知识分子联谊会成立。杨帆担任会长,霍永亮任副会长,兰觉明任秘书长,郭莘舫、何腊生担任理事。2014 年 5 月 21 日,党外知识分子联谊会第二次代表大会暨换届大会在恪勤楼 422 会议室举行。市委统战部知工处处长王建国,副处长张来荣,永川区人大副主任、区知联会会长王晓英,区委统战部副部长、区民宗局局长陈治明,学校党委副书记、纪委书记李德全,校党委统战部部长周文东,校知联会会员代表,民主党派代表等 40 余人参加会议。兰觉明当选为会长,曹荣誉当选为常务副会长,王明华、丁锐华、刘娴丽当选为副会长,张海容当选为秘书长,龙骁、唐可、戴菁菁当选为副秘书长。

第五节　老年群团组织

1984 年 10 月 5 日,江津师专成立老年高等教育工作者协会(简称江津师专高教老协,同时作为重庆老年高等教育工作者协会的分会),由学校党委书记况兴华任会长,副校长傅道文为副会长。1985 年,因况兴华同志不再兼任重庆师专党委书记，即由傅道文任会长，同时又增加了颜云、胡啸仪、屈义生为理事。1990年5月，重庆师专老协换届，由离休老书记熊秉衡任老协第二届会长，蒲天贵、陈金康任副会长。1990年下半年开始，学校老协逐步建立制度来规范会员的活动。会员活动先是每月2次，后来确定为每月1次，并定为月末的周五进行。还制立轮流值班制度以及《值班人员守则》《活动须知》《阅文须知》等，并逐步加以完善。从1993年开始，老协先后创办了渝晖化工厂、渝晖服务商店（主要销售文具），并于1994年成立了渝晖建筑公司，这几个经济实体均由老协会员领衔承办，每年向老协提交适当的管理费。1993年，老协开始吸收工人入会。1994年6月，重庆师专老协举行第三次换届选举，会员民主选举熊秉衡、蒲天贵、陈金康、刘国铭、谭圣容、朱祖禹、谢凤雏组成理事会。理事会的分工是：熊秉衡任会长，蒲天贵、陈金康任副会长，刘国铭任秘书长并兼任科技进修大学分部校长，谭圣容任副秘书长，朱祖禹、谢凤雏任联络员。学校党委安排组织部组织员、离退办主任陈万钧协助老协工作。这届理事会提出，要发挥会员专长，举办民办教育，探索办学育人的路子。从1994年以来，老协组织会员50人参与学校及二级学院关工委工作，一些会员长期承担为党校学生讲党课、为团校学生上团课、为新生入学教育讲校史等工作。从1995年起，学校每年给老协、老教授协会、退休工人协会各安排6 000元活动补助资金，并逐年有所增加。1997年12月，重庆师专老协举行第四次换届选举，通过会员民主选举，熊秉衡任会长，蒲天贵、刘国铭任副会长，谢凤雏任秘书长。

1993年10月13日，重庆师专老教授协会成立，选举刘国铭任会长，陈金康为副会长。学校高教老协与老教授协会联手，在学校党政领导的大力支持下，举办了经四川省教委批准的"重庆师专老教授协会高教助考班"。1995年，试办"重庆市永川渝西成人学校"。1997年重庆直辖后，经重庆市教委（渝教成〔1997〕37号）文件批准，撤销试办期，正式举办"重庆渝西成人学校"。2000年1月20日，重庆市教委（渝教成〔2000〕1号）文件批复，将重庆市渝西成人学校更名为"重庆市益才学校"，举办中等职业技术教育。2007年，重庆市益才学校进行股份制改革，学校老协、老教授协会终止办学。

1987年4月25日，重庆高教老协渝州教育学院分会成立，李千白任会长，熊羽、李志强任副会长，罗昌敬任联络员。同日，重庆科技进修大学渝州教育学院分部成立，张固基任主任，杨济东、徐祯祥任副主任。1989年，重庆高教老协渝州教育学院分会换届，李千白任会长，增选徐祯祥为理事并继续担任联络员。1994年9月，重庆高教老协渝州教育学院分会换届，陈维新任会长，吴应乾任秘书长。

2001年至2016年，学校老协先后选举产生了四届领导班子。2002年7月，学校老协举行第六次换届选举，通过会员民主选举，刘定云任会长，熊秉衡任名誉会长，蒲天贵、贺正一、田贵书任副会长，谭圣镕任秘书长。2006年6月，老协举行第七次换届选举，刘定云任会长，熊秉衡任名誉会长，蒲天贵、陈朝轩、陈万均任副会长，龚大完任秘书长，张玉琼、包明忠任副秘书长。2010年7月，老协举行第八次换届选举，刘定云任会长，陈世全、丁立镜、龚大完、包明忠任副会长，熊秉衡、蒲天贵、陈万均任名誉会长，龚大完兼任秘书长。2014年5月底，老协举行第九次换届选举，选举产生了由刘定云任会长，任德敏、陈世全、龚大完、游祥国任副会长，任德敏兼任秘书长的班子成员。从2010年起，由于老协已经没有经济实体，老协活动经费全额由学校纳入预算。从2011年开始，学校每年划拨10万元给老协开展活动。

在学校领导下，老协配合学校中心工作，在新的发展机遇下狠抓组织建设、思想建设、制度建设、硬件建设，创建模范"老年之家"。从2010年起，学校建立了规范的特邀党建组织员队伍。由学校党委下文，聘请了18位会员担任特邀党建组织员，并制定了特邀党建组织员工作制度和手册。在2013年7月1日启动的全市高校党的群众路线教育实践活动中，学校成立了党的群众路线教育实践活动督导组。学校任命刘定云任组长，贺正一、米祖旭、胡文良任副组长，还聘请了陈世全、汤洪超、丁立镜、龚大完、梁绍君为成员，分别组成四个督导小组，由4位老领导各担任一个小组组长对口联系全校29个总支（支部），负责督促指导工作。

老协积极组织会员捐资助学，关怀贫困学生。2011年，老协会员中有99人捐资13 496元，帮助贫困学生6名。召集了18位会员志愿者，分为6个小组，分别对6名学生从思想、学习、生活、创业、就业等方面全面给予关心，帮助他们健康成长成才。2012年，老协会员有54人捐资14 640元，帮助贫困学生10名，选派了12名会员与这10名学生进行结对帮扶。2013年，老协会员有68人捐款13 180元，选派10名会员与10名学生进行结对帮扶。

围绕"老有所乐"的目标，2011年4月15日，老协创办文化艺术学校，开设诗词、合唱、舞蹈、摄影、书法、象棋、乒乓等11个培训班。2011年7月，老协文化艺术学校举办了第一期成果展，共展出164幅摄影作品、28幅剪纸、15件书法作品、22个精美泥塑和14首学员创作的诗词。同年12月，举办了第二届学员作品展，展出书法作品42幅、摄影作品274张、国画60幅、诗词作品52首。2013年12月30日至2014年1月16日，举办了"老协2013年综合艺术展"展演活动。

2014年10月，开展纪念高教老协重庆文理学院分会成立30周年系列活动，编撰印发《高教老协重庆文理学院分会成立三十周年纪念专刊》。2015年2月，学校老协诗词学会被评为重庆市永川区诗词学会"2014年诗会工作"先进集体。2016年1月，学校老协诗词学会被评为重庆市永川区诗词学会2015年先进集体。

从创办至2016年，老协多次荣膺重庆市老协各类荣誉称号，并有多人多次获得市老协奖励。2003年，刘定云被评为重庆市老科协优秀老科技工作者。2004年，重庆高教老科协渝西学院分会被评为重庆市老科协先进基层组织。2004—2005年，蒲天贵、张固基、田贵书被评为重庆高教老协先进个人。2006年，学校老协被评为重庆市老科协先进基层组织。2006—2007年，老协被评为重庆老年高等教育工作者协会先进集体，陈万均、柏道洪、蒲天贵被评为重庆老年高等教育工作者协会优秀会员，何开莲、龚大完被评为重庆老年高等教育工作者协会先进工作者。2010年，学校老协被评为重庆市老科协先进基层组织。2011年，刘定云被评为重庆市老科协优秀老科技工作者。2011年3月，老协被评为市老科协第二届先进基层组织。同年10月，老协被重庆老年高等教育工作者协会评为 2010—2011 年度先进集体。2012—2013 年度，学校老协被评为重庆老年高等教育工作者协会先进集体，熊章明、张九燕、蒲天贵、胡文良被评为优秀会员，刘定云、陈世全被评为先进工作者。2012 年，老协被评为重庆市老科协先进基层组织。2013 年 2 月，老协被评为市老科协第三届先进基层组织。2014—2015 年度，老协被评为重庆高教老协先进集体，梅真、吴洪川、胡文良、李文强被评为重庆高教老协优秀会员，刘定云、任德敏被评为重庆高教老协先进工作者。2016 年 3 月，学校老协会长刘定云被评为重庆市老科协先进工作者。

第六节 关工委

1995 年 11 月，学校正式成立"关心下一代工作委员会"（以下简称"关工委"）。关工委是校党委、行政领导下的兼职工作机构，以离退休老同志为主体，由现职领导和有关职能部门的同志参加。其主要任务是发挥离退休老同志在政治业务经验和时间上的优势，按照自愿、量力的原则，协助党政部门对学生、青年教职工和教职工子女进行各种形式的教育活动，在培养青少年工作方面起到助手作用。基于其职能，机构办公室设在校团委，关工委主任由学校党委书记担任，关工委办公室主任由校团委书记担任。2010 年，学校设立了专门的关工委办公室（仍挂靠校团委），聘任已离休的党委副书记刘定云为关工委常务副主任，已退休的陈世全老师为关工委秘书长。2014 年 5 月，为关工委配置了专职工作人员 1 名（学校在编在岗），配备了标准办公用房，配齐了必要的办公设施设备，保证了关工委工作的正常开展。

自关工委成立以来，学校党政高度重视，提供保障，积极为关工委工作创造条件。建立了议事制度：学校党委将关工委工作纳入议事日程，并建立了定期议事制度。每季度定期召开 1 次关工委主任办公会议，校领导全部参加。学校党政领导每学期至少听取 1 次关工委工作汇报，并将关工委工作列入学校年度工作计划。关工委常务副主任（由退休校级领导担任）及其他老领导列席学校重大会议。提供了条件保障：学校党委于2010年1月为关工委设立了专项经费，用于参加关工委工作的老同志的工作补助和开展日常工作，并确保逐年增加。建立了关怀机制：在学校党委领导下，学校关工委于2011年1月建立了工作骨干及特邀党建组织员关怀机制，针对不同年龄层次老同志的特点和实际情况，切实做到"从思想上重视、从政治上关怀、从生活上关心"，及时了解、帮助解决特邀党建组织员在工作和生活中遇到的困难与问题，使他们能够安心工作并激发出更高的工作热情。

在关工委自身建设方面，注重抓好校级关工委领导班子建设。每逢学校党委换届，都及时调整充实校级关工委领导班子，由校党委书记兼任关工委主任，由1名校级老领导担任常务副主任，主持日常工作，另有2名在职校领导和2名退休校级领导担任关工委副主任。2016年，学校关工委成员有28人，办公室工作人员4人，保证了日常工作的正常开展。抓好了二级学院关工委组织建设。在党委领导下，学校15个二级学院全部成立了二级关工委，由二级学院总支书记担任关工委主任、院长担任关工委副主任，全校上下形成了健全的关工委组织架构。目前，全校二级学院关工委有专兼职人员191人，工作开展各具特色。如文传学院关工委开展"大手牵小手"活动，公共管理学院关工委开办菁英软能力培训学校，林学与生命科学院关工委扎实抓好学生党支部建设，等等。各二级学院都建立了以老同志为主体的关工委工作队伍，全校参与校院两级关工委工作的老同志占离退休人员的23%，其中领导层、骨干层、志愿者各占三分之一。建立了特邀党建组织员队伍。为发挥关工委在学生党建工作方面的教育优势，学校于2010年建立了特邀党建组织员队伍，先后在退休老同志中聘请了特邀党建组织员32人，现在担任工作的有15人。特邀党建组织员主要工作职责有两项：一是与各二级学院党总支联系，指导学生党建工作。二是代表学校党委与新党员谈话，对新党员进行教育和培训。学校特邀党建组织员由学校党委下文，组织部负责考核和管理，关工委负责协调指导，其工作得到了学校党委的充分肯定。

关工委成立以来，主要取得了以下成绩：

（1）结对帮扶获称赞。学校聘请的"特邀党建组织员"和"结对帮困助学"的老年志愿者，不仅在政治上、思想上、学习上关心指导大学生成长，而且从生活及心理方面帮助大学生排忧解难，得到大学生的一致好评。如老书记熊秉衡、老党员谢凤雏每年捐资2 000元帮助经济困难学生；老领导贺正一、刘定云、胡文良、米祖旭长期参与结对帮扶，受到师生的一致称赞。

（2）以老带新促成长。3年来，校院两级关工委全部落实了以老带新的青年教师成长帮扶制度。教学部设立了教师教育发展中心，定期有计划地组织青年教师进行业务交流。每2年举办1次青年教师"说课程·教改课"比赛，至今已举办3届，为全校青年教师竞技提供了平台。以上老领导同时参与了帮扶青年教师成长的工作，接受帮扶的青年教师在文、理科及实验类项目中崭露头角并分别获奖，其中也凝聚着关工委老同志的一份功劳。学校关工委以"中华魂"系列读书活动为载体，紧紧围绕立德树人根本任务，在大学生中开展演讲和征文比赛，对大学生进行社会主义核心价值体系教育。目前，学校"中华魂"系列读书活动已经形成制度，每年参与的学生多，收到的征文多，学生受到的教育多。学校关工委连续4年获重庆市教委关工委组织的"中华魂"主题教育活动"优秀组织奖"。

（3）调查研究谋发展。根据学校年度工作计划要点，关工委坚持每年开展一次校内重点调研，为学校正确决策提供科学参考。2010年来，学校关工委就"二级学院关工委基本情况""师生结对帮困助学进展及效果""学校关工委各成员及单位作用发挥""学习贯彻落实渝委办发〔2013〕3号文件及'五好'关工委建设情况"等专题进行了重点调研，提出的建议被学校采纳。2014年5月7日，在市教育关工委高校调研座谈会上得到了教育部关工委主任田淑兰的充分肯定。与此同时，学校关工委还下设了学生党建、教学督导、理论研究、帮扶青年教师、帮困助学、读书活动等6个专项（调研）工作组，开展多维度、立体式调研，服务学校发展。

（4）校地合作结硕果。2011年9月，由学校牵头承办了"在永大中专院校关工委工作联系会第一次会议"，主题是"高职院校如何开展关工委工作"，此项活动受到永川区领导及在永大中专院校师生的好评。2011

年至2013年,联系会每半年举办1次,每次都事先确定会议主题。从2014年起,改为每年举行1次。撰写的《在永大中专院校关工委工作联系会制度的作用及效果》受到重庆市及中国关工委领导称赞。通过交流、研讨和参观,促进了在永大中专院校关工委工作,并形成了"在永大中专院校关工委工作联系会议"制度。学校关工委常务副主任刘定云积极参加每一次联系会,并在会上交流关工委工作经验、传达重庆市教委关工委有关工作信息,达到了相互沟通、相互学习的目的,与会同志深受教育,反响很好。

关工委在"三年基层建设年"中,被重庆市委教育工委、重庆市教委授予先进集体荣誉称号,被重庆市关工委授予"五好"基层关工委荣誉称号。2016年4月25日,被教育部授予先进集体荣誉称号。

第七节 校友会

重庆文理学院校友会是由重庆文理学院校友自愿联合组成的地方性、非营利性社会组织。校友会宗旨是服务校友、服务母校、服务社会。

一、组织发展

2002年11月20日,渝西学院校友会成立,米祖旭任校友会会长,何小兵任校友会秘书长。学校更名重庆文理学院后,于2007年5月成立重庆文理学院校友会,通过《重庆文理学院校友会章程》(草案),选举孙泽平校长为校友会会长,米祖旭为常务副会长,刘化石、赵品银为副会长,李德全为秘书长。2010年6月,学校设立校友总会办公室,谢华琳任办公室主任,与校友会秘书处合署办公。2011年8月,校友代表大会通过《重庆文理学院校友会章程》(正式),选举产生了第二届校友会组织机构,选举学校党委书记钟志奇为校友会会长,刘灿国为常务副会长,李德全、万书辉、周继超、王大成、邓国元、郭洪为副会长,曾祥禄为秘书长。2011年10月,经重庆市民政局登记批准,重庆文理学院校友会取得社团法人资格。从此校友会建设更加规范化、合法化。

2011年,成立重庆文理学院成都、南充、遂宁、开县、璧山、长寿和北碚校友会。2012年，成立潼南、巫溪、城口、德阳、山东校友会。2013年，广安、达州两地成立校友会，同时，还成立了星湖写作社校友会、诗词楹联学会校友会两个专门校友会。2014年，阿坝、湖南校友会成立，同时，还成立了重庆文理学院教育家校友会、企业家校友会两个行业校友会。2015年6月，西藏校友会成立。

  截至2016年6月，学校已建立包括64个地方校友会、17个学院校友会以及5个行业校友会在内的共86个分会，形成校友总会、学院校友会、地方校友会、行业校友会四级校友工作网络。设计制作了会徽、会旗和会歌，通过设立校友工作部，聘任毕业班校友联络员，成立校友之家协会，增强在校学生的校友意识，为校友工作的顺利开展提供了良好的组织保障和工作平台。校友会还确立了"一网一库一刊一访一坛一会一基金"的服务交流工作体系。一网即校友会网站，一库即校友信息库，一刊即《校友之家》会刊，一访即校友采访，一坛即校友论坛，一会即校友会年会，一基金即校友爱心基金。

二、协会建设与校友活动

  2011年，学校出台《重庆文理学院校友捐赠管理办法》《重庆文理学院毕业班校友联络员制度》《重庆文理学院优秀校友（分）会、优秀校友工作者、优秀校友评选表彰办法》。钟志奇、孙泽平、左益、刘灿国、兰刚、李德全、漆新贵、万书辉等校领导先后走访慰问各地校友，筹建地方校友会，设计制作了"校友捐赠证书""校友聘书""校友树""校友会会徽"。首次建立毕业班校友联络员制度，在2011届毕业生中聘任151名校友工作联络员，覆盖所有本专科班级。中文系1988级、数学系1988级等23个班级800多名校友返校聚会。邀请李济琛等优秀校友返校举办校友论坛9期。

  2012年，建立校友总会网站www.xyh.cqwu.net，开设母校要闻、校友总会、校友分会、校友风采、校友文苑、校友捐赠、校友相册、校友留言等栏目，为广大校友提供了一个沟通交流的平台。北碚校友会设立"颜宏助学金"28万元，资助文传学院10名家庭困难且品学兼优的学生完成学业，出台《重庆文理学院北碚校友会"颜宏贫优学生助学金"管理及评定办法》进行规范管理。开展首届"寻访校友足迹、书写校友风采"活动，寻访各地优秀校友，采访撰写校友优秀事迹。以展现文理师生和校友风采为主要内容的刊物《校友之家》创刊，每年出版1期，每期发行纸质版3 000册。邀请重庆市委宣传部副部长杨清明等优秀校友返校举行校友论坛12期。中文系1977级、数学系1979级500余名校友返校聚会。在2012届毕业生中聘任了130名校友工作联络员。

2013年，校友会出台《重庆文理学院二级学院校友工作管理办法》，规范校友工作内容和程序，健全了校、院两级校友工作体系，校友工作更趋制度化和规范化。曾祥禄、夏明宇带队走访永川、成都、荣昌、渝北、江津、大足等地的校友分会，采访了姚平、张扬群、艾中华、邓国元、林梅、赵凌云等30余名校友，编辑出版了《校友风采（创业篇）》。在同年11月2日举行的星湖写作社校友会成立大会上，市教委副主任牟延林，校长孙泽平，党委副书记刘灿国，副校长万书辉，长江师范学院原党委书记戴伟以及学校老领导刘定云、米祖旭，全国著名诗人、文艺评论家石天河等到会祝贺，会后举行了主题为"星湖现象：高校社团与当代大学生成长"的沙龙。湖南校友会会长、中文系2002级校友刘碧泽设立"星湖新闻调查奖""星湖文学创作奖"，中文系1994级校友杨云设立"语言文学艺术活动基金"。邀请政史系1987级吴恩海等优秀校友返校举行校友论坛12期。中文系1990级、化学系1980级等12个年级600余名校友返校聚会。在2013届毕业生中聘任118名校友工作联络员。校友会秘书长曾祥禄被评为"全国校友工作先进工作者"。

2014年，在各学院两委会中设立校友工作部，对从事校友工作的学生干部开展校史校情和礼仪知识的培训，培养在校学生的校友意识。曾祥禄、夏明宇带队走访南充、遂宁、广安、成都、潼南、綦江、北碚等地的校友分会，采访撰写了钟晓斌、罗时军、周鹏、苏定伟、谢华、龚丽华等40余名校友的优秀事迹。政史系1987级校友、四川德阳金钥匙房产营销公司总经理、德阳校友会秘书长吴恩海设立"恩海助学金"。邀请外语系1982级优秀校友返校举行校友论坛12期。数学系1990级、体育系1986级等18个年级700余名校友返校聚会。在2014届毕业生中聘任135名校友工作联络员。

2015年，中文系1982级、数学系1982级等13个年级900名校友返校聚会。邀请政史系1986级姚平等30名优秀校友返校举办校友论坛18期。在2015届毕业生中聘任140名校友工作联络员。同年9月，外语系1993级校友蔡章兵捐赠价值约400万元的英语在线学习平台和移动软件（奇速英语APP）的使用权，为在校师生创造了学习英语的好机会。

2016年，重庆文理学院校友总会微信公众平台正式启动，该平台为校友了解母校资讯、积极参与校友活动、增进与母校情感的重要平台。同年5月25日，重庆文理学院校友之家协会成立，协会是由校友办指导的全校性学生社团组织，是母校与校友、在校学子与广大校友联络交流的新平台。外语系1983级、电信专业2002级、音乐系1998级校友回校举行了校友聚会。

三、校友会年会

2011年11月6日，重庆文理学院首届校友会年会在永川江鸿国际大饭店举行，来自川渝两地及广东省等校友分会的100多名校友参加会议。会议宣读了校友会注册文件，举行攀枝花、涪陵等29个校友分会授牌仪式，接受成都校友会、攀枝花校友会、璧山校友会、江津校友会等校友分会对母校的捐赠。本届年会对促进校友与母校的情感联络，加强校友总会与各分会之间的组织与交流，起到了很好的促进作用。

2012年12月22日，重庆文理学院第二届校友会年会在成都龙泉驿博瑞花园酒店举行，学校主要领导、校友总会负责人、各学院校友会和来自国内外各地60多个校友分会的代表共100余人出席了主题为"融合交流发展"的年会。会议表彰了成都校友会等3个优秀校友会、胡荣等3位优秀校友、吴恩海等12位优秀校友工作者，颁发了奖牌和证书。钟晓斌、胡荣、吴恩海代表获奖者在大会上分别作了经验交流发言。

2013年11月30日，第三届校友会年会暨校地校企合作洽谈会在重庆市北碚区莱特大酒店召开。来自重庆、四川、云南、上海、广东、山东以及加拿大等地的79个校友会近200名校友代表齐聚北碚，共商母校发展、校友成才大计。会上表彰了南充、长寿等3个优秀校友会，周继超、张扬群等5名优秀校友，刘刚、向仕刚等15名优秀校友工作者。重庆新世纪教育集团、重庆金果源商贸有限公司等10家校友企业被授予"重庆文理学院大学生创业就业实践基地"，艾中华、吴恩海等10名校友被聘为"重庆文理学院大学生创业导师"，期间举行了教育组校友交流会和创业导师与创业先锋班学生代表交流会。大会通过加强学校和地方、母校和校友企业的合作和联系，为文理学子自主创业和就业提供了更多的实践平台和指导，增强了文理学子的自主创业和就业的能力。

2014年12月31日至2015年1月2日，重庆文理学院第四届校友会年会暨校地校企合作推进会在攀枝花南山宾馆举行。来自全国各地及美国、加拿大的300余名校友齐聚花城，共叙师生情、同窗谊，共商学校建设发展大计。会议表彰了攀枝花、星湖写作社、公共管理学院3个优秀校友会，周鹏、周燊2名优秀校友，陈良惠、蔡章兵等17名优秀校友工作者。增设程文瑜、欧邦禄校友为校友会副秘书长。成立了重庆文理学院教育家校友会、企业家校友会，选举谭刚强为教育家校友会会长，姚平为教育家校友会执行会长；选举王伟为企业家校友会会长，周燊为企业家校友会执行会长。会上为第二批大学生创业导师校友颁发了聘书。会后举办了企业发展校友论坛、教育发展校友论坛，研讨了"新常态"背景下经营企业和发展教育的理念与路径问题。

2015年5月30日，企业家校友会第一届理事会第一次会议在学校恪勤楼422会议室召开，会议通过了《重庆文理学院企业家校友会大学生创业人才奖励基金管理办法》，设立"大学生创业人才奖励基金"，支持大学生创业。同年12月12日，党委副书记、校友会常务副会长刘灿国，副校长、校友会副会长万书辉参加了企业家校友会2015年年会。

2015年8月8日，重庆文理学院第五届校友会年会在遂宁市兴源大酒店隆重举行。来自全国各地校友分会的120余名代表齐聚观音故里，出席了以"迎校庆、喜相聚、话奉献、耀文理"为主题的本届年会。会议围绕学校40周年校庆工作对各地校友会作了部署和要求。

第九章 文化建设

第一节 文化传承

重庆师专和渝州教育学院，创办之初都是在远离重庆主城的地区办学，地处偏远，条件简陋，这就给两校形成艰苦奋斗的精神文化打下了坚实基础。重庆师专建立于黄瓜山麓荒野之中，首批学生入校之际只有几幢"干打垒"房屋供学生上课、住宿，教室缺乏课桌就用条椅或木板代替，学生垒石为桌，席地就餐，露天开会，油灯晚课。但就在这样艰苦的环境里，全校师生齐心协力、艰苦奋斗，一边学习知识，一边建设校园，逐步推动学校发展壮大、蓬勃兴盛。为凝聚人心、鼓舞士气，1987年，重庆师专举行10周年校庆活动，校长黄正禄代表学校党政作"做个无愧于祖国、无愧于师友的黄瓜山人"的讲话，第一次响亮地提出了"黄瓜山人"的自豪称谓。目睹学校巨变，黄正禄将学校发展所经历的艰难困苦而孕育出的办学精神，总结升华为"黄瓜山精神"，其基本内涵就是：团结互爱、吃苦耐劳、勤奋进取、乐于奉献。同时凝炼出了"团结、勤奋、求实、创新"的校训，其内涵实质即是：全校师生要团结一致，艰苦奋斗，脚踏实地，办出既有师范性，又有地方性的特色优秀师专。正是在这样的精神指引下，重庆师专在1989年被评为"全国优秀师专"。1994年，重庆师专获"四川省普通高校校园文明建设优秀单位"称号。为了巩固成果，学校采取多种措施，进行了争创"十无"校园，争创"红岩班集体"，弘扬红岩精神，狠抓养成教育等活动。

渝州教育学院起步亦在艰难之中。其校址在永川县城之北山坡地上，地势不平，道路狭窄，煤、粮、水等生活物质都靠师生员工自己搬运上山，一些仪器设施的安装也是教职工自己动手，这些经历塑造了教职员工艰苦创业的精神。1986年，聂荣臻元帅为渝州教育学院题写院名，极大地鼓舞了全校师生员工。1992年7月，渝州教育学院提出"团结、奋进、求实、创新"的校训，激励师生员工。1996年，渝州教育学院领导班子被重庆市教委党组评为"四好领导班子"。1997年接受重庆市教育学院评估检查，获"优秀"等级。

2001年合并升本后，学校凝炼了"进德修业，博文达理"的新校训，其主要内涵是：德业兼顾，文理交融，科学与人文并重，自由博爱与艺术追求协调发展。同时，学校提出要在继承"黄瓜山精神"的基础上，培育新的"文理精神"。新"文理精神"的基本内涵是：文学与理学并重，文化与科学共茂，文明与进步齐举；面向现代化，面向世界，面向未来，永不停歇，敢为人先的精神追求。

新"文理精神"反映在学校的物质文化、制度文化和学术文化等各个方面：第一，物质文化方面，在校园布局、功能划分、楼宇命名、道路设计、景观规划和建筑主色调的选择上，都体现着对"文理精神"的理解。如以一年中的二十四节气来命名道路，以花草命名女生宿舍，以树木命名男生宿舍等。对于学校围墙，也赋予其深厚的文化内涵。红河校区的西面制成浮雕式围墙，以西校门为界，南端反映西方文化史，北端反映中国文明史，让师生和过往群众受到文化熏陶和感染。学校还制定了别具特色的校标（校徽），由"文理"二字声母"W"与"L"组合而成，纹样似九册厚重典籍的组合，寄寓学校长长久久、持续发展的未来；广袤的书海和方正的秩序有机融合，蕴涵"进德修业，博文达理"的校训。图案似波光粼粼的书海，有星湖的写意和红河的朝气，极具地域特色。蓝色的波浪纹饰，简洁明快，素朴高雅，有长江后浪推前浪、青出于蓝胜于蓝的寓意。没有规矩，不成方圆，方形书阵和圆形外环，既有文的柔和也有理的秩序，暗合"外圆内方"的中国传统哲学意蕴，并彰显出学校的权威性、规范性与包容性。结构紧密的网络纹样，有凝聚人心、和谐进步的意境，又含文理交融、人文与科学兼顾、艺术与自由协调发展等多重意味。校标强调一形多意，集具象抽象于一体，既富学校品格，又有个性特征，有较强的视觉冲击力。学校征集创作了校歌《青春放歌》，歌词为"星湖放歌，红河扬帆，采一粒火种把理想点燃。岁月荏苒，文理灿烂，掬一掊雨露润赤子心田。进德修业，大道无边，一林梅竹笑傲风霜雪寒。博文达理，文化永远，一片松枫衬托皓月蓝天"。歌词优美文雅，含蓄隽永，既突出了学校的历史传承，又深刻地阐发了文理精神的内涵。第二，制度文化的载体主要是"三标一体"教育质量模型的文件系统，建立了四个层次的文件体系（简称"个十百千"），第一层次是一本《管理手册》；第二层次是数十个程序文件；第三层次是数百个作业指导书；第四层次是上千个记录材料。2006年，学校成为重庆市高校中唯一受到教育部表彰的"依法治校示范校"。第三，学术文化的载体是一大批教学科研成果和实践成果。如2005年"高校三标一体教育质量管理模型的探索与实践"获得高等教育国家级教学成果二等奖等。2015年，"重庆文理新药创新团队"凭借具有自主知识产权的"抗ED和肺动脉高压一类新药开发"项目代表重庆夺得了全国第四届创新创业大赛生物医药行业总决赛第一名，得到了刘延东副总理、万钢副主席和杜占元副部长的高度评价。

近年来，学校先后获得"全国教育网络示范单位""国家级语言文字规范化示范校""全国校园文化先进单位"、重庆市"园林式单位"等荣誉称号，并获重庆市五一劳动奖状。近年来，《光明日报》《中国青年报》《中国教育报》《科技日报》《中华读书报》《重庆日报》多次报道了学校在人才培养、科学研究、社会服务、文化传承等方面取得的成果。学校全方位改革、多角度创新、超常规发展的模式被新华社、《中国教育报》、《中国青年报》等媒体誉为"文理现象"。

第二节 文化设施

重庆文理学院在校区建设过程中，站在塑造师生灵魂、熔铸大学精神的高度，以传承文明为己任，以启智求真为目的，精心打造学校品牌，努力构筑人文情怀，在充分挖掘校园物质文化内在魅力与价值的同时，将抽象的人文精神物化、固化，成为文化育人的重要内容。

一、校园道路

以节气名称命名的道路包含了深厚的文化意蕴，体现出鲜明的个性特色：节气变化中自然万物的万千变化寓意校园生生不息的蓬勃生机，节气更替提示莘莘学子光阴稍纵即逝，应该珍惜大好求学时光。

2005年，学校把红河校区道路的方位辨识与我国的民间传统节令有机交融，既避免了千篇一律，又包涵了多个层面的文化意蕴，体现出鲜明的个性特色，成为全国高校中唯一一所用二十四节气进行道路命名的学校。二十四节气与季节、温度、农事、物候等密切相关，具有多方面的启迪价值。"寒、热、凉、温"的区分使人联想到"辛、甘、酸、苦、咸"人生五味的品尝；节气更替中繁忙的农事安排预示着光阴稍纵即逝，提醒莘莘学子珍惜大好求学时光；节气变化中自然万物的瞬息万变正好对应了校园的蓬勃生机。学校道路灵活选择二十四节气中的部分节气，按照西南东北的方位与春夏秋冬季令的对应关系，将西面命名为"立春路"（中心广场右侧至行政楼后侧）、"谷雨路"（美术楼至音乐楼）等，取其生机盎然之义；南面命名为"立夏路"（南大门至中心广场右侧路口）、"芒种路"（南大门右侧至游泳馆）等，取其磨砺意志之义；东面命名为"立秋路"（运动场与综合实验楼路口至第二教学楼东端）和"秋分路"（教学楼东端至游泳馆），取其饱含希望之义；北面命名为"立冬路"（北大门至学生宿舍与湖泊路口）、"冬至路"（教学楼北端至男生宿舍北端）等，取学子寒窗苦读之义。

二、楼宇建筑

2005年，学校对红河、星湖两校区的楼宇进行了命名，既与其功能吻合，又颇具诗情画意，还有文献出处，营造了两校区充满人文情趣的环境氛围。在教学办公楼宇的命名方面，结合楼宇的特征，引经据典，充分挖掘其中的文化蕴涵。如学校红河校区的图书馆命名为"博文馆"，典出《论语·子罕》"博我以文，约我以礼"，《论语·雍也》"君子博学于文"，意为用典籍文献使知识广阔而渊博。学校实验楼命名为"格致楼"，典出《礼记·大学》："欲诚其意者，先致其知。致知在格物。物格而后知至，知至而后意诚。"意为推断、探究事物的原理使认知达到明确、透彻。此外，还有"知津楼""恪勤楼""思齐楼""知善楼"等，都透露出浓郁的文化气息。

亭廊、广场、湖泊作为校园文化的重要组成部分，命名时或以建筑功能命名，或以文献典籍寓意，或以周边景观得之，也都注重浪漫化、诗意化。"乐知园"为学校的读书角，"习得阁"为学校的外语角，"临风轩"为学校的休闲角，"或问廊"为学校的信息角，"赏心亭"为学校的艺术角，"弘毅角"为学校的健身角等，都能找到相对应的文献典故。"学海广场"中的"学海"就出自韩愈的治学名联"书山有路勤为径，学海无涯苦作舟"，不仅巧妙契合高校求知的独特氛围，还与知津楼、博文馆、格致楼三面环抱的区域性功能相吻合。而且，"学海"包含了红河校区中的"红河"二字，并与星湖校区中的"星湖"遥相呼应，体现出广博、宏大、深厚的气魄。学海广场气势恢弘，花草、绿树、灯具、奇石、钟楼，匠心独运，让人在流连忘返间得其熏陶，受到启发。广场上钟楼报时音乐考究，结合中国传统节日问候语，独出心裁，百听不厌。灯具设计更是别具一格，寓意深刻，大灯象征"博士"，小灯隐喻"硕士"，外圆内方，折射出文化与哲理的融合。

在教师和学生生活区的命名方面，在巧妙结合楼宇特征的同时，根据师生的特点和要求，将教师的宿舍命名为"人和居"，将学生的生活区分别命名为"映梅苑""滋兰苑""话竹苑""润菊苑"等。这不仅体现了"天时不如地利，地利不如人和"的和文化意识，而且将梅兰竹菊四君子清雅淡泊的品性表露无遗，并且为了增加诗情画意，避免重复，分别增加了"映（映射、映照之意）、滋（栽种之义）、话（谈论的意思）、润（滋润的意义）"等动词，更加丰富了楼宇的文化象征意义，体现了文化的精思妙想。

三、校训石雕

校训石位于红河校区学海广场前端，步入学校正大门即醒目可见。校训石由花岗石雕成，上书校训"进德修业，博文达理八个隶书大字，彰显了代代艰苦创业的重庆文理学院人极具文化个性的大学灵魂。2005年，学校广泛征集确定了校训。校训为"进德修业，博文达理"，"进德修业"语出《周易·乾·文言》"君子进德修业，忠信，所以进德也。修辞立其诚，所以居业也"，校训义为"普进公民应具之德、广修社会所需之业"。"博文"语出《论语·雍也》"子曰：'博学于文，约之以礼，亦可以弗畔矣夫！'"，校训义为"博学天下美妙之文"。"达理"语出《庄子·秋水》"知道者必达于理，达于理者必明于权"。校训义为"通达万物深妙之理"。德业兼顾，文理交融，科学与人文并重，涵盖了大学的基本意义。"进德修业"为过程，"博文达理"是结果，其主要内涵是：德业兼顾，文理交融，科学与人文并重，自由博爱与艺术追求协调发展。校训已经成为学校办学、教师治学、学生求学的基本目标与价值理想，是学校精神理念的重要载体。

四、文化围墙

2005年，学校以"文明历程"为主题，建造红河校区围墙浮雕。浮雕分东、西两大文明板块，时空交错，纵横结合，从人类文明的产生开始，把几千年的文明历程浓缩、凝炼成数百米简朴而富有蕴涵的抽象艺术符号，象征着追求教育进步的神圣而责无旁贷的使命。东西方文明的精华，分别凝聚在红河校区大校门南北两侧，兼容并蓄，异彩纷呈。东方部分主要反映中国文化，从人类产生、火的使用、工具使用到奴隶社会、封建社会，再到社会主义新中国在农业、工业、军事、建筑、航天等方面取得的显著成就。具体表现为五行、骨器、石器、文字（甲骨文）、巫术、麦穗、化工器皿、导弹、卫星等元素符号。西方部分主要以尼罗河文明、两河文明、印度河文明为主线，同时涉及古罗马的辉煌、古希腊哲学经济、文学艺术、宗教思想等，海纳百川，包罗万象。

大气磅礴的书页形浮雕群围墙，不仅展现出中华民族从远古火的文明到新世纪社会主义现代化建设五千多年的文明历程，而且记录了古今中外伟大思想家的思想脉络，体现的是中西文化合并、世界文明交融的大文化价值观，充分体现出学校在大学校园新区建设中的文化象征意义。

五、校史馆

2006年，学校建成校情展览馆——"峻德馆"，地址在恪勤楼一楼。峻德馆共分走进文理、记忆文理、印象文理和畅想文理四大板块。各板块通过沙盘模型呈现了两校区地貌，通过图片和文字呈现了上级领导对学校的关心，说明了学校发展的简要历程、校训校标、管理方针和我校特有的"三标一体"教育质量管理模型以及学校领导班子、师资队伍、基础设施、科学研究和发展目标等情况。

  2016年，学校对原校史馆进行了改造翻新，将建筑面积扩大至约670平方米，确定了教育、文化、陈列、科研四大功能定位和以序厅（文理之道）、文理之路、文理之辉、文理之梦、结束厅为顺序的展厅分布。校史馆本着"特色鲜明、亮点突出"的原则，秉承务本求实的理念，以朴实的材料、素雅的色彩和简约的线条设计，采用"传统"与"现代"相结合的模式，借助展板、展架、灯箱、文化墙等载体，以声、光、电等现代化手段，将文字、图片、实物等资料以最简明、最快捷的方式展现出来，声情并茂，绘声绘色，给参观者以多种感官的强烈的震撼和视觉效果。

六、广播台

  教育广播台（以下简称教广台）是直属学校党委宣传部的唯一一个学生团体，有红河、星湖两大分支。教广台以丰富校园文化、提供校园新闻为宗旨，在周一至周六的日常播音中开设了每日不同主题的专题栏目及午间音乐后乐园等，已经成为全校师生学习、生活中不可缺少的一部分。

  教广台成立于1977年，至今已走过了39个年头，这样的历史积淀给予其充足的历史厚重感，使得教广台在不断发展与创新中始终秉承着"与学校共成长，与学生同进步"的办台理念。教广台采用每日中午、晚上直播播音的办台方式，声音贯穿校园各个角落，给师生带来强大的声音熟悉感与认同感，使教广台在师生心目中占有极其重要的地位。教广台作为学校的宣传喉舌，在处理突发应急事件时担任了指挥阵地的角色。

第三节 校报宣传

  校报是学校党委机关报，旨在宣传党的教育方针和学校办学大计，报道学校改革开放和育人成果，反映师生员工心声和愿望。校报创刊于1982年3月14日，原名《江津师专》，每月出报1期。1985年12月，随学校更名改称《重庆师专》，仍为月报。1987年2月，更名为《重庆师专报》，出刊10期后于1988年1月试改为半月报。

1989年1月起出月报，因故停刊两期。

1990年9月15日（总第96期），改为半月报，每月15日、30日定期出版。

1993年2月（总第142期），《重庆师专报》改铅字排版为激光照排，同时改出版时间为每月10日、25日。

到20世纪90年代中期，《重庆师专报》是全国专科院校中为数不多的几家能按时出版的半月报之一，是中国校报协会和四川省、重庆市校报研究会的团体会员。

20世纪90年代中期，《重庆师专报》已经跻身全国800余家高校校报之林，当时已有50余篇好新闻作品及副刊作品获得校报系统和全市、全省乃至全国的各种奖励。

1991年，《重庆师专报》在全省校报工作会上受到省教委有关领导的大会表扬。

1993年，《重庆师专报》入选在北京举办的高校校报专栏展出活动。

1994年出版的《重庆报史资料》杂志称，《重庆师专报》"在不断发展壮大自己的同时，也为整个学校的建设发展、为党的教育事业和新闻事业作出应有的贡献，受到全校师生员工的喜爱并受到上级领导机关和兄弟院校同行的赞赏"。

1988年，校报工作人员把学校推行"2+1"主辅修制使学生一专多能的消息及时登上了《中国教育报》，为学校评选全国优秀师专增添了分量。

1989年和1990年，校报编辑采写的《校园卫士》《喜看这支志愿兵》等通讯，为学校保卫处受到公安部表彰和连年被评为省市先进集体做了舆论先导。

1991年，首先刊发在《重庆师专报》上的现场短新闻《大学校长插秧记》在层层推选、层层获奖后受到国家教委的好评。《喜看这支志愿兵》

和《大学校长插秧记》相继获得省市高校校报好新闻评选和重庆新闻奖的一等奖（《大学校长插秧记》后来还荣获了国家教委颁发的全国大学好新闻奖等重要奖项）。

1994年，校报首先刊发然后被省市级报刊转载的《田径场上的虎兄豹弟》等记录学校健儿在全省大运会上奋勇夺冠的系列通讯，引起了兄弟院校和社会各界的关注以及对我校体育健儿的景仰，并进一步激发了各地校友对母校的热恋之情。

1999年，重庆市新闻出版局报经国家新闻出版署核准后，以渝新出报〔1999〕5号文件批准包括《重庆师专报》在内的重庆高校校报编入国家统一刊号高校校报系列，学校校报正式领到了由国家新闻出版署统一制发的报纸登记证，国内统一刊号为CN（G）51—0106。

国内统一刊号的获得开启了校报发展的新阶段，为更好地贯彻"坚持正确的政治方向和舆论导向"办报宗旨，进一步提高综合质量，争取在更为师生员工喜闻乐见的同时，为学校的建设发展做出更大贡献创造了条件。

2000年3月，重庆市高校校报"1999年好新闻评选会"在重庆师专召开，来自市记协、《重庆日报》和18家高校校报的20名参会人员对如何办好校报进行了深入细致的交流。

2001年9月10日，《重庆师专报》因学校合并升本正式更名为《渝西学院报》。

2003年3月，时任重庆市政协副主席的窦瑞华欣然提笔为《渝西学院报》题写报头。

2005年8月30日，《渝西学院报》因学校更名为"重庆文理学院"而改称《重庆文理学院报》。

2007年，重庆市新闻出版局首次从依法出版情况、版面综合质量、语言文字编校质量三大方面对全市报纸出版质量进行综合考核，《重庆文理学院报》以总分95分的优异成绩与《重庆日报》等"主流媒体"一起被列为全市优秀类报纸，获此殊荣的高校校报仅有《重庆大学报》《四川美术学院报》和学校校报。

2008年,学校开展大部制改革,报刊编辑部被撤销,成立了科级机构——校报编辑室,并被划入新成立的党群部。

每年的《重庆文理学院报》合订本都是一部完整而生动地记录学校发展步伐的史书,从人事变动、机构调整、新政策新举措到科研成果等方方面面的成就,都有原始的、翔实的、形象生动的记载。《重庆文理学院报》已经办报34年,近600期,若以校报平均每期刊登2万字计算,总字数已达1 000多万字。

《重庆文理学院报》在中国新闻奖、重庆新闻奖、中国高校校报好新闻、重庆高校校报好新闻评选中荣获一、二、三等奖合计300余篇,获奖数量和质量在重庆市高校校报界名列前茅。其中,夏明宇采写的新闻报道《喜看这支志愿兵》和《大学校长插秧记》获得重庆市新闻奖一等奖和由国家教委颁发的全国大学好新闻三等奖。

学校校报是重庆市高校校报研究会常务理事单位,先后两次当选重庆市高校校报研究会会长单位。2005年,报刊编辑部主任夏明宇当选为重庆市高校校报研究会会长。2015年,党群部部长周文东再次当选重庆市高校校报研究会会长,从而确立了学校校报在重庆高校校报中的"大报"地位,也为今后的发展奠定了坚实基础。同时,《重庆文理学院报》还是一个培养学生记者的育人阵地。校报创办以来,直接培养的学生记者和副刊作者有200余人,其中大部分已经成为各地方党报、商业报、兄弟院校报、企业报和各级广播电台、电视台的新闻骨干。

第四节 史志编纂

大学校史、校志是对一所学校发展轨迹的真实记录,是记录大学建立发展和变迁过程的重要文献资料。大学校史、校志是大学校园文化建设的重要内容,是大学办学特色和大学精神的重要体现。学校一直重视校史、校志的编纂工作,从建校迄今,已编纂出版了3本史志著作,成为记录学校发展、传承学校精神的重要文化作品。

为迎接10年校庆，1986年9月，重庆师专开始组织编写《重庆师专建校十年》，于1987年校庆前出书。全书分为两大部分，第一部分"十年简史"，包含8个方面的内容：学校沿革、校貌校风、党委行政、系科建设、教学科研、生活服务、附中附小、大事记要；第二部分"学校基本情况统计"，收集了重庆师专党组织系统表、行政组织系统表、党政负责人姓名表等53个表格。这本书文字部分较为简略而表格内容翔实，是学校的第一部校志。它记录了学校建校10年以来的发展历程，总结了学校在制度建设、办学条件、教学科研等方面取得的进步和成绩。该书的特点一是包含了大事记，比较完整地反映了10年当中学校所经历的各类大事要事。二是收集了学校各机构及其负责人、教职工、新生、毕业生以及课时、经费等方面的统计表格，内容非常全面丰富，对于后来者了解和研究学校初期的基本状况有着重要的参考价值。

1996年，为迎接建校20周年，重庆师专再次决定编撰校史。当年5月，成立了以刘定云书记任主任委员，颜敬先校长任副主任委员，黄晓林、徐明、戴伟等人为委员的校史编写委员会，聘请了熊秉衡、黄正禄、蒲天贵、傅道文4名学校老领导为顾问。刘国铭和龚鸣淮2名同志编写了校史纲目，龚明淮和聂荣负责撰写校史初稿。1997年3月，定名《重庆师范高等专科学校校史（1977—1997）》，刊印发布。

20年校史共分为5章，分别是"艰苦创业""按师范要求定向""从发展中求生存""在改革中创特色"和"在开拓中奋进"。全书以时间为序，叙述了学校建校20年间的主要历程、重要决定、重大事件，总结了学校各个部门的主要工作和业绩，展示了学校办学20年所取得的突出成就。全书附录分两个部分，第一部分是机构、师资、设备统计表，包括历届党委委员名单、党政负责人名单、组织机构负责人名单等23个统计表格，表格由校办档案室张九坤同志提供。第二部分是名为《铎声悠扬桃李香》的校庆组歌，由黄晓林作词，张辛作曲，共7首歌曲。正文前还附了时任四川省政协主席聂荣贵和政协副主席韩邦彦的贺词。本版校史每一章下面划分了节和小节，编写了各层次章节题目，相比上一部校志，层次划分更明晰，内容指向更明确。同时，在内容上，本版校史也更加全面厚实，基本包含了学校各个阶段的主要工作和各个部门的主要成绩。对于艰辛建校、党的建设、体制改革、教学管理、师资建设、学生管理、校园文化、后勤保障等多方面工作都有着更为翔实的记述，并介绍了学报、图书、档案和公体、两课等方面取得的进步，为后世留存了更加丰富的历史资料。

2006年，为庆祝建校30周年，学校启动了第三次编写校史工作。同年11月17日，学校发文成立校史编纂委员会，由钟志奇、孙泽平任主任，左益、刘定云任副主任，兰刚、谭宏等任委员。委员会下设校史编纂办公室（挂靠宣传部），李天福为办公室主任，周洪亮、刘国铭为办公室副主任，工作人员有包明忠、朱德隆、周独奇、李文富、赵立兵5人。在具体分工上，左益、刘定云任主编，李天福、周洪亮任副主编，刘国铭任执行主编，周独奇、朱德隆和包明忠负责主要稿件的执笔工作，李文富、赵立兵参与书稿资料收集工作。2007年9月11日，学校召开有全体校领导参加的评审会议，确定校史正式定稿。

第三部校史定名为《重庆文理学院校史（1976—2006）》，全书共有30万字，346页，2009年1月由现代教育出版社正式出版。书稿主体由"师专篇""教院篇""文理篇"3大部分共13章组成，总体记述了学校从建校到升本以来30年间的艰苦历程和辉煌成就。其中"师专篇"5章，叙述了学校前身之一的重庆师专建校直至合并升本的发展历史；"教院篇"3章，叙述了学校另一前身渝州教育学院从建校至合并升本的历史；"文理篇"5章，描绘了学校2001年升本后到2006年的建设发展状况。后有"系院篇""人物篇"和附表3大部分，着重介绍了学校各系院简况、主要校领导、知名教师及知名校友等人物概况，附表是学校历届校级领导人员名单。书前还收录了部分名家名人给学校的题词、学校风光照片和原重庆市教育工委书记、教委主任欧可平同志所作的序言。

相比前两部校史，这部校史体现了更大的进步，主要体现在：第一，由出版社正式出版，纸张、印刷质量更好，书籍版式、制作更为精美；第二，内容更加丰富、完整。这一部校史字数达到了30万字，比前两部大为增加。因为2001年重庆师专和渝州教育学院合并升本，所以校史内容首次包含了渝州教育学院的内容，比较详尽地介绍了渝州教育学院的办学由来、发展过程和办学成就。同时，这部校史集全校之智慧，全面包含了学校各个部门在各个时期的工作成绩，除了学校党政群团、教学科研、师资学生等主要工作职能外，包括成教后勤、公体"两课"、社团实践、文体竞赛、信息网络、学报校报、图书档案等各方面工作都在这部校史当中得到了反映和体现。另外，校史还增加了"系院篇"和"人物篇"，较为完备地介绍了学校当时开办的各系院的基本状况、历任校级领导正职和杰出校友的基本简历和事业成就，这些内容对校史来说，都是重要而必不可少的材料，也从另一方面反映了学校的办学成果。第三，体例更为正规，目录更为精良。该部校史篇章下面再设节和小节，共四个层级，结构编排完备，章的题目都用两句七言，节和小节都用两句四言，句式对称规范，文采突出，更加凸显了校史作为文化作品的特性，也显示了我校深厚的文化底蕴。但是，这部校史的统计表格较少，在实用性、简洁性上不够突出。

除了校史编纂之外，学校还编辑出版了年鉴作为记录发展成果、留存学校记忆的重要资料。年鉴是汇辑一年内的重要时事、文献和统计资料，按年度连续出版的一种工具书。它博采众长，集辞典、手册、年表、图录、书目、索引、文摘、表谱、统计资料、指南、便览于一身，具有资料权威、反应及时、连续出版、功能齐全的特点。升本建院之后，学校发展取得了巨大的进步。为认真回顾学校升本后的发展历程，系统总结经验，提供决策参考，同时也为教学、科研和管理以及未来发展提供资料和工作参照，学校办公室于2004年编纂出版了首部《渝西学院年鉴》，由学校党委书记、院长牟延林任主编，校办领导周及至、吴晓莉、周洪亮任副主编，张九坤、钱明才、江宗谕任编辑。该年鉴系32开本，330页，实际收录的是2001年至2004年期间学校工作的有关重要资料。该年鉴设置了图片、学校工作概况、重要文件选编、大事记、校级以上奖励获奖名单、媒体评价、附录等栏目，为以后的年鉴确立了基本编排框架。以后年鉴皆逐年出版，由学校办公室组织领导，档案室承担具体编辑工作。2005年，年鉴随学校更名改称《重庆文理学院年鉴》。2006年，改版为16开本。至2016年已总共编辑出版了12部年鉴。

第十章　二级学院

第一节　文化与传媒学院

文化与传媒学院是我校办学历史最为悠久的院系之一。学院的源头可以追溯至1976年建校伊始的江津地区"五七"大学中文班。其后，历经江津师范专科学校中文科（1979年）、江津师范专科学校中文系（1984年）、重庆师范专科学校中文系（1985年）。2001年，重庆师专中文系与渝州教育学院中文系合并组建为渝西学院中文系。2005年，更名为重庆文理学院文学与传媒系。2008年，更名为重庆文理学院文学与传媒学院。2011年，文化与传媒学院与重庆文化遗产学院合署办公。2016年，文化与传媒学院与重庆文化遗产学院独立设置。

学院从1999年开始与重庆师范学院中文系合作试办汉语言文学全日制本科班，2003年起，独立开办汉语言文学本科专业。随后，分别于2003年、2008年、2011年开办广播电视新闻学、汉语言文学（现代文秘方向）、广播电视编导等本科专业。汉语言文学、现代文秘、传媒艺术三足鼎立的局面正式形成。

学院自江津师专中文科开始即名师辈出。石天河、贺远明、封思善、夏麟勋、王季洪、向琢之、朱祖禹、傅晏风、熊羽、戴伟、陈德长、杨忠谦等众多名师任教于此。在文传学院求学的莘莘学子，都曾浸润于前辈学者的人格魅力和学术积淀，真切感受诸多优秀教师的个性风采，从中得到知识和思想的双重滋养。40年来，学院培养了近万名毕业生，多数已成为各行各业的骨干，有的成为专家学者、省厅干部、中小学名师、优秀文艺工作者、成功企业家等。

学院现设中文系、传媒系、文秘系、人类学系等4个教学系，有中国文学、文艺学与比较文学、语文教法、语言学、传媒艺术、传媒技术、文秘、人类学、通识教育等9个教研室（课程组）。有专任教师87人，聘请行业双师型教师10余人，其中教授9人，副教授27人；博士17人，硕士52人。

学院现开办汉语言文学（师范）、汉语言文学、广播电视学、广播电视编导、广播电视编导（文化遗产传播）等5个本科专业（方向），面向全国10余个省（自治区、直辖市）招生，在校本科学生近1 500人。

学院注重专业内涵建设，建成省级精品资源共享课1门、省级精品视频公开课3门、省级重点建设课程1门，汉语言文学专业为学校示范专业。学院设有专业图书资料室，建成数字语音实验室、广电制作室、电视演播室、图形工作站、文秘综合实训室等10余个专业实训室，教学设备总值1 000余万元。

学院注重学科门类交融互补，突出学生"说写创"能力的培育，凸显培养过程的行业参与性，增强培养方式的开放性，强化培养环节的实践性，构建"实作型"课程体系，鼓励参赛为主的"创作型"团队，探索未来语文名师、未来人文学者培育计划，创设师生工作室、工作坊模式，致力于培养语文教学、传媒行业及文秘类高素质、应用型人才。

学院设有重庆地方语言文化中心、巴渝文化研究所、吴芳吉研究所等科研机构。教师承担国家社科基金、省部级项目近50项，出版学术著作40余部，发表学术论文数百篇，科研经费总额近200万元。学院注重对外合作与交流。与高等院校、党政机关、企事业单位、传媒行业等建立战略合作关系，推行与业界协同、与区域语文教育联盟互动，举办中小学语文教师、信息教育技术教师国家级培训班等。

学院学生活动形式多样，学生能力锻炼充分，社会实践平台宽广。星湖写作社、语言文化艺术社等明星社团享誉四方，"金话筒"主持人大赛、"大手拉小手"等品牌效益日益彰显。近年来，文传学子在挑战杯、科讯杯、大学生电影节、微电影节等专业赛事中获国家级大奖数十项。不少学生考上中山大学、厦门大学、四川大学等名校攻读硕士学位，学生公招考试通过率及应届毕业生就业率等居重庆市同类高校前列。

表 10-1 文化与传媒学院历届党政负责人一览表

年度	党总支书记	党总支副书记	院长（系主任）	副院长（副主任）	助理
1976					
1977		邹弘杰			
1978	邹卓凡				
1979	邹卓凡				
1980	邹卓凡			郑亚宇	
1981	邹卓凡			郑亚宇	
1982	邹卓凡			郑亚宇 贺远明 周明富	
1983	贺远明	周忠言	贺远明	周明富 易治安	
1984	贺远明	周忠言	贺远明	周明富 易治安	
1985	贺远明	曾祥禄	贺远明	周明富 易治安	戴伟
1986	贺远明	曾祥禄	廖世玉	周明富 易治安 封富	
1987	陈荣华	曾祥禄	易治安	戴伟 封富	
1988	陈荣华	曾祥禄	易治安	戴伟 封富	
1989	陈荣华	曾祥禄	易治安	戴伟 封富	

续表

年度	党总支书记	党总支副书记	院长（系主任）	副院长（副主任）	助理
1990	周戌至	龙图	戴伟 廖世玉	黄浩 封富	
1991	戴伟	张向东	戴伟 廖世玉	黄浩 封富	
1992	戴伟	张向东	戴伟 廖世玉	黄浩 封富	
1993	张向东	魏良福	黄浩 封富	王雯云	
1994	张向东	魏良福	黄浩 封富		马显彬
1995	沈清淮	魏良福	黄浩 封富	蒋独见	
1996	沈清淮	魏良福	黄浩 封富	蒋独见	马显彬
1997	沈清淮	魏良福	沈清淮 封富	蒋独见	
1998	沈清淮	魏良福	沈清淮 封富	蒋独见	沈远川
1999	沈清淮	万书辉	沈清淮 封富	蒋独见 沈远川	
2000	沈清淮	万书辉	沈清淮 封富	蒋独见 沈远川	
2001	沈清淮	万书辉	沈清淮 封富	万书辉 蒋独见	
2002		万书辉	封富	沈远川 何云贵	
2003		万书辉	封富	沈远川 何云贵	

续表

年度	党总支书记	党总支副书记	院长（系主任）	副院长（副主任）	助理
2004	万书辉	李芹燕	封富	何云贵	
2005	沈远川	李芹燕	封富	何云贵	
2006	沈远川	李芹燕	周及至 万书辉	田义贵 何云贵	
2007	沈远川	李芹燕	万书辉	何云贵	
2008	沈远川	李芹燕	万书辉	沈远川 何云贵	
2009	沈远川	李芹燕	万书辉	沈远川 何云贵	
2010	沈远川	李芹燕	万书辉	沈远川 何云贵	
2011	沈远川	李芹燕	万书辉	沈远川	
2012	何云贵	李芹燕	李天福	刘小文	
2013	何云贵	李芹燕	李天福	刘壮 何云贵	
2014	何云贵	李芹燕	李天福	刘壮 何云贵	
2015	何云贵	李芹燕	李天福	刘壮 何云贵	
2016.01—2016.06	白成良		李天福	刘小文 李芹燕	
2016.06—2016.12	白成良		李天福	李芹燕	

目前，学院秉承"进德修业，博文达理"的校训精神，确立"以文化人，以文传道"的院铭，按照"重应用、倡交叉、创特色、铸品质"的发展定位，积极加强专业内涵建设、重点学科培育建设及应用型人才深度转型。全院师生正以饱满的工作热情，积极从事教学科研活动，努力创建有特色、有实力、有影响的新型二级学院，为西部大开发和地方经济文化教育建设，为国家发展和民族振兴做出更大的贡献。

第二节 数学与财经学院

数学与财经学院是重庆文理学院最早创建的院系之一，由重庆师专数学系与渝州教育学院数学系合并组建。2001年，更名为渝西学院数学与计算机科学系。2005年，更名为重庆文理学院数学与计算机科学系。2008年，院系调整，组建"重庆文理学院数学与统计学院"。2011年，学校机构调整，组建"重庆文理学院数学与财经学院"。

学院从1976年起开设数学教育专科专业。1993年，开始招收计算机应用专科专业（财会电算化）（开设2届）。1997年，开设计算机教育专科专业。1999年，开办数学与应用数学（师范类）本科专业（与重庆师范大学联办）。2001年，开设计算机科学与技术本科专业。2002年，开设信息与计算科学本科专业。2004年，开设数学与应用数学（金融方向）本科专业（2015年转为金融数学专业）。2009年，开设统计学本科专业。2011年，开设财务管理本科专业。专业方向和学生规模不断扩大，现开设有数学与应用数学（师范类）、金融数学、信息与计算科学、经济统计学、财务管理5个本科专业。现有在校全日制本科学生近2 000人。

学院下设数学与应用数学系、统计与金融学系、财务管理系。学院师资力量雄厚，现有教师60人，其中教授10人，副教授18人，博士24人（含在读），财政部会计领军人才1人，兼职硕士研究生导师6人，"双师型"教师15人，已形成一支职称学历结构合理、专业素质过硬、科研实力较强的师资队伍。

学院学科专业建设成效显著。在"代数学""组合优化""模糊数学"

"工程数学""金融数学"等 5 个方向具有雄厚的科研实力。数学学科为校级重点建设学科，且具有重庆市专业技术副高级职称评议权。目前，学院拥有 1 个重庆市"群与图的理论及应用"重点实验室、1 个重庆市"群与图的结构理论及其在信息与决策中的应用"创新团队、1 个重庆市"数学与应用数学"教学团队。近年来，承担主持国家自然科学基金项目 12 项、国家社会科学基金项目 3 项、省部级科研项目 50 余项，纵向科研经费 400 余万元，获得重庆市级科技进步奖 1 项，发表科研学术论文 300 余篇，其中被 SCI 收录 100 余篇。

学院以治学严谨著称，注重学生实践技能和创新能力培养，积极开展课外科技活动，积极参与专业相关竞赛。近年来，在各类竞赛中屡创佳绩，其中参加全国大学生数学建模竞赛相继获全国一等奖 4 项、二等奖 14 项，获重庆市一等奖 34 项；参加"挑战杯"全国大学生课外学术科技作品竞赛获得全国三等奖 2 项、重庆赛区特等奖 2 项；参加"挑战杯"中国大学生创业计划竞赛获得重庆赛区金奖 1 项、银奖 1 项、铜奖 3 项；参加重庆市高校师范技能大赛获得二等奖 2 项、三等奖 1 项；参加全国市场调查分析大赛获得全国二等奖 1 项、全国三等奖 3 项；参加"新道杯"企业沙盘经营模拟大赛获得重庆赛区一等奖 1 项；参加"网中网"全国财务决策大赛获得西南赛区三等奖 1 项等。学院 2009 届毕业生谢小平荣获"第五届中国青少年科技创新奖"，2010 届毕业生万桂远等、2012 届学生尤伟等分别荣获重庆市首届大学生创业大赛一等奖。

学院十分重视教学条件建设，共计投入 400 余万元，建有 1 个金融与财务实训中心，中心下设 1 个财务管理实验室、1 个电算化会计实验室、1 个税收实务实验室、1 个金融仿真实验室、1 个金融软件实验室、1 个与重庆立信市场研究公司共建的 CITI 生产型实验室。能充分满足非教师教育类专业的"理实一体化"实践教学和专业技能实训需要。

学院积极开展校企校地合作，开放办学，与安博教育集团合作共建信息与计算科学（金融软件）专业，采用"3+1"系统化课程学习和工程实践相结合培养模式，侧重金融行业软件开发，实施全真项目驱动教学。

表 10-2 数学与财经学院历届党政负责人一览表

年度	党总支书记	党总支副书记	院长（系主任）	副院长（副主任）	助理
1976	黄正禄				
1977	黄正禄				
1978	黄正禄				
1979	黄正禄		陈金康		
1980	黄正禄		陈金康		
1981		李崇康 黄兴文	陈金康	吴恩耘	
1982		李崇康 黄兴文	陈金康	吴恩耘	
1983	江天健		陈金康 滕发祥	张伯春 柏道洪 田贵书	
1984	江天健		陈金康 滕发祥	张伯春 柏道洪 田贵书	
1985	江天健		陈金康 滕发祥	张伯春 柏道洪 田贵书	
1986	江天健		陈金康 滕发祥	柏道洪 田贵书	
1987	江天健		陈金康 滕发祥	柏道洪 田贵书	
1988	江天健		田贵书 滕发祥	柏道洪 徐明	
1989	徐明		田贵书 滕发祥	柏道洪 徐明	

续表

年度	党总支书记	党总支副书记	院长（系主任）	副院长（副主任）	助理
1990	黄兴文	梁绍君	田贵书	徐承璋 柏道洪	
1991	黄兴文	刘灿国	田贵书	徐承璋 柏道洪	
1992	黄兴文		田贵书	徐承璋 谭昌眉 柏道洪	
1993	黄兴文	何独明	田贵书	徐发吉 柏道洪	
1994	黄兴文	何独明	田贵书	徐发吉 柏道洪	
1995	黄兴文	何独明	张伯春	徐发吉 柏道洪	
1996	黄兴文	何独明	张伯春	徐发吉 柏道洪	
1997	黄兴文	何独明	黄兴文	徐发吉 王明华 柏道洪	
1998	黄兴文	何独明	黄兴文	徐发吉 王明华 柏道洪	
1999	何独明		滕发祥	王明华（主持行政工作）徐发吉	
2000	何独明		王明华	徐发吉	童光才 罗代忠
2001	何独明		王明华	徐发吉	童光才 罗代忠
2002	何独明		王明华	徐发吉 罗代忠	
2003	何独明		王明华	徐发吉 罗代忠	

续表

年度	党总支书记	党总支副书记	院长（系主任）	副院长（副主任）	助理
2004	何独明		王明华	徐发吉 罗代忠	
2005	何独明		王明华	徐发吉 罗代忠	
2006	何独明		王明华	霍永亮 余大鹏 罗代忠	
2007	何独明		王明华	霍永亮 余大鹏 罗代忠	
2008	何独明		王明华	霍永亮 余大鹏	
2009	何独明		王明华	何独明 霍永亮 余大鹏	
2010	何独明		王明华	何独明 霍永亮 余大鹏	
2011	何独明		施武杰	何独明（常务）卢成武 霍永亮	
2012	何独明	余大鹏	施武杰	何独明（常务）卢成武 易文焦	
2013	何独明	余大鹏	施武杰	何独明（常务）卢成武 易文焦	
2014	何独明	余大鹏	施武杰	何独明（常务）卢成武 易文焦	
2015	何独明	余大鹏	施武杰	何独明（常务）卢成武 易文焦	
2016.01—2016.12		余大鹏	卢成武（主持行政工作）	卢成武（主持行政工作）郑立	马纪成
2016.12			施武杰（执行院长）	郑立	马纪成

学院积极探索国际化办学，自2010年开始，与美国西北理工大学开展工商和信息科学管理学士学位（BBAIS）"2+2"合作项目，联合培养适应国际化的财会人才。

建院40年来，学院培养和造就了一大批优秀人才，绝大多数已成为相关行业的业务骨干和中坚力量。他们在各自的领域中成绩斐然，为社会做出了突出贡献，也为学院赢得了荣誉。

第三节　材料与化工学院

材料与化工学院前身是重庆师专化学系与渝州教育学院化学系。江津师专化学学科始建于1979年，1985年因学校更名而改称重庆师专化学系。渝州教育学院化学系始建于1987年。2001年，两校合并升本后更名为渝西学院化学与环境科学系，开设化学本科专业和化学教育、环境监测与评价2个专科专业。2003年，环境科学本科专业开始招生。2005年，更名为重庆文理学院化学与环境科学系。2008年，学校院系调整，更名为重庆文理学院化学与环境工程学院，开设化学、环境科学、环境科学（环境治理工程方向）、化工与制药等4个本科专业，化学教育、环境监测与评价、食品药品监督管理、质量技术监督等4个专科专业。2012年，化学与环境工程学院与材料学院合并成立重庆文理学院材料与化工学院，开设化学、环境科学、制药工程、高分子材料与工程、金属材料、机械工程、化学工程与工艺、材料成型等8个本科专业。2013年7月，学校将机械工程、材料成型2个本科专业从材料与化工学院分离出去。

学院现有4个系（化学系、环境科学与工程系、化工与制药工程系、材料科学与工程系），6个本科专业（化学、环境科学、制药工程、高分子材料与工程、金属材料、化学工程与工艺）。目前共有学生1 500余人。学院历经近40年的建设发展，已形成以化学为基础，环境、化工、制药、材料等多学科协同交叉，着力于应用研究、应用型人才培养的特色，是学校创新最具活力、最具发展潜力的学院之一。

师资力量雄厚。学院现有教职工近70人，其中中国工程院院士1人，重庆市百人计划1人，全国优秀教师1人，省级优秀中青年骨干教师资助计划6人，曾宪梓教育基金会高等师范院校优秀教师奖获得者2人；教授19人，副教授23人；硕士生导师10人（与重庆大学、西南大学等联合培养，已招生10届），具有高级职称教师占专任教师的60%以上；具有博士学位32人，海外归国人员10人，具有研究生学历教师占专任教师90%以上。外聘兼职教授、高级工程师15人。已形成一支办学理念先进，职称、学历结构优良，富有朝气、充满活力，团结协作，教学、科研实力强的师资队伍。

教学科研平台丰富。学院拥有重庆市重点学科——无机化学，重庆市重点建设学科——材料学；校级重点学科——化学学科、材料科学与工程；校级重点建设学科——环境科学与工程；拥有环境材料与修复技术重点实验室（市科委）、激酶类创新药物重点实验室（市科委）、高校微纳米材料工程与技术重点实验室（市教委）、创新靶向药物工程实验室（市发改委）以及学校倾力打造的创新靶向药物国际研究院、新材料技术研究院等教学、科研平台。化学与环境实验教学中心为重庆市级实验教学示范中心。学院拥有2个重庆市级博士后科研工作站——化学与环境工程学院和创新靶向药物国际研究院，2个工程硕士专业建设点——材料科学与工程、环境工程；拥有重庆市高校新材料开发及应用研究创新团队、新药创新团队。

学科科研成效显著。近10年以来学院发表的被SCI收录论文位居学校前列。近5年，教师参与国家863计划项目2项，主持国家自然科学基金5项，教育部重点项目1项，承担国家级科研项目近20项，省部级科研项目80余项，横向科研课题近20项。在各类期刊发表学术论文500余篇，其中被SCI、EI等收录200余篇。4项获省部级科技三等奖；发明专利30项，实用新型专利82项。

注重实验实训平台建设。学院拥有日、美、德、奥等国制造的具有当今世界先进水平的核磁共振光谱仪、扫描电子显微镜（SEM）、热分析仪、元素分析仪、X-射线衍射仪、荧光倒置显微镜、电化学综合系统、椭圆偏振光谱仪、高效液相色谱仪、气相色谱仪、色质联用仪、荧光分光光度计、原子吸收分光光度计、紫外光谱仪、红外光谱仪、等离子体发射光谱仪、电化学分析系统、毛细管电泳仪等大型仪器设备,实验室面积 12 000 平方米,设备总值超 2 500 万元。能满足各专业的教学和科研需求,具有为地方社会经济服务的能力和实力。

学院拥有功能齐备的专业课、专业基础课实验室,完全能满足各专业的教学实验及毕业设计。还设有分析技术、环境监测、水质分析研究等学生研究实验室,所有实验室一律对学生开放。目前拥有环境材料与修复技术重庆市重点实验室,化学与环境实验教学中心(市级),材料科学与工程实验中心,水环境重点实验室。目前拥有四川川化汇成培训管理有限责任公司,永川区水务局共建重庆市水质监测中心永川分中心,重庆化工园区多家以及永川、大足、铜梁、潼南等环保局,重庆永高塑业发展有限公司等近 30 个实践教学基地。

教学成果丰硕。学院根据培养优秀现场工程师的目标定位,遵循应用型教学的基本规律,以"学生为中心,需求导向,能力本位,学做合一"的教学理念,积极开展教学改革。拥有重庆市特色专业环境科学,重庆市特色专业学科群林学与生态环境;并有重庆市精品课程 2 门、精品视频公开课 1 门;校级精品课程 3 门、校级重点建设课程 4 门;承担各级教研教改项目 30 余项,获校级教学成果奖 2 项;编著教材 10 部。

人才培养质量高。我院学生在 2003 年、2004 年、2005 年和 2006 年重庆市高校学生"专转本"考试中,学生成绩和上线人数均名列前茅。学生考研人数长期位居学校前列,产生了重庆文理学院第一个考研"学霸"寝室。学生参加各类国家级学科竞赛均取得好成绩:"挑战杯"全国大学生课外学术科技作品竞赛先后获得全国二等奖、三等奖;参加各类国家级学科竞赛、全国化工设计大赛、全国节能减排大赛、全国金相大赛、全国大学生英语竞赛、全国大学生创业大赛等大赛取得好成绩。

目前,学院已招研究生 9 届,与重庆大学、西南大学等联合培养 20 余人。从 2012 年开始,与重庆理工大学联合培养,每年招收 10 人左右并独立培养。建院以来已为社会各界培养毕业生 6 000 多人。培养的毕业生专业基础扎实、应用技能过硬、社会适应能力强,得到社会和用人单

表 10-3 材料与化工学院历届党政负责人一览表

年度	党总支书记	党总支副书记	院长（系主任）	副院长（副主任）	助理
1980				周兆金	
1981	周兆金		周兆金		
1982	周兆金	杨明鲁	周兆金		
1983	杨明鲁		周显荣		
1984	杨明鲁		周显荣		
1985	周兆金		周显荣 王怨称		
1986	游祥国		周显荣 王怨称	王林	
1987—1991	游祥国		王林 王怨称	王林	
1992—1993	游祥国		王林 王怨称		
1994	王林	吴永夏	王林 王怨称	高志强	
1995		吴永夏	王林 王怨称		
1996					

续表

年度	党总支书记	党总支副书记	院长（系主任）	副院长（副主任）	助理
1997	宋仲容	张进	宋仲容	邓新哲	
1998	宋仲容	张进	宋仲容	张进 邓新哲	
1999—2000	宋仲容	杨乐彬	宋仲容	张进 曹优明 邓新哲	
2001	宋仲容	张进	宋仲容	张进 曹优明	
2002—2005	宋仲容	李忠彬	宋仲容	曹优明	
2006—2007	宋仲容	李忠彬	宋仲容	曹优明	徐强
2008—2011	宋仲容	徐强		曹优明 唐英	
2012	田永酉	李顺江		徐强 唐英	朱江
2013	徐强	徐强		徐强 唐英	朱江
2014—2015	徐强	谢荣成		徐强 唐英 朱江	
2016	李忠彬	李强	徐强	李忠彬 朱江 陈中祝	

位的肯定和欢迎,其中绝大多数已成为各行业的骨干。从行业看,主要工作在教育战线,也有在政府各职能部门(环境保护、进出口检验检疫、质量技术监督、医药卫生管理)、行政事业单位及各大中型企业工作的。此外,还有一部分校友在国内、国外继续学习和工作,取得可喜的成就。

展望未来,材料与化工学院将始终坚守"培养优秀工程师,建设特色交叉学科、打造特色品牌学院"的办学定位,遵循"稳规模、重创新、强内涵、抓改革、育特色、塑品牌"的原则,继续以学科建设为龙头,以教学质量工程为抓手,以深化改革为动力,稳步推进质量立院、科技兴院、人才强院战略,不断提高教学质量和科研水平,更好地为区域经济和社会发展贡献智慧和力量。

第四节　机电工程学院

机电工程学院是学校主动适应重庆市"6+1"支柱产业(汽车摩托车产业、装备制造业)、"2+10"战略性新兴产业(机器人等高端智能装备)发展和永川建设重庆机器人与智能装备产业基地而组建的应用型工科二级学院。学院是教育部信息管理中心 CAXC 认证项目考试授权点、重庆高校金工理事会副理事长单位、重庆机器人联盟副理事长单位、西门子 NXCAD 授权培训认证中心。

学院举办机电类专业始于 1976 年的农业机械化、农业电气化班(与重庆大学合作举办),连续招生两届后由于办学方向调整而暂停招生。2001 年,学校升本后向综合性院校发展过程中,陆续恢复招收机电一体化(数控技术方向)、机械制造及其自动化专业专科班、机械工程及自动化本科班。2013 年 5 月,学校正式成立机电工程学院。目前,学院设有机械工程、机械电子工程、材料成型及控制工程、机械电子工程(对口本科)四个本科专业(或专业方向)。其中机械工程、机械电子工程是学校校级特色专业,机械电子工程(对口本科)是学校与大型中央直属企业招商局集团全资子公司——中国外运长航集团校企合作专业。学院还开设了"机器人与智能装备"方向课程,重点培养学生在工业机器人的成型制造、安装调试、使用与维护、系统开发、自动化生产线的使用与维护等方面的应用能力，并积极申报筹建机器人工程专业。

学院设有"三系一院一中心"，即机械工程系、机械电子工程系、材料成型及控制工程系、机器人与智能装备研究院和机电工程实训中心。学院拥有一支年龄、职称、学历结构比较合理和具有较高水平的师资队伍。现有专任教师 56 人，其中教授 8 人，博士研究生导师 1 人，硕士研究生导师 6 人，副教授 11 人，博士 12 人，其他专任教师均具有硕士及以上学位，50%以上达到"双师型"教师要求。同时，还聘有专家、企业"双师型"兼职教师 18 人。

学院坚持以培养学生的创新精神和实践能力为核心，注重理论教学、专业实践和素质拓展的相互融合，积极构建理论知识、实践能力和综合素质三位一体的应用型工程技术人才培养体系。学院校内实验实训设施设备完善，拥有金工实训室、普通切削加工实训室、数控加工实训室、材料成型加工实训室、特种加工实训室、装备维修实训室、CAD/CAM/CAE 实训室、精密计量检测室、机械创新设计实验室、机电液传动实验室、PLC 实验室、自动控制实验室、模块化机器人实验室、3D 打印实训室、机器人检测平台等专业实验实训室和校内机电工程训练中心、市级机电创客空间，设备总值 1 600 余万元。"十三五"期间，学校拟投入 1 000 万元建设机器人与智能装备实训中心、先进制造业实训中心。同时，学院还十分重视校外实践教学基地建设，与重庆市高新区、渝北空港工业园区、永川凤凰湖工业园区、江津双福工业园区、大足工业园区、璧山工业园区相关企业开展密切合作，建立了系统的校外实习实训基地，涉及船舶、汽车摩托车、机械、化工、石油、电子等行业，积极探索和实践"实习+就业"以及订单式应用型工程技术人才培养模式。学院始终坚持把人才培养质量放在第一位，历届毕业生深受所在行业欢迎，就业率达 98%以上，多次被评为学校就业工作"先进集体"。

目前，学院有机器人运动高速高精度研究、机器人控制及传感技术、机器人与智能装备的集成应用三个学科建设方向。学院积极联合中国科学院重庆绿色智能技术研究院、重庆固高自动化有限公司、重庆广数机器人有限公司等单位，建立重庆市机器人工程人才培养基地；并参股重庆德新机器人检测中心，共建国家级机器人检测平台。学院正积极筹建机器人工程学院，重点培养工业机器人与服务机器人方向的应用型工程技术人才。

表10-4　机电工程学院历届党政负责人一览表

年度	党总支书记	党总支副书记	院长（系主任）	副院长（副主任）	助理
2013	田永酉	李顺江	何国田	田永酉	赵华君
2014	田永酉	李顺江	何国田	田永酉　赵华君	
2015	田永酉	李顺江	王勇	田永酉　赵华君	
2016	曹勇	李顺江	王勇	曹勇　赵华君	

第五节　林学与生命科学学院

林学与生命科学学院办学历史已达33个春秋，其前身是1983年创建的重庆师专生物系。2001年，更名为渝西学院生命科学系。2005年，更名为重庆文理学院生命科学系。2008年，更名为重庆文理学院生命科学与技术学院。2012年，重庆高校花卉研究所并入，更名为林学与生命科学学院。2016年，林学与生命科学学院与重庆高校花卉研究所独立设置。

学院从1983年开始设置生物教育专科专业。2002年起，开办生物技术本科专业。随后，分别于2003年、2004年、2009年、2013年开办了生物科学、生物技术、园林、食品科学与工程、风景园林5个本科专业。面向全国20余个省（自治区、直辖市）招生，在校本科生近1 500人。

学院现设生物系、食品科学与工程系、园林系3个教学系。现有专兼职教师63人，其中教授14人，副教授13人，高级实验师5人，博士20人。聘请行业双师型教师10余人，其中高工9人，副高27人。

学院拥有园林实验教学示范中心（省市级）、生物实验实训中心及食品科学与工程实验实训中心，实验仪器设备总值近6 000多万元，校内外实验实训场地2万多平方米。学院还设有专业资料室，图书期刊丰富，能够满足师生教学、科研需要。

学院注重专业内涵建设，园林专业已被教育部、财政部确定为国家级特色专业建设点，被教育部、农业部、国家林业局批准为第一批卓越农林人才教育培养计划改革试点项目，与企业共建教育部大学生校外实践教学基地1个。获得省市级本科教学工程项目（质量工程）11项。教学改革成效显著，获重庆市人民政府授予的教学成果二等奖1项。

学院建有重庆市高校园林花卉工程研究中心、重庆市特色植物种苗工程研究中心、重庆珍稀濒危水产资源保护与开发研究中心、特色植物种苗工程协同创新中心，已主持承担国家星火计划重大项目、国家自然科学基金和重庆科技支撑重大专项、重点攻关、优秀成果转化项目等70余项，获得重庆市科技进步二等奖1项和三等奖2项、国家发明专利17项。出版专著、教材13部，在SCI、重要学术期刊上发表论文150余篇。

学院重视对外合作与交流，与高等院校、党政机关、园林及食品行业协会、企事业单位等建立战略合作关系。在重庆、江津、璧山、泸州等地与学校、生物制药公司、园林规划设计院、园林工程有限公司、种养殖场、国家级自然风景区联手，建立了实习基地、实训基地、就业创业基地50多个，拓宽了学生的就业渠道，促进了"政、产、学、研、用"的有机结合，曾被《重庆日报》《光明日报》《科技日报》等多家媒体报道。

学院注重学生创新精神和实践能力的培养，以赛促学，以赛促训，以校园景观设计大赛、食品安全宣传活动周、周末文化广场等品牌活动为载体，促进学生综合素质和各项技能的提高。鼓励和引导学生考研，考研录取人数逐年提升，多人被重庆大学、四川大学、南京林业大学等国内知名高校录取。学生在学科竞赛和"挑战杯"等比赛中屡获佳绩，先后获得国家级奖1项，省部级奖11项。学院成立至今，已经为国家和社会培养了大批优秀人才。有的成为专家学者、教学名师，有的成为国家干部、成功企业家等。

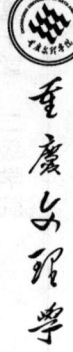

表 10-5 林学与生命科学院历届党政负责人一览表

年度	党总支书记	党总支副书记	院长（系主任）	副院长（副主任）	助理
1983				刘尚旭	
1984				刘尚旭	
1985	邹家业 郑奎武			刘尚旭	
1986	邹家业	张宏熙		刘尚旭	
1987	邹家业	张宏熙	王飞铨	刘尚旭	
1988	邹家业	张宏熙	王飞铨	刘尚旭	
1989	邹家业	张宏熙	王飞铨	刘尚旭	
1990	邹家业	张宏熙			
1991		龚吉跃 艾中华	刘尚旭		
1992		龚吉跃 艾中华	刘尚旭		
1993	刘尚旭	龚吉跃 艾中华	王飞铨		

续表

年度	党总支书记	党总支副书记	院长（系主任）	副院长（副主任）	助理
1994	龚吉跃	艾中华	王飞铨	邵继荣	
1995	龚吉跃		王飞铨	杨帆	
1996	龚吉跃		王飞铨	杨帆	
1997	龚吉跃			杨帆	张碧波
1998		张碧波	杨帆		
1999		张碧波	杨帆		
2000		张碧波	杨帆		
2001		张碧波	杨帆		
2002		张碧波	杨帆		
2003		张碧波	杨帆		
2004	张碧波		杨帆	王大平	
2005	张碧波		杨帆		

续表

年度	党总支书记	党总支副书记	院长（系主任）	副院长（副主任）	助理
2006	张碧波		杨帆	王大平 李传印	
2007	张碧波		杨帆	王大平 李传印	
2008	李传印		杨帆	王大平	
2009	李传印		杨帆	王大平	
2010	李传印		杨帆	王大平	
2011	李传印		杨帆	王大平	
2012	李传印	李景国	刘奕清	王大平	李会合
2013	李传印	李景国	刘奕清	王大平	李会合
2014	李传印	李景国	刘奕清	王大平	
2015	李传印		杨帆	谢吉容	
2016.01—2016.10		谢荣成（主持党务工作）	杨帆	谢吉容	
2016.10—2016.12		谢荣成（主持党务工作）	杨帆	谢吉容 刘嘉	

学院秉承"进德修业，博文达理"的校训精神，确立"物竞天择，求真尚美"的院铭，按照"重实践，强应用，促创新，铸特色"的发展定位，积极加强专业内涵建设、重点学科培育建设及应用型人才培养体系构建。全院师生正以饱满的工作热情，积极从事教学科研活动，努力创建有特色、有实力、有影响的新型二级学院，为实现中华民族伟大复兴的梦想做出更大的贡献。

第六节　电子电气工程学院

电子电气工程学院是我校办学历史最为悠久的院系之一。学院的历史可追溯到1976年学校开办时招收的"农机""农电"专业。1976年，二年制农机班招收学生51人，二年制农电班招收学生50人。1986年，学校以数理专业的名义招收了42名学生，按物理教育专业教学计划进行培养。1993年，四川省教委正式批准设立物理教育（专科）专业，并于当年正式成立物理系，办学规模和办学质量有较大的发展。2000年，重庆师专设置了教育技术系，后更名信息技术系，设置了教育技术学（专科）专业。

渝州教育学院物理系以中学教师培训为主，有教师10余人。

2001年，重庆师专物理系、信息技术系和渝州教育学院物理系合并组建了物理学与电子信息工程系，后更名为物理与信息工程系。2008年，学校进行院系调整，物理与信息工程系更名为电子电气工程学院。

经过40年的建设和发展，电子电气工程学院由小到大，由弱到强，成功实现了由专科到本科的跨越，由师范向应用型工科的转型。学院目前开办了物理学、电子信息科学与技术、微电子科学与工程、电气工程及其自动化4个本科专业，其中电子信息科学与技术专业、电气工程及其自动化专业是重庆市特色专业，有在读学生1 600人。

学院建有电子信息技术与应用工程中心、新型功能元器件研究所等校级科研平台，电子信息工程实验教学中心为市级示范中心。自1986年到2015年年底，实验室使用面积达7 000多平方米，仪器设备总价值达1 480余万元，可开设实验项目达400多个，能够很好地满足本科教学需要。目前已建成物理实验实训中心、电子信息工程实验中心、电气自动化工程实验实训中心，其中电子信息工程实验中心为市级实验教学示范中心。学院注重校企联合实验室建设，先后与罗克韦尔公司（大学校园计划）、美国赛灵思公司合作建立了工业自动化联合实验室和FPGA联合实验室。在校外实训基地建设方面，目前已与国电永川电力公司、彭水供电有限公司、重庆致伸科技有限公司、重庆力华电子有限公司、中国智能仪器仪表联合有限公司等建立了实训、毕业实习基地。

学院现有专任教师40余人，其中教育部教学指导委员会成员1人，博士生导师1人，硕士生导师3人，教授10人，副教授及相当专业技术职务的教师10余人，具有博士、硕士学位教师占80%以上，大学物理教学团队是重庆市级教学团队。2名教师获"重庆市优秀中青年骨干教师"称号，6名教师成为校级中青年骨干教师。近几年，在研和结题的各级各类教改项目20余项；获国家大学生创新创业训练计划项目（国家级）1项；重庆市双语示范课程1门（信号与系统）、重庆市重点课程1门（电磁学），校级精品课程3门，重点课程8门；获重庆市教学成果二等奖、三等奖各1项。主持市、校级科研课题20余项。2004年以来，在各级各类期刊上发表学术论文近500篇，其中被SCI、EI和ISTP三大检索系统收录100余篇。公开出版教材、参考书3部，获国家发明专利10余项，实用新型专利30余项。

回顾过去，学院走过了不平凡的发展历程。展望未来，学院任重道远，充满希望。

表 10-6 电子电气工程学院历届党政负责人一览表

年度	党总支书记	党总支副书记副主任、辅导员	院长（系主任）	副院长（副主任）	助理
1976（1976级）	黄先智、张向全（农机班班主任、辅导员）	刘大良（农电班班主任、辅导员）			
1977	张向全、张修觉（农机班班主任、辅导员）				
1985			曹敏		
1986	何共初		杨明鲁	曹敏	
1987		杨福元	杨明鲁	曹敏	
1988	唐志兴	杨福元	杨明鲁	唐志兴	
1989	唐志兴	杨福元	杨明鲁	唐志兴	
1990	杨福元		杨明鲁	唐志兴	
1991	杨福元		刘文寿	唐志兴	
1992	杨福元		刘文寿	唐志兴	
1993	杨福元		刘文寿	唐志兴	
1994	杨福元		刘文寿	唐志兴	
1995	杨福元		刘文寿	唐志兴	
1996	杨福元		刘文寿	唐志兴	
1997	杨福元		刘文寿	唐志兴	程正富
1998	杨福元		刘文寿	唐志兴	程正富

续表

年度	党总支书记	党总支副书记	院长（系主任）	副院长（副主任）	助理
1999	杨福元 唐志兴		刘文寿 唐志兴	程正富	
2000	何共初 唐志兴 杨福元	钟代军	何共初 刘文寿 唐志兴	郑 稷 程正富	
2001	郑 稷 杨福元 唐志兴		程正富 刘文寿 唐志兴	彭拥军 程正富	
2002	郑 稷		程正富	彭拥军	
2003	郑 稷		程正富	彭拥军	
2004	郑 稷		程正富	彭拥军	
2005	郑 稷		程正富	石东平	
2006	郑 稷		程正富	石东平	
2007	郑 稷		程正富	石东平	
2008	田永酉	李才俊	程正富	石东平	
2009	田永酉	李才俊	程正富	石东平	
2010	田永酉	李才俊	程正富	石东平	
2011	程正富	李才俊	程正富	石东平	
2012	程正富	刘中胜	程正富	杨守良	赵华君
2013	程正富	刘中胜	杨邦朝 程正富（执行院长）	石东平 杨守良	赵华君
2014	程正富	刘中胜	杨邦朝 程正富（执行院长）	杨守良	梁康有
2015	程正富	刘中胜	杨邦朝 程正富（执行院长）	杨守良	
2016	石东平	梁康有	杨邦朝 石东平（执行院长）	杨守良 夏继宏	梁康有

第七节　重庆服务外包学院/软件工程学院

软件工程学院前身是计算机学院，是学校在创建区域性、多科性的特色应用型大学过程中，为加强信息学科建设，于2008年7月以数学与计算机科学系、物理与信息工程系、应用技术学院、基础学院等院系的计算机相关专业为依托而孕育出的二级学院。

重庆服务外包学院于2009年3月经重庆市教委批准成立，隶属重庆文理学院，开展学历教育、相关培训和科学研究，培养服务外包新兴领域的专业人才。

2012年1月，学校为培育国家战略性新兴产业的信息产业专业人才和服务外包专业人才，整合相关资源，将计算机学院更名为软件工程学院，与重庆服务外包学院合并。

学院下设"两系一部二室一所四中心一平台"，即软件工程系、网络与信息工程系、大学计算机教学部、外包语言教学研究室、机器视觉与智能信息系统重点实验室、软件研究所、市级计算机工程实验教学示范中心、信息工程实验中心、大学生实训中心、大学生创新创业中心（SOVO）以及重庆市科委、重庆市教委双授牌的市级众创空间平台"e创星空"等教学与科研机构。学院现有专任教师52人，其中教授5人，副教授9人，硕士生导师3人，博士、硕士49人。

学院开设有软件工程、信息工程、网络工程、计算机科学与技术、网络工程（物联网技术）、计算机科学与技术（软件工程服务外包）、动画（数字动漫艺术服务外包）等专业及专业方向。面向全国20余个省（自治区、直辖市）招生，在校本科学生近1500人。同时，学院还开设有双学位教育和工程硕士教育。近年来学院毕业生就业率、就业质量逐年攀升，具有良好的社会声誉，深受学生、家长和社会的好评。

学院拥有中地共建重点实验实训平台。建有Web软件开发、移动应用开发、网络工程、物联网工程、信息安全、光传输、数据通信等专业实验实训室30余个，设备总值2 000余万元；现有市级精品课程1门，市级教学成果奖1项，国家发明专利、实用新型专利、软件著作权36项；近3年承担教学科研项目62项，其中国家级项目7项（含国家级大学生创新创业训练计划项目2项），省部级项目40项；在 Journal of Computer 等期刊发表论文350余篇，其中被SCI、EI收录130余篇。

学院拥有工信部国家信息技术紧缺人才培养基地、教育部全国信息技术应用培训教育工程基地、全国互联网应用水平考试及培训（IALE）重庆、Adobe 数字艺术国际认证中心、华为网络学院、重庆服务外包人才培养基地等10余个培养培训基地。学院是重庆市职业教育协同创新中心的主要协同单位、重庆市永川计算机学会理事长单位、永川区政府政校企共建单位。

学院与美国西北理工大学、湖南大学、北大青鸟、中软国际、成都睿峰、重庆宝利阳、华为、Oracle、NEC 等海内外知名企业和教学科研机构深度合作。学院开展校企合作育人，开办有"苹果iOS""华为迅方Android"等多个校企合作教改实验班，采取"2.5+0.5+1"阶梯链式为实施路径，依托校企合作进行分类分段培养，实施"学历教育+工程训练"的"三融合"人才培养模式，即：人才培养标准与行业标准融合、教学过程与企业生产流程融合、教学内容与企业产品化项目融合。

学院开设专业均为国家战略性新兴产业和信息朝阳产业相关专业，培养国家信息技术紧缺人才，社会需求量大，前景广阔。人才培养质量和学生就业质量高，社会、行业、企业认可度高，毕业生就业竞争力位居全国同类专业前列。师生专业技术能力强，学生在"挑战杯"、"互联网+"创新创业大赛、数学建模、ACM、电子设计、中国大学生软件设计大赛、动漫设计等全国大赛中获奖丰硕，近3年学生在学科竞赛中获得省部级以上奖励120余项；部分毕业生就职于IBM、HP、联想、华为、阿里巴巴、百度、腾讯、中软国际、香港天大研究院、香港智库、金牒等国际知名IT企业。

表10-7　软件工程学院历届党政负责人一览表

年度	党总支书记	党总支副书记	院长（系主任）	副院长（副主任）
2008—2011	张碧波	卢成均	罗万成	罗代忠
2012—2015	黎明	卢成均	罗万成	罗代忠
2016.01—2016.11	黎明	李景国		黎明 罗代忠（主持工作） 罗万成（正处级）
2016.11—2016.12		刘中胜		罗代忠（主持工作） 罗万成（正处级）

第八节　经济管理学院/建筑工程学院

经济管理学院/建筑工程学院的前身是1984年成立的重庆师专政史系和1986年成立的渝州教育学院政教系。1994年，开设工商管理专业。2001年两校合并升本，成立政法与经管系。2005年3月，成立经济与管理系。2008年7月，更名为经济与管理学院。2011年12月，更名为经济管理学院。2014年4月，成立建筑工程学院，更名为经济管理学院/建筑工程学院，实行两个学院一套班子合署办公。

本着培养中小企业优秀主管和现场工程师的办学宗旨，学院构建了模块化的人才培养方案，开设了工程管理、工程造价、土木工程、工商管理、物流工程5个本科专业。学院现设工商管理系、工程管理系、物流管理系、土木工程系4个教学系。有专任教师59人，聘请行业双师教师10余人，其中高职称教师15人，博士15人，硕士42人，留学归国教师2人，在编双师型教师10人。学院面向全国10余个省（自治区、直辖市）招生，在校学生2 400余人，是学校学生人数最多的二级学院。

学院注重专业内涵建设，建成"统计学""品牌管理"2门重庆市级精品课程和"市场营销""财政与金融""宏观经济学"3门校级重点课程及"国际金融"1门校级双语课程，建成1个市（省）级教学团队——品牌管理系列课程教学团队。

学院已建成总值1 020万元、拥有7 000平方米实验实训场所的建筑工程实验教学中心，建筑模型、全生命周期实训馆、BIM实验室在全市高校具有一定的领先性，满足了工程管理、工程造价、土木工程等专业的教学需要。建成总值530万元、占地2 000平方米的经济管理实验教学中心，满足了现代企业运营综合仿真实践教学、手工沙盘实践教学、现代物流工程教学的需求。在此基础上，学院开发的实验实训项目达到120余项，支撑大型专业比赛7项，可同时容纳800余人进行实验教学，已经有39门课程运用了理实一体化的教学方式。

学院先后成功获得国家社会科学、自然科学基金5项，社科基金课题结题2项并获得优秀1项，教育部人文社科等省部级项目26项，在SCI、EI等期刊上发表论文62篇，SCI论文占全校1/3，SCI二区论文20篇。出版专著、教材等16部，横向项目2项，到账经费70万元；纵向与横向科研经费共约150余万。学院管理科学与工程成功立项为校级重点学科，连续2年被武书连大学排行榜评价为B+，并列重庆市第三名。其中，管理决策与支持系统、品牌与消费者行为两个学科方向达到全市领先、国内一流水平。平台建设有进展，2015年12月成功创建重庆市品牌管理社科普及基地。

学院学生活动形式多样，形成了"博今"教育实践平台，学生的综合能力锻炼充分，社会实践平台宽广。近年来，经管、建筑学子参加了"挑战杯"、创新创业、英语、篮球等比赛以及学科竞赛，获市级及其以上奖项65人次，获奖数量逐年增长，水平逐年提高。

面对经济新常态的新机遇，学院将秉承"勤学业、尚力行、经世济民"的精神，努力将学院建设成为教学科研并重、办学质量一流、办学特色鲜明的高水平示范应用型学院。

表10-8 经济管理学院/建筑工程学院历届党政负责人一览表

年度	党总支书记	党总支副书记	院长（系主任）	副院长（副主任）	助理
2001	向中银			陈天培（主持工作） 丁立镜	周文东

续表

年度	党总支书记	党总支副书记	院长（系主任）	副院长（副主任）	助理
2002—2004	陈世全	陈天培	陈天培	丁立镜	周文东
2005	陈天培		陈天培		杨加强
2006	陈天培		陈天培	熊学文	杨加强
2007—2008	陈天培	杨加强	陈天培	熊学文	
2009	李天福	杨加强	陈天培		
2010—2011	李天福		陈天培	殷朝华	李景国
2012—2013	张碧波		刘仲全	张锐　卫贵武　殷朝华	
2014	张碧波		刘仲全	卫贵武　殷朝华	
2015	张碧波		刘仲全	谷继建　殷朝华	
2016.01—2016.10	张碧波		刘仲全	谷继建	
2016.10—2016.12	张碧波		王明华（兼）	谷继建	

第九节　旅游学院

旅游学院是学校新建的院系之一。2008年，在会展经济与管理、旅游景区管理两个本科专业和会展策划与管理、旅游管理两个专科专业的基础上组建而成。学院是中国会展经济研究会、中国旅游饭店业协会、中国旅游协会旅游教育分会、重庆市旅游商会、重庆市导游协会会员单位，重庆会展行业协会理事单位，重庆市高等教育自学考试会展专业、旅游专业主考单位，全国会展教育优秀院校，学校首批立项建设的应用型人才培养模式创新试验区和首批示范性应用型二级学院，在重庆乃至西部地区旅游、会展教育机构中具有较高的知名度和影响力。

学院设有"三系一中心（三所）"，即会展系、旅游系、饭店管理系、旅游发展研究中心（下设会展经济研究所、旅游经济研究所、饭店管理研究所）等教育科研机构。学院拥有一支年龄、职称、学历结构合理和具有较高水平的师资队伍，现有专职教师29人，其中教授、副教授5人，博士（含在读）4人，讲师10人，硕士25人，5位教师有国外留学经历，1位教师具有澳洲TAFE院校IV级教师授课资格。同时还聘有著名学者、专家、企业家10人为兼职教授。

学院作为重庆文理学院创建"学习型、服务型、集约型、生态型、发展型"的地方性、教学型、多科性大学过程中孕育出的年轻学院，依托学校的学科优势和渝西、川南、黔北得天独厚的旅游资源优势，着力建设的旅游管理学科、会展经济与管理学科更加特色鲜明而充满活力。学院目前设有会展经济与管理、旅游管理与服务教育、旅游管理与服务教育（对口本科）、旅游管理与服务教育（对口——长航）、旅游管理与服务教育（对口——洲际）5个本科专业（或专业方向），面向全国23个省（自治区、直辖市）招生，在校学生近1 100人。同时，学院还面向社会开展导游、饭店领班、主管、会展策划师、会展项目管理人员、旅游行业职业经理人、旅游纪念品开发、旅游行业从业人员（中高层管理人员、导游、景区管理人员、餐厅服务员、客房服务员、调酒师）岗位培训等项目服务。

会展经济与管理是全国举办会展本科教育的50多所高校中第一个在中国西部地区率先开办的本科专业，在竞争力排行榜上居全国第5位，成为5星级专业。该专业既是学校首批立项建设的3个特色新专业之一，又是学校首批示范性应用型专业。2015年，成功立项为重庆市本科高校"三特行动计划"特色专业。旅游管理学科是学校首批重点建设学科，旅游管理专业是重庆市教委批准立项重点建设的市级教改试点专业，旅游管理与服务教育本科专业在全国14所举办该专业的院校中排名第3位，成为3星级专业。

学院秉承"励志博达，明德致远"的院训，高度重视人才培养的质量和特色，以培养学生的创新精神和实践能力为核心，注重课程教学、专业实践和素质拓展的相互融合，创造性地将课堂教学、实践教学、校园文化、社会实践、顶岗实训有机结合，构建了理论教学与实践教学并重的教学体系。同时，学院还十分重视实践教学环节在应用型人才培养中的重要作用，建立了展览、会议、管理软件、中餐、西餐、酒吧、客房、实习旅行社等校内实训中心和三亚湾海居铂尔曼度假酒店、重庆华辰国际大酒店、浙江中国小商品城集团幸福湖会议中心、义乌博览皇冠假日酒店、洲际酒店集团、重庆市国际博览中心、重庆国际会展中心、重庆野生动物世界、重庆江鸿大饭店、重庆融汇温泉、重庆天来大酒店等10余个著名展馆、酒店为校外实践教学基地，为学生的专业实践和实践动手能力培养奠定了坚实的基础。毕业生深受用人单位的欢迎，多次被评为重庆市和学校的就业工作"先进集体"。2013届、2014届、2015届毕业生就业率达98.5%以上，居全校首位。此外，学院还与瑞士SEG酒店教育集团、马来西亚泰莱大学、美国佛罗里达大学、澳大利亚维多利亚大学、威廉姆安格丽丝学院等著名旅游院校建立了国际合作与交流关系，与中国会展经济研究会，中国旅游饭店业协会，北京、上海、广东、四川、云南、重庆等省市的旅游部门和会展、旅游企业建立了友好联系。

学院学生活动形式多样，学生能力锻炼充分，社会实践平台宽广。创建了多个品牌学生活动，如"沐浴书香"读书活动、"旅游文化节""大学生涯规划"等。近年来，学生在"挑战杯"、全国商科院校技能大赛、全国高校商务会奖旅游策划大赛、重庆市高校大学生会展专业技能大赛、全国大学生红色旅游线路设计大赛、全国旅游院校服务技能（饭店服务）大赛、全国旅游院校服务技能（导游服务）大赛、全国高校市场营销大赛、"互联网+"大学生创新创业大赛、全国高等院校旅游创新策划大赛等专业赛事中获国家和省级大奖几十项。

学院坚持以科学发展观为指导，主动转变教育思想观念，努力加强学科建设，突出应用型人才培养的办学特点，满怀信心地把旅游学院办成在重庆有优势、在西部有特色、在全国有影响的示范性、应用型学院，为重庆及其周边地区乃至全国的会展、旅游事业发展做出重要贡献。

表 10-9　旅游学院历届党政负责人一览表

年度	党总支书记	党总支副书记	院长（系主任）	副院长（副主任）	助理
2008—2010	曹勇	李顺江		曹照洁	彭思量
2011	曹勇	颜珂		曹照洁	彭思量
2012—2013	曹勇	颜珂	陈天培		王东强
2014—2015	曹勇	颜珂	陈天培	王东强	
2016	魏良福	颜珂	陈天培	魏良福 李喜燕	

第十节　马克思主义学院

马克思主义学院的前身是重庆师专政史系和渝州教育学院政教系。2001年，两校合并升本时，重庆师专社科部、政史系和渝州教育学院政教系合并组建成立政法与经管系，思想政治理论课教学部和政法与经管系合署办公。2005年3月，政法与经管系拆分后，成立重庆文理学院法律与政治系，思想政治理论课教学部设在法律与政治系，承担全校思想政治理论课的教育教学任务。2008年7月，又在学校院系调整中组建重庆文理学院政法学院，思想政治理论课教学部继续与政法学院合署办公。在国家加强马克思主义理论研究与建设工程、充分发挥思想政治理论课作为大学生思想政治教育主渠道作用的大背景下，2011年12月，学校成立马克思主义学院，与政法学院合署办公。2015年12月，马克思主义学院与公共管理学院分设，成为独立设置的学院。

学院的发展历程虽几经变换，但不变的是神圣的使命与责任，是坚定的改革发展步伐。学院的主要职责是承担马克思主义理论学科建设，负责全校思想政治理论课的教学。学院师资力量雄厚：现有专任教师60余人，其中教授13人，副教授12人；具有硕士及以上学位的教师37人。其中有"突出贡献的中青年专家"1人，有2名教师获全国"优秀教师"称号，3名教师获重庆市"优秀共产党员""优秀教育工作者"称号，1

名教师获学校"十佳师德标兵"称号。2人次入选重庆市首批思想政治理论课骨干教师支持计划和2014年教育部思想政治理论课年度影响力人物。

学院学科建设成效显著，马克思主义理论学科于2008年被评为校级重点建设学科。"马克思主义基本原理概论"于2006年被评为重庆市精品课程，"中国近现代史纲要"于2007年被评为校级精品课程，另有5门课程被评为校级重点建设课程。近年来，承担国家社科基金课题5项，教育部人文社科课题10项，重庆市级科研课题、教改课题30余项，发表论文300余篇，其中发表在核心期刊上的论文130余篇，专著10余部。获教育部科研成果奖3项，获重庆市级以上科研成果奖11项，获重庆市教学成果奖10项。

为了适应网络时代大学生学习方式变革，紧跟世界教学改革趋势，学院"互联网时代大学生思想政治理论课线上线下一体化教学新模式的创建与实践"成功申报重庆市深化教育领域综合改革试点项目。这是2014—2015年总共107项综合改革试点项目中唯一的大学生思想政治理论课教学改革项目。学院力争到2019年年底，把"马克思主义基本原理概论""毛泽东思想和中国特色社会主义理论体系概论""思想道德修养与法律基础""中国近现代史纲要"4门课程全部开发成MOOC课程、建成翻转课堂，实现思想政治理论课教学的线上线下一体化运作，构建思想政治理论课教学的长效机制，把思想政治理论课建设成大学生"真心喜爱、终身受益"的课程。

学院思想政治理论教学改革的成效，得到了学生、教师、同行、社会、政府"五方认同"。重庆工商大学、吉林师范大学等15所市内外高校前来交流思想政治理论课专题教学改革，并推广应用。《重庆日报》以《重庆文理学院：为思想政治理论课注入"鲜活"的力量》为题，用一整版深度报道了学校思想政治理论课专题教学改革。《中国青年报》对学校思想政治理论课专题教学推进社会核心价值体系教育进行了专题报道。《光明日报》《中国教育报》等媒体在对学校整体工作报道的同时，介绍了学校思想政治理论课教学改革的做法和经验。并被人民网、光明网等多家权威网站转载。学院思想政治理论课教学改革获得国家级教学成果奖二等奖1项,获得重庆市教学成果奖6项;在2013年重庆市人民政府第四届教学成果奖评选中,学院思想政治理论课教学改革成果获得二等奖1项、三等奖2项,获奖总数在重庆市名列前茅。学校党委副书记、纪委书记兼马克思主义学院院长李德全刊发在新华社内参上的研究成果《大学生思想工作须建立可视性评价新机制》得到原国务委员、全国人大原副委员长陈至立的重要批示。中共中央宣传部、教育部印发的《全国大学生思想政治教育工作测评体系(试行)》(教思政〔2012〕2号)充分采纳了成果内容,相关成果获得教育部高校人文社会科学研究成果三等奖、重庆市哲学社会科学成果奖二等奖,并在全国高校推广应用。

目前,学院秉承"进德修业,博文达理"的校训精神,践行"明道厚德,笃行济世"的院铭,积极实施学校"顶天立地"发展战略,以更高的标准加强课程建设、学科建设和队伍建设,"走出去,请进来",吐故纳新,团结一致,深化改革,持续创新,将全院教师的热情与智慧凝聚到打造大学生"真心喜爱、终身受益"的课程中去,把大学生的情感、思想、行为引向实现中华民族伟大复兴的中国梦上去。

表10-10 马克思主义学院历届党政负责人一览表

年度	党总支书记	党总支副书记	院长	副院长	助理
2016			李德全(兼)	邓多文	

第十一节 公共管理学院

公共管理学院的源头可以追溯到1984年成立的江津师专政史系和1986年成立的渝州教育学院政教系,2001年,两校合并升本时,由两系及重庆师专社科部组建成立政法与经管系。2005年3月,政法系与经管系拆分,组建为法律与政治系和经济与管理系两个系。2008年7月,在原法律与政治系基础上调整组建为政法学院。2011年12月,更名为马克思主义学院/公共管理学院。2015年12月,公共管理学院与马克思主义学院分离，成为独立设置的学院。

　　学院从1984年开始招收政史类专科专业。2002年，开办思想政治教育（师范类）本科专业。2003年，开办法学本科专业。2008年，开设行政管理本科专业。2009年，开设劳动与社会保障本科专业（2013年停招），并开设了少数民族本科预科班（2013年停招）。目前，学院形成了思想政治教育、法学、行政管理的专业格局。

　　学院成立32年来，为社会输送了大批人才，培养了2 500多名毕业生，多数已经成为行业骨干力量，有的已成为教育界的权威人士，有的已成为司法界的知名法官和律师，有的已成为中小学校长和思想政治教育的名师、优秀党政工作者，有的已成为成功的企业家。

　　学院现设有思想政治教育、法学、行政管理等3个教研室，有专兼任教师47人，其中教授15人，副教授14人；具有硕士、博士学位的教师37人，其中兼职律师12名，双师型教师9名。

　　学院现有思想政治教育（师范类）、法学、行政管理3个本科专业，面向全国10多个省（自治区、直辖市）招生，在校本科生近1 000人。

　　学院注重专业内涵建设和创新教育改革，建立了省市级精品共享课程1门，校级重点学科1个，校级精品课程2门。学院设有专业图书资料室，藏书10万余册，设有模拟审判法庭、法律服务咨询中心、政务模拟、案例分析等实训室，教学设备总值200多万元。

　　学院注重学科交互发展，以专业人才培养为根本出发点，以复合型知识与技能结构为基础，围绕"能说、会写、善沟通、懂礼仪、会调研、能应变"六个方面的通用技能培养目标，不断探索创新型、应用型人才培养的途径，致力于把学生打造成综合素质优良的复合型专业技能人才。

　　学院教师已承担国家社科基金、省部级项目等30余项，出版学术专著10余部，发表学术论文数百篇，科研经费总额近300万元。

　　学院注重对外交流与合作，同众多高等院校、中等教学单位、党政机关、企事业单位、社会公益组织等建立了校地合作关系，并不断推进学生实习基地建设，为学生提供了专业知识和技能实训的平台。

表 10-11　公共管理学院历届党政负责人一览表

年度	党总支书记	党总支副书记	院长（系主任）	副院长（副主任）	助理
1984	张和新	李济琛	刘国铭		
1985	张和新	李济琛	刘国铭		
1986	张和新		杜介民		
1987	张和新		杜介民		
1988	杜介民		李济琛		
1989	杜介民		李济琛	杨清明	
1990	曾祥禄	曾祥禄	李济琛	刘传富	
1991	曾祥禄	陈世海	李济琛	刘传富	
1992	曾祥禄		东人达	杨学敏　向中银	
1993	曾祥禄		东人达	杨学敏　向中银	
1994	曾祥禄		东人达	杨学敏　向中银	
1995			东人达	杨学敏	
1996			东人达	杨学敏	
1997			东人达	杨学敏	
1998			东人达	杨学敏	
1999	向中银		杨学敏		

续表

年度	党总支书记	党总支副书记	院长（系主任）	副院长（副主任）	助理
2000	向中银		杨学敏		
2001	向中银		杨学敏		
2002	向中银	陈天培		陈天培 丁立镜	周文东
2003	向中银	陈天培		陈天培 丁立镜	周文东
2004	陈世全	陈天培	陈天培	丁立镜 周文东	
2005	陈世全			丁立镜	
2006	陈世全		于洪卫	周文东 何腊生	
2007	陈世全		于洪卫	周文东 何腊生	
2008	于洪卫	刘中胜	于洪卫	周文东 邓多文	
2009	于洪卫	殷朝华	李宜春	周文东 何腊生 邓多文	
2010	于洪卫	杨加强		周文东 何腊生 邓多文	
2011		李才俊		何腊生 邓多文	
2012	李才俊	李才俊	何腊生	何腊生 邓多文	李喜燕
2013	李才俊		何腊生	邓多文 李喜燕	李喜燕
2014	李才俊			邓多文 李喜燕	
2015	李才俊		何腊生	李喜燕	
2016	李才俊			张纬武	

学院学生活动丰富多彩。女子篮球队连续3年获全校篮球比赛冠军。成功举办七届学院案例分析大赛，成为学院品牌特色活动。大学生暑期社会实践获得重庆市优秀团队称号。学院现有学生社团4个，并组建了各类文化体育活动小组，为年轻学子展现自己的风采提供了广阔空间。学生司法考试通过率不断创新高，近年通过率达到60%。多年以来，学院考上武汉大学、四川大学、重庆大学、中南大学、华南理工大学、西南交通大学、西南财经大学等著名高校就读硕士研究生和通过公招考试进入党政机关、事业单位工作的学生达到当年毕业生数量的30%，毕业生就业率和就业质量位居学校前列。

目前，学院以"进德修业，博文达理"的校训为宗旨，确立"厚德济世，明法弘道"的院铭，按照"创新型、研究型、应用型"的发展定位，积极加强特色专业建设、探索学院向创新发展转型。全院师生正团结一致、锐意进取，积极从事教书育人和科学研究工作，努力建设特色鲜明、品质优秀、专业影响较大的创新型二级学院，为学校和西部发展建设做出更大贡献。

第十二节　教育学院

教育学院的前身是1998年成立的重庆师专教育系。2001年，更名为渝西学院教育科学系。2005年，更名为重庆文理学院教育科学学院。2008年，更名为重庆文理学院教育学院。教育学院因年轻而朝气蓬勃，因团结而活力四射，因勤奋而成效卓著。

学院于1998年开办小学教育全日制专科。2002年，招收学前教育全日制专科。2003年，开办应用心理学本科。2004年，开办小学教育本科。2005年，开办学前教育本科。2010年，开办初等教育（3+2）。2011年，开办学前教育（3+2）。2013年，招收小学教育全科。

学院现开办有应用心理学、小学教育（含全科）、学前教育等3个本科专业，初等教育（3+2）、学前教育（3+2）两个专科专业，面向全国10余个省（自治区、直辖市）招生，在校本专科学生近2 300人，其中本科生近1 200人。

学院设有应用心理学系、小学教育系和学前教育系3个教学系，有应用心理学、小学教育、学前教育、师能4个教研室。通过实施教师成长"八字"方略、"科研孵化智囊团"等措施，促进了教师专业成长。现有专任教师58人，其中教授11人，副教授14人；博士15人，硕士26人；聘请行业双师型教师10余人。教育学课程群教学团队是市级教学团队。

学院长期坚持以教育教学改革为主线，以教学质量提高为核心，以学科、专业和课程建设为重点，以师资队伍建设为依托，以科研水平提高为支撑，以教学方法和手段改革为突破口，以强化学生素质培养为特色，以教学条件改善和管理制度完善为保障，全面提升教育学院办学质量和竞争能力。

学院建有中央与地方共建优势特色学科"认知与心理健康实验室"、蔚蓝心理健康教育中心、教师发展研究所、社会认知与心理健康研究所、儿童心理发展与教育研究所、职业教育研究所等教学科研机构。

"心理学"是重庆市重点建设课程，"中小学教育科研方法"是重庆市精品课程。"认知与心理健康教育"是校级重点建设学科，"应用心理学"和"学前教育"专业是校级特色专业，"班主任工作技能"是校级精品课程，"课程与教学论""心理健康教育""发展心理学""音乐与幼儿音乐教育""教育基本原理""管理心理学" 及"美术基础（简笔画）"是校级重点建设课程。学院是重庆市幼儿骨干教师培训基地和重庆市幼儿园园长二级培训基地，承担国家级培训项目13项，市级培训项目7项。

学院教师在 *NeuroImage*，*NeuroReport*，*Progress in Natural Science* 以及《心理学报》《心理科学》《高等教育研究》《中国教育学刊》《课程·教材·教法》等学术期刊上发表论文300余篇，出版专著、教材、教参20余部，承担国家自然科学基金项目4项、国家社科基金项目1项、教育部重大课题一级子课题1项、其他省级课题30余项，有10余项科研成果获省级及以上奖励，其中获高等教育国家级教学成果二等奖1项（合作），获重庆市高等教育教学成果一等奖、二等奖、三等奖各1项（合作）。

表10-12 教育学院历届党政负责人一览表

年度	党总支书记	党总支副书记	院长（系主任）	副院长（副主任）	助理
1998—2000	周及圣			何华敏（主持工作）何祖祥	
2001—2003	魏良福		何华敏	何祖祥 田义贵	
2004	魏良福		何华敏	田义贵	何万国
2005	魏良福		何华敏	田义贵	何万国
2006—2007	魏良福		何华敏	田义贵 曹成刚	
2008—2011	魏良福		何华敏	曹成刚	
2012—2015	魏良福		何华敏	曹成刚 王蕾	
2016	肖宇窗			罗文波（主持工作）王蕾 曹荣誉	

学院建立了"规格+特长+应用"的人才培养模式,长期奉行"实践成就素质"的教育理念,鼓励学生个性化学习和发展,坚持以育人为本,以学风建设为先行,着力抓好两个"规划"(专业成长规划、职业生涯规划),两个"记录"(成长记录、消费记录),两个"核算"(教育成本核算、考试作弊"成本"核算),以专业教师为导师(学士导师制),以特长学生为骨干(小先生制),以 10 个学生社团为平台,以比赛促训练为手段,从听、说、读、写、看、思、做、研八个方面入手,践行了"八字"方略,使学生的综合素质更加突出、优秀。

经过不懈努力,教育学院学生在思想素质、知识技能、综合能力等方面都达到了人才培养目标和人才培养规格的要求,取得了丰硕成果。迄今已获国家级一等奖 6 项、二等奖 2 项、三等奖 5 项,省级一等奖 27 项,其他奖励 100 余项。许多毕业生已迅速成长为业务骨干,受到用人单位的高度好评。

第十三节　外国语学院

外国语学院是学校办学历史最为悠久的院系之一,先后历经江津师专外语系、重庆师专外语系等阶段。2001 年,重庆师专外语系与渝州教育学院英语系合并组建为渝西学院外国语系。2005 年,更名为重庆文理学院外国语系。2008 年,更名为重庆文理学院外国语学院。学院主要培养中小学英语教师、从事国际商务工作的英语人才和翻译人才,并承担全校 20 000 余名本科生的大学外语教学任务。

学院从 2001 年起开办英语(师范方向)本科专业。2004 年,增设英语(商务方向)本科专业。同年,开设商务英语专业。目前,英语专业(师范方向)、商务英语专业面向全国 20 余个省(自治区、直辖市)招生,在校本科学生近 1 100 人。

学院下设英语系、商务英语系和大学外语教学部等 3 个教学系部,有英语师范、商务英语、大学外语等教研室。现有教职工86人，其中教授5人，副教授14人，80%以上的教师具有硕士及以上学位；有市级中青年骨干教师资助人选3人，校级教学名师1人，校级优秀主讲教师1人，校级学生最喜爱的老师1人，校级学术骨干5人，校级中青年骨干教师9人，双师型教师5人，80%以上的教师曾在国外进修、学习和工作。常年聘有来自美国、英国、加拿大、澳大利亚、新西兰等主要英语国家的外籍教师来校任教或合作研究。

学院下设翻译研究所和外语网络教育研究所等科研机构。教师承担省部级项目30余项，出版学术专著10余部，发表学术论文300余篇，科研经费总额近100万元。

学院下设语言实训中心和图书资料室等教辅机构，拥有先进的同声传译实验室、商务英语实训室、语言实验室、专业图书资料室，教学设备总值800余万元。

学院注重学生素质和能力培养，学生在全国大学生英语竞赛、全国高师学生英语教师职业技能竞赛、POCIB全国大学生外贸从业能力大赛、全国口译大赛、外研社杯大学生英语演讲、英语阅读、英语写作大赛、重庆市师范生教学技能竞赛等专业赛事中屡获佳绩。近100名毕业生考取了武汉大学、重庆大学、上海交通大学、对外经济贸易大学、广东外语外贸大学、西南大学、四川外国语大学等院校的研究生。毕业生就业率良好，社会评价高。

在40年的办学历程中，外国语学院一代代教师扎根渝西，艰苦奋斗、自强不息、严谨治学、爱岗敬业，积累了丰富的教学经验，为国家培养了大批品学兼优的外语人才。外国语学院将紧紧围绕学校办学定位和人才培养目标，不断创新外语教育教学模式，加强学科专业建设，积极探索外语应用型人才培养新途径，为重庆及全国的教育事业和经济建设做出更大的贡献。

表10-13 外国语学院历届党政负责人一览表

年度	党总支书记	党总支副书记	院长（系主任）（负责人）	副院长（副主任）	主任助理
1977—1978		吴汉骧			
1979—1982	郑肯光			郑肯光	
1983	郑肯光			王新路	
1984—1985	郑肯光	杨福元		王新路	
1986	郑肯光	杨福元 蒋显菊	徐忠瀛	王新路 刘崇迟	
1987—1988	蒋显菊		徐忠瀛	王新路	
1989	蒋显菊		王新路		
1990	蒋显菊		蒋显菊	张伊娜	
1991—1992	蒋显菊		蒋显菊	张伊娜 张玉兰	
1993		黎明	蒋显菊	张伊娜	
1994	黎明	刘安洪		刘安洪	
1995	黎明	刘安洪		李百桦	
1996—2000	李百桦		刘安洪		
2001—2005	颜学金		刘安洪	余泽标 颜学金	
2006—2007	颜学金		刘安洪	余泽标 胡庆洪 徐飞	
2008.07—2010.07	颜学金	胡庆洪	刘安洪	颜学金 徐飞 刘海瑛	
2010.07—2012.01		颜学金	刘安洪	颜学金 胡庆洪 刘海瑛	
2012.01—2016		皮锋	刘安洪	颜学金 胡庆洪	皮锋

第十四节　音乐学院

音乐学院始建于1987年，历经重庆师专音乐系（1987年）、渝西学院音乐系（2001年）、重庆文理学院音乐系（2005年）、重庆文理学院音乐学院（2008年）不同阶段，已有近30年的办学历史。1987年，面向四川省招收首届音乐教育专业专科学生。2002年，面向全国招收音乐学（师范）专业本科学生。2004年，招收舞蹈学（师范）专业本科学生。2009年，招收音乐学（音乐表演）专业本科学生。2011年，音乐教育专科专业停止招生。

学院坐落在景色秀丽的星湖校区，现设音乐系、表演系、舞蹈系3个教学系，有理论、声乐、钢琴、器乐、舞蹈5个教研室。现有教职工61人，其中教授9人、副教授14人、讲师23人，博士、硕士比例达57%。有文化部"文华音乐创作奖"和"五个一工程"奖获得者1人，重庆市舞台艺术创作专家委员会成员1人（重庆市高校唯一一位委员），国家一级编导1人，双博士1人，常年聘有白俄罗斯外教1人，校内兼职教师、外聘专业院团专业教师20余人，外聘国内知名专家为客座教授8人，省（市）级中青年骨干教师资助人选2人，校级教学示范岗3人。

学院现有音乐学（师范）、音乐学（音乐表演）、舞蹈学（师范）3个本科专业，面向全国10余个省（自治区、直辖市）招生，在校全日制本科学生近1 100人。

学院现有琴房近300间，专用教室60余间，有演奏厅、舞蹈排练厅、管乐排练厅、民乐排练厅、多媒体教室、专业录音棚、数码电钢教室、MIDI音乐制作室、双排键教室、电子琴教室、学生社团活动室等硬件设施，拥有近1 200万元的钢琴、双排键、电子琴、民乐、管弦乐器等教学器材8 000余（台）件，学院专业图书资料近12 000册，专业期刊70余种，专业演出服装1 000余件，有重庆消防文工团、南宁艺术剧院有限责任公司、渝北文化馆、万盛经开区文化馆等教学实习基地16个。

学院注重专业内涵建设，全面深化教育教学改革，持续完善人才培养方案，积极构建应用型人才培养体系，探索实行师范专业"未来名师乐坊"实验和自弹自唱月考制、音乐表演专业"分层培养、动态管理"制度、舞蹈专业核心课程集体会考制度，实现专业技能训练"课程化"，实行"教学、实训、比赛"一体化建设，坚持项目推进，积极拓展艺术实践平台，成立音乐学院艺术团，下设混声合唱团、女声合唱团、民乐团、管乐团、舞蹈团、筝乐团、组合与表演唱、歌剧社、戏剧社等，常年坚持学生周末艺术实践、技法课教师学生月末音乐会等，师生在国家、省（市）级创作及艺术比赛中屡屡获奖，在全国及重庆市大学生艺术展演和专业比赛中，获奖等级和数量居重庆市同类高校前列。历届毕业生在专业院团、文化行业和基础教育战线崭露头角，少数学生考上四川音乐学院、福建师范大学、西南大学等攻读硕士学位，人才培养质量受到用人单位广泛肯定。

学院师资队伍结构合理，治学严谨，学术氛围浓厚，主持（参与）40余项国家级、省部级科研项目、教改项目，出版专著、参篇教材30余部，在音乐学科级核心期刊、专业期刊上发表了大量具有一定学术价值的论文。学院积极开展校地、校企合作和国际合作办学，与重庆消防文工团、南宁艺术剧院有限责任公司、渝北文化馆、万盛经开区文化馆等市内外单位深度合作，与俄罗斯高校联合会、美国山南道大学音乐学院交流、合作，实现了教师互派及留学生学习交流。

学院秉承"以人为本，教书育人，博学诚信，德艺双馨"的院训，根据"内强实力，求改革，抓质量；外树形象，求效益，重特色"的发展思路，在学校"转型、申硕、建大"的征程中，不断夯实专业内涵建设，深化教学改革，创新人才培养模式，提高人才培养质量，为建成"办学实力强、社会声誉好、办学特色明"的音乐学院而不懈努力。

表10-14 音乐学院历届党政负责人一览表

年度	党总支书记	党总支副书记	院长（系主任）	副院长（副主任）	助理
1987	郑云朗			王农兵	
1988	伉大林		伉大林	王农兵	
1989	伉大林		伉大林	刘岳强	
1990	陈世全			刘岳强	
1991—1992	陈世全	张辛		刘岳强	
1993—1994	陈世全			张辛	
1995—1996	陈世全		张辛	蒋世雄	
1997—1998	陈世全		陈世全		
1999—2001	陈世全	李劲松	陈世全	凌伟	凌伟
2002	孙天才	李劲松	孙天才	李劲松	
2003		李劲松	凌伟	凌伟	
2004	李劲松		凌伟		
2005—2007	李劲松		凌伟	郭莘舫	
2008—2009	李劲松	杨桦	凌伟	郭莘舫 赵冬艳	
2010	李劲松	杨桦		李劲松 郭莘舫	
2011—2013	李劲松	杨桦		李劲松（主持工作）张艳辉	杜鹃
2014—2016	李劲松	杨桦		李劲松（主持工作）张艳辉	颜聪

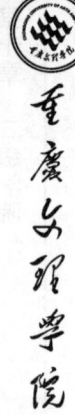

第十五节 体育学院

体育学院是学校办学历史最为悠久的院系之一,也是重庆市高校较早创办的体育专业院系。学院的源头可以追溯至1979年的江津师专体育科,其后历经江津师专体育系(1981年)、重庆师专体育系(1985年)。2001年,学校升本后更名为渝西学院体育系。2005年,更名为重庆文理学院体育系。2008年,组建为重庆文理学院体育学院。至今已有30多年的办学历史。

学院于2001年开设体育教育本科专业。2005年,成功申报社会体育健身指导与管理本科专业。2015年,开办运动康复本科专业。其中体育教育专业是"重庆市特色专业"。

学院自江津师专体育科开始即名师汇集。肖应鹏、范炬明、胡守善、黄德鹏、杨杰、仲天祥、杨洪锦、鲜昭永、王大成、黎国庆、何自铭、古前昌、周本忠、杨家健、周瑞勤、徐亚丁、李进、徐忠、刘芳、薛山等众多名师曾任教于此。在体育学院求学的莘莘学子,都曾浸润于前辈学者的人格魅力和学术专业积淀,真切感受诸多优秀教师的个性风采,从中得到思想和技能的双重滋养。30多年来,学院培养了近万名毕业生,多数已成为各行各业的骨干,有的成为专家学者、党政干部、大学及中小学名师、成功企业家等。

学院现设体育教育系、社会体育系、运动康复系、公体教学部等4个系部,有田径/游泳、操舞、武术/技击、人体科学与基础理论、康复、大球、小球、大学体育等8个教研室(课程组)。有专任教师57人,双师型教师20余人,其中教授5人、副教授17人、博士1人、硕士35人。面向全国近20个省(自治区、直辖市)招生,在校本科学生近1 100余人。

学院注重专业内涵建设,近10年建成市级精品视频公开课1门、市级精品课程1门、市级人才培养模式创新实验区1项、市级本科"专业综合改革试点"1项、市级教学团队1个、国家体育特种行业职业资格鉴定基地、中小学体育教师"国培、市培"基地、市少数民族传统体育运动项目训练基地、教育部高水平运动队(篮球)招生学校、全国啦啦操实验高校。学院被重庆市人民政府授予"体育先进单位",被重庆市教育工委授予"先进基层党总支",两次被重庆团市委授予"先进基层团总支";被学校授予"教学单位创新奖""示范建设学院""示范建设专业(体育教育)"。学院设有专业图书资料室,建成运动人体科学实验实训中心1个;教学设备总值3 000余万元。

学院注重实践技能与创新能力培养,突出学生专项特长技能,凸显培养过程的行业参与性,增强培养方式的开放性,强化培养环节的实践性,构建"项目制"课程体系,强化"教—训—赛"一体化;通过保持30多年的"晨练晚习",形成了体育教师"师范技能"训练平台,创办了"健行未来体育名师"卓越班。

学院教师承担国家社科基金3项、省部级项目近20余项,出版学术著作10余部,制定了《重庆市中小学体育课程教学指导纲要及评价标准》,发表学术论文数百篇,申请专利10余项,科研经费总额150余万元。30多年来,共获四川省教学成果二等奖1项、重庆市教学成果一等奖1项、重庆市社会科学优秀成果三等奖1项。学院注重校地合作与对外交流。与俄罗斯、波兰、台湾等国家和地区的高校建立了合作关系,有留学生到校学习;并与较多基层中小学及多个企业建立了实践教学基地。

学院学生各类学科竞赛中成绩优异,男子篮球队在2013—2015年连续三年获重庆市高校冠军,并在2015—2016年连续两年挺进CUBA全国总决赛,创造了重庆市高校篮球队参加CUBA的历史。2016年,在总决赛小组赛中3胜2负,获第三名,进入前12强。体育教育专业学生参加省市级以上各类体育竞赛,获全国冠军/一等奖近30余项、省市第一名/一等奖350余项,田径、篮球、健美操、跆拳道等项目在重庆市高校比赛中优势明显。2013年,学院学生在首届全国保健按摩职业技能总决赛中获第四名、第六名的佳绩。2014年,在全国大学生创业赛重庆赛区获得铜奖。参加全国体育教育专业学生基本功大赛获三等奖,参加重庆市高校体育专业学生基本技能大赛获得第一名。参加重庆市"挑战杯"大学生课外科技文化活动,分别获得二等奖和三等奖各1项。多名毕业生在重庆市教委组织的中小学体育教师优质课竞赛中获一、二等奖。毕业

表10-15 体育学院历届党政负责人一览表

年度	党总支书记	党总支副书记	院长（系主任）	副院长（副主任）	助理
1981					
1982	戴敦佑		李先德		
1983	戴敦佑	李先德		何志铭	
1984	戴敦佑	李先德		何志铭	
1985	戴敦佑	李先德 王大成		何志铭	
1986	戴敦佑	李先德 王大成		仲天祥	
1987		王大成	仲天祥		
1988		王大成	仲天祥		
1989		王大成	仲天祥		
1990		王大成 李宗恕		杨洪锦	
1991	王大成		鲜召永	杨洪锦	
1992	王大成		鲜召永	杨洪锦 杨家健	
1993	王大成				
1994		高敬贵	李进	徐忠 李进	
1995	徐忠	高敬贵	李进	徐忠	
1996	徐忠	高敬贵	李进	徐忠	
1997	徐忠			杨敏	

续表

年度	党总支书记	党总支副书记	院长（系主任）	副院长（副主任）		助理
1998	徐忠	高敬黄	李进	杨敏		
1999	徐忠	高敬黄	李进	杨敏		
2000	徐忠		李进	杨敏		
2001	徐忠		李进	杨敏		
2002	徐忠		李进	杨敏		
2003	徐忠		李进	杨敏		
2004	徐忠		李进	杨敏		
2005	徐忠		李进	杨敏		
2006	李进	唐建忠	李进	杨敏	周立	李旻
2007	李进	唐建忠	李进	杨敏	周立	李旻
2008	李进	李旻	李进	唐建敏 戴晓敏		
2009	李进	李旻	唐建忠	唐建敏 戴晓敏		
2010	戴晓敏	袁高燕	唐建忠	戴晓敏		
2011	戴晓敏	袁高燕	唐建忠	戴晓敏 李旻		
2012	戴晓敏	袁高燕	唐建忠	戴晓敏 李旻		
2013	戴晓敏	袁高燕	唐建忠	戴晓敏 李旻		
2014	戴晓敏	袁高燕	唐建忠	戴晓敏 李旻		
2015	戴晓敏	袁高燕	唐建忠	戴晓敏 李旻		
2016	李旻	袁高燕	唐建忠	李旻		孔庆波

生考研率连续数年维持在 10%以上，不少学生考入华南师范大学、上海体育学院、武汉体育学院等名校攻读硕士学位。毕业学生就业率近年来稳定在 90%以上，高质量就业达 50%以上。体育教育专业在教育部阳光招生平台全国各大学专业排名中名列全校专业排名第一。

学院秉承"进德修业，博文达理"的校训精神，确立"文明其精神，野蛮其体魄"的院铭，按照"服务于地方中小学和大众健康，助推体育文化事业"的发展定位，积极加强专业内涵建设及应用型人才深度转型。全院师生正以饱满的工作热情，积极从事教学科研训练活动，努力创建有特色、有实力、有影响的新型二级学院，为西部大开发和地方经济文化教育建设，为国家发展和民族振兴做出更大的贡献。

第十六节　美术与设计学院

美术与设计学院是学校办学特色鲜明的院系之一。学院源头可以追溯至 1988 年重庆师专"3+1"模式美术辅修班。1992 年 10 月，学校正式建立美术系，开始招收 2 年制美术教育专业。2000 年，增设工艺设计专业。2003 年，增设艺术设计本科专业。2004 年，增设美术学本科专业。2007 年，增设动画本科专业。2004 年 9 月 10 日，在我国著名艺术家陈子庄先生的子女授权下成立"陈子庄美术学院"。2008 年，更名为重庆文理学院美术学院。为适应学校办学定位和发展要求，2012 年，原应用技术师范学院的服装设计与工程专业并入学院，并更名为重庆文理学院美术与设计学院。

学院自重庆高等师范专科学校美术系开始便名师辈出。在美术与设计学院求学的莘莘学子，都曾浸润于前辈师者的人格魅力和学术思想，真切感受到优秀教师的个性风采，知识和思想得到双重滋养。24 年来，学院培养了 6 000 余名毕业生，多数已成为各行各业的骨干，有专家学者、党政干部、成功企业家，也有大中小学美术名师、优秀文艺工作者等。

学院现开办有美术学（版画、国画、油画专业方向）、环境设计、视觉传达设计、动画、服装设计与工程 5 个本科专业，构建了美术学系、设计学系、造型基础教学部、现代视觉艺术实训中心等二系一部一中心的教学管理体系。按专业特点下设国画、油画、版画、水彩画、视觉传达设计、室内设计、景观设计、动画、服装设计与工程等8个教研室。有专任教师56人，聘请行业双师型教师20余人，其中教授7人、副教授12人，具有博士、硕士学位者43人。长期聘任俄罗斯、乌克兰、意大利、马来西亚等外籍教师来校任教。

学院拥有现代视觉艺术实训中心，已建成空间场景感知与体验实训室、三维虚拟仿真设计实训室、室内外光环境仿真设计实训室、无纸动画实训室、传统动画实训室、版画制作与印刷实训室、服装专机实训室、安陶传承与创新实训室、雕塑等专业实训室。设备数658余台（件），设备价值840万元，实训教学用房2 044平方米。构建起"认知实训、课程实训、项目实训、生产实训"四位一体的美术与设计专业实践教学体系。

学院坚持"立足本土传统文化，保持开放学术视野，熔铸艺术教育特色"的办学理念，探索学科门类交叉融合、艺术与技术共生特色的发展路径，突出学生"手绘创意+创新实践"的专业能力培养；强化培养环节的实践性，倡导培养方式的开放性，彰显培养成果的可视性。致力于美术创作、艺术设计行业的高素质、应用型人才培养。

近年来，学院大力发展内涵建设，成果斐然。获得重庆市精品课程"木版画技艺"、校级精品课程"版画"、校级重点建设课程多门。艺术设计专业被列为校级重点建设专业，环境设计为学校特色品牌专业，学院被评为全国美育示范基地和先进单位。以学院师生（包括毕业生）为创作主体的"渝西版画"已经成为重庆地区最重要的艺术品牌，受到中央电视台、《光明日报》等众多媒体报道。环境设计品牌专业特色突显，同时，国画、油画、水彩、视觉传达设计、动画、服装设计等专业及方向教学与科研成果全面开花。获得教育部人文社科规划基金项目近10项、省部级以上研究项目20余项，教师作品在全国及省市美术、设计大展中入选获奖120余人次；在各专业期刊发表作品800余件，公开发表学术论文170余篇；学生作品在全国大学生艺术展及美术设计大赛中获奖400余人次。

学院学生活动形式多样，社会实践平台宽广，学生能力锻炼充分。"学院杯"学生专业技能大赛、动画配音大赛等活动品牌效应彰显。近年来，美术与设计学院学子在全国美术作品展赛、全国大学生广告大赛、全国环境设计大赛、全国动画作品大赛、真维斯国际服装设计大赛等赛事中屡获殊荣。不少学生考入中国美术学院、四川美术学院、重庆大学、四川大学等名校攻读硕士学位，毕业学生深受用人单位欢迎，历届毕业生就业率居于同类高校前列。

学院秉承"进德修业，博文达理"的校训精神，积极加强专业内涵建设、学科专业培育建设及应用型人才培养。全院师生正以饱满的工作热情，积极投入教学、创作、设计服务、科研工作中，努力将学院建成品牌专业特色鲜明、文化传承服务有声、应用人才培养合格的新型二级学院。

表10-16 美术与设计学院历届党政负责人一览表

年度	党总支书记	党总支副书记	院长（系主任）	副院长（副主任）	助理
1992			苏祖鹏		
1993		蒋永平	李云松	蒋永平	
1994—1995	蒋永平		李云松		
1996	李云松		李云松		
1997—1998	李云松		李云松	薛效成	
1999—2001	兰刚		李云松	薛效成	
2002	兰刚		李云松		王天祥
2003	兰刚	肖宇窗	兰刚	王天祥	
2004		肖宇窗	王天祥		
2005	肖宇窗		王天祥		
2006	肖宇窗		王天祥	张咏清	
2007	肖宇窗	吴彪	张咏清		阙佼
2008—2011	肖宇窗	吴彪	张咏清		阙佼
2012	肖宇窗		张咏清	吴彪	阙佼
2013—2015	肖宇窗		张咏清	吴彪 阙佼	
2016.01—2016.11		刘中胜		吴彪 陈龙国 阙佼	
2016.11—2016.12		陈龙国		吴彪 阙佼	

第十七节 国际学院/重庆文化遗产学院

2015年12月16日,第16次学校党委常委会议研究决定国际学院(出国留学服务中心)与重庆文理学院非物质文化遗产研究中心整合成为一个学院,实行一套班子合署办公。

国际学院筹建于2008年9月,挂靠校务部。2010年7月,国际学院成立,成为学校直属二级学院。2015年6月,经学校研究,成立出国留学服务中心,出国留学服务中心与国际学院合署办公。国际学院从2008年10月起开始招收第1名来华留学生,经过8年的不断努力,截至2016年6月,共培养了来自美国、意大利、俄罗斯、哈萨克斯坦、马来西亚、印度尼西亚、泰国、越南、老挝、柬埔寨、巴西、蒙古、非洲多哥、肯尼亚等13国的留学生150余名。学院现开办有本科专业汉语言文学(汉语国际教育)和汉语言文学(国际商务汉语),提供汉语语言、中华才艺、中国文化、文学、经济、商贸等方面的必修课程,以及武术、民歌、民舞、器乐、戏剧、国画等特色选修课程。学院还根据不同需要,开办有各种层次的汉语进修班。为引导留学生尽快成长成才,学院选派经验丰富的导师为留学生提供全方位的成长帮助,并提供中国"一帮一"学生,以帮助留学生尽快熟悉文化环境和周边生活。学院注重学生应用能力培养,鼓励学生参加各级各类比赛,并多次获得市级奖项。学院致力于与国外高校开展多种形式的交流及合作培养项目,建立一条正规可靠、经济便捷的渠道,为国内外学生的学习和交流架起希望之桥。自成立以来,已与美国、俄罗斯、意大利、新加坡、马来西亚、韩国、泰国、印度尼西亚、哈萨克斯坦、越南等海外高校或机构建立了教育合作关系,已有数十名学生前往美国、俄罗斯、马来西亚等高校学习和交流。

2008年7月,重庆市文化广播电视局同意重庆文理学院和重庆市文化艺术研究院共同创办重庆文化遗产学院(渝文广行管〔2008〕99号)。2009年6月14日,市人大常委会副主任陈雅棠、市政协副主席陈万志为重庆文化遗产学院授牌,学校副校长、重庆文化遗产学院院长谭宏教授、

表 10-17 国际学院/重庆文化遗产学院历届党政负责人一览表

年度	党总支书记	党总支副书记	院长（系主任）	副院长（副主任）	助理
国际学院					
2008			陈远明		
2009			陈远明		
2010			陈远明	刘小文	
2011			陈远明	刘小文	
2012	沈远川				
2013	沈远川				
2014	沈远川				
2015	沈远川				
重庆文化遗产学院					
2008			谭宏	段明 王天祥	刘壮
2009			谭宏	段明 王天祥 谭小兵	刘壮
2010			谭宏	段明 王天祥 谭小兵	刘壮
2011		李芹燕	谭宏	段明 王天祥 谭小兵 凌侍	
2012	何云贵	李芹燕	谭宏	李天福 何云贵 刘小文 刘壮	
2013	何云贵	李芹燕		李天福 何云贵 刘小文 刘壮	
2014	何云贵	李芹燕		李天福 何云贵 刘小文 刘壮	
2015	何云贵			李天福 何云贵 刘小文 刘壮	
国际学院/重庆文化遗产学院					
2016.01—2016.12	沈远川			刘壮（主持行政工作）	
2016.12	沈远川		刘壮		

重庆市文化艺术研究院院长、重庆文化遗产学院副院长段明研究员接牌。2011年至2015年,重庆文化遗产学院与文化与传媒学院合署办公。学院现有教师有25人,其中教授1人、副教授6人、博士10人、硕士13人;兼职教授16人,其中博士生导师12人、文化干部6人、传承人8人,形成了理论导师、行业导师、传习导师三结合的教学团队。学院获高等教育国家级教学成果一等奖1项,国家级精品课程1门,省级教学团队1个,省级教学实验示范中心1个,省级精品资源共享课1门,省级重点学科1个,校级重点学科1个。设有专业图书资料室,建成重庆市非物质文化遗产教育传承实验教学示范中心,占地面积2300平方米,设备设施价值1300余万元,包含遗产演示、保护技术和传承实践三类共18个实验分室,开设有基础类、拓展类和创新类实验实训项目。学院2012年与四川美术学院联合招收非物质文化遗产专业的硕士研究生,实现了研究生独立培养;2013年,依托广播电视编导专业开设了"文化遗产传播"本科方向。学院设有市级人文社会科学重点研究基地——重庆市非物质文化遗产研究中心。近5年来,在文化遗产领域共获得国家社科基金项目15项,获得省部级项目50余项,横向项目30余项,项目经费总额达731.5万元。共发表学术论文200余篇,其中被SCI、EI、A&HCI、CSSCI等收录近100篇;出版专著、教材25部;被省级以上决策部门采纳决策建议11项。

第十八节 继续教育学院/培训学院

重庆文理学院继续教育学院/培训学院成立于2001年,由重庆师专成人教育学院与渝州教育学院相关处室合并组建。成立之初由成人教育学院、高等职业技术学院、干部培训中心、城区综合办公室组成合署办公部门。2003年6月,学校机构调整,高等职业技术学院分离,成人教育学院更名为继续教育学院,撤销干部培训中心、城区综合办公室,成立培训学院。

目前,继续教育学院、培训学院、职教师资培训中心与高等教育自学考试办公室合署办公，下设办公室、教务科、招生考试科、培训部 4 个科室，现有教职工 27 人，在编在岗教职工 16 人，劳动合同工 11 人。具有研究生和硕士学位者 12 人，处级领导 2 人，三级教授 2 人，兼职硕士生导师 1 人。

继续教育学院/培训学院主管学校成人高等教育、培训和自考社考工作。成人高等教育采用函授、业余等形式，现有在籍成教学生 6 935 人，开设本科专业 18 个、专科专业 46 个。高等教育自学考试开设 20 余个本专科专业，现有在籍学生 3 000 余人。

学院是重庆市中小学校长培训基地、重庆市中小学骨干教师培训基地、重庆市职教师资培训基地、重庆市环境保护管理干部培训基地、重庆市中等职业学校教师市级培训基地、重庆市专业技术人员继续教育基地，是全国计算机等级考试考点、全国公共英语考试考点、全国计算机技术与软件专业技术资格（水平）考试指定考点、成教学位外语考试考点，是重庆市高等教育自学考试主考学校。

学院立足渝西，服务重庆，面向全国。2001 年至今，成人高等学历教育为社会培养和输送了 4 万余名综合素质高、专业技能强、发展后劲足的应用型专业人才，学前教育、建筑工程管理、汉语言文学、园林工程技术、市场营销、应用电子技术、工商管理等数以万计的专业人才已成为社会建设的主力军和行业精英骨干。

学院积极服务于重庆市教育事业的建设和发展，以职业技能提升为目标，精心打造"国培计划"品牌，重点建设重庆市中小学校长和基础教育骨干教师培训名片，培训教育管理精英人才中小学校长 3 000 余人，培训中小学和职业教育骨干师资 2 万余人。以热点专业建设为龙头，探索"双证双学位"人才培养模式，共招收自考二学历学生 1 600 余名，毕业 600 余名。同时面向社会，服务考生，为地方组织全国计算机等级考试、全国英语等级考试、全国计算机软件技术水平（资格）考试等各类职业资格认证考试 6.8 万余人次。

学院以优良的办学业绩得到上级和社会的高度赞扬和肯定，先后被重庆市教委、重庆市教育考试院、重庆市职业教育协会、重庆市成人高等教育协会评为"重庆市'十五'期间教师教育工作先进单位""重庆市'十一五'期间教师教育工作先进单位""重庆市中小学骨干教师培训工作先进单位""重庆市科研工作先进集体""重庆市成人高等教育先进集体""高等教育自学考试目标管理达标单位";荣获"重庆市接受全国自考质量评审优胜奖""重庆市社会化考试组织二等奖""重庆市高等教育自学考试目标管理考评三等奖""重庆市主考学校目标管理考评三等奖""重庆市社会考试目标管理考评二等奖""重庆市全国计算机等级考试工作目标考评一等奖"等各类荣誉和表彰。

学院站在新世纪构建和实施终身教育体系的发展前沿,立足于全局性、战略性、前瞻性的高度,按照学校"办活继续教育"的发展定位,牢固树立"条件标准化、课程精致化、团队专家化、管理人性化"的办学理念,正确处理规模、质量和效益之间的关系,坚持培训和自学考试并行双向发展的路子,逐步形成以培训优先发展、高等教育自学考试加快发展、社考与学生职业技能鉴定协调发展的继续教育办学体系。学院全体师生大力弘扬"求实效、创佳绩、促发展"的敬业精神,努力开创"培训有特色,自考有亮点,社考有影响"的继续教育新境界,为全面建设小康社会培育出千千万万"德业兼修、品学皆优"的职业精英人才。

表10-18 继续教育学院/培训学院历届党政负责人一览表

年度	党总支书记	党总支副书记	院长（系主任）	副院长（副主任）	助理
2001—2002	段昌平		王大成 肖勇 段昌平	肖勇 李忠彬	曹勇
2003—2005	王大成		王大成 肖勇 杜勇	杜勇 兰觉明	
2006—2007	肖勇		肖勇 杜勇	杜勇 兰觉明	
2008—2015	肖勇		肖勇	兰觉明 周清	
2016	何云贵		杜勇	何云贵	

第十一章 大事记

重庆师专

1976 年

3月6日，中共江津地委决定筹办江津地区"五七"大学。

12月1日，中共四川省委同意建立江津地区"五七"大学。

1977 年

1月，学校筹建组的同志会同地委宣传部来支援的同志，一起昼夜奋战，加紧准备开校事宜。

1月，购买丰一35拖拉机1台，担任全校一切运输任务，在这之前，一切全靠职工担抬。

2月5日，在原江津地区所属八县内招收的农机、农电、中文、数学4科"社来社去"学生207人报到入学。

2月，学校来了第一位医生，开始建立医务室。

3月21日，中共江津地委同意建立江津地区"五七"大学党委。

3月27日，召开第一次党委会，决定建立行政机构，成立办公室、政治处、教务处、总务处，分室办公。

3月28日，学校举行首届学生开学典礼。江津地委副书记李力众，宣传部副部长况兴华及重庆大学、重庆师专（现重庆师范大学）领导同志均亲临指导。

3月29日至4月4日，进行一周的新生入学教育。

4月，建立5个党支部（教工1，学生4）和5个团支部，并设4个辅导员，成立学生会、班委会。

4月，陆续收到赠品：大批图书（宣传部）、两部风琴（教育局）、两个大喇叭（广播站）等。

5月12日，举行春季越野赛跑，因为道路欠佳，只好爬山。

5月，利用学生劳动课平整第一块小操场，即后来的附中篮球场。

6月，地委宣传部和行署文教局的负责同志来学校，同况兴华部长、熊秉衡书记等商谈如何从江津八县各中学抽调优秀教师来校任教。

6月，地区张世才和学校邹家业等同志分赴各县了解抽调教师情况。

7月24日至7月30日，进行学期复习考试。

7月，政治处制定《五·七大学政治工作条例》。

7月，中层以上干部的中心学习小组开始学习，并一直坚持下来。

7月，修建成简易浴室。

8月，教职工集中学习，研讨如何逐步完善学校各项措施。

8月，杨明鲁、朱祖禹、张和新、刘文寿等教师到校，开始重视派教师去老牌学校进修，积极培养自己的教师队伍。

9月，学校获准参加全国高校统一招生，开始招收三年制中文、数学专科生。

9月，农机1976级学生51人，分两批先后到重庆大学学工7周。

9月，易治安、田贵书、黄兴文、李崇廉等教师先后到校。

10月，开会研究招收三年制1977级学生的有关问题。

10月，1976级学生劳动热情甚高，种菜、养猪和建校劳动都很出色。

11月，农电1976级学生50人，分两批先后去重庆大学学工5周。

11月，学校安装好第一部电话机，在这之前，借用党校电话与校外联系。

12月，四川省高教局副局长鲁光来学校视察工作。

12月，学校购买第一辆汽车（都江牌货车）。

12月，教师学习教育部召开的高校理科、工科教材会议的精神。

1978年

1月16日至1月29日，进行期末复习考试。

1月，试拟1977级中文、数学、农机三专业教学计划初稿。

2月，参加省招办会议，正式录取中文、数学、农机等三专业1977级学生266名。

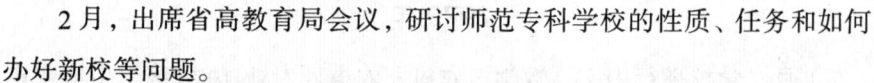

2月，出席省高教育局会议，研讨师范专科学校的性质、任务和如何办好新校等问题。

3月，中文、数学、农机三专业1977级新生共266人入学上课。

3月，制定1977级中文、数学、农机三专业"教育计划"（修订稿）。

4月，由1名教师家属开始办起了"生活服务部"，卖文具、糖果之类，颇受师生欢迎。

4月，修订《农机77级教育计划》，从实际出发开设应开课程。

5月，外语1977级一年制短训班30人入学上课。

5月，接受石脚公社湖滨村小为学校附属学校，并改名为"江津地区五七大学附设十年制学校"。

6月，学校相关人员出席四川省高校文科教学工作座谈会，并传达学习精神。

6月，开始筹建图书阅览室。孙天福等同志清理好第一批书籍开始上架。

7月，农电1976级学生50人到重庆钢厂实习1个月。

7月，蒲天贵同志代表学校出席四川省科学大会。

8月，农电1976级学生50人到重庆电机厂实习1个月。

8月，校领导分赴各县，开展聘请教师工作。

9月，外语系开始招收三年制专科生。

9月，开始研究聘请一批落实政策的同志来学校工作。

9月，制定《1976级示范班教育实习计划》并遵照此执行。

10月，制订"三年制英语专业教学计划（试行稿）"。

10月，中文、数学、外语1978级新生共259人入学上课。

10月，校系领导开始重视集中听课，加强教育检查。

11月，外语教师学习《高校英语专业基础阶段实践课教学大纲》。

11月，搬迁阅览室，扩充图书库。

11月，成立马列主义教研室，熊秉衡任主任，刘立北任副主任。

12月，经国务院批准，学校正式命名为江津师范专科学校。

12月，校党委开会听取教学情况汇报并研究"教学计划"。

12月，各专业分别执行本专业"三年制教学方案"（征求意见稿）。

1979 年

1月，学校举行中文、数学、农机、农电四专业1976级学生毕业典礼，地区领导亲临指导。

1月，四川省高教局开始对学校财务拨款，并配北京吉普车一辆。

1月，学校制定《政治辅导员工作细则》（初稿）。

2月，学校做好1979年上期各系科教学安排，2月12日开始行课。

2月，学校制定《关于"三好生""优秀干部""先进集体"的评选奖励办法》并召开授奖大会。

3月，学校举行"三好生"授奖大会，表彰43名优秀学生。

3月，学校领导与教师分系分科，开展集中听课，然后交流教学经验。

3月，教务处开始印发不定期的《教务简报》。

4月，学校工会于本月正式批准成立。

4月，学校正式建立共青团团委会。

4月，外语1977级短训班去永中、永十一中进行教育实验。

4月，教务处开始出《教与学》板报，加强教学秩序管理。

5月，举办春季田径运动会。

5月，中文1977级学生出油印小报《求索》。

5月，1977级中文、外语、农机各班分别举行学习经验交流会。

6月，中共江津地委同意建立中共江津师专委员会。

6月，制定《江津师专学生成绩考核，升留级和毕业方法》（讨论稿）。

6月，政治处提出《在学生工作中对政工干部的几点要求》。

6月，学校制定《加强治安保卫工作的几点规定》和《住房管理办法》。

7月，公布学校"学生成绩考核，升留级和毕业试行办法"。

7月，各系科制订1979级教学执行计划。

7月，从本月起，校办公室按期公布师生员工建议和意见"落实情况表"。

8月，体育系开始招收二年制专科生20名，借用永川地区体校部分设备入学上课。

8月，化学系积极筹备招生。

8月，教师开始使用"教学日历表"。

9月，各系科1979级学生210人入学上课。

9月，代培中学进修教师20名。

9月，外语、中文二系开始制订"专业基础课双基最低要求"。

9月，指导学生分级劳动，期初有具体安排，期末要填鉴定表。

10月，举办各项庆祝活动热烈庆祝中华人民共和国成立30周年。教师学习教育部1979年"关于高校教师确定和提升职称的几个通知"。中文系王季洪老师开专题讲座，首讲"卜辞"。

11月，开始试行"高等学校教师职责及考核暂行规定"。制订学校"推广普通话和学习汉语拼音的规划"。

12月，公布学生考勤办法修订稿。

12月，农机1977级学生，本期后9周生产实习与课堂学习交叉安排。

12月，政治处发出《树立优良的道德风尚》的通知，对师生提出4点具体要求（守纪律、讲文明、爱卫生、勤俭节约）。

1980年

1月，农机1977级学生去重庆大学实习。

1月，学校召开教育实习准备会议。

1月，第一幢男生宿舍大楼建成。

2月，检查各科教师"教学周历"安排。

2月，动员农机1977级学生去成都农机学院借读一年毕业。

3月，发出实施《教师工作量试行办法》及《工作量计算标准》的通知。

3月，公布《江津师专学生成绩考核与评分办法（试行稿）》。

4月，学习全国教育工作会议精神，进一步明确办学方针。

4月，举办春季田径运动会。

4月，开始进行清产核资工作。

4月，地区防疫站6名同志来校检查环境卫生和照明度。

5月，中文、数学、外语3系分别举行教学经验交流会，各选定1

科进行评教评学活动。

5月，检查教职员工进修计划执行情况。

6月，开展学期教学检查。

6月，开始进行调资工作。

7月，心理教育教研组写出第一份调查报告《试卷分析看农村教师调整提高的迫切性》。

8月，招收体育专业1980级新生。

9月，各系1980级新生210人入学上课。

9月，制定学生教育实习的详细计划和成绩评定办法。

9月，数学1978级学生在校试教，系里制订第一、第二阶段计划，并认真执行。

10月，中文、数学1977级学生225人分赴合川、江津实习。

10月，制定《江津师专学生守则》。

11月，开始进行教师职称评定工作，有28人申请参加考核，反复学习国家要求："坚持标准，保证质量，全国考核，择优提升。"

12月，中文系王季洪、朱祖禹、王致中开办课外"书法学习系列讲座"。

12月，制定《江津师专1981—1985年发展计划》。

1981年

1月，中文、数学两系1977级学生266人毕业离校。

1月，教务处试行《教务工作职责（修订稿）》。

2月，上报教师职称评定材料。

2月，本年度外出进修教师易治安等18人，已分别如期赶往北师大、重大、川大、西师、川师等学校学习。

3月，外语1978级和体育1979级学生同时去大足、荣昌几所中学实习。

3月，举行后勤人员表彰大会。

4月，中文、数学两系1978级学生分赴合川、江津几所中学实习。

4月，学校清产核资经验收合格。

5月，郑亚宇等21位老师被省高教局批准晋升讲师。

5月，教务处发出《1981年上期离职进修教师情况通报》，反映良好。

5月，正式公布学生各项学习生活制度具体要求。

6月，学校举行教学经验交流，系科举行学习经验交流。

6月，筹办《江津师专》校刊。

6月，举办全校文娱汇演。

6月，地区著名画家阎松父、周北溪两同志来学校讲学作画。

6月，师专《解析几何教学大纲》修订会议在我校召开。

7月，学校制定《江津师专教师进修管理试行办法》。

8月，教学大楼竣工交付使用，并委托教务处统一管理。

8月，招收体育系1981级新生。

9月，各系1981级新生292人入学上课，同时进行文化体格复查。

9月，公布《江津师专教师工作量制度实行办法（修订稿）》。

10月，截至本期，学校派往北师大、西师、川师等老牌学校进修教师已达41人。

10月，在校职工随班听课进修提高的积极性甚高，为了不妨碍工作，学校规定只听1门并发听课证。

11月，教务处协助各系认真试行教师工作量计算方法。

11月，各系狠抓1979级学生"试讲"工作。

11月，周兆金汇报出席教育部召开专门研究师专教学问题的天津会议情况。

12月，教材科盘存教材结果：暂存的10 338册，待处理的4 268册。

12月，新建学生一食堂落成，教师八号宿舍交付使用。

1982年

1月，开始给学生家长发通知书，通告学生在校学习生活情况。

2月，召开新教师座谈会，请吴汉骧、陈维城等老教师参与恳谈。

2月，中文、数学、化学3系1979级120余位同学分赴永川、潼南等县进行教育实习。

2月，西昌农专同志来校交流基建经验。

2月，购买樟树苗种在大路边做行道树。

3月，开展"文明礼貌月"活动，校风校貌大有进展。

3月，四川省高教局副局长余涧南来校视察工作。

3月，《江津师专》校刊创刊。

4月，四川省高教局在学校摄制的电视录像片《阳光雨露育新苗》，制成后开始在川台等处放映。

4月，学校超额90.6%完成本年度国库券认购计划。

4月，江津地区国画家刁蓬同志来我校讲学并作绘画表演。

5月，为永川地区代办秘书班开学上课。

5月，出台《关于学生品德评定的试行规定》并执行。

5月，四川省教科所王楚玉来校给中文系讲"中学语文教材体系"。

6月，永川行署专员王昭率地县区有关领导来校，帮助解决学校生活供应问题。

6月，中国民主促进会重庆师专支部成立。

7月，举行职工文化补课统一考试。

7月，1979级学生210人毕业离校，走上工作岗位。

8月，中文系陈霞同学参加四川省第一次大学生讲演比赛，荣获一等奖。

8月，处理边界问题，并开始修围墙。

9月，召开首次青年教师"学与教"经验交流会，效果良好。

9月，省委宣传部副部长胡晓风同志来校了解情况。

9月，各系1982级新生300余人入学上课。

10月，团委、学生会开展"争三好，创一流"活动。

10月20日晚，特大暴雨冲垮几处堡坎，并冲垮小食店房屋。

11月，全国师专化学教学大纲审定会在学校召开。由教育部师范教育司主持，有75所师专的代表和有关方面的专家、代表共115人参加会议。

11月，举办第七届田径运动会。

11月，重庆市教育学院苏运忠讲师来校作"中学文言文教学中的几个问题"的讲座。

12月，教务处组织专门小组赴潼南县各中学做调查研究。

12月，开始搬入新楼集中办公。

1983 年

1月，卫星水库校社片区治安联防委员会在学校成立。

1月，上海乐团歌唱家金钟鸣来学校作"三爱"教育报告。

1月，全国优秀体育教师、江津二中魏利群老师来学校体育系讲"怎样做一个优秀体育教师"。

2月，学校组成专门小组去荣昌县各中学进行全面调查。

2月，学校选编的《白屋诗选》一书，由四川人民出版社正式出版。

3月，各系1980级学生193人，分赴荣昌、永川、江津进行教育实习。

3月，学校体育卫生委员会成立。

4月，学校各食堂开始实行半企业化承包责任制。

5月，川南片区大学生排球运动会在我校举行，有五所高校参加。

5月，举行1982年度优秀党员、优秀工作者表彰大会，表彰了40名教职工。

6月，全省师专外语专业听说课教研会在我校召开，有12所师专代表参加。

6月，全校"争做80年代合格大学生"讲演比赛和板书比赛胜利结束。

6月，学校购买钢琴1部和清洁饮用水的净水器。

7月，校团委、学生会举行表彰大会，表彰先进集体25个，先进个人142位。

7月，重庆市高校优美环境评比，我校名列先进单位之一。

7月，各系1980级学生210人毕业离校走上工作岗位。

7月，学校购买冰糕机、自制冰糕供应师生。

8月，有400米跑道的大型田径运动场建成。

8月，化学系举办暑期短训班，培训中学化学教师。

8月，重庆市高校桥牌邀请赛在学校进行，有12所大专院校64名教职员工运动员参加。

9月，新增生物专业开始招收新生30名，连同其他系新生361人同时入学上课。

9月，北京大学王利器教授来校讲"青年人怎样做学问"和"明清小说戏剧"。

9月，西南师院戴瑶瑁教授来学校生物系讲"如何学习生物科学"。

9月，黄瓜山居委会成立，学校家属工作多一助手。

9月，黄正禄同志去北京中央教育行政学院学习。

9月，教育部与高教局的同志来学校视察。

10月，学校批准化学系在1981级试行"学分总计与择优分配管理办法"。

10月，全省师专化学实验仪器配备标准会议在我校举行。

10月，学校中层机构改革顺利完成。

10月，化学系主任周显荣当选为永川县人民代表。

10月，四川美术学院崔炎副教授来学校讲美学问题。

11月，举办第九届田径运动会，有37人打破校纪录。

11月，中文系教师开始承担四川青年自修大学永川辅导站的辅导工作。

11月，体育系公布学校"83届毕业生体质测试情况"，基本达到国内平均水平。

12月，学校吴芳吉研究小组成立，贺远明任组长，张人权任副组长。

12月，召开学校共青团第五次团员代表大会。

12月，从1983级新生开始，试行人民奖学金制度。

1984年

1月，学校成立规划委员会，第一次提出"发展规划"，计划1990年在校生达到2 100人。

1月，九号、十号教师宿舍建成，图书大楼破土动工。

2月，生物系创办奶山羊养殖场，开始给婴儿和老弱供奶。

3月，召开"教书育人"经验交流会，吴汉骧老师被评为重庆市高校教书育人先进代表之一。

3月，江北川剧团来校演出；中文系冉顺民老师举办"川剧艺术"讲座。

4月，附中集资改善办学条件，新修男生宿舍一幢。

5月，召开中共江津师专党员大会，选出第三届党委委员。

6月，召开首届教职工代表大会，与会代表63人，列席19人。

6月，团中央与教育部合组"志在四方"报告团李玲同志来学校作报告。

7月，各系1981级学生256人毕业离校。

7月，永川县在学校举办中小学生暑假夏令营活动。

8月，原永川地区党校房地产交学校代管。

9月，开始建立系级学生会。

9月，新增政史系开始招生，各系1984级新生500余人入学上课。

10月，重庆市高校体协群体工作座谈会在我校召开，到会30余人。

10月，中央乐团演出分队来学校公演两场，盛中国同志作"师范生的艺术修养"报告。

10月，重庆市高校老协永川分会在学校宣告成立，陈孟汀会长等到会。

10月，中文系叶扬等15位同学，组成假期民间文学采风队，收集到1 400多件作品，受到省人民广播电台表扬。

12月，学生"瞭望采访协会"成立。

12月，高校体育卫生工作分片验收会在学校举行。

1985年

1月，举行冬季越野赛跑，有六百多名师生参加。

1月，学校通报表扬学生第一食堂办得好。

1月，召开第一次少数民族同学迎新茶会。

2月，学校编辑的《吴芳吉集》被确定为全国古籍整理研究重点项目之一。

2月，外语语言实验室建成。

2月，体育进修班开学。

3月，学校中文系与四川省书法学会合办的《书法教育学报》创刊出版。

4月，全省师专学生工作研究讨论会在内江师专开幕，到学校闭幕。

4月，学校制定"学生宿舍管理试行办法"，并设学生宿舍值班室开始办公。

4月，学校作出关于办好食堂的十条决定。

5月，中国民主同盟江津师专支部成立。

6月，省书协秘书长周浩然来我校讲"书法信息"。

7月，数学系26台电子计算机配齐使用。

8月，可容纳1 000人的图书馆大楼竣工交付使用。

9月，重庆市第二人民医院从本月起，每月第二周星期三派各科主治医师来学校为教职工看病。

9月，分别召开文科、理科学生大会，黄正禄校长作纪律教育报告。

10月，老山战斗英雄代表段树春政委等来我校作报告。

10月，学校二年级学生参加"师专升师院本科考试"后，中文6人、数学4人，分别升入四川师大和重庆师院。

11月，学校更名为"重庆师范专科学校"。

11月，全省师专写作教学研究会第五届年会在学校举行。

11月，重庆师院董味甘副教授来学校中文系讲"写作信息论"。

11月，学校教工篮球队荣获重庆市高校体协"钟声杯"竞赛冠军。

11月，举行思想政治工作汇报交流会。

12月，图书馆与学生办联合举办"读书爱书与成才"讲演比赛。

12月，中央讲师团郭岚同志来学校图书馆讲"怎样搞好图书馆工作"。

1986年

1月，西南片区师专体育专业协作会在学校召开。

1月，学校中心学习小组深入讨论办学指导思想问题。

1月，设有3个篮球场室的内球场竣工交付使用。

2月，女生第二宿舍竣工。

3月，《书法教育学报》编委会举办书法摄影邀请赛，张一璠老师捐赠奖品。

4月，学校思想政治教育研究会成立，邹弘杰等任理事。

4月，全校师生三千余人聆听医大参战学员作"理解万岁"报告。

4月，加拿大学者珂莉女士来学校外语系讲学一周。

5月，成立普法领导小组，开展普法教育。

5月，"重庆师专永川办事处"在永川原县招待所处成立。

5月，学校附中教学大楼落成。

5月，邀请国际裁判方励坚同志来校讲"从篮球规则修改谈起"，国家裁判吕宗才、刘超群两位同志来校讲"篮球裁判法"与"竞赛编排"。

6月，全省师专生物专业三年制教学计划讨论会在学校召开。

7月，学校获重庆市高校推行"体育锻炼标准"一等奖。

7月，学校参加重庆市大学生第五届"校园之春"文艺表演，荣获创作、表演两个一等奖。

7月，学校师生积极支援永川县受灾群众，全校捐款2 000元，粮6 000斤、衣物600余件。

8月，四川高校校报研究会成立，学校被选为理事学校之一。

8月，招收1986级体育系新生。

9月，开始招收物理专业学生40名。

9月，正式建立高教研究室。

9月，开始组织编写《重庆师专建校十年》。

10月，学校与市教育局联合召开永川地区八县教育局长会议，商讨改革师专生教育实习问题。

10月，学校化学系无机化学实验室荣获全省师专"先进实验室"奖励。

10月，全国中师学生书法大奖赛在学校进行评审并择优展览。

1987年

1月3日，学校天然气工程动工，历时78天，于3月21日正式通气点火。

1月10日，学校数学爱好者协会成立。

1月20日，在省委宣传部、省高教局、省教育工会、省团委召开的"省高校政工及优秀政工干部表彰会"上，学校江天健、黄晓林受到奖励。

2月20日，总务处党总支成立，下设机关支部、车队支部、膳食科临时支部，陈辉芝任总支书记。

2月20日，汽车队成立，并成立党支部，梁如华任队长、支部书记。

3月1日，数学系为永川县工商银行培训计算机使用人员的培训班在永川办事处开学。

3月2日，中文系与重庆市文联联合举办的"群众文化班"在县委党校开学。

3月5日，汽车队荣获1986年永川县"交通安全"集体奖。

3月14日，省人大常委李立众（原中共江津地委副书记）一行5人来学校视察。

3月21日，著名讽刺诗人余薇野应中文系邀请，在教学楼举办讽刺诗讲座。

3月27日，永昌镇授予学校1986年度"爱国卫生、计划生育先进单位"称号。

3月28日，学校隆重集会，庆祝建校10周年，党委书记熊秉衡主持大会，校长黄正禄作"做个无愧于祖国、无愧于师友的黄瓜山人"讲话。

4月2日，中文系主办的"音乐师资培训班"开学。

4月6日至4月11日，全国部分高等师范院校"体育解剖生理学术研究会"在校召开。

4月9日至4月11日，第二届教代会第一次会议召开。校长黄正禄作"学校工作报告"，副校长蒲天贵作"一九八六年学校财务决算、八七年财务预算"的报告。会上讨论《职工职业道德要求》《教职工住房分配管理办法》《教师教学工作评估》《关于民主评议系处级以上领导干部》《关于勤俭办学、反对浪费、搞好增收节支的意见》《进一步发展学校安定团结，维护学校正常秩序》6个议案，除《教职工住房分配管理办法》还待根据提出的意见进一步修改外，其他5个议案均形成决议，在全体代表会上通过。

4月26日，在重庆市第六届永荣片区大学生"校园之春"演讲比赛中，学校囊括一、二、三等奖。

4月，学校可供10 000人饮用的具有现代化水处理水平的水厂动工修建。

5月1日，学校2号男生宿舍建成，294名学生搬进新寝室。

5月7日，新华通讯社《半月谈》杂志总编辑闵凡路应聘为学校名誉教授，并在风雨球场向全校师生员工作"战争可以避免，和平大有希望"的国际形势专题报告。

5月14日，西南师大副校长洪范应学校邀请，在风雨球场向全校师生作"爱国与成才"的报告。

5月18日，四川省总工会授予学校"民主管理先进集体"称号。

5月25日，学校公布《关于学生思想品德评定》《学生奖励与处分》《奖学金实施办法》《进一步改进学生经费使用的意见》四个学生管理的规定。

6月5日，杉树湾47套三类住宅建成，44家中层以上干部、讲师以上教师搬进新居。

6月9日，女诗人傅天琳应邀来学校讲"诗歌艺术自由谈"。

6月20日，校工会和校团委联合举办学校青年教师首届"四职"演讲比赛。

7月1日，数学系教工党支部和附中党支部被评为学校1986—1987年先进党支部。陈廷萱、杜介民、郑文君、周本忠、赖守国、刘宗贵、刘光禄、邹世珍等同志被评为优秀共产党员。

7月25日，学校电视卫星地面接收器投入使用。

9月1日，学校有27名学生经考试升入本科学习，其中中文系7人、化学系8人、数学系12人。

9月8日，学校音乐系首届新生23人入学，该系聘请外校的4位音乐教师和学校5位教师办第一个班。

9月10日，学校为22名老师颁发科研成果奖。其中有46篇论文和傅晏风编写的《楷书偏旁写法》、程兴跃与他人合译的《曲面整体微分几何》、黄晓林任副主编和编委编写的《教师学》《人生哲学》。

9月15日，校党委决定建立物理系党支部，由杨福元任支部副书记。

9月27日，校团委举办首届迎新文娱晚会。

9月28日，学校体育系学生段周玉以37.82米和12.12米的成绩破女子铁饼高校记录和铅球市记录。

9月29日，学校同意数学系在1987级试行"导师制"，聘请部分讲师及副教授担任导师，每位导师从一年级开始到毕业负责指导10个左右学生。

10月1日，学校车库到永川县党校的水泥路面一期工程完工，正式通车。此项工程是重庆市财政拨款18.7万元修建的。

10月2日，以学校为主组建的重庆市高校男子篮球队荣获市六界运动会"缙林杯"亚军，税正星获运动会精神文明运动员奖。

10月8日，重庆市总工会授予我校工会"重庆市模范职工之家"称号。

10月13日，卫生科建立了化验室。

10月，我校男篮获市高校"钟声杯"篮球赛第二名。

11月3日，华东师大数学系张奠宙应数学系邀请来我校作"中学数学与现代数学"的讲座。

11月12日，永川办事处1、2、3类住宅竣工，建筑面积为2832平方米。此住宅是在原永川县招待所在建的商业用房的基础上改建的。

11月14日至11月29日，1987级学生和教师954人分别开往璧山、铜梁56028和56029部队，进行为期15天的军事教育和军事训练。

11月16日，校长黄正禄出席在北京师范大学召开的"全国高等教育学会、高等师范教育研究会成立大会"。学校被选为常务理事学校，黄校长被选为常务理事。

12月3日，按照重庆市人民政府〔1984〕173号文，重庆市政府办公厅〔1984〕76号和重办〔1986〕1号文件精神，经重庆市二党校与学校协商，重庆市委第二党校将原永川地委黄瓜山土地、房屋、果园、鱼塘等全部交给学校使用。由学校一次性补偿市委二党校人民币5万元，于12月12日双方正式办理移交手续。

12月14日，重庆市政府授予学校附中1987年度"文明单位"称号。

12月15日，学校的专业技术职称评审工作结束，评审确定副教授25人、讲师88人、其他中级职称6人、初级职称113人。

12月28日，校报《重庆师专校庆新办》《全社会都应关心青年教师的成长》两篇文章获重庆市高校校报研究会"好新闻"三等奖。

12月31日，学校与石脚乡、水库、文峰的边界遗留问题得到彻底解决，学校一次性给水库5 000元、石脚四村50 000元、文峰7 000元的困难补助费。

12月，5 000平方米的物理、化学、生物实验楼破土动工。

12月，邮电楼破土动工。

1988年

1月6日至1月8日，重庆市高校图书情报工作委员会"第二届年会及工作会议"在学校召开。

1月7日，学校制定出台《重庆师范专科学校教学档案管理暂行办法》。

1月13日，永川县副县长秦廷乐和县财办、粮食局、商业局、财政局、食品公司等单位负责同志，前来为学校解决副食等供应问题。

1月15日，我校可供一万人饮用水的自来水厂竣工并投入使用。

1月18日，省教委副主任倪晴来学校视察工作。

1月22日至23日，《人才、人生、人师》（师专学校思想品德修养教材）统稿会在学校召开，学校黄晓林同志担任该书主编。

4月5日，学校校长黄正禄当选为重庆市第六届党代会代表并出席在重庆召开的代表大会。

4月10日，学校被评为"永川县爱国卫生先进单位"。

4月14日，学校新办的第四食堂开伙。

4月15日至4月30日，学校派出一行6人的调查小组，前往阿坝、凉山、甘孜三个少数民族自治州，对历届毕业生的德、智、能、勤、绩做社会跟踪调查，并送发了学校党政致他们的慰问信。

5月10日至5月13日，关于探讨"高等师范大学实验设置标准及配置方案"科研课题的全国师范院校实验室改革工作会议在学校召开。

5月13日，庆阳师专一行9人来学校进行了为期一天的考查，副校长周兆金向来宾介绍学校有关情况，他们对学校准备试行的（2+1）主辅修制教改方案予以较高评价。

5月16日至5月19日，川东、川北片区高校财务工作会议在学校召开。

5月23日至5月26日，西南地区师专、教院理科教材主编会议在学校召开。这次会议由四川省教委主持，学校承办。

5月27日，学校邮电楼竣工。

6月1日至6月12日，学校黄德鹏副教授任重庆市十一届人大代表并出席大会。

6月2日，学校200门自动电话机开通使用。除各部门办公室安装电话外，校、系、处党政负责人以及因工作需要的同志家里也装有电话，并且还设点安装了公用电话和传呼电话，同时学校还接通了传真机。

6月2日，省教委批准学校建立占地4.33万平方米的生物教育实习实验场。

6月9日，学校制定了《重点部位管理试行办法》。

6月12日，学校决定并报经永川县永动司〔1988〕20号文件批准成立"重庆师范专科学校劳动服务公司"。

6月17日，经4月28日的政治业务知识考试，学校评出了第一批一般行政人员的职务。

7月3日，1988届605名毕业生离校。其中统招生437名、干修生（最后一届）52名、委培生13名、走读生82名、进修生21名。

7月5日至7月7日，学校第二届二次教代会在办公楼会议室召开。校长黄正禄作"深化改革、迎接挑战、开创学校新局面"的工作报告。会议通过《增设教代会代表的决议》《经费审查委员会名单》和《关于1987—1988学年第二学期教职工超劳报酬分配的意见》《1987—1988学年第二学期各教学单位教师计编办法》。

7月9日，"重庆师专民族事务工作小组"成立，田贵书任组长。

7月13日，学校校长黄正禄、原副校长傅道文、教务处副处长周及至前往乐山师专参加省高教学会召开的《师专教育的发展与改革》一书的审稿会。

7月14日至7月15日，学校足球队一行20人前往江津参加足球赛，分别以5∶0和7∶0胜江津县冠军队长风厂队和江津中学联队。

7月25日至7月29日，学校和乐山师专受全国高师教育研究会的委托，在乐山承办了有来自21个省市师专代表参加的"首届全国师专教育研讨会"。

8月24日，"外语系系务委员会"成立，由徐中瀛任该会主任，王新露任副主任。

8月27日，学校发出《重申学校常规管理若干规定的通知》，公布《重庆师范专科学校学生违纪处理办法》。

9月1日，学校决定对伙食管理进行改革，实行管理费发到个人的办法，师专学生每人每月发5元，教职工和附中学生每人每月发3元。

9月6日，中文、化学、数学三个系共有16名1986级学生升入本科院校学习。他们分别离开母校去四川师大、南充师院、重庆师院报到。

9月7日，原省高教局局长胡晓风、教育厅厅长向国灵来学校视察工作。

9月17日，学校正在筹建中的美术专业，招收第一学期学制1年的美术教师培训班19名学员入学。

9月21日，国家教委通知，由学校周兆金副教授任主编的师专生物专业用《基础化学》教材和陈金康副教授任主编的师专生物专业用的《数学分析》教材，列入全国二年制师专教材编写出版规划。这两本教材由西南师范大学出版社出版发行。

9月，学校决定从本学期开始在物理、生物两系1988级学生中试行"2+1"主辅修制，使学生一专多能，以适应中学教育的发展。

10月7日，自贡师专副校长何智林等一行11人来学校，对试行"2+1"主辅修制的教育改革设想及实施办法进行探讨。

10月9日，以重庆医科大学校办主任李象荣为组长的川东片高校档案工作检查评比组一行11人来校，对学校档案工作进行了认真细致的检查。学校被省教委评为省高校档案工作三等奖。

10月15日，学校为深化教育改革，特组织4个社会调查小组，从本月5日起分别对川东、川南、川北、川西的教育发展状况进行了为期10天的调查。

10月31日，学校决定并报经重庆市公安局政治处批准，将学校保卫科升格为保卫处，王作福任副处长。

10月，学校学生办黄晓林任主编编写的《人才、人生、人师》教材获1987年四川省大学中专德育科学研究成果二等奖。

10月，学校获四川省体委第三届群众体育先进集体称号。

11月5日，学校建立陶行知研究会筹备小组，并首次在办公楼会议室召开会议。

11月6日，校工会与生物系联合举办的为期5天的第二届菊花展，在音乐系丝竹园展出。

11月12日至11月16日，四川省"师专工作研讨会"在学校（永川宾馆）召开。

11月20日，学校第七次团代会在音乐系丝竹园召开，校团委副书记兰刚作"加强团的自身建设，为培养新型人才而艰苦奋斗"工作报告。

12月4日，学校首届普通话大赛在学生第一食堂举行。

12月5日，由学生会举办的历时28天的首届"劲松杯足球赛"结束。

12月12日，中共重庆市委副书记周春山、顾问委员会副主任李成文、委员王海亭、中共永川县委书记黄立沛等前来学校视察工作。

12月14日，学校发出《关于学校师生员工粮食供应实施办法的通知》。

12月18日，中文系举办的首届"文化艺术节"在学生第一食堂举行。

12月20日，学校5 000平方米的生化实验楼主体工程竣工通过验收。

1989年

1月7日，大学专科《社会主义政治经济学》教材审稿会在学校召开。

1月26日，学校任命李济琛为政史系主任。

1月27日，学校聘请杜介民为学校常年法律顾问。

3月2日，首届机关行政人员业务培训班正式开学，学制1年，学员37人，开设有书法、公文写作、管理学、高校教学规律和管理4门课。

3月8日，重庆市委、市普法先进表彰会在重庆召开，学校获"普法先进集体"称号。

3月10日，重庆市委副书记陈宽金，副市长、市教委主任肖祖修及永川县县长等一行7人来学校视察。

4月24日至4月29日，四川省师专古代文学、古代汉语教学研究会1989年年会在永川召开，会议由中文系主持。

4月28日，体操房竣工通过验收。

5月2日，重庆市市长孙同川来学校视察。

5月3日，永川县临江区领导来学校协助抓好节日治安工作。

5月6日至5月10日，四川省高等学校体育专科学生篮球赛在学校进行。学校男女篮球队双双夺冠。

7月，1989届毕业生共835人走向工作岗位，其中统招生650人、委培生121人、自费生64人。

7月23日，学校教师子女罗华章在西德举行的国际30届中学生奥林匹克竞赛中荣获金牌。

8月31日，经省教委教人〔1989〕275号和〔1989〕276号文批准，学校生物系教师赖守国被评为1989年"全国优秀教师"，数学系教师陈金康被评为1989年"四川省优秀教师"。

8月，学校学生办副主任米祖旭被评为重庆市优秀政治思想工作者。

9月10日，学校开展以"立志改革，献身教育，为人师表，教学合一"为主题的教师节庆祝活动。

10月11日，省教委主任卢铁城一行三人来学校视察。

10月15日，周兆金副校长作为全国优秀教学成果奖的评委，到北京参加全国优秀教学成果奖评审会。

10月21日，学校新建农贸市场开市。

10月23日，经重庆市公安局〔89〕244号和省公安厅〔89〕486号文批准，成立重庆师范专科学校公安科。

12月12日，在四川省首届高校优秀教学成果颁奖会上，学校的《"2+1"主辅修教学体制的探索与实践》获一等奖，《关于中国革命史教材法改革的探索》《按培养目标要求、进行古代文学教学》《对提高师专生物专业学生素质中几个突出问题的探讨》分获二等奖。

12月，学校傅晏风老师应邀为《中国书法鉴赏大辞典》撰写南北朝时期部分条目。

12月,学校总务科房屋维修组被评为1988—1989年度高校后勤工作先进集体。

12月,学校被评为1989年度"全国优秀师专"。

12月,王大成、龙图、何共初、刘灿国被评为四川省优秀政工干部。

1990年

1月20日,四川省教委拨款52万元,建筑面积为500平方米,于1989年8月15日动工建设的女生宿舍竣工通过验收。

3月2日,永川县人民政府命名学校为"园林式单位"。

3月20日,投资32万元(省教委拨25万元、学校集资7万元),建筑面积为1 679平方米,于1989年11月21日动工扩建的单身宿舍投入使用。

6月21日,在学校召开的历时4天的全国体育大会教材《运动心理》会议结束。

6月,学校汽车队开展"反违章,得安全"百日竞赛活动,获永川县三等奖。

7月6日,1990届856名毕业生离校,其中统招生675人、委培生122人、走读生59人。

8月18日,国家投资41万元建设的音乐系教学楼和琴房竣工通过验收。

8月,工会副主席梁昌兰同志被中国教育工会评为教育工会先进工作者。

9月,投资18万元共3 000米长的第一期湖堤工程基本完工,该工程于4月27日开工。

9月22日,在三楼一会议室召开公安科成立大会。

9月24日,学校发文将劳动服务公司经济实体部分改为"劳动服务公司经营部"。

9月,成立园丁合唱团。

10月3日,成立教职工团总支,教职工团总支成立后,分别于11月16日、11月23日、11月30日进行了由各团支部参加的普通话比赛、板书比赛、即兴演讲三项活动。

10月19日至10月25日,全国大专文科教材编委会第五次扩大会议在学校召开。

10月27日,国家教委师范司金司长及省、市教委一行14人来学校视察。

10月,从单身楼到图书馆全长800米、投资10万元的水泥路完工。

11月12日,根据学生工作办公室11月12日的报告,经学校同意,将学生"工作办公室"改名为"学生工作处"。

11月13日,学校行文决定成立重庆师专试验农场。

11月24日,学校陶行知研究学会正式成立,选举易治安为会长。

12月11日,学校召开师专与地方基础教育联席会。

1991年

1月8日至1月10日,省教委校报研究会川东分会暨重庆市高校校报研究会1990年好新闻评选会在渝州大学召开。学校校报刊发的通讯《喜看这支志愿兵》获一等奖,言论《烹调与编织》获二等奖,消息《数学系全面实行导师制》获三等奖。

1月19日,校团委被评为重庆市团委先进集体。

1月25日,省委副书记聂荣贵在永川县委书记李大金、副书记曾祥云、副县长蒋开寿陪同下来学校视察。

1月,学校召开了全体教师和教辅人员参加的第二次教学交流会。

2月10日,根据省委聂荣贵副书记、重庆市委陈金宽副书记和市府肖祖修副市长的指导精神,永川县在县府二楼会议室召开了改造永川县重庆师专段公路有关问题的会议。会议协商将永昌镇—重庆师专段的15.5千米等外级公路改造成三级公路,约需经费280万元。经费分别由市交通局、市城乡建委和重庆师专各承担工程经费的三分之一,永川县负责工程的测量、绘图、施工和征地工作。

3月1日，副校长易治安在办公楼会议室主持召开了各教学单位负责人参加的工作会议。这次会议主要围绕本期教学计划，研究实施"2+1"教改内容，对进一步处理好主辅修关系，分层次采取不同措施完善"2+1"教育体制方面的问题进行了讨论。

3月1日，"重庆师专影评小组"在校团委办公室成立。

3月9日，重庆市第六届报刊好新闻评选揭晓，学校校报1990年12月26日发表的通讯《喜看这支志愿兵——我校学生自律执勤队掠影》获本届好新闻一等奖，《重庆日报》在头版位置作了报道。

3月22日，学校决定成立"科技服务中心"，管理校办工厂和实全场等工作。

3月23日，学校决定成立"劳动就业服务管理处"。

3月，学校决定从本学期起，学校"中心学习组"成员由原校级、正处级干部扩大到副处级干部。

4月1日，学校成立职称评审委员会。

5月18日，中共重庆师专委员会党校正式成立。

6月12日，学校首次图书工作会议在图书馆召开。

6月15日，学校通过调查研究，反复论证，制定《重庆师专十年规划和"八五"计划》并报送省教委。

6月18日，学校女工委员会成立并召开第一次会议。

6月20日，永川县交通局和学校在工会俱乐部召开学校至代家店段公路改造工程外业工作结束座谈会。重庆交院42名师生经两周时间完成了这段公路的测绘工作，测后的这段路程为7.812千米。

6月，新建的600平方米的幼儿园竣工。

9月，学校后勤部门展开"百日优质服务"活动，9月23日至12月31日为"百优"活动期。

9月，学校中文系1989级二班学生陈龙国在第二届全国钢笔书法竞赛中获大学生组一等奖，在首届海内外硬笔书法中获三等奖。

10月4日，重庆市人民政府召开劳模表彰大会，学校被评为先进集体，谭昌眉被评为市劳模。

10月6日，学校业余话剧团成立并召开了第一次会议。

10月8日，学校同意图书馆设立采编、流通、期刊、综合资料四个部门。

10月26日，学校成立"综合档案室"，钱明才任主任。

11月3日，重庆市数学学会数论与代数专业会在学校召开。

11月6日，校团委举办首届卡拉OK大奖赛。

12月7日，省教委拨款12万元购置的电影成套设备安装调试完备，为师生员工放映。

12月8日，历时25天的学校首届师能大赛结束，比赛内容有普通话演讲、书法、中学教材教法等。

12月12日，学校制定出对各系学生工作实行量化评估的办法。

12月27日，学校成立"试验教学部"，同时撤销物理、化学等实验室。

12月，学校政史系、音乐系社会实践调查组获省委宣传部、省教委、团省委、省教育工会社会实践先进集体。

1992年

3月21日至3月24日，全国人科教材编委会在学校召开。

4月9日至4月11日，学校第十三届田径运动会在运动场举行，共19人、24次刷新17项田径校记录。

4月20日，学校邀请武警永川县中队官兵从今日起对体育系1992级3~6班，1993级1~2班学生进行为期两周的军事训练。

4月，学校获省教委教育信息管理先进单位。

5月4日，学校接受国家教委财务司司长李帮平为组长的世行贷款师范发展项目"国内评估专家组"的考评。

5月，卫生所被重庆市公费医疗办公室评为公费医疗先进单位。

6月15日，永川市委常委、经委主任马正其会同市计委、交通局、国土局及永郊区、临江区、石脚乡、双竹道班的负责同志来校开会，与学校领导共商"永师公路"改建事宜。会议初步确定改建路线，成立了以永川市副市长杨国伦为指挥长、市经委主任马正其、交通局副局长王真银和学校副校长黄晓林为副指挥长的"重庆师专至永川公路改建指挥部"。

6月18日，学校自来水厂通过重庆市自备水厂资格审查验收，被评为"优良水站"。

6月20日，"重庆师范专科学校电化教育室"更名为"重庆师范专科学校电化教育中心"。

6月28日，学校自387单位购进的200千瓦柴油发电机安装完备，试机运转正常，于7月1日正式发电。

7月4日，学校批准成立"重庆师专科技开发服务公司"。

7月16日，由重庆交通学院组织的改建永川—重庆师专公路测设组到现场开始工作。

7月31日，永川市委、市府在市交通局召开改建永昌镇—重庆师专公路定线会议。

8月7日，永师公路改建指挥部在办公楼会议室召开第三次公路改建座谈会。会议由副指挥长马正其主持。会议通报路线定向及测设情况，确定王真银为法人代表与有关部门、个人签订征地、拆迁协议，并决定了改建工程在9月动工。

9月12日，学校发出通知，成立"重庆师范专科学校成人教育处"，李龙海同志任处长，学校与民进校协商在永川投资35万元新建940平方米的教学用房。

9月20日，中文系和外语系分别与成都大学、四川外国语学院首次联办的两年制文秘自考助学班83名学生、英语自考助学班25名学生报到入学。

9月24日，学校至永川段公路改建工程正式动工。

9月28日，学校发出通知，成立"教育科学研究所"。

10月12日，重庆市老协重庆师专分会成立建筑工程公司。

10月31日，学校少数民族工作组在办公楼会议室召开少数民族师生迎新会。

11月7日，开设的第10个专业——美术专业的首届20名新生在美术教学楼举行开学典礼。

12月10日至12月11日，由学校中文系教师李全彬任主编，系主任戴伟等任副主编的全国藏族高中《汉语文》教材编稿会在学校召开。

1992年，学校获科研成果14项。其中在省级以上刊物正式发表的论文41篇、译文2篇、学术专著3部、教材19套、工具书2部。

1993年

1月4日，经重庆市无线电管理委员会批准建立的学校教育调频广播电台于今日正式开播。

2月7日，学校印发了《科研成果奖励暂行办法》。

2月13日，学校建立教职工业务档案归档制度。要求教职工主编、参编的教材，正式出版的著作、译著，省级以上以及省级以上获奖的科研成果应一一作为业务成果归档。

2月22日，学校《规章制度汇编》（学生分册、教师分册、机关分册）定稿。

3月23日，学校成立学生师能训练领导小组。

3月，政史系主任李济琛与西南民院一教师编著，省社科院院长、研究员刘茂才作序的《社会学概论》一书正式出版。

4月23日，学校召开少数民族师生会。会议由民族事务领导小组负责人、数学系主任田贵书主持，参加会议的有35名少数民族师生。校长颜敬先、副校长易治安出席会议并讲话。次日，少数民族师生还前往参观了泸州朱德纪念馆。

5月31日至6月4日，学校党政分别行文聘任，任命了新一届中层干部。

6月4日，在重庆市政协十届一次全委会上，副校长、重庆市政协委员易治安当选为本届政协副主席。

6月5日，学校公布了学校首批校级重点特设课程。这些课程是：古代汉语、解析几何、数学分析、无机化学、中文写作、英语精读、物理学、电磁学、植物学。

6月14日，根据《高等师范院校考生面试方案评分标准及细则》，学校对永川、铜梁、潼南、大足、荣昌、璧山等8市县报考师范院校的9 338名考生进行面试。

8月26日，学校决定将"重庆师专劳动服务经营部"更名为"重庆师专劳动服务公司"。

9月30日（中秋节），校工会用福利费为教职工购置并安装了"水之星"牌净水器。

10月13日，重庆市老教授协会重庆师专会正式成立。

11月11日，省教委投资200万元新建的学校第二教学楼开工。

11月17日，由国家语委推普司司长李家斌领队，河南省语委办主任王乃灿任组长，哈尔滨师专中文系副教授于吉相、河南大学中文系副教授李晓华等七人组成的国家语委、教委推普检查处来学校"检查"工作。

12月18日，学生二食堂竣工通过验收。这项工程于4月动工新建，面积1 190平方米，造价42.5万元（省教委拨款30万元，学校投资12.5万元）。

12月，重庆市人民政府命名学校为"园林式单位"。

1993年，学校共评聘中高级专业技术职务115名，其中正高1名，副高27名。

1994年

1月9日，学校376名英语专业学生参加四川省大学英语四级校考，通过率达54.25%，超过全省通过率11.9个百分点，位居全省前列。

2月22日，学校印发《关于教学人员进入教学实验电教部从事教学演示教研活动的管理规定》《关于教职工进入实验电教室从事科研的规定》《关于计划外办学和创收活动中实验的管理规定》。

4月3日至4日，全国高等师范教育管理专业委员会第十次年会预备会在我校召开。

4月20日，学校"重点建设课程汇报会"在一教楼召开。

5月18日，工资制度改革方案上报省教委审批。

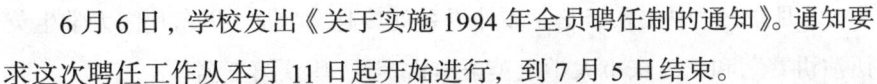

6月6日，学校发出《关于实施1994年全员聘任制的通知》。通知要求这次聘任工作从本月11日起开始进行，到7月5日结束。

9月2日，重庆市教委承担研究的市科委重点软科学课题"重庆市农村初中引进职业技术教育对策研究"通过市科委专家组鉴定。

9月11日，校中区国内直拨电话安装使用。

9月，我校退休副教授周天哲著的《广场诗学》由西南师范大学出版社出版。

11月3日，学校决定，在全校开展办公室工作研究活动，提高广大文秘人员的业务水平。

11月，重庆市人民政府向学校发放贷学金10万元。

11月，副校长易治安与周景行合著的《电影王国旅游记》由重庆出版社出版。

12月7至12月10日，四川省普通高校校园文明建设检查组对学校的校园文明建设进行检查验收，验收结果为优秀。

12月15日，在二教楼门厅召开了"二教楼验收会"。该教学楼于1993年11月7日开工，1994年12月竣工，投资200万元、建筑面积4 800平方米。

12月，1994年曾宪梓教育基金会高等师范专科院校教师奖评选揭晓。学校副校长戴伟、数学系主任田贵书、外语系主任蒋显菊、生物系退休教师赖守国获三等奖。

12月，省教委正式命名学校为"校园文明建设优秀单位"并颁发了命名牌。

1995年

1月7日，第四届青年讲师、助教优质课评比揭晓，周文德等10名优秀青年讲师、汤洪娟等13名优秀助教受到表彰和奖励。

2月15日，教务处、成教处、招生办开始合署办公，学校总机开始启用新号码。

2月25日，开始执行新的公医制度。

5月7日，中文系李龙亚和外语系刘玲赴渝参加"川东片区大学生英语演讲赛"和"重庆市大学生英语演讲赛"，均获第五名。

5月18日，重庆市语委办主任、国家级普通话测试员李缵仁和语委办副主任杨盛礼到校进行普通话一级水平验收。

5月18日，印发《重庆师专文化体育活动场所管理办法》，对游泳场、田径场、电影场、录像厅等文化体育活动场所进行规范管理。

5月20日至5月21日，举办首届田径等级达标赛，以体育系为主的161名学生参加14个田径项目的比赛，经严格考评，3人达到国家二级标准。

6月5日，科研工作会议召开，大会提出，必须进一步完善学校科研管理制度，强化管理配套措施。

6月27日，由国家教委批准立项的学校世行贷款科研课题"中学教材教法课改革方案"举行开题会。

9月18日，学校开始实施学生集中晚自习制度，进一步加强了学校建设。

9月27日，由国家语委文管司王铁琨处长任组长、语文司王晓晋副处长任副组长的国家语委规范用字工作检查组在重庆语委办有关同志陪同下莅校检查了学校的语言文字规范化工作。

10月15日，学校第十一届学生代表大会隆重召开，选举产生了第十一届学生联合会；同日，党校第13期培训班举行了开学典礼，学员有118名，校团委和校书协联合举办了新生钢笔书法大赛。

10月19日，党委召开全校党员参加的"两委"换届选举工作动员大会，标志着"两委"换届选举筹备工作正式启动。

10月26日至10月27日，川南片区高校首届办公室工作研讨会在学校召开。

11月1日，永川市文学艺术界联合会召开成立大会，学校黄晓林副书记当选为文联副主席。

11月6日，学校建立中国教育电视台通讯员站，何共初任站长。

11月8日，学校召开消防工作会，进一步加强冬季防火安全工作。

11月10日，学校成教评估工作动员会召开。

12月2日至12月3日，川东北片区高校中国革命史教研究会第九次理事会扩大会在校召开。

12月17日，桃花岛居委会选举产生了新一届居委会成员。

1996年

1月9日，学校设立考试委员会和考试中心。

1月11日，"关心下一代工作委员会"正式成立。

1月18日至1月19日，学校第四次党员大会召开。

3月10日，学校国有资产管理委员会正式成立。

3月15日至3月18日，学校承办全国大中专武术邀请赛，西师、西南石油学院、电子科大、四川师院、三峡学院等数10家大中专院校组队参赛，重庆卷烟厂、露花浓曲酒厂、永川新胜茶场等赞助单位也组队参赛。

3月19日，20周年校庆筹委会成立，颜敬先校长任主任。

4月16日，第三轮全员聘任工作正式启动。

4月19日至4月20日，学校举行第24届田径运动会，中文、政史分获男女团体总分第一名。

4月30日，学校召开教学工作管理汇报会。

5月24日，党委书记刘定云、副校长徐明在欢送1996届升旗队队员离队和欢迎新队员大会上郑重宣布：重庆师专升旗队更名为重庆师专国旗班。升旗队已建队5年。

6月17日，恢复设立"党委办公室"，与校办公室实行一套班子办公。

7月22日至7月25日，四川省教委高校成教评估检查组一行7人到校，对成人教育工作进行检查，结论为合格。

8月12日，学校党委、行政向重庆市教委报送学校"九五"发展规划。规划提出的奋斗目标是：以德育为首坚持办学方向，理顺关系，改进管理体制；突出师表，稳定师资队伍；加强学科和课程建设，提高教学质量，加强学校科研，提高教师教学能力和科研水平，挖掘内在潜力，提高办学效益。

9月18日，学校召开大学英语教学工作会。

10月3日，四川省政协主席聂荣贵等领导到校视察，并为学校题词：艰苦创业，前景光明。

10月7日，首届党政干部学习培训班开学，学习时间为1个月。

10月13日18时，党委副书记黄晓林、校办副主任李培福、附中教师张世禄和在双竹镇小学任教的校友吕凤平等师生，在永川驶往仙龙的一辆公共汽车上，面对手持铲锄、匕首等凶器公然抢劫乘客钱财的5名歹徒，挺身而出，勇斗并生擒3名歹徒，受到全校师生员工和永川市各界群众赞许。

10月22日，学校承担世行贷款科研课题——农业经济高师生物专业学生"一专多能"培养和建设课程设置体系的研究，在做了充分准备后正式开题。

11月3日，政史、体育、美术系联合举办的"大型师能竞技月"开幕并举行歌舞大赛。

12月8日，中文系承办的第五届校园文化艺术节在风雨球场开幕。

1997年

1月7日，学校首届中层干部及科级干部培训班在一教楼举行结业典礼。

3月10日，上级拨款投资70万元，由永川市实达环保技术开发部承建的学校污水截流工程，历时4个月竣工通过验收。

3月28日，学校在运动场举行建校20周年庆典大会。

4月5日，学校承办的川东高校办公室工作研讨会结束。

4月，学校老教授协会获准主办"重庆市永川渝西成人学校"。

6月4日，由重庆市档案局处长米远贵、市教委副处级调研员黄阳秀为副组长的7人档案考评专家组，对学校档案工作管理进行实地考评验收，学校档案工作达国家二级管理标准。

8月14日，重庆市副市长程贻举，市教委主任、高工委书记欧可平，财政局副局长马千真等一行10人来校视察。

8月28日，重庆市教委发文批准学校音乐、美术教育专业学制由2年改为3年。

11月14日，《中国教育报》公布1997年曾宪梓教育基金会高等师范院校优秀教师奖评选揭晓，学校副校长戴伟、化学系主任宋仲容分别获二、三等奖。

12月19日，学校第四次教代会，第六次工会会员代表大会在音乐系演奏厅召开。会议讨论通过了《弘扬瓜山精神，培养跨世纪新任》的倡议书和《重庆师专师德师风建设暂行案例》。

12月23日，学校被国家语言文字工作委员会评为"全国语言文字工作先进集体"。

12月29日，校汽车队管理体制进行改革，决定车队实行目标管理体制。艾中华为目标管理责任人、车队队长。

12月30日，永师公路半幅通车座谈会在学校举行。

1998年

1月13日，学校以重师专校发〔1998〕1号文向重庆市教委报送了《重庆师专机构编制方案》，重庆市政府4月1日以渝办〔1998〕69号文，批准了学校报送的机构编制方案，同意学校内设处级机构31个。

3月23日，学校决定成立"重庆师范高等专科学校成教职教学院"，同时撤销成教处和成教中心。

3月25日，永川市市长王义昭、市府办公室主任宋章华等3人来校，商谈迁校事宜。

4月29日至4月30日，重庆市首届大学生田径运动会在重庆石油高等专科学校举行，学校代表队以107分的总成绩获第一名。

6月2日，学校召开由中层以上干部参加的第四次教职工聘任动员大会。

6月2日，重庆市教委在学校为学校承担的国家级教育科研课题——世行贷款"师范发展项目"改革课题"中学教材教法课改革方案"举行结题鉴定会。

6月4日，学校印发《重庆师专第四次教职工聘任机构编制暂行方案》。

6月22日，重庆市教委渝教基〔1998〕72号文同意学校建设教职工住宅68套，总面积为8 586平方米，资金来源由教职工全额集资。

9月15日，重庆市府召开见义勇为表彰大会。学校党委副书记黄晓林、校办公室副主任李培福、附中教师张世禄及学校校友、双竹小学教师吕凤平被市府授予"见义勇为先进群体"，并颁发证书及10 000元奖金。

9月25日，党委印发"关于在学校开展面向21世纪教育思想、教育观念大讨论的实施意见"，开展讨论的主题是"转变教育思想、转变教育观念、深化教学改革、提高教育质量"。

9月28日，经重庆市新闻出版局同意并报国家新闻出版署审批，学校学报获准公开发行，刊号为CN51-1552/c4。

10月21日，在办公楼二会议室举行民革支部（中国国民党革命委员会重庆师专支部）成立大会。

11月29日，附中旁边山林突然起火燃烧，经300余名师生奋力扑救，大火被扑灭，未酿成大灾。

12月22日，学校第二次教学工作会在音乐系演奏厅召开。

1999年

1月13日，经国家新闻出版署核准，重庆市新闻局以渝新出版〔1999〕5号文件批准，《重庆师专报》等在渝高校校报编入国内统一刊号高校校报系列。

3月27日，重庆市高校体协田径工作会在学校召开，西南师范大学、重庆大学、重庆建筑大学等28所高校的代表参加了会议。

3月，校工会在工会楼建起一间40平方米的健身房，健身房内设置了腹肌板、太空车、跑步车等多种健身器及跳舞毯。

4月30日，在西南师范大学举办的重庆市第二届大学生田径运动会上，男队获体育专业团体冠军，女子获团体第三名。

5月23日，学校举行首届青年教师课堂教学比赛决赛，全校有18位青年教师参加了决赛。

6月14日，学校印发《重庆师专对多层次人才实行优惠政策暂行办法》《重庆师专培养研究生暂行办法》和《重庆师专选拔培养中青年骨干教师试行办法》。

7月8日至7月20日，学校大学生"三下乡"志愿服务队自带工具、零件、道具、资料和科技图书深入到铜梁县大庙镇的机关、学校、村庄、敬老院开展家电维修、文艺演出、普法教育、时事宣传、健康咨询等义务活动。

7月，副校长戴伟获国务院颁发的"表彰有突出贡献的专家"证书和特殊津贴。

8月28日，来自美国密歇根州的Michatlcodayd（中文名高俊峰）和Mary Cunderson（中文名龚梅玉）夫妇到达学校，成为学校首批外籍教师。

8月，学校在学生宿舍每间寝室里安装了电视闭路线，配备了21寸长虹彩色电视机。

9月12日，1 241名普通本专科新生报到入学。经重庆市教委批准，学校开始试办本科班，与重庆师范学院合作办学，中文、数学各招37名本科生，截至9月，学校在校全日制普通本专科生3 093名，各类成教本专科生3 592名。

9月24日，永川市农机水电局与学校达成协议，同意将学校三角花园雕塑旁的库角水地1 000平方米过渡给学校。

9月25日，副校长戴伟在二教楼运用多媒体教学手段为师生讲授古代汉语课，这是全校即将开展多媒体教学的前奏。

10月11日，重庆市教委发文同意学校物理电教楼立项，建筑面积7 000平方米，总投资1 000万元。

10月13日，重庆市教委批准学校扩建办公楼800平方米，总投资28万元，资金来源为学校自筹。

10月25日，《中国教育报》第三版公布1999年曾宪梓教育基金会高等师范院校优秀教师奖，王林获三等奖。

11月2日，重庆市教委下文同意学校改造筒子楼工程，工程建筑3 394

平方米，64套，总投资170万元。其中学校自筹资金12.5万元。

11月10日，重庆市教委发文同意学校学生公寓建设立项，建筑面积15 000平方米。

11月14日，学校被重庆市教委评为德育工作先进集体。

11月16日，学校国家级大型科研课题——国家教委世界银行贷款"师范教育发展项目国家级生物教学法核心研讨班成果推广试点项目"结题。

12月6日，学校向重庆教委请求成立"重庆第二师范学院筹备领导小组"。2000年1月28日重庆市教委批准了这一请求。重庆市教委副主任王开达任组长，重庆师专党委书记刘定云，校长颜敬先，渝州教育学院院长、书记贺正一，永川市委副书记魏寿明，副市长肖坤华任副组长。重庆市教委主任欧可平、永川市委书记刘光全、市长王义昭任顾问。

12月16日，教职工在学校西区全额集资361万元，建设规模70套9 308平方米住房竣工验收交付使用。

2000年

1月5日，学校与渝州教育学院联合召开关于两校合并升本建院的首次协调会在渝州教育学院会议室召开。

1月29日，学校决定征用卫星湖靠校运动场湾处的水面1 000平方米。

1月31日至2月1日，重庆市教委副主任王开达教授受重庆市人民政府委托，率由西南师范大学、重庆师范学院、重庆商学院、重庆教育学院、重庆市府办公厅、重庆市教委、计委、财政局的12位专家组成的市高等学校设置评议委员会论证评估专家组莅临学校，对我校与渝州教育学院合并组建重庆第二师范学院进行实地综合考察评估，专家组通过听两校及永川市府领导汇报，实地考察，查阅有关资料后一致认为，两校合并组建重庆第二师范学院的条件已经成熟，基本达到了设置本科院校的标准，同意向教育部高校设置评议委员会推荐。

2月28日，学校与益才学校、（新加坡）重庆莱福士进修学院共同签订合作办学协议书，这是学校首次与外国力量合作办学。

3月14日，重庆市高教工委组干处处长邓卓明等2人来校，对学校党政领导班子1999年度的工作进行考核。

4月14日至4月15日，重庆市第三届大学生运动会在重庆师范学院举行，学校参赛运动健儿团结拼搏，体育专业组男队获得三连冠，女队再次获得亚军。

4月18日，重庆市渝委发〔2000〕15号文件通知，学校被评为重庆市级文明单位，受到市委市政府表彰。

4月27日，学校党委决定成立升本建院指挥部，校长颜敬先任指挥长。

4月30日，学校成立"区域经济研究所"，陈天培任所长。

5月24日至5月25日，以郭开奇同志为组长的重庆市教委实验室评估专家组一行6人对学校生物、化学实验室进行评估，并宣布合格。

5月26日，学校召开升本建院领导小组第二次工作（扩大）会，参加会议的有学校和渝州教育学院的领导、永川市市长王义昭、市人大主任李大金、市委副书记谢远新。与会者达成共识，决定改申办单一的师范院校为组建多科性、地方性的本科院校，院名定为渝西学院。

5月，学校在一教楼1307室、二教楼2601室建成的多功能教室投入试用。在这两间教室里，装备了高清晰度液晶投影仪、视频展示台、计算机、功率放大器、移频器、音响等设备。

6月1日，学校在风雨球场召开有全校教职工和学生干部参加的"升本建院"动员大会，大会由校党委书记刘定云主持，校长颜敬先作报告。

6月13日，64套一室一厅和两室一厅的青年教师公寓竣工通过验收。

6月19日，校内由分机改国内直拨的所有公用电话和教职工住宅电话、学生寝室新安装的202电话正式开通。

6月27日，学报正式上网，入编《中国期刊网》和《中国学术期刊》（光盘版）。

7月19日至7月30日，由校团委书记李德全带领的"三下乡"27名师生，深入到潼南县塘坝镇的机关、学校、街头和院坝田间，为当地群众免费维修家用电器100台，送发有关科技资料1 000多册，开展文艺演出两场，采访新闻稿件10多篇。

7月，学校校园网建成开通。

8月10日，学校贷款1 200万，总建筑面积15 000平方米的学生公寓一期工程约8 000平方米竣工通过验收并交付使用。

8月29日至8月30日，由重庆市教委副主任彭智勇为领队，国家高等学校设置评委会委员、原重庆商学院院长周万钧教授任组长，西南师范大学副校长何向东教授、重庆师范学院院长付世放教授、西南农业大学副校长周泽扬教授、重庆市府办公厅助理调研员赵幼渝及市计委、市财政局的有关负责人为成员的重庆市高等学校设置评议委员会专家组对学校与渝州教育学院合并组建渝西学院进行考察评估。专家组考查后一致认为，两校合并组建地方性、多科性本科层次的渝西学院，定位准确，地方行为到位（得到重庆市人民政府的高度重视及渝西九县（市）人民政府的大力支持），两校的办学条件已基本达到本科院校的要求，同意向国家高等院校设置评议委员会推荐，并建议重庆市人民政府向教育部行文申请。

8月29日，建立卫星湖派出所。

8月，工会被全国教育工会评为先进单位，受到表彰。

11月16日，学校决定实行"校领导接待制度"，决定每逢单周二为校领导接待日，地点在办公楼一、二会议室。

11月，星湖广场一期工程竣工，广场主体面积约6 000平方米。

12月2日，学校决定在双竹镇购6 666.67平方米地用于建学生公寓。

12月28日，学校投资20万元，在校大门侧新建约1 000平方米的重庆师专汽车站投入使用。

2001年

1月6日，永川市新任市委副书记、代市长刘强等一行5人来学校，对学校与渝州教育学院组建渝西学院表示支持。

1月27日，四川省政协主席聂荣贵视察学校。

2月21日至2月23日，以教育部信息中心主任咸立亭同志为组长，东北师范大学原校长、教授、博士生导师王荣顺，青岛海洋大学原校长、教授、山东省教学指导委员会主任秦启仁，四川省教委原副主任、教授符中胤、教育部发展规划司高校设置处处长王雪涛等组成的专家组抵达重庆，对组建"渝西学院"相关情况进行考察。3月29日，教育部在海口市召开的全国高等院校评议委员会会议上，全票通过，同意组建渝西学院。

3月12日，学校被重庆市教委评为2000年度教育信息工作先进单位。

3月13日，学校成立现代应用技术综合实验中心项目领导小组和外贷贷款办。

3月21日，学校被重庆市财政局评为"会计基础工作规范化"先进单位。

3月24日至3月29日，学校在校本部举办首期"秘书技能资格证"培训班。

3月27日至3月31日，学校组成扶贫工作小组赴奉节县冯坪中学对口扶贫，向冯坪中学赠送了现金20 000元、彩色电视机及VCD各一台，并就该校人才培训、设施、设备提出了具体扶贫方案。

4月，学校教职工工资由工商银行永川支行代发，工商银行为了便于全校教职工取款，于6月5日在学生一食堂前安装了自动取款机。

4月2日，学校第一届教学委员会在办公楼小会议室召开首次会议。同日，学校数学系组织5个参赛队参加2000年全国大学生数学建模竞赛，两队获重庆市二等奖。

4月17日，重庆市公安局文保分局卫星湖派出所在学校成立，于5月23日在办公楼小会议室举行了挂牌仪式。

4月26至4月28日，学校田径代表队在重庆市第四届大学生田径运动会上取得了男子乙组（专业组）冠军、女子乙组第二名、男子甲组（普通组）第三名、女子甲组第五名的成绩，打破了10项市大运会记录。

渝州教育学院

1972年

5月，江津专区中学教师进修学校和江津专区教育行政干部学校合并组建江津地区教育学校。

12月，在江津县德感（二中）举办语文、数学、地理骨干教师培训班，为期45天，人数为169人，以研究中学教材为主，适当加深加宽，探讨教学方法，除学校教师上课外，还请重庆师专（现重庆师范大学）和其他县的教师来上课。

1973年

3月，江津地革委以江地革政〔1973〕98号文同意成立江津地区教育学校党支部。

3月，派教师到内江师专、四川师范学院去考察、学习师培经验。

1974年

3月，江津地革委以地革委政工组〔1974〕59号文批复成立江津地区教育学校支部委员会，由原地区文教局局长唐伊任同志任支部书记，原璧山师范校校长宋朗秋、原地区新华书店支部书记陈廷彦任副书记。

1973年11月至1974年，举办语文、数学一年制教师培训班。

1976年

3月，江津地委以江委函〔1976〕53号文调部队转业团职干部张固基任副书记。

1974年至1976年，举办数学教师农村测量学习班。先后在永川、大足、铜梁、潼南、合川、璧山办了6期。测量水库12个，水渠33条计72千米，两个生产队的地形图。

1975年至1977年，举办为期1个月、一个半月及3个月的语文教师培训班。

1978年

5月，江津地委以江委宣〔1978〕56号《关于建立江津地区教育学校党总支的通知》，学校建立党总支委员会，调原璧山中学校长李千白任总支书记，张固基任副书记，下设3个支部。

8月，由原地区文教局副局长蒋谦益任总支书记，张固基任副书记。

10月,学校成立共青团总支委员会,总支书记宾大发,副书记王连清,委员3人。

1978年,学校内设机构有:办公室、教务处、总务处。举办中文、数学大专班。

1979年

10月,龙登泰老师被评为四川省特级教师。

11月,制定教师岗位责任制、办公室工作职责和要求、班主任工作职责、请销假制度、教室规则、食堂规则等规章制度。

1979年,举办高师专科函授中文、数学班,招收学生3 100多人。

1980年

3月,四川省人民政府川府函〔1980〕10号文批准,更名为四川省江津地区教师进修学院。

1978年至1980年,受四川省高教局委托办恢复高考制度后第一次全国统一招生的高师专科班,中文专业1个班,毕业40人,数学专业1个班,毕业51人。

1981年

3月,制定《学业成绩考核制度》。

11月,随江津地区更名为永川地区,学校更名为四川省永川地区教师进修学院。

1981年,调原大足中学党支部书记李志强任总支书记。

1982年

9月,中共永川地委以江地函〔1982〕68号文同意成立中共永川地区教师进修学院委员会,后因永川地区与重庆市合并,未正式成立。

11月,制定《关于教职工在外兼课和做其他工作酬金的决定》《关于经费管理使用的规定》《关于住房、家具配备、管理及收费的几项规定》《关于汽车管理使用及收费的几项规定》。

12月,动工修建实验楼1 926平方米(其中语言实验室180平方米),

于1983年完工。

12月，制定《教师工作量试行办法》《离退休人员返聘工作的试行办法》。

1982年，恢复工会活动，由陈礼先负责工会工作。

1983年

11月，学院第一届工会委员会选举产生，主席陈礼先，副主席柏道洪，委员5人。

9月，制定《学员学籍管理试行办法》。

1983年，永川地区与重庆市合并后，四川省教育厅川教师〔1984〕36号文转发教育部《关于教育学院重新备案的通知》，将永川地区教师进修学院与重庆市教师进修学院合并，更名为重庆教育学院永川分院。按照国务院国发〔1982〕130号文和四川省人民政府川府发〔1983〕147号文规定，学院享有和师范专科学校相同的地位和待遇。

1972年至1983年，原永川地区教育局投资70多万元新建、改建、扩建了学员宿舍、礼堂食堂、办公综合楼、理化实验楼、教职工宿舍等8 000多平方米(建校时，校舍仅有大小平房11幢、楼房1幢，总面积1 468平方米，其中旧土墙平房6幢、清代庙宇3幢，大都年久失修，破烂不堪，只有2幢砖木结构平房教室4间也是20世纪50年代建的)。

1984年

12月，任命新的领导班子，李千白任院长，胡文良、熊羽为副院长，李志强、张固基为调研员。

1984年，建立民进支部，支部主任先后有吴洪川、张昌华、曹优明。

1984年，建成2个语言实验室，主要为英语系、中文系语言教学，特别是听说教学服务。

1984年，主要举办函授、离职大专班。

1978年至1984年，举办教师培训班25期，培训教师966人。

1985年

1月，成立院刊编辑室，学院决定出版《重庆教育学院永川分院院刊》。

1月,调整下设机构,任命中层干部,下设行政机构有院办公室、政治处、教务处、总务处、图书馆。

1月,重庆市教育局重教函〔1985〕1号文件通知,在学院开设电子技术、农学专业的大学专科(两年制)和师范专科班。

3月,中共重庆市委以渝函〔1985〕37号发文《关于重庆教育学院永川分院党总支改设党委的批复》,建立中共重庆教育学院永川分院委员会,不设纪律检查委员会,只设纪检委员。

3月,重庆市政府重府函〔1985〕3号文件,决定学院由培训普通中学师资的任务,改为培训农村职业中学和成人教育专业课文化课的在职教师。

6月,四川省成都军区军地共育指导委员会,成都军区政治部通报表彰,学院为地方开展军地共育工作先进单位,教师雷定琼为地方开展军地共育工作先进个人。

7月,出台《关于教师进修工作的意见》,内容包括进修内容、进修方式(在职进修、离职进修)、组织管理、时间保证四部分。

7月,市委以渝函〔1985〕171号文件《关于重庆教育学院永川分院第一届委员会选举结果的批复》:李千白为党委书记,陈维新为副书记,李志强、胡文良、罗昌敬为委员的第一届党委,罗昌敬任纪检委员。下设有办公室、政治处、教务处、总务处、文科、理科、政教等7个支部。其中政治处、理科支部只设书记。

9月,学院第二届工会委员会选举产生主席张固基,副主席柏道洪、王贵颙,委员4人。

9月,出版《重庆教育学院永川分院院刊》创刊号。

11月,学院首届团代会召开,会上刘弥作报告,会议选出团委会成员,黄正洪任团委书记,委员12人。

12月,通过《关于工作量、工作质量及预算外收益分配试行办法》。

1985年,培养职教师资电子、生物专业200人,为重庆市厂矿企业培养教育教学骨干100多人,为部队办班49人。

1985年,实行教育、教学改革,职工实行聘任制,教师实行主任导师制。

1985年，召开第一届教代会，会上院长作"坚持改革、开拓前进"的工作报告，通过《关于实行主任导师制的改革方案》。

1985年，市里拨款10余万元购置教学仪器、设备。

1985年，学院开展"如何最大限度提高教育质量"讨论，推动教育、教学改革。

1986年

3月，四川省教育厅川教师〔1987〕12号文件批复，学院设中文、数学、政教、英语、物理、化学6个专业学科及1个公共课教研室。

3月，院刊第一期出版，后因故停刊。

4月，由国家教委师范司师训处颜金炼处长率领有省教育厅师范处长参加的专家检查组到学院检查。

6月，学院党总支改建为党委。

8月，经四川省人民政府川府函〔1986〕266号文件批准，学院更名为渝州教育学院。

9月，第一届二次教代会通过《函授教育暂行工作条例》。

1986年，成立学生会，与团委、学生处一起共同开展活动。

1986年，聂荣臻元帅为渝州教育学院题写院名。

1987年

5月，调原璧山县教育局长谢开绪到学院，任党委委员、副院长。

6月，毕业学生610人。

7月，学院第三届工会委员会选举产生主席张固基、副主席罗昌敬、委员7人。

11月，建立民盟支部，支部主任委员吴昌海。

12月，第一届教代会第三次会议通过《教职工住房分配修改方案》《预算外收入分配方案》。

1988年

1988年，电子技术、农学两专业因师资和办学条件不具备停办。

1989 年

3月6日，学院成立渝州教育学院经营部，属集体所有制性质，设在永川县昌镇木货街。

4月22日，重庆市教委同意学院设立保卫科。

9月10日，夏麟勋被四川省人民政府评为优秀教师。

12月14日，贺正一任党委副书记，负责党的全面工作。

12月20日，总务处生活办公室被评为四川省高等学校后勤工作1988—1989年度先进集体称号。

12月，动工修建图书馆，面积为2 683平方米。

1989年，受贵州、重庆市计生委委托，办计划生育管理专业证书班1届。

1990 年

1月，调中共荣昌县委副书记贺正一到校任党委副书记。

8月，新建图书馆投入使用。

10月17日，重庆市计划生育办公室委托学院举办高等计划生育管理专业"专业证书班"。

12月，学院团委由孙泽平、肖勇等5位同志组成，孙泽平任团委书记。

1990年，院刊更名为《渝州教育学院院刊》，为季刊。

1990年，国家教委师范司金长泽司长来校视察。

1991 年

5月3日，重庆市教委同意学院设立审计科。

5月，成立妇委会，何开莲任主任，另有委员2人。

6月，学院开展庆祝建党70周年文艺演出。

11月，学院开展三笔字全能比赛。

12月25日，党委办公室成立，党办和政治处两个机构一套班子。

10月7日至12月30日，学院举办首届单设中学校长岗位培训班，学员40名。

12月，贺正一被中共重庆市委、重庆市人民政府评为知识分子工作先进个人。

1991年起，举办重庆市各区、县初中校长培训班。

1991年，投入10余万元添置计算机房设施。

1992年

2月，将函授教育的规章制度汇编成册，内容有13个相关条例、通知、纪律、规则、守则等。

5月9日，民进重庆市委任命张昌华为民进永川市工作委员会主任。

5月27日，学院举办黑板报比赛。

5月29日，永川市教育局同意学院举办"四川自修大学面授辅导班"。

6月21日，重庆市委组织部发文任命贺正一任党委书记。

7月24日，学院印发《关于加强档案工作的意见》，设立档案室。

9月，招收农村中学教师大专预科班。

11月，国家教委以教计〔1992〕208号文件予以备案，渝州教育学院作为独立设置的成人高等学校。

1992年，谢开绪带领4位同志参研的"重庆市农村初中引进职业技术教育对策研究"子课题"重组农村初中教师队伍的知识与技能培训是农村教育改革与发展的必须——解决农村初中引进职业教育面临的师资问题的研究"，获重庆市科技进步二等奖。

1992年，国家教委计划司逢长处长来校检查。

1992年7月，学院以"团结、奋进、求实、创新"的校训，激励师生员工。

1992年，按照重庆市教委重教师〔1992〕19号文件要求，举办化学教师继续教育试点班，在永川、璧山、荣昌、合川试点招收具有大专（化学）及以上学历，有3~5年教龄的现任化学教师。

1992年，开始在校外设教学点。

1993年

2月1日，学院成立"清产核资"领导小组。

2月2日，重庆市教委同意学院成立"重庆市渝州教育学院永丰贸易服务公司",经营地址为永川市文曲路 26 号。

11 月,学院党委制定院级干部廉洁自律的 6 条规定。

1993 年起,举办非师范的会计统计、计算机及办公自动化、计划生育专业证书班。

1993 年,重庆市教委以重教师〔1993〕8 号文件批复,同意学院设置非师范专业会计统计、电子计算机及办公自动化、公关文秘专业。

1994 年

1 月 29 日,学院成立绿化委员会和爱国卫生委员会。

1 月,制定《教学管理工作暂行规定》。

5 月,成立业余党校。

7 月 16 日,重庆市人民政府任命贺正一为学院院长(兼),谢开绪为巡视员(正局级)。

7 月,教师理科支部被重庆市教委表彰为先进支部。

8 月,制定《关于学员学习成绩考核的暂行规定》《听课制度》《教学评估》《奖励制度》《兼职教师的聘用管理暂行规定》等。

11 月 20 日,重庆市教委任命孙泽平为学院副院长。

12 月 10 日,滕发祥被曾宪梓教育基金会评为高等师范院校优秀教师奖三等奖。

1994 年,在永川照相馆为全体在职和离退休教职工共 124 对夫妇和 18 名单身职工拍摄了婚纱照和生活照。

1994 年,重教师〔1994〕6 号文件批复增设经济管理专业,重教师〔1994〕18 号文件批复增设计划生育管理专业,重教师〔1995〕1 号文件批复增设环境保护专业。

1994 年,孙泽平被重庆市人民政府授予"优秀教师"称号。

1994 年,柏道洪老师被四川省教委授予"高师成人教育优秀教师"并发给奖牌。

1995 年

1 月 3 日,重庆市教委同意学院所设各科名称改系。政教、中文、数学、物理、化学、英语等 6 个专业科的名称更改为系，原定的级别、待遇不变。

4月，成立中文系、数学系、英语系团总支。

5月，第二届党委选举，贺正一任党委书记，胡文良、孙泽平、赖恒海、何开莲为委员。

9月，党委书记兼院长贺正一被国家教委、人事部授予全国优秀教育工作者称号。

9月，印发《渝州教育学院专科生守则》，内容有 13 个有关的条例、制度、准则、规范、规定等。

10月，学院第四届工会委员会选举产生。主席孙泽平，副主席何开莲，委员五人。

10月，调整补充团委干部，团委书记孙泽平，副书记肖勇。

11月6日，"中国共产党渝州教育学院委员会办公室"印章启用，政治处撤销（政治处印章作废），设学生处。

11月，制定《关于加强考风建设，严肃考试纪律的规定》。

1995年11月，学院与永荣矿务局教育处举办矿务局所属中学的校长岗位培训班。

12月8日，学院加强校容校貌管理，出台《关于加强"校容校貌"管理的意见》。

1995年，在江津、璧山、大足进修校办小学教育文科、理科大专班。

1991年至1995年，举办了 6 期单设中学校长岗位培训班。

1996 年

1月，学院决定从 1 月起建立教师业务档案。

4月5日，学院决定从 1995—1996 学年起，对专科生进行思想品德测评。

6月，招生 727 名，在校学生 1 158 人。

9月，学院举办首届艺术节。

9月，制定《专业证书暨专业证书起点大专班学员管理办法试行草案》。

12月，学院领导班子被重庆市教委党组评为"四好领导班子"，受到表彰。

1996年，修教职工宿舍（集资建房）4 690平方米。

1996年，在重庆幼师、綦江教师进修学校举办小学教育大专班。

1997年

4月，学院制定《关于教师队伍建设的意见》。

5月18日至21日，以杨成章、陈升琪两位教授为组长的重庆市教育学院评估检查专家组一行10人来院进行检查评估，评估结果为优秀。

10月13日至11月17日，举办首届学术活动月。

12月，开展定员、定编、定职责的"三定"工作。完成机构编制方案，内设党政机构7个，教学和教辅机构8个。

1997年，在铜梁教师进修学校办汉语言文学教育大专班。

1997年，举办重庆市中学校长提高培训试点班和岗位培训班。

1998年

3月，学院团委由肖勇任书记，杜勇任副书记。

4月13日，学院档案室更名为综合档案室。

1998年，举办第二届艺术节，活动长达1个多月，有歌咏比赛、电影周、拔河比赛、曲艺小品专场、趣味运动会、化装舞会、书画艺术长廊、元旦歌舞晚会等。

1998年，在荣昌教师进修学校举办小学教育文科大专班。

1998年，与重庆教育学院联办地方学历专转本数学、中文、英语班。与西南师大成人教育学院联办数学专业业余3年制的本科班。

1999年

1月28日，设立普通话培训测试中心。

12月24日，封富被曾宪梓基金会评为高等师范院校优秀教师三等奖。

2000年

9月16日，成立后勤社会化改革领导小组。

2000年，学院已拥有教室2 200平方米，图书馆2 683平方米，实验室1 926平方米，学员宿舍3 523平方米，食堂412平方米，会堂412平方米，行政办公用房2 420平方米，教职工生活用房10 377平方米，其他附属用房1 622平方米，校舍总面积达25 575平方米。

重庆文理学院

2001年

5月11日，教育部以教发函〔2001〕79号文件通知重庆市人民政府，同意重庆师专与渝州教育学院合并组建渝西学院。

6月2日，我校参加了在重庆大学举办的第二十届"校园之春"活动，获得了"重庆市大学生艺术歌曲大赛暨全国大学生艺术歌曲选拔赛"中的专业组小合唱一等奖、大合唱特等奖。

6月4日，学校档案管理通过国家二级复查。

6月8日，永川市委副书记、市长刘强，市人大主任李大金，市政协主席谢远新，市委副书记陈伟国，副市长肖坤华等四大班子领导到校，祝贺重庆师专及渝州教育学院经教育部批准合并升格为本科学院，并商谈渝西学院挂牌庆典事宜。

7月19日，学校第三教学楼竣工并通过合格验收。该工程于2000年3月开工，由隆西集团建筑工程公司承建。

7月，隆西集团捐赠和学校出资共同修建的附小工程竣工，该工程于2000年6月开工，建筑面积1 200平方米。

8月21日，双竹镇学生公寓通过验收。该工程于2001年1月动工，学校自筹1 000多万元，建筑面积17 000平方米，由隆西集团建筑工程公司承建。

9月7日，化学系主任宋仲容教授荣获"2001年度全国优秀教育工作者"称号。

9月10日，学校水厂改扩建工程完工，开始试运行。

9月12日，重庆市教育工委书记、市教委主任欧可平，市教育工委组干处处长邓卓明一行 3 人到校，召集原重庆师专和原渝州教育学院两校中层以上干部、中级以上职称的专业技术人员、原两校老领导及各机关党支部书记开会，宣布中共重庆市委渝委函〔2001〕129 号文件：牟延林任渝西学院党委委员、书记，刘定云任渝西学院党委委员、副书记（正院级），米祖旭任渝西学院党委委员、副书记，戴伟、王林、孙泽平、江天健任渝西学院党委委员。渝委函〔2001〕194 号文件：江天健任渝西学院纪委书记。渝府人〔2001〕23 号文件：任命牟延林为渝西学院院长，戴伟、王林、孙泽平为渝西学院副院长，颜敬先为渝西学院正院级调研员。

9 月 11 至 12 日，渝西学院首届本、专科 2 785 名新生入学报到。

9 月 13 日，渝西学院首届新生开学典礼在风雨球场举行。

9 月 21 日，首期教师英语口语培训班开课，培训班由外籍教师司马康（Mr.Don）主讲，共有 40 多人参加培训。

9 月 28 日，学校第一次教职工大会在风雨球场召开。学校全体（原重庆师专、原渝州教育学院）教职工、原两校老领导及离（退）休人员近 1 000 人参加大会。永川市副市长肖坤华、永川市教委副主任邱祥义等到会祝贺。大会由副院长戴伟主持，副院长孙泽平宣读教育部《关于同意重庆师范高等专科学校与渝州教育学院合并组建渝西学院的通知》；党委书记、院长牟延林作"以融合为基础以规划为统揽实现两校实质性合并"动员报告。牟院长在报告中号召学院全体师生员工精诚团结、亲密融合、携手奋进，为建设渝西学院美好的明天共同努力；党委副书记刘定云宣布两校实质性合并的实施方案：将原重庆师专校园定名为星湖校区，原渝州教育学院校园定名为北山校区。

10 月 7 日上午 10 时，渝西学院挂牌庆典活动在星湖校区田径运动场举行。

10 月 8 日，全国综合性本科学院建设与发展协作会成立暨第一次会议在学校办公楼一会议室召开，宜春学院、皖西学院等 8 所综合性本科学院代表近 30 人出席会议。

10 月 15 日，根据教育部和重庆市有关教师资格的文件精神，学校开展首次教师资格认定工作。

10月15日至10月17日，学校举行首届田径运动会，学校所有党政领导都参加了开幕式，运动会角逐出65项冠军，4项打破院校记录。

10月17日，渝西学院红十字会理事会成立。

10月27日，渝西学院机构设置方案经学校党委审查批准：设党政管理机构11个，群团机构2个，直属机构2个，教学科研机构14个，其他1个，共30个处级机构。

12月22日，学校处级干部任命（聘任）大会在星湖校区第8阶梯教室举行，党委书记、院长牟延林向67名被聘中干、8名处级行政助理颁发聘书。

2002年

1月3日，学校纪委、监察处印发《有关加强领导干部廉洁自律的几项规定》，对公务用车和公款接待应酬费用作出规定。

1月18日起，非教学单位全员聘任工作正式启动。

3月6日上午11时30分，学校校园网在线新闻上网正式开通。

3月6日，成教、职教星湖校区办公室搬迁至北山校区。

3月17日，学校水厂改扩建工程综合验收会在办公楼第二会议室举行。

3月17日，重庆市政府办公厅副秘书长马正其等2人莅临学校视察。

3月17日，渝西学院首届秘书岗位人员培训在办公楼第二会议室举行开班典礼，45名文秘人员参加培训。

3月31日下午4时左右，附中后山发生火灾，保卫处立即通知在岗校卫队员并组织了1 000多名学生上山扑火，经近2小时将大火扑灭。

4月3日，学校在第8阶梯教室举行了"如何建设合格本科院校"大讨论动员大会。

4月4日，学校党委在办公楼第一会议室召开首次党务工作会，参加会议的有各党总支书记、党支部书记及党总支组织委员近50人。

4月18日，学校与中国电信签订校园网络带宽出口的合同。

5月9日至5月11日，新华社重庆分社记者来校对1999级1 118名毕业学生进行图像采集工作。自2002年起，高等教育学历证书电子注册增加了身份证号码和相片电子图像信息两项内容一同上网。

6月6日凌晨4时，副院长孙泽平带领成职教师生20余人，冒着大雨赶往文曲路19号（渝西学院北山校区教师住宅）抢险，他们浸泡在齐胸的洪水中转移老人和小孩，搬运家具。

6月21日，党委书记、院长牟延林被确定为重庆市教育系统重点宣传的优秀共产党员典型。6月23日，《重庆日报》《重庆青年报》、重庆电视台、重庆教育电视台等11家新闻单位来学校采访其先进事迹。

7月1日，学校后勤社会化改革方案正式启动，对后勤集团的会计实行委派制。

7月21日，重庆市委教育工委书记、教委主任欧可平，重庆市教委副主任余恢毅、陈流汀，高教处处长严欣平，发展规划处副处长宋建英，办公室副主任左益等一行来学校进行工作调研。

7月29日，图书馆开通了维普期刊数据库。

8月20日至8月28日，学校数计系教授谭昌眉参加了在北京人民大会堂举行的第24届国际数学家大会，在会上作了15分钟的发言。

8月24日，重庆市教委以渝教计〔2002〕75号文件同意学校建设红河校区。

8月30日，学校被重庆市教委评为"2002年部门预算编制先进单位"。

9月12日，北山校区校园网接入星湖校区校园网。

9月16日，渝西学院北山校区管理委员会正式成立。

9月16日，学校办公会研究决定：成立学校教学研究与评价办公室。教学研究与评价办公室与教学质量科合署办公。

9月26日，学校开通星湖校区图书馆、北山校区分馆的互借网络。

10月6日，学校图书馆进行特色数据库建设，已完成《重庆师专学报》《渝州教育学院学报》《永川县志》《合川县志》等渝西地区8个县志的数据库的建立。

10月16日，学校《教学工作通讯》2002年第一期正式出版。

10月16日至10月23日，学校首次教学工作会在第8阶梯教室举行。

11月25日，重庆市政协副主席窦瑞华，市政府常委、科教文卫委员会常务副主任王开达一行4人来学校视察工作。

11月25日，学校被中宣部、共青团中央、全国学联评为全国大中专学生志愿者暑期"三下乡"社会实践先进单位。

11月26日，学校红河校区用地签字仪式在永川会展中心举行，本次征地54.67万平方米。

12月2日，永川电信局在学校安装完成了53部卡式电话。

2003年

1月6日，学校对男一舍前篮球场大蓬工程进行竣工验收。

2月20日，学校投资29.2万元购置的全自动燃气锅炉在星湖校区安装验收。

3月1日，学校自筹经费修建的330平方米中心书库交付使用。

3月7日，学校邀请北京经典智业咨询认证中心副主任卢琨来学校，在办公楼一会议室为中层以上干部、各系党政秘书作学术报告。

3月17日，张家院房屋动工拆除。

3月18日，学校党委书记、院长牟延林，副院长戴伟、王林及部分中层干部共19人，在大足宝顶石刻举行了渝西学院教学科研基地授牌仪式。

4月11日，学校成教院城区教学部在重庆行政学院（永川）举行挂牌仪式。

4月23日，学校广场湖堤一期工程填湖筑堤完工。

4月23日，为防止"非典"传入学校，保卫处对出入大校门的车辆进行了清理。同时，对校内暂住人口办理了临时出入证。

4月25日，全校师生员工服预防"非典"中药。

5月4日，学校教职工水电气费开始直接在网上查询。

5月6日，学校在第二会议室召开了"非典"防治工作专题会议。会议要求：再次普查全校师生员工在校人数；严格执行人员流动每日报告制度；登记备查制度、晨检制度并严格执行学校关于禁止圈养家禽家畜的规定，对违反规定的当事人及单位责任人将从重处理。

5月12日，永川市农业银行在学校男生一宿舍安装了1台自动取款机。

5月16日19时30分，学校校园网院长在线"谈话交流室"正式开通，每周五19时30分至21时30分由学校领导轮流值周。

5月22日，学校校园网"毕业生就业通道"正式开通。

6月1日，学校校园网接入中国教育与科研计算机网。

6月4日，收到重庆市教委防"非典"工作快讯第52期，全文刊载学校防"非典"工作的经验、措施，重庆市委副秘书长周旬在快讯上作了"渝西学院的工作，很有创意、措施有力、值得推广"的批示。

6月5日，学校与铁道通信有限公司渝州分公司签订在校安装固定电话的协议。

6月6日，学校党委决定：撤销干部培训中心建制，设立培训学院。

6月11日，学校党委决定：成立渝西学院新闻中心。

6月20日，学校投资近10万元的广场湖堤工程，经过3个月施工，主体工程全部完成。

6月28日，中国国家象棋队队员叶江川、谢军一行24人来校，学校聘请叶江川、诸宸、李文良3位队员为客座教授。

7月3日，国家象棋队与学校女子足球队进行了一场足球赛。

7月14日，学校在国际旅游度假村与澳大利亚北墨尔本高等技术学院举行合作办学的签字仪式。

8月5日，建筑面积为4 700平方米，自筹经费145万元的星湖校区第二幢筒子楼竣工通过验收。

8月11日至8月15日，学校在第8阶梯教室进行了ISO9001：2000、ISO14001：1996、GB/T28001-2001质量、环境、职业健康安全"三标一体"贯标培训，邀请北京经典智业咨询中心教授李德林讲课。科级以上干部、副高以上职称人员、秘书等300余人参加培训。

8月15日，建筑面积为1 152平方米，学校自筹43万元修建的临时教室竣工验收。

8月25日，铁道通信信息有限责任公司在学校安装固定电话网开通。

9月13日9时15分，学校在红河校区建设工地举行红河校区奠基仪式。重庆市教委主任欧可平，学校党委书记、院长牟延林以及永川市委书记刘强、市长周旭、市人大、市政协等负责人为奠基剪彩。

9月16日，渝西学院编制的质量、环境和职业健康安全"三标一体"《管理手册》和41个《控制程序》文件印发各单位。

9月18日，学校红河校区建设工程启动动员大会在办公楼第二会议室召开。

9月18日，学校第一个国外数据库EBSCO开通。

9月19日，西部大学校园网项目渝西学院网络机房建成并正式开放。

9月27日至9月28日，学校第一次科研工作会议在第8阶梯教室举行，同时还举行了与江津市四面山镇合作授牌签字仪式。

10月20日，美国西北理工大学校长Geore Hsieh一行4人在永川会展中心与学校举行了"建立友好学校关系"座谈会，下午在星湖校区第8阶梯教室举行"建立友好学校关系"签字仪式。

10月24日至10月25日，学校第一次教职工代表大会暨工会会员代表大会在音乐系演奏厅举行。

12月13日，学校首届教代会二次会议在第二会议室召开。大会原则通过了《渝西学院教职工代表大会实施细则》《渝西学院二级教代会实施细则》，通报了本年度工会经费收支情况，讨论了《红河校区教职工统建房方案》等。

2004年

2月22日，学校投资约1 200万元、建筑面积为16 000平方米的学生活动中心（学生一食堂）进行初步验收。

3月23日，学校医院被重庆市劳动保障局确定为医疗保险定点医疗机构。

3月15日，重庆市委教育工委书记、市教委主任欧可平一行5人在永川市委副书记郑向东一行陪同下，视察学校红河校区，并听取党委书记、院长牟延林关于"一体化管理体系"建设、红河校区建设、周末休闲文化广场活动及"专转本"工作的汇报。

3月24日至3月26日，深圳环通认证中心有限公司认证审核专家组，对学校质量、环境和职业健康安全"一体化管理体系"进行第二阶段的认证审核。

5月11日，教育部法制办公室主任孙霄兵、副主任王家勤以及工大泉同志在重庆市委教育工委纪委书记刘路明等陪同下，对学校创建"教育部依法治校示范学校"工作进行了检查。

5月13日，学校获得深圳环通认证中心有限公司颁发的ISO9001：2000质量、ISO14001：1996环境和GB/T28001——2001职业健康安全认证证书。同时，后勤集团亦获得深圳环通认证中心有限公司颁发的ISO9001：2000质量、ISO14001：1996环境和GB/T28001——2001职业健康安全认证证书。

5月31日，学校数学与计算机系数学与应用数学专业2000级2班荣获重庆市教委、共青团市委颁发的"重庆市普通高校首届百佳大学生先进班集体标兵"称号。

6月1日，在北京钓鱼台国宾馆召开的"全国教育网络系统建设工作会议"上，学校荣获"全国教育网络系统示范单位"称号。

6月16日，重庆市招生办公室发文同意学校设立全国硕士研究生报名考试点，从2005年起，开展全国硕士研究生招生报名考试工作。

7月2日至7月3日，重庆市教委在学校召开"重庆市学校管理工作现场会"。市委常委、市常务副市长黄奇帆到会指导工作；重庆市教委主任欧可平等领导及各处室负责人到会；全重庆市公办、社会力量办学高校校长及办公室主任，重庆市直属中小学负责人与会。会议举行了学校"三标"的授牌仪式，学校党委书记、校长牟延林汇报了学校探索与实践"三标一体"质量管理模型的工作情况。

8月4日，中共重庆市委书记黄镇东，市委常委、市常务副市长黄奇帆，市委常委、市委秘书长范照兵以及市委办公厅、市委组织部、市教委、市人事局等市级部门领导同志，在重庆市委教育工委书记、市教委主任欧可平以及永川市党政负责人陪同下到学校红河校区考察。

8月22日至8月23日，学校召开"三标一体"运行管理研讨会，就进一步完善学校"三标一体"管理检查改进机制,优化部门目标管理与质量考核办法等进行了研讨。

9月10日,学校在星湖校区第8阶梯教室召开第20个教师节庆祝暨表彰大会。

9月21日,民进渝西学院支部被民进中央评为"民进全国先进基层组织"。

9月24日,经重庆市新闻出版局研究,同意自2005年起,学校的《渝西学院学报》(社会科学版)刊期由季刊变更为双月刊。

9月30日,入住红河校区的相关院、系及职能延伸部门开始搬迁。

9月,红河校区一期基本建设,建筑面积为16万平方米的教学楼、实验楼、图书馆、食堂、学生宿舍等8个单体工程竣工通过验收。

10月6日,入住红河校区的中文系、外国语系、数学与计算机科学系、政法与经管系、教育科学系、美术系及职能延伸部门搬迁工作全部结束,5 000名学生按计划入住新校区。

10月7日,学校在红河校区教学楼E区第二阶梯教室召开新校区开学前的教职工大会。党委书记、院长牟延林作动员报告,有关职能部门负责人就新校区教学运行、安全保卫、后勤保障作了通报和安排,入住红河校区的6个系的全体教师和职能延伸部门职工参加了会议。

10月8日,早上7时20分,学校在红河校区举行第一次升国旗、唱国歌仪式。上午8时,红河校区准时行课。

10月9日,学校在红河校区J-C1104会议室召开了"红河校区启用座谈会"。永川市市委书记刘强、市长唐建华、人大主任陈友鹏、政协主席肖坤华等到会祝贺新校区启用。

2005年

3月1日,财务专网开通,师生均可在星湖、红河、北山校区报账。

3月4日,首次大学英语八级考试在学校进行。

3月14日,学校行文独立设置本科教学工作水平评估建设办公室,统领学校的本科教学工作水平评估建设工作。

3月15日，学校被评为全国普通话先进测试站。

3月1日至3月18日，重庆市教委副主任、重庆市大学城建设委员会主任陈流汀一行18人到红河校区考察。

3月19日，重庆市财政局刘建、重庆市教委计财处田静等到学校检查中央与地方共建高校实验室资金使用情况。

3月22日至3月23日，以中共重庆市纪委常委李宪为组长的重庆市高校党风廉政建设和纪检监察工作调研与考核小组一行四人莅临学校，进行党风廉政建设和纪检监察工作调研与考核。

4月11日，教育部以教发函〔2005〕49号文件通知，同意将渝西学院更名为重庆文理学院。5月18日，中共重庆市委教育工委、重庆市教育委员会发来贺信，祝贺学校经教育部批准，正式更名为重庆文理学院。5月24日，重庆市人民政府办公厅以渝办〔2005〕33号文件下发关于渝西学院更名为重庆文理学院的通知。

4月28日至4月30日，学校田径代表队在重庆医科大学举行的重庆市第八届大学生田径锦标赛中，男、女乙组均获冠军。

5月2日，原四川省政协主席聂荣贵在永川市领导袁建中、康纪强、陈发志等陪同下到学校红河校区考察。

5月20日至5月22日，学校排球代表队参加重庆市第五届大学生排球赛，获专业组第一名。

6月6日，重庆市学位委员会下发渝学位〔2005〕12号文件，批准重庆文理学院为学士学位授予权单位。英语、体育教育、汉语言文学、数学与应用数学、计算机科学与技术、物理学6个专业获学士学位授予权。

6月24日，学校获重庆市教育系统档案工作先进单位。

7月8日，保持共产党员先进性教育活动动员部署大会在星湖校区学生活动中心召开。

8月9日，重庆市委副书记邢元敏在永川市委书记刘强等人陪同下到学校红河校区视察。

8月20日，星湖广场边公路、校门口停车场公路硬化工程竣工并投入使用。

8月24日，后勤集团两校区食堂售饭系统联网。

8月26日，学校红河校区和星湖校区视频会议系统投入试运行。

9月9日，学校分别在星湖和红河校区设立主会场和分会场，庆祝第二十一个教师节。

9月22日至9月23日，学校在星湖校区第八阶梯教室举行环境管理体系转版培训。

9月29日，重庆市总工会授予学校"工会法人资格证书"，依法取得工会法人资格。

9月30日，学校电子政务与重庆市教委电子政务联网，经测试运行正常。从10月1日起，重庆市教委发文和学校上报重庆市教委的文件均由电子政务网传输。

10月10日，学校在星湖校区和红河校区第八阶梯教室召开了保持共产党员先进性教育活动整改提高阶段动员部署大会。

10月17日，学校校园网BBS实名制登记正式启动。

10月19日，学校红河校区"自主学习中心"正式向学生开放。

10月26日晚7时30分，第八届CUBA中国大学生篮球联赛（重庆赛区）开幕式在学校星湖校区风雨球场举行，重庆文理学院男、女队均获专业组第一名。

10月28日，中共重庆市委教育工委保持共产党员先进性教育活动专题工作研讨会在学校红河校区学生活动中心召开。

11月11日，学校在星湖校区第一会议室举行"本科教学工作水平评估专家组"成立大会。

11月21日，学校党委在星湖校区学生活动中心三楼召开"共产党员先进性教育活动集中学习教育活动总结大会"。

11月29日，重庆市人大常委会副主任、党组书记金烈，重庆市人大常委会副主任、重庆市总工会主席刘文率领由在渝全国人大代表组成的全国人大代表团在永川市委书记刘强、永川市人大主任陈友鹏等陪同下到红河校区视察。

11月30日，重庆文理学院教代会一届三次代表大会在红河校区D

区205教室召开。会议通过了《重庆文理学院校训、校标、校歌》《重庆文理学院师德师风建设暂行条例》《红河校区敬业安居小区方案》和《红河校区部分后勤项目采用投资主体多元化进行建设的思路》等4个议题。

12月2日，教职工安居工程投标会在永川市招标办公室举行。中国建筑第八工程局、重庆广信电业建筑工程公司、重庆博达建筑工程公司、重庆第七建筑工程有限责任公司分别建设学校教职工安居工程1、2、4、5号楼。

12月28日，由重庆市教委组干处副处长赵毅任组长的教育管理年检查考评组莅临学校，专家组采取听汇报、查阅档案资料、召开座谈会、随机调查等方式对学校2005教育管理年活动暨教育政风行风工作进行综合考评。

12月，教育部办公厅以教政法厅〔2005〕2号文件，公布全国158所"教育部依法治校示范校"名单，学校名列其中。

2006年

1月22日，学校被重庆市委教育工委、重庆市教委、市总工会评为校务公开先进集体。

2月22日，学校党委书记、校长牟延林，党委副书记刘定云主持的"高校'三标一体'教育质量模型的探索与实践"获教育部周济部长签发的高等教育国家级教学成果二等奖，同时获重庆市高等教育教学成果一等奖。

3月24日，在重庆邮电大学2005年全国大学生数学建模重庆赛区组委会举行的颁奖大会上，学校获全国一等奖1个、重庆市一等奖5个、二等奖6个，学校连续三次获重庆赛区组织工作优秀奖。

4月27日至4月29日，学校田径代表队参加重庆市在西南政法大学举行的第九届大学生田径锦标赛，代表队男子乙组、女子乙组分别获团体第一名，这是学校连续八次获冠。

5月17日，重庆市委教育工委书记、教委主任彭智勇视察学校红河校区。学校党委书记、校长牟延林，副校长孙泽平陪同并汇报有关工作。

5月29日，学校获中共重庆市委、重庆市人民政府表彰的法制宣传教育"先进集体"称号。

5月31日，学校与永川市公安局"双基地"建设签字授牌仪式在永川市公安局会议室举行。

6月11日，围棋世界冠军古力九段莅临学校红河校区交流棋艺。

8月27日，《光明日报》头版刊载以《教学相长新探索——重庆文理学院改革教学培养模式》为题的文章，对新生第一年全部进入基础学院学习"大文大理"，一年级结束后允许五分之一的学生重新挑选院系和专业的培养模式给予关注。

9月30日至10月8日，学校行政办公主体由星湖校区搬迁到红河校区恪勤楼。

10月9日，市委组织部部务委员罗聪，市委教育工委书记、市教委主任彭智勇，市教委副主任牟延林，市委教育工委副书记邓卓明，市委组织部干部二处处长阳东辰，市委教育工委组织干部处处长温良一行到校召开干部大会，宣布经重庆市人民政府调整、充实后的学校新一届领导班子。

11月8日，重庆市非物质文化遗产研究基地落户重庆文理学院，授牌仪式在格致楼多功能厅举行。

11月25日，中山大学中国非物质文化遗产研究中心重庆工作站揭牌仪式在红河校区恪勤楼多功能报告厅举行。

12月8日，"校领导与大学生网络在线交流"开通100期。

2007年

1月1日，"世界文化遗产网"发布"2006世界文化遗产十大新闻"，《重庆市非物质文化遗产研究基地落户重庆文理学院》榜上有名。

1月6日，教育部国际合作与交流司司长姜峰一行到校视察。

1月16日，学校档案工作获重庆市档案局评选的重庆市"2006年度企事业档案工作先进单位"称号。

3月31日，教育部高教司司长张尧学到校视察。

4月6日，在第三军医大学举行的2006年全国"高教社"杯大学生数学建模大赛重庆赛区颁奖大会上，学校获全国甲组一等奖1项、乙组二等奖4项，重庆市一等奖9项、二等奖4项。

5月11日，全国政协副主席张梅颖率30人组成的全国政协委员视察团在重庆市政协和重庆市教委领导陪同下视察学校，并出席在学校举行的重庆市部分高校贷款情况座谈会。

5月19日，教育部思政司网络处处长李永智到校调研网络思想政治工作。

5月20日，在重庆邮电大学参加全国网络思想政治工作研讨会的代表一行40人，到校参观网络在线交流室。

5月，副校长李德全的研究成果《大学生思想政治工作须建立可视性评价新机制》，其主要观点与对策建议被刊发在2007年3月新华社内部刊物上，国务委员陈至立、教育部副部长李卫红分别对其做批示。

6月5日，教育部副部长陈小娅、重庆市教委主任彭智勇等到校视察。

7月12日，重庆市人大常委会委员、教科文卫副主任委员刘培轩，重庆市人大常委会副秘书长高进进一行6人到校视察。

9月，重庆市宣传文化首批市级"五个一批"人才评选揭晓，学校美术系张咏清教授名列其中。

9月，音乐系郭莘舫教授独立作曲的重庆方言话剧《移民金大花》，被中宣部评定为"第十届全国五个一工程奖"优秀剧目。

9月20日，教育部原副部长、国家总督学顾问张天保，教育部师范司司长管培俊一行在重庆市人民政府副秘书长王学斯和重庆市教委副主任钟燕、副巡视程明亮等陪同下到校视察工作。

10月12日，学校《物质环境人文化，精神理念实物化》获教育部全国高校校园文化建设二等奖。

10月14至10月18日，教育部本科教学工作水平评估专家组（组长为华中科技大学党委副书记刘献君教授，副组长为黑龙江科技学院院长赵国刚教授，专家组成员包括吉林师范大学杨景海教授、四川师范大学李培教授、中国矿业大学邢永昌教授、华东师范大学凌云教授、安徽理工大学昝连生教授，专家组秘书为华中科技大学教师黄金山、湖南文理学院教师李虹）到校，对学校本科教学工作水平进行评估。

11月2日，由学校负责训练的永川区代表队在重庆市第三届农民田径运动会上以10金4银4铜的成绩，分别获全市男子、女子团体总分第一名。

11月8日，重庆市政协副主席窦瑞华一行到校视察。

12月1日，在人民大会堂召开的全国教育信息化建设工作会议上，学校被评为"全国教育信息化示范基地"。

12月，教育部、财政部联合颁发《关于批准2007年度国家精品课程建设项目的通知》（教高函〔2007〕20号），学校开设的文化素质教育类课程"非物质文化遗产概论"入选本年度国家级精品课程。

2008年

1月8日，学校获中央宣传部、中央文明办、共青团中央、教育部、全国学联授予的"2007年全国大中专学生志愿者暑期'三下乡'社会实践活动先进单位"称号。

1月15日，逸夫美术教学楼开工，该工程获得邵氏基金300万港元的资助，由中国西南设计研究院重庆分院设计，重庆恒通建设（集团）有限公司承建。

3月13日，重庆市委统战部副部长李联军、市民宗委副主任刘杰锋及市委统战部、市民宗委相关职能部门负责人在永川区委常委、统战部部长刘义全，永川区委统战部副部长、区民宗局局长王成虎陪同下来到校专题调研少数民族工作。

3月，学校被中共重庆市委、重庆市人民政府命名为2007年度"重庆市文明单位标兵"。

3月14日，学校网球协会正式成立。

3月19日，"重庆地恩科技开发有限责任公司"注册成立。

3月27日，学校纪委被重庆市纪委、市委组织部和市委宣传部授予2007年度"重庆市反腐倡廉宣传教育工作先进集体"称号。

3月29日，中国共产党重庆文理学院第一次代表大会在红河校区304会议厅召开。大会应到代表136名，因事请假3名，实际到会代表133名。大会通过了《中共重庆文理学院委员会工作报告的决议》和《中共重庆文理学院纪律检查委员会报告的决议》。选举产生了中国共产党重庆文理学院第一届委员会委员和新一届纪律检查委员会委员。

4月18日，教育部公布2007年对全国普通高等学校本科教学工作水平进行评估的结果，学校获"良好"。

4月22日，学校人和居工程通过综合验收。

5月12日，四川省汶川县发生里氏8.0级强震，我校所处的重庆市永川区有明显震感。地震灾情发布后，我校党政立即实施安全工作预案，以党委书记和校长为组长的抗震应急指挥部，第一时间作出应急反应，组织师生有序撤离到校园空旷地带。

5月24日，重庆市委常委、副市长马正其率市级有关部门负责人在永川区委书记胡际权、区长唐建华等陪同下来校视察。

6月14日，晚上大雨，星湖校区教职工8号宿舍一楼被淹，同时背面山体部分滑坡，未造成大的损失。

6月，学校决定，本学期结束后停办重庆文理学院幼儿园。

7月3日，重庆博达学校后勤服务有限公司注册成立。

7月13日，我校参与建设的"中国故事·重庆非物质文化遗产"展览馆在北京奥林匹克公园中心区落成。

8月，重庆市教科文卫体工会授予我校"抗震救灾先进集体"光荣称号。

9月17日，学校获"首批国家级语言文字规范化示范校"称号。

9月22日，全国教育科学"十一五"规划教育部规划课题"新建本科院校发展与教学评估的重点研究"课题组会议在学校恪勤楼422会议室召开。

9月26日，学校有线电视新闻新版开播仪式在红河校区博文馆学术报告厅举行。

9月28日，孙泽平校长获教育部表彰的"教育系统抗震救灾先进个人"称号。

10月29日，教育部、财政部联合公布第三批高等学校特色专业建设点名单，学校园林专业名列其中。

10月27日，重庆市科学技术协会渝科协〔2008〕198号文件批复，同意成立重庆文理学院科学技术协会。

11月4日，由学校训练的重庆市代表队参加全国第六届农运会，共获3金2银。

11月6日，学校科学技术协会成立大会暨第一次代表大会召开。

11月19日，中国工程院院士四川大学涂铭旌教授受聘为学校教授和发展战略顾问。

2009年

1月20日，在"重庆市2009年高校党政工联谊会"上，学校获"模范职工之家"称号。

3月6日，永川区政府与学校土地置换签字仪式在红河校区博文馆101学术报告厅举行。

3月12日，永川区规划局到学校进行实地考察，出具了新增13.33万平方米教育用地的规划红线图。

4月12日，重庆市教委批准、重庆文化遗产学院组织实施的首届重庆市非物质文化遗产教育传承中小学骨干教师培训班在红河校区恪勤楼422会议室举行了开学典礼。

4月13日，中共重庆市委教育工委、市教育委员会表彰2008年度党政信息工作先进单位和先进个人，学校获2008年度教育系统党政信息工作先进单位，蔡华锋获2008年度教育系统政务信息工作先进个人称号。

5月6日，学校深入学习实践科学发展观活动学习调研阶段总结暨分析检查阶段动员大会在红河校区恪勤楼304多功能厅召开。

5月11日，全国人大常委会副委员长、中国民主建国会中央主席陈昌智率领重庆人大常委会副主任、中国民主建国会重庆市委主委卢晓钟，重庆市人大副秘书长、人代工委主任彭光庆，中共重庆市委统战部副部长、市工商联党组书记丁祥龙，永川区四大班子主要领导，沙坪坝区领导等一行10余人到校视察。

5月17日，重庆服务外包学院授牌仪式在学校红河校区恪勤楼304多功能厅举行。

5月20日，重庆文理学院教师合唱团、网球协会、钓鱼协会、乒乓球协会、羽毛球协会、健身俱乐部等文体协会授牌仪式在红河校区恪勤楼422会议室举行。

6月6日，重庆市品牌学会门户网站（www.3cba.org）设计制作完成并正式开通运行。

6月10日，由学校总务部、后勤集团、博达公司和金科公司共同创办的《后勤建设报》第1期正式发刊。

6月14日，重庆文化遗产学院成立，重庆市政协副主席陈万志为重庆文化遗产学院授牌。

6月15日，学校获中共重庆市委、重庆市人民政府颁发的"重庆市文明单位标兵"称号。

6月16日，中共重庆市委教育工委公布高校（院）校报评估结果，《重庆文理学院报》获"优秀"。

7月9日，"永川区重庆文理学院预防腐败研究中心"在学校正式挂牌成立。

8月25日至9月2日，学校8名新聘外籍教师陆续到校并入住红河校区观柏苑外教公寓。

9月3日，学校来自俄罗斯的2名留学生到校并入住红河校区观柏苑留学生公寓。

9月3日，离休干部熊秉衡获"教育工作终身贡献奖"荣誉称号（渝教人〔2009〕65号）。

9月4日，学校深入学习实践科学发展观活动总结大会在红河校区恪勤楼304多功能厅召开。

9月7日，学校在红河校区恪勤楼422会议室召开甲型H1N1流感防控工作布置会，对学校当前的甲型H1N1流感防控工作作全面部署。

9月30日起，两校区实行凭证出入校门制度，严格执行《重庆文理学院校门管理规定》，控制外来人员和外来车辆入校。

10月22日，学校大学生创业园区正式开园。

12月6日，学校被重庆市校务公开领导小组授予"重庆市民主管理示范学校"称号。

12月11至12月13日，由重庆市文化广播电视局主办，重庆市非物质文化遗产保护中心、重庆文理学院非物质文化遗产研究中心、重庆文化遗产学院共同承办的重庆市非物质文化遗产保护工作培训会在学校召开。

12月，中国健美操协会授予学校"2009年度全国健美操大众锻炼标准推广奖"。

2010年

1月11日，学校与马来西亚世纪大学签订共建孔子学院协议。

2月24日，学校党委宣传部获重庆市"宣传文化工作先进单位"称号。

2月25日，中共重庆市委教育工委、重庆市教委、中共重庆市教育纪工委授予学校纪委、监察处"2008—2009年度重庆市教育系统纪检监察工作先进集体"称号。

3月10日，英国威尔士职业教育代表团一行10人到学校参观访问。

3月18日，红河校区中国电信网络计费系统正式开始在校园网内启用，运用新系统收取网络费。

4月9日，学校升本建院以来首次硕士研究生统一招聘考试在红河校区知津楼举行。

4月16日，学校勤工俭学基地——移动红河营业厅举行开业仪式。

4月21日，全校各二级单位组织学习《重庆文理学院第四次本科教学大讨论活动方案》《重庆文理学院关于深入推进五大教学改革的意见》等文件精神，广泛开展第四次本科教学大讨论活动，深入推进课程教学内容、教学方式、公共课教学、课程考核方式、毕业论文（设计）五大教学改革。

4月26日，重庆文理学院"校领导与大学生网络在线交流200期"

新闻发布会在红河校区恪勤楼 422 会议室举行。

4 月 29 日，学校与瑞士酒店管理旅游学院集团、成都马瑞卡酒店物业管理有限公司在红河校区恪勤楼 504 会议室举行合作办学签字仪式暨重庆文理学院瑞士 MRK 酒店管理学院揭牌仪式。

5 月 6 日，学校发展战略顾问涂铭旌院士、校党委书记钟志奇、校长孙泽平、副校长兰刚、副校长谭宏、副书记左益、副书记刘灿国、副校长李德全、副校长张进及相关部门负责人到重庆市科学技术研究院考察并在该院举行校级中心组学习扩大会，重庆市科学技术研究院院长潘复生，党委书记皮晓青，副院长贾渝跃、刘斌、余武及有关处室领导、研究机构负责人共 40 余人参加会议。会后，双方签署《共建"重庆市新材料中心应用研究实验室"框架协议》及有关研究协议，双方还为重庆市科学技术研究院专门设立的"涂铭旌院士工作室"举行授牌仪式。

5 月 8 日，普通话智能测试在红河校区格致楼首次进行，1 400 余名考生参加测评。

5 月 10 日，重庆市教委 2010 年 22 期简报以"重庆文理学院大力开展教学改革，加快应用型人才培养体系建设"为题发专刊，充分肯定学校改革课程教学内容、改革教学方式、改革公共课教学、改革课程考核方式、改革毕业论文（设计）的五大教学改革。

5 月 12 日，学校在永川区文化艺术中心举行重庆文理学院第四次本科教学大讨论暨师德师风建设动员大会。

5 月 15 日，后勤改革动员大会在星湖校区 4006 教室召开。

5 月 18 日，重庆市教委与陕西省教育厅在重庆天宇大酒店签订《渝陕教育合作协议》，学校与陕西科技大学结对合作。

5 月 18 日，学校与大足县人民政府在大足县政府大楼举行校地共建战略合作签字仪式。

5 月 21 日，学校在红河校区恪勤楼 204 会议室召开红河校区物业管理招标会，经综合评审，重庆博达学校后勤服务有限公司中标。

6 月 5 日，《星湖》报 100 期汇报大会暨重庆市高校社团联合发展论坛在星湖校区桃花山庄会议室召开。

6月9日，原重庆文理学院后勤集团更名为重庆文理学院新叶后勤服务公司。

6月18日晚至6月19日晨，学校星湖校区所在地遭受多年罕见特大暴雨，数小时内降雨量超过140毫米。强降雨伴随大风等恶劣天气，于19日凌晨6时20分引发星湖校区后山塌方及泥石流灾害。顷刻间，天然气、自来水管道被冲毁，泄洪通道堵塞，洪水涌进8号楼教工宿舍一楼住户，道路、田径场相继被洪水淹没。7时10分，校长孙泽平代表抢险救灾指挥部发出第一号命令，受泥石流威胁的8号、16号教工宿舍楼居民被紧急疏散，19日上午10时许，大部分区域恢复供水。11时30分，学生食堂正常供餐。22时30分，整个校区及周边社区恢复供气。

6月27日，电子科技大学与学校联合培养的"首届双学士毕业典礼暨颁奖大会"在红河校区博文馆101举行。

6月30日，《重庆日报》以《化蛹为蝶，九年催生"文理模式"》为题深入解读重庆文理学院9年跨越发展之路。

7月9日，重庆理工大学和学校联合培养硕士研究生签字仪式在红河校区恪勤楼422室举行。

7月1至7月13日，学校展开以"五说"系列论坛为载体的第四次本科教学大讨论之期末集中讨论。

9月10日，学校在红河校区恪勤楼304会议室召开"户籍改革"工作推进会。

9月30日，第二届教职工代表大会暨工会会员代表大会第四次会议在红河校区恪勤楼304会议室举行。

9月，学校聘请国际知名群论家、博士生导师施武杰教授担任数学与统计学院院长，聘请原四川大学高分子材料科学与工程学院教授、硕士生导师董祥忠担任材料学院副院长。

9月，周天哲家庭获第三届重庆读书月"十佳书香家庭"称号。

10月16日，在北京体育大学举行的"回力轮胎杯"2010年中国健身公开系列赛总决赛上，学校体育学院2009级学生袁建军获男子体育模特第四名。

10月8至10月17日，以校长孙泽平为团长的学校赴美代表团一行6人应美国山南道大学和美国西北理工大学邀请就国际合作办学、联合培养学生等进行考察访问。

10月21日，学校与俄罗斯高校联合会、伊万诺沃化工技术大学三方合作项目洽谈会在红河校区恪勤楼504会议室举行。

10月21日，学校获2011年全国高水平运动队（篮球）招生资格，学校首次获准在全国范围内招收高水平运动员（教体艺厅〔2010〕10号）。

11月9日，学校在红河校区恪勤楼201会议室召开"红河校区B区建设指挥部工作启动会"。

11月26日，重庆文理学院与彭水苗族土家族自治县人民政府正式签署"校地合作"框架协议，正式结成战略合作伙伴关系。

12月21日，学校与亚洲e大学项目合作洽谈会在红河校区恪勤楼422会议室举行。马来西亚亚洲e大学副校长麦联芳先生一行4人以及学校副校长张进等出席洽谈会。

12月24日，成立"后勤客户服务中心"，受理学校餐饮、住宿、网络、一卡通、绿化、环境卫生、设备设施维修、安全保卫等有关后勤服务的咨询、投诉等工作。

12月27日至12月31日，第四次教学工作会在红河校区知善楼学生活动中心召开。

2011年

2月10日，红河校区北线工程（含四栋多层附属用房和两栋高层建筑）正式启动，该工程建筑面积约10万平方米。

2月21日，学校红河校区B区建设奠基仪式在B区建设工地举行，红河B区规划面积约18万平方米，总投资约3亿元，建筑面积16万平方米，最大容量为8 000人。

3月14日，学校与菲律宾高校联盟教育合作洽谈会在红河校区恪勤楼422会议室举行。

3月21日，学校与俄罗斯伊万诺沃化工技术大学共建的"俄语语言文化中心"挂牌仪式在红河校区恪勤楼304会议室举行。

3月21日，学校在红河校区恪勤楼504会议室举行同美国山南道大学建立友好学校的签字仪式。

3月30日，由马来西亚、波兰、乌兹别克斯坦、马尔代夫等国学生组成的马来西亚泰莱大学游学团一行20人抵达学校，进行为期三天的国际游学活动。

4月7日，永川区委宣传部、学校党委宣传部联合组建的永川社会思想动态研究中心成立仪式在红河校区博文馆101举行。

4月27日，学校被重庆市总工会授予2011年"重庆五一劳动奖"，校务部被授予"重庆市工人先锋号"。

4月28日，中国科学院院士杨叔子在星湖校区活动中心四楼为学校学子作"成人成才"讲座。

5月20日，涂铭旌院士从教60周年系列活动之一——川渝两地表面工程技术合作研讨会在校材料科技楼会议室召开。

5月20日至5月22日，首届中国文学人类学青年学术论坛在学校召开。

5月21日，中国文学人类学研究会重庆研究中心在学校挂牌成立。

5月，学校被中华全国总工会表彰为"全国工会优秀职工书屋"（渝工办发〔2011〕23号）。

6月3日，涂铭旌院士从教60周年系列活动之二——新兴材料应用前沿研讨会在材料科技楼会议室召开。

6月3日，学校在学海广场举行"学党史、知党情、跟党走"第400期周末文化广场暨庆祝建党90周年文艺演出。

6月17日，重庆电信职业学院成立新闻发布会在红河校区恪勤楼422会议室举行。

7月28日，"重庆文理学院"校名及"CQWU"校名简称经国家商标局审核分别通过41类（教育服务类别）、42类（科研服务类别）商标注册。重庆文理学院LOGO（校标）经国家版权局审核通过著作权登记。

8月，化学与环境工程学院获准设立重庆市新一批博士后科研工作站

（渝人社发〔2011〕195号）。

9月5日，学校被永川区人民政府认定为首批服务外包产业人才培养基地院校（永教职成〔2011〕7号）并授牌。

9月25日至9月28日，在海南三亚体育中心举行的第十二届全国大学生田径锦标赛上，学校派出2男6女共8名运动员参与乙组15个项目的比赛，所有运动员都进入前8名，取得4金1银2铜和团体排名第2名的成绩。

10月11日，由校友总会主办的重庆文理学院建校35周年暨升本建院10周年"校友论坛"，在红河校区博文馆101开讲。

10月18日，重庆文理学院与俄罗斯伊万诺沃国际儿童院国际教育合作洽谈会暨签字仪式在红河校区恪勤楼504会议室举行。

10月29日，学校组织专家对全校2011版本科人才培养方案的修（制）订进行答辩评审，共评审全校18个二级学院42个专业2011版本科人才培养方案。

11月5日，涂铭旌院士从教60周年系列活动之"材料学科发展高层论坛"在红河校区恪勤楼304多功能厅举行。

11月5日，我国石油管材工程专家、中国工程院院士李鹤林在星湖校区第8阶梯教室为师生作题为"成功在于坚持"专题报告。

11月5日，由学校马雁、李德全、蒋礼文、刘定云等组织申报的"实施成长记录单探索大学生档案管理新模式"获重庆市档案局2009—2010年度档案优秀科技成果二等奖。

11月5日晚，学校建校35周年暨升本建院10周年庆祝大会暨文艺晚会在红河校区学海广场举行。

11月6日，重庆文理学院校友会首届年会在江鸿国际大饭店四楼鸿宾厅举行。

11月6日，材料交叉学科发展战略研讨会在学校材料科技楼会议室举行。

11月18日，学校与爱尔兰特瑞里理工学院合作项目洽谈会在红河校区恪勤楼504会议室举行。就学生、学术合作、共建语言中心以及其他可能开展的合作项目达成共识并签署备忘录。

11月22日，在教育部召开的2012年全国普通高校毕业生就业工作网络视频会上，教育部部长袁贵仁在讲话中充分肯定学校在着力建设大学生微型企业创业园、落实大学生创业方面取得显著成效。

11月25日至11月26日，中国共产党重庆文理学院第二次代表大会在红河校区恪勤楼304会议室举行。

12月12日，第二届教职工代表大会暨工会会员代表大会第五次会议在红河校区恪勤楼304会议室召开。

12月19日至12月23日，教育部高教司理工处处长李茂国到学校开展为期1周的蹲点调研。

12月23日，重庆市教委发文通报表彰2009—2011年教育史志年鉴工作先进集体和先进个人，学校获先进集体称号，校务部马雁被评为先进个人。

12月，中国对外友好合作服务中心授予学校2011年大学生赴美社会实践项目"优秀合作院校"。

12月，学校首批12名赴新加坡带薪实习学生顺利返校。学校赴新加坡带薪实习项目于2010年12月底启动，有18名学生赴新加坡翡翠餐饮公司（Crystal Jade Culinary Concepts Holding）带薪实习。

12月，学校工会被中国教科文卫体工会授予全国教科文卫体系统"先进工会组织"。

2012年

2月7日至2月15日，学校管理干部高级研修班（第一期）在北京大学举行，70名中干参训。

2月27日，教育部下发《关于公布邵氏基金赠款第二十一批大学项目评审结果的通知》（教港澳台办〔2012〕57号），学校逸夫美术教学楼项目获邵氏基金赠款第二十一批大学项目评审三等奖。

2月27日，重庆文理学院管乐团被市教委命名为首批重庆市学生管乐艺术团（渝教体卫艺〔2012〕8号）。

3月13日至3月16日,俄罗斯国际儿童院院长卡琳娜女士率国际儿童院师生共13人到学校交流访问。

3月19日至3月20日,由中国工程院院士涂铭旌主讲的"创造发明学导论"文理基础选修课分别在星湖校区和红河校区开课。

3月21日,团中央干部来渝蹲点调研在红河校区恪勤楼422会议室召开的座谈会。

3月21日,学校与美国伯特利大学教育合作洽谈会在红河校区恪勤楼422会议室举行。

4月22日晚8点至9点30分,学校首次"部门负责人与大学生面对面交流"活动在红河校区知津楼J-D1504教室举行。

4月19日至4月22日,在西南大学进行的重庆市第十五届大学生田径锦标赛中,学校派出20名运动员参加14个项目的比赛,获7金8银8铜和女子团体总分第一、男子团体总分第三。

4月27日,《重庆文理学院报》创刊30周年暨出刊500期庆祝大会在恪勤楼422召开。

5月6日,国际矿产资源科学院院士、乌兹别克斯坦共和国自然科学院院士、北京科技大学博士生导师何知礼教授来学校访问交流。

5月12日,重庆理工大学重庆文理学院教学点首届在职工程硕士开课仪式在红河校区知津楼J-B1308教室举行。

5月23日,全国人大常委会委员、全国人大教科文卫委副主任程津培一行到学校调研。

6月1日至6月2日,学校第三次教职工代表大会暨工会会员代表大会在红河校区恪勤楼304会议室召开。

6月1日,学校教育广播台建台35周年庆典晚会在红河校区学生活动中心举行。

6月5日,学校在红河校区恪勤楼221、322、422会议室举行"五说"系列之"评规划·说发展"活动,即二级学院发展规划评审会。

6月25日,学校与美国佛罗里达国际大学合作洽谈会在红河校区恪勤楼504会议室召开。

6月26日，教育部同意将学校"中俄青少年发展研究中心"纳入中俄人文合作工作机制（教外司欧亚〔2012〕730号）。

6月28日，学校材料交叉学科研究中心党支部被中共重庆市委表彰为创先争优先进基层党组织（渝委发〔2012〕16号）。

6月，学校被重庆市命名为非物质文化遗产传承教育基地。

7月7日，学校发展咨询委员会成立大会在红河校区恪勤楼422会议室举行。

7月11日至7月20日，学校管理干部高级研修班（第二期）在北京大学开办，70余名学员参加研修培训。

9月10日，重庆市委第四巡视组在红河校区恪勤楼304会议室召开市委巡视意见反馈会，重庆市委第四巡视组于5月9日到校，7月6日结束工作。

9月13日，外国语学院、材料与化工学院、电子电气工程学院近500名学生入住红河校区B区。

10月17日，学校召开红河校区B区建设工程总结会，B区建设自2010年6月启动，2011年2月21日始建，2012年8月30日进行综合验收。

11月6日至11月7日，2012年微纳米材料科技及应用国际高层论坛在学校举行。

11月8日，大学生微型企业孵化园被重庆市人力资源和社会保障局授予"重庆市创业孵化基地"。

12月15日，学校在红河校区恪勤楼422会议室举行"重庆文理学院青年教职工座谈会"。

12月16日，学校第三届教师"说课程·教改课"比赛决赛在红河、星湖两校区同时举行。

12月21日，学校"十二五"发展规划接受重庆市教委专家组的评议，评议会在红河校区恪勤楼422会议室举行。

12月26日，重庆市教育委员会公布重庆市"大学生校外实践教育基地"立项名单（渝教高〔2012〕66号），重庆中集物流有限公司被立项为学校管理学教育实践基地。

2013 年

1月8日，重庆市人民政府下文《关于同意西南历史地理研究中心等研究机构为重庆市人文社会科学重点研究基地的批复》（渝府〔2013〕1号），由学校申报的"重庆市非物质文化遗产研究中心"获批为重庆市第三批人文社会科学重点研究基地。

1月9日，学校被授予全市首批示范"青爱小屋"学校，党委副书记刘灿国被聘为重庆市青爱工程顾问。

1月8日至1月9日，俄罗斯伊万诺沃国际儿童院副校长Olga Matvievskaia女士一行3人以及儿童院老一辈毕业生李多力、秦葳来校进行访问。

1月12日至1月15日，召开第五次教学工作会。校长孙泽平作"统筹推进学校转型发展，努力构建富有特色的应用型人才培养体系"报告。

1月16日，在重庆市宣传思想文化工作会议上，学校党委宣传部获"重庆市2012年度宣传思想文化工作先进单位"。

2月5日，学校计算机工程实验教学中心被重庆市教委确定为2012年度重庆市高等学校实验教学示范中心建设单位（渝教高〔2013〕3号）。

3月21日，学校与美国佛罗里达国际大学合作洽谈会在红河校区恪勤楼504会议室召开。

3月25日，美国山南道大学音乐学院博士生导师Michael Forest教授来学校音乐学院进行为期一周的教学交流访问活动。

4月9日，由学校与重庆高教学会联办的《重庆高教研究》（双月刊）创刊号出版，首期刊载学术论文23篇。

4月28日，重庆市机器人与智能装备产业发展联盟在璧山县召开成立大会。学校被确定为副理事长单位。

5月22日，重庆光电产业技术协同创新战略联盟成立大会在学校红河校区恪勤楼422会议室召开。

5月31日，学校印发《关于表彰档案工作先进单位和先进个人的决定》（重文理办〔2013〕7号），对档案工作先进单位和档案工作奉献奖、创新奖、先进个人进行表彰。

5月，学校3位教授张洪涛、程正富、王大平分别入选2013—2017年教育部高等学校教学指导委员会材料物理与材料化学专业教学指导分委员会委员、物理学类专业教学指导委员会委员、农艺（含农学、植物保护）类教学指导分委员会委员。

5月，教育部办公厅印发《关于公布2012—2013年度全国毕业生就业典型经验高校的通知》（教学厅函〔2013〕10号），重庆文理学院被教育部评为2012—2013年度全国毕业生就业典型经验高校。

6月21日，学校与重庆市教育科学研究院联合举办的"卓越教师教育实验班"签字仪式在市教科院会议室举行。

7月8日至7月15日，学校党委在井冈山大学举办"弘扬井冈山精神，坚定理想信念"学习培训班，全校党总支书记和专职思想政治课教师共计45人参加培训。

9月11日，学校召开党的群众路线教育实践活动动员大会。

9月18日，学校各党总支、直属支部召开党的群众路线教育实践活动动员会。

9月22日，学校党的群众路线教育实践活动督导工作交流会在红河校区恪勤楼312会议室召开。

9月28日，人和居6、7号楼车位选购工作完成，410余名教职工选购了车位。

10月11日，由重庆文理学院和重庆市教育科学研究院联合举办的首届"卓越教师教育实验班"工作研讨会在红河校区恪勤楼304会议室举行。

10月25日，学校与浙江省绍兴市越城区人民政府"专业人才引培、校企对接合作洽谈会"在红河校区恪勤楼422会议室举行。

10月25日，"重庆文理学院2014届毕业生双选会——浙江绍兴专场"在学生活动中心举行。

11月1日，中国教育工会重庆文理学院委员会被中华全国总工会授予全国模范职工之家称号。

11月2日，学校星湖写作社20周年社庆、星湖写作社校友会成立大会以及星湖论坛在红河校区博文馆101举行。

11月13日，学校诗词楹联学会校友会成立大会在红河校区知津楼A-1206教室举行。

11月18日，学校新药创制中心揭牌仪式在红河校区B区格物楼举行。

12月17日，学校在红河校区恪勤楼422会议室召开"三标一体"教育质量管理模型创建10周年工作研讨会。

12月22日晚7点30分至9点，学校"校领导与大学生网络在线交流"模式建立10周年暨300期专题活动在红河校区博文馆101学术报告厅举行。

2014年

1月21日，在重庆市机器人与智能装备产业联盟和重庆市物联网联盟共同主办的"2013重庆CIO年度工作会议"上，学校被重庆市机器人产业联盟授予"2013年度重庆市优秀会员单位"。

3月7日，学校特邀新西兰皇家科学院/工程院院士、奥克兰大学教授高唯来校短期工作至3月25日。

3月7日，中共重庆市委副书记张国清在永川区区委书记熊雪、区长方军的陪同下莅临重庆（永川）种苗科技城调研。

3月12日，新西兰皇家科学院/工程院院士、奥克兰大学高唯教授在红河校区恪勤楼304会议室作"大学的现代化与国际化——趋势与挑战"学术报告。

4月，中国统计出版社出版发行了中国管理科学研究院"中国大学评价"课题组组长武书连的《挑大学选专业——2014高考志愿填报指南》。在该书最新的2014年全国734所大学各学科排行榜中，学校的综合实力排名居第343名（在2013年中国一千所大学各学科等级排名中我校排第364名）。

4月16日，重庆预师二团57高炮一营2014年重庆文理学院入队人员宣誓大会在学校红河校区博文馆101举行。

4月24日至4月27日，在西南大学举行的重庆市第十七届大学生田径锦标赛上，学校共取得6金7银8铜和丙组女子团体第一、男子团体第四及男女综合第二的成绩，其中女子七项全能、女子4×400米破校最高纪录，女子3 000米破重庆市大学生田径锦标赛纪录。

4月28日，"重庆文理学院校园节能监管系统（平台）"建设项目通过重庆市城乡建设委员会组织的专家组验收。

5月16日，重庆文理学院第三届二次教职工代表大会暨工会会员代表大会在红河校区恪勤楼304会议室召开。大会表决通过《重庆文理学院第三次设岗聘任方案》《重庆文理学院教职工代表大会实施细则》《重庆文理学院二级教代会实施办法》。

5月21日，党外知识分子联谊会第二次代表大会在红河校区恪勤楼422会议室举行。

6月11日，由重庆文理学院、重庆市教科院主办，学校教学部、教育学院承办的"首届卓越教师教育实验班阶段成果汇报展"在红河校区知津楼门厅展出。

6月18日，圆梦文理——重庆文理学院青年教师演讲比赛在红河校区博文馆101举行。

6月24日，学校新材料技术研究院"科技开放日"活动在红河校区材料科技大楼举行。

6月24日，中国工程院院士李鹤林到学校看望涂铭旌院士，材料科技领域的两位知名院士在材料科技楼211室进行座谈交流。

6月，世界著名的矿物学和地质学家、国际矿产资源科学院院士、乌兹别克斯坦共和国自然科学院院士、北京科技大学博士生导师、重庆文理学院发展战略顾问何知礼教授为学校本科学生讲授文理基础教育选修课程"怎样进行科学研究"。

7月13日，"中华多民族文化遗产与文化凝聚协同创新中心"重庆文理学院挂牌仪式在红河校区恪勤楼504会议室举行。

8月上旬，学校"巴渝海外引智计划"——意大利那不勒斯费德里克二世大学教授 Massimo Santoro 应邀来新药创制中心短期工作。

9月17日，在重庆市科学技术奖励大会上，刘奕清团队"特色苗木良种选育及现代设施繁育技术体系创建与应用"成果获科技进步二等奖，李强团队"长江泥沙型水体中水湿生植被的生长恢复研究"、罗文波团队"注意影响面孔加工的认知神经机制模型"成果获自然科学三等奖。

10月10日，学校离休教师石天河先生作品研讨会在红河校区恪勤楼422会议室举行。

10月14日，重庆市人民政府副市长刘伟到学校调研大学生就业创业工作。

10月22日，学校在红河校区博文馆101召开中央及市委党的群众路线教育实践活动总结大会精神传达会。

10月20日至10月24日，由学校承办、重庆市教委主办的"中俄青年文化艺术交流活动周"活动在学校进行，于20日在永川区文化艺术中心举行开幕式。

10月24日，学校对口支持重庆城市职业学院签约仪式在红河校区恪勤楼422会议室举行。

10月，园林专业获批国家第一批"实用技能型"卓越农林人才教育培养计划改革试点项目（高教函〔2014〕7号）。

11月18日至11月20日，澳大利亚皇家墨尔本理工大学先进制造中心副主任马前教授应邀在学校开展短期工作。

12月5日，中央农村工作领导小组副组长袁纯清、重庆市副市长张鸣在永川区区委书记熊雪、区长方军、区委副书记王志杰等陪同下到学校农业科技成果转化基地调研。

12月13日，在江苏省南京市召开的"第三届全国啦啦操校（局）长论坛"上，学校被全国啦啦操委员会评为"全国啦啦操实验高校"，成为重庆市首批获得实验高校的两所高校之一。

12月，在全国地方高校学报研究会第四届评优活动中，《重庆高教研究》被评为"全国地方高校优秀期刊"，《重庆文理学院学报》获"全国地方高校学报特殊贡献奖"。

12月，重庆市教育委员会下发了《关于公布2014年重庆市大学生创业示范基地的通知》（渝教学〔2014〕18号），学校成为首批重庆市大学生创业示范基地。

2015年

1月2日，第四届校友会年会暨校地校企合作推进会在攀枝花南山宾馆举行，来自全国各地及美国、加拿大的300余名校友齐聚花城，共叙师生情、同窗谊，共商学校建设发展大计。

1月15日，学校第四届教师"说课程·教改课"决赛在红河、星湖两校区分三个组同时举行。

3月13日，重庆市人民政府副市长刘强来到重庆（永川）特色植物种苗科技城调研。

3月19日，中纪委驻农业部纪检组组长、农业部党组成员宋建朝率队到重庆（永川）特色植物种苗科技城调研。

3月27日，电子电气工程学院济慈物理名师班开班典礼在红河校区格术楼301举行。

4月8日至4月10日，学校召开第六次教学工作会，校长孙泽平作"应用为本，内涵发展，坚定不移地推进应用型人才培养体系建设"工作报告。

5月8日至5月10日，由重庆市教育委员会主办、学校承办的"2015年重庆市大学生田径锦标赛"在永川体育中心举行，学校代表队分别获女子丙组团体、男子丙组团体第三名。

5月16日至5月18日，由国家自然科学基金委员会资助，重庆文理学院主办的"群的数量性质及相关课题"国际研讨会在学校举行，本次国际研讨会共邀请来自7个国家54所高校和科研院所120余位数学家参会。

5月8日至5月17日，在重庆师范大学体育馆举行的第十七届CUBA西南赛区比赛中，学校男队以重庆市大学生男篮冠军的身份参加比赛，获第四名，冲进CUBA全国总决赛，首次获得全国总决赛参赛资格，也是重庆市高校第一支参加 CUBA 总决赛的球队。

5 月 30 日，重庆文理学院企业家校友会第一届理事会第一次会议在学校红河校区恪勤楼 422 会议室召开。

6 月 19 日，西藏校友会在拉萨成立。

6 月 23 日，市教委发布《关于认定重庆理工大学机器人技术协同创新中心等 4 个协同创新中心为重庆市级协同创新中心的通知》（渝教科〔2015〕25 号），学校特色植物产业协同创新中心被认定为市级协同创新中心，成为学校第二个市级协同创新中心。

6 月 30 日，学校创新靶向药物国际研究院成立暨发展研讨会在红河校区 B 区格物楼举行。

7 月 17 日至 7 月 19 日，全国文理学院联盟成立大会暨文理学院联盟学术研讨会在宝鸡文理学院召开，学校党委书记钟志奇，校长孙泽平，副校长张进、漆新贵出席会议，大会审议并通过《文理学院联盟章程》和《文理学院联盟领导机构人员名单》，联盟成员单位领导共同签署了《文理学院联盟宣言》。

8 月 20 日，学生网上缴费系统正式启用。

9 月 14 日，学校与中外运长航集团重庆长江轮船公司在红河校区博文馆 101 举行"国际海员海乘校企合作定向委培班"新生见面会。

10 月 9 日至 10 月 12 日，在第四届中国创新创业大赛生物医药行业总决赛中，重庆文理学院"创新靶向药物国际研究院"陈中祝教授领衔的"重庆文理新药创新团队"获生物医药行业全国总决赛团队组第一名，并获最佳人气奖。

10 月 21 日，副校长张进与新药创新团队负责人陈中祝赴北京参加由科学技术部主办的"科技引领创新创业座谈会"，得到中央政治局委员、国务院副总理刘延东接见。全国政协副主席、科技部部长万钢，教育部副部长杜占元等也分别听取了学校新药创新团队建设、新药研发、成果转化以及学科建设、科学研究和人才培养等情况的汇报，对学校近年来转型发展的成就表示高度赞许。

10 月 21 日，学校与重庆市水环境监测中心永川分中心（以下简称"中心")联合开办的"重庆文理学院水环境监测特色班"项目正式启动。

10月26日,重庆市教委主任周旭率市教委相关处室负责人来校调研创新靶向药物团队暨学校"十三五"规划等相关工作。

10月28日,学校与洲际酒店管理集团在重庆洲际酒店宴会3厅举行"洲际酒店集团英才培养学院"成立签约仪式。

10月23日至10月27日,由中国足协主办、重庆市足协和体育学院承办的2015年国际足联/中国足协女足青少年精英教练员培训班在学校举行。

11月2日,学校新材料技术研究院重庆市博士后科研工作站首批博士后出站答辩报告会在材料科技楼305会议室举行。

11月6日,由学校、微纳米光电材料与器件协同创新中心和中国仪表功能材料学会联合主办的"2015年光电材料与器件国际高层论坛"在学校恪勤楼422会议室召开。

11月11日至11月12日,重庆市2015年高校思想政治理论课教师教学技能大赛决赛在学校举行。

11月14日,在北华航天工业学院,学校校长孙泽平、北华航天工业学院校长郝玉龙代表双方正式签署合作协议,正式启动两校全方位的合作。

11月18日,副校长谭宏率队出席在意大利驻重庆总领事馆举行的学校与意大利佩鲁贾大学研究生联合培养合作协议签署仪式。

11月20日,民盟中央副主席、全国政协常委、福建省政协副主席、民盟福建省委主委、中科院院士郑兰荪来学校考察调研新材料技术研究院的工作。

12月4日,在红河校区恪勤楼422会议室举行的2015年重庆市高校校报年会暨换届选举中,学校当选为新一届重庆市高校校报研究会会长、秘书长单位。

12月20日,博达公司(重庆博达学校后勤服务有限公司)被中国教育后勤协会授予"中国校园物业实体(企业)百强"称号。

12月23日,学校首届众创空间大型路演活动在红河校区A区举行。

12月，学校参与建设的"中国多民族文化凝聚与国家认同协同创新中心"获准进入第三批"四川2011协同创新中心"（批文号：川教函〔2015〕624号）。

12月，学校微纳米光电材料与器件协同创新中心的科研团队成功突破将银金属纳米化及图像化的技术难题，研制出目前处于国际前沿的导电薄膜柔性触摸屏，受到了中央媒体及地方媒体的广泛关注，新华网、香港《文汇报》、《重庆日报》分别以《中国科学家研制银纳米线触摸屏手机》《内地研制银纳米线触摸屏》《重庆文理学院用纳米银线研制出新一代柔性触摸屏》为题，介绍了该项科研成果，《重庆晨报》更是用近一个版面的篇幅刊登题为《文理学院这项新技术让智能手机可随身穿戴》的报道。人民网、中国信息产业网、中国科技网、中国青年网、中国通信网、中国创新网、凤凰资讯、环球网、东方网、海峡网、网易、重庆华龙网、大渝网等30余家网站纷纷转载了学校新一代柔性触摸屏研制成功的报道。

2016年

1月7日，学校牵头承担的国家星火计划重大项目"重庆现代设施农业关键技术集成与产业示范"（2013GA811002）通过科技部验收。

1月11日，重庆文理学院被新华社走进重庆高校采访行暨"重庆冬季最美大学校园"网评颁奖活动评为"最具文艺范儿校园"。

1月18日至1月23日，"巴渝海外引智计划"专家、澳大利亚皇家墨尔本理工大学先进制造中心副主任马前教授来校开展短期科研工作。

1月22日，学校在红河校区恪勤楼304会议室召开第五次中层干部聘任（任命）大会。

1月，学校首批一级特聘研究员、新材料技术研究院李璐博士入选重庆市第七批"百名海外高层次人才集聚计划"人选，并由市委组织部、市人力社保局授予其"重庆市特聘专家"称号（渝委组〔2015〕153号）。

2月1日，副市长吴刚一行来到学校，看望慰问涂铭旌院士和李德全、罗文波、李璐等专家学者。

2月，中国统计出版社出版发行中国管理科学研究院"中国大学评价"课题组组长武书连的《挑大学选专业——2015高考志愿填报指南》。在该书最新的2015年全国734所普通本科大学各学科排行榜中，学校的综合实力排名跃居第330名。

3月3日，重庆市委常委、两江新区党工委书记、管委会主任凌月明在两江新区党工委副书记、管委会副主任段成刚，党工委副书记曾菁华，党工委委员、管委会副主任何友生，两江集团总经济师李光的陪同下，到学校新材料技术研究院调研。

3月5日至3月6日，由中国文学研究会主办，重庆文理学院文化遗产学院/国际学院、非物质文化遗产研究中心承办的中国文学人类学学科建设高峰论坛在学校举行。

3月10日，重庆文理学院—协信文化产业研究院签约仪式暨新闻发布会在红河校区恪勤楼422会议室举行。

3月25日，中国第一个世界职业拳王熊朝忠、WBC/WBA双料世界职业拳王裘晓君、WBC世界裁判委员会主席布鲁斯·迈克塔韦氏、中央电视台著名主持人韩乔生、中国体育报CCTV著名拳击栏目评论员资深记者杜文杰及中国职业拳击推广第一人刘刚、重庆鼎霸体育文化发展有限公司总经理张曜麟等一行10余人来到学校，与学校师生开展互动交流。

4月1日，在第十八届CUBA中国大学生篮球联赛西南赛区的季军争夺赛中，学校男子篮球队获西南赛区第三名。

4月8日，学校2016年大学生GYB创业培训在百川兴邦众创空间路演厅举行。

4月19日，由重庆市工商联组织的"重庆民企创业梦想报告团进高校"路演报告会在学校博文馆101举行。

4月，中国管理科学研究院"中国大学评价"课题组组长武书连主持的"2016中国大学评价"课题研究成果公布，学校的一级指标"科学研究"在721所本科院校的最新排名中，得分1.55分，位列308名，较2015年的330名前进22位。

5月11日，学校第四次教职工代表大会暨工会会员代表大会在红河校区恪勤楼召开,校长孙泽平作"深化内涵建设,深度转型发展,加快推进高水平应用型大学建设"工作报告。

5月16日,重庆文理学院2016年科技活动周暨实验室开放周启动仪式在新材料技术研究院科技展示场地举行。

5月25日,重庆文理学院校友之家协会成立大会在红河校区博文馆101召开。

6月2日至6月4日,由重庆市教育委员会主办的2016年重庆市大学生羽毛球比赛在重庆大学举行,学校羽毛球代表队获丙组团体第二名。

6月14日,学校名誉校长、新材料技术研究院院长涂铭旌院士在材料科技楼305会议室为新材料技术研究院全体党员讲授了"两学一做"专题党课。

6月15日,学校在红河校区A区学海广场举行了2016届毕业生毕业典礼暨学位授予仪式。

6月,刘延东副总理对冯利朋提交的"应让马克思主义经济学回归为高校经济学教学与科研的主流"的决策建议作出重要批示。

6月,根据渝人社办〔2016〕127号文件,学校创新靶向药物国际研究院成功获批重庆市级博士后科研工作站。

6月,教育部关工委开展五年一次的先进集体和先进工作者评选表彰工作,学校关工委被评为全国教育系统关心下一代工作先进集体。

7月18日,教育部发函公布2016年度50所全国创新创业典型经验高校名单,学校荣列其中。

8月22日,第十届中国青少年科技创新奖颁奖大会在人民大会堂隆重举行,中共中央政治局委员、国务院副总理刘延东,中共中央政治局委员、国家副主席李源潮出席大会,会上对99名第十届青少年科技创新奖获得者、50支"小平科技创新团队"、46个中学中职科技创新示范竞赛项目进行了表彰,学校新型环保材料创新团队获2015年度大学生"小平科技创新团队"称号。

8月25日,由科技部火炬高技术产业开发中心和重庆市科学技术委员会联合主办,重庆市九龙坡区政府、重庆高新技术产业开发区管理委员会联合承办的第五届中国创新创业大赛（重庆赛区）暨第二届重庆市"高新杯"众创大赛总决赛在重庆落下帷幕，学校新材料技术研究院李璐博士领衔的"柔性触控创新团队"以第一名的成绩荣获团队组一等奖。

9月1日，在北京召开的第六届新侨创新创业成果交流暨联盟成立大会上，学校陈中祝负责的新药创新团队获第六届"中国侨界贡献（创新团队）奖"。

9月25日，学校与安博教育集团校企共建"互联网创新学院"签约仪式在恪勤楼422会议室举行。

9月26日至28日，学校3D喷墨印刷电子创新团队和超硬涂层技术创新团队参加在河南省洛阳市举行的第五届创新创业大赛先进制造行业全国总决赛，新材料技术研究院李璐博士领衔的3D喷墨印刷电子创新团队以半决赛总分第1名成绩晋级全国总决赛，获先进制造行业全国总决赛（团队组）第三名，王锦标博士领衔的超硬涂层技术创新团队以半决赛小组第3名，获先进制造行业全国总决赛（团队组）优秀奖。

9月29日，《重庆市教育委员会重庆市财政局关于公布2016年本科高校"三特行动计划"特色专业建设项目名单的通知》（渝教高发〔2016〕50号）中，学校机械工程、高分子材料与工程、软件工程、环境设计4个专业获批重庆市"三特行动计划"特色专业建设项目。

9月，重庆市教育委员会通报《重庆市首届教育综合改革试点成果获奖名单》（渝教策发〔2016〕9号），学校承担的重点项目"探索政产学研结合新机制，构建应用型人才培养模式改革试点"成果获二等奖。

10月28日，在苏州工业园区举行的第五届中国创新创业大赛电子信息行业总决赛上，由新材料技术研究院李璐博士带领的柔性触控创新团队获电子信息行业全国总决赛（团队组）第3名。

10月，根据教育部高等教育司《关于公布2016年国家级大学生创新创业训练计划项目名单的通知》（教高司函〔2016〕45号）和重庆市教育委员会《关于公布2016年国家级大学生创新创业训练计划项目名单的通知》（渝教高发〔2016〕52号）文件，学校点触云端、天然生物保鲜剂Nisin对鲜切梨的保鲜研究、高联实习管理监控指导综合系统、

MoS2-CNFs复合材料的制备及其电化学性能的研究、基于超级电容器的电动车动力电池系统设计、氮硫共掺三维多孔石墨烯电极材料的制备与研究、本土影像《家圆》微电影创作等7个项目获国家级创新创业训练计划资助项目。

11月4日，由重庆文理学院主办的特色植物产业技术高层论坛在卫星湖校区特色植物研究院学术报告厅举行。

11月5日，重庆文理学院建校40周年纪念大会在学海广场举行。

11月5日，学校在学海广场举办"风华四十 相约文理"——重庆文理学院建校40周年师生艺术实践汇报展演。

11月5日，学校第六届校友会年会在红河A区恪勤楼304举行。

11月5日至11月6日，由学校创新靶向药物国际研究院主办的第一届靶向治疗与分子药物国际研讨会在学校召开。

11月6日，"2016年微纳米光电材料与器件国际高层论坛"在志仁楼114报告厅举行。

11月7日，"2016年微纳米光电材料与器件国际高层论坛"分会场研讨会——有机光电材料与器件研讨会、无机功能材料与器件研讨会在志仁楼114、117报告厅同期举行。

11月7日，微纳米光电材料与器件协同创新中心（重庆2011计划）发展研讨会在我校百川兴邦"南门时光 创客驿站"创业咖啡屋、材料科技楼305会议室分段召开。

11月7日，学校与俄罗斯托木斯克理工大学联合举办的金属材料工程（国际班）开班典礼在知津楼D506室举行。

11月7日，学校与俄罗斯托木斯克理工大学合作交流会在材料科技楼305会议室举行。

11月5日至11月9日，2016年重庆市专业技术人才知识更新工程之"光电材料与信息显示新技术高级研修班"在学校举办。

11月10日，重庆市委组织部、市委教育工委在我校恪勤楼304会议室召开干部大会，宣布学校党政主要领导任免调整决定。孙泽平同志任中共重庆文理学院委员会书记；免去钟志奇同志中共重庆文理学院委员会书记、常委、委员职务；免去孙泽平同志重庆文理学院院长职务。经研究同意，在学校新任校长到任之前，由孙泽平同志暂时主持学校行政工作。

11月16日，重庆文理学院创动力创业协会成立仪式暨风投基金进校园项目路演活动在继续培训学院学术报告厅举行。

11月18日至11月19日，第十七届全国基础光学与光物理学术讨论会在学校举行。

11月，重庆市教育委员会下发《关于公布重庆市第二届优秀高教研究机构评选结果的通知》，重庆文理学院《重庆高教研究》编辑部被授予"重庆市高教研究特别贡献奖"。

12月3日至12月5日，2016—首届全国智能制造（中国制造2025）创新创业大赛总决赛在北京举行，学校李璐博士领衔的大尺寸柔性触控项目获总决赛创新赛第一名。

12月8日，重庆文理学院侨台留联谊会成立大会暨第一次全体会员会议在恪勤楼422会议室举行。

12月18日，重庆文理学院辩论队成立仪式在博文馆101举行。

12月，中共重庆市委组织部、重庆市科委联合下发《关于公布2016年度重庆市五大功能区域创新创业团队支持计划名单的通知》，学校推选的"柔性触控创新创业团队"、由永川区科委推选的学校与重庆天沛农业科技有限公司联合打造的"脱毒种姜产业化创新创业团队"入选该计划。

12月，教育部发布《教育部高教司关于公布有关企业支持的产学合作协同育人项目立项名单（2016年第一批）的函》（教高司函〔2016〕53号），学校与超星集团合作的项目"《纪录片创作》课程混合式教学模式研究与实践"（韩永青）、与达内时代科技集团有限公司合作的项目"WEB前端开发基础"（高峰）获立项。

附 录

附录一：学校获省部级教学改革研究项目一览表

序号	项目编号	项目名称	项目负责人
1	0612005	重庆高校非物质文化遗产课程体系的构建与实践	牟延林
2	0621002	高等教育在"大城市带大农村"中的地位、作用研究	刘定祥
3	0622016	地方普通高校实践教育模式创新的研究与实践	孙泽平
4	0622026	精品课程优质教学资源共享与应用机制的研究	裴跃进
5	0626096	基于ISO9000多位教学质量监控体系的研究与实践	张进
6	0626104	应用型高校合作教育培养模式的研究与实践	兰刚
7	0626127	重庆市高等学校多渠道增加教学投入，保证教学经费的政策与措施研究	冯树清
8	0635400	地方院校本科人才综合素质培养的研究与实践	陈龙国
9	0632065	基于职教师资能力标准的职业教育师资培养模式探索与实践	陈晓耘
10	0632066	中华传统礼仪与大学人文教育的普适性研究	刘海燕
11	0632067	大学英语课堂教学与网络自主学习的整合	周述娅
12	0632073	大学英语第二课堂的开发与建设	江智利
13	0632082	普通高校体育院系人才培养生态模型构建与实践	周立
14	0633119	新建地方本科院校深化数学建模竞赛拓展大学生素质的创新与实践	罗万成
15	0633127	改革生物学实验教学提高学生的科学素质	李传印
16	0633132	基础物理课程教学内容、方法及信息化的整合与深化	吴强
17	0633139	园林专业人才培养创新教育体系构建与实践	熊运海
18	0634183	应用型本科院校计算机软件专业人才培养模式改革研究与实践	罗代忠
19	0635230	英语专业本科毕业论文（设计）教学环节改革与实践	胡庆洪
20	0635240	基于"三标一体"的实验室文化建设模式的探索与实践	程正富

续表

序号	项目编号	项目名称	项目负责人
21	0636271	高校文科应用型本科专业人才培养模式改革探讨	沈远川
22	826106	应用型本科院校优秀教学团队建设的实践和探索	刘仲全
23	821107	会展专业应用型人才培养模式研究与实践	陈天培
24	826108	构建"一位二培三段式"艺术设计专业人才培养模式的探索与实践	王天祥
25	831183	高校品牌学本科专业人才培养模式研究与实践	张锐
26	836184	建构主义教学模式在学科教学论课程中的应用研究与实践	兰觉明
27	836185	学分制条件下教学质量监控体系运行机制的研究与实践	苟本富
28	836186	以职业资格证书推动应用型人才培养模式构建的研究与实践	赵晓雨
29	832187	增强应用心理学专业学生实践技能的教学改革与实践	曹成刚
30	832188	小学教育专业实践教学改革与探索	何万国
31	832189	体育教育专业实践教学综合体系构建与实践	戴晓敏
32	832190	应用型本科院校音乐技法课程与教学模式研究与实践	刘娴丽
33	833191	园林专业应用型人才实践能力培养的研究与实践	王大平
34	833192	应用型本科院校文科数学整合与优化的研究与实践	王明华
35	09-1-007	地方本科院校应用型人才培养模式的改革与实践	漆新贵
36	09-2-059	应用心理学专业人才培养模式的创新与实践	何华敏
37	09-2-086	应用型人才培养制度的研究与实践	孙泽平
38	09-3-044	软件工程专业人才培养模式的改革与实践	罗代忠
39	09-3-045	法学专业本科学生学习方式转变的探索与实践	邓多文
40	09-3-046	物理学专业课程体系与教学内容的改革与实践	石东平
41	09-3-065	大学生成才教育模式的创新与实践	李德全
42	09-3-078	《品牌管理》课程教学内容体系的研究与实践	张燚
43	09-3-124	应用型本科院校"双师型"教师培养与评价的研究与实践	袁平
44	101205	应用型人才培养体系构建与实践	兰刚

续表

序号	项目编号	项目名称	项目负责人
45	102124	以"挑战杯"科技竞赛为载体培养新建地方本科院校学生创新能力的探索与实践	孙泽平
46	102219	基于"标准+任务"模式的院校课程互选和学分互认的教学体制探索与实践	金盛
47	102220	重庆市应用型本科院校校企合作办学模式研究	冯树清
48	102302	高校物流专业应用型人才培养模式研究与实践	陈天培
49	102317	以整合红色文化资源为突破口,增强实效性为目的的思政课综合改革探索与实践	左益
50	102318	重庆土家族、苗族民歌教学研究与实践	张艳辉
51	103101	高校机械工程训练中心"企业化模式"的探索与实践	田永西
52	103120	应用型本科高校"双师型"教师执教能力认证体系的研究与实践	杨守良
53	103126	基于MCLA模式与"合作学习"理论的应用型本科院校创新型计算机应用人才培养的实践教学体系构建	王瑞胡
54	103137	园林专业实践教学体系研究与探索	杨帆
55	103220	高校质量工程语境下教学名师智慧品质的养成与实践研究	裴跃进
56	103223	应用型本科院校教师实践性知识的生成机制及获得策略研究与实践	曹荣誉
57	103311	大学生周末思想教育课程化探索与实践	刘灿国
58	103324	"四会、四自"学生教育管理模式的探索与实践	李才俊
59	112031	大学生创新、创业教育的探索与实践	刘灿国
60	112074	以人文精神为价值引导,高校文学类公选课的教学实践与探索	刘学明
61	113030	电子信息类专业"五元一体"应用型人才培养模式的探索与实践	周清
62	113074	应用型人才培养模式下"双师型"教师队伍建设研究	宋凡金
63	113098	新时期未来语文教师专业能力培养的教改实践与研究	段昌平
64	113109	基于拓展训练理念下的大学生思想政治教育新平台构建	杨加强

续表

序号	项目编号	项目名称	项目负责人
65	113116	大学生"五种"发展性素质培养的探索与实践	魏良福
66	113145	面向应用型人才培养的高校管理类课程"能力导向式"教学研究与实践	王东强
67	113154	重庆市地方高校植物类课程优质教学资源共享平台的建设与应用研究	张祖荣
68	113160	以市场需求为导向的环境类专业实践教学体系探索与研究	谢志刚
69	113176	以秘书事务所为平台的现代文秘专业方向实践教学改革与探索	杨钊
70	113186	声乐舞台表演课程教学改革与实践	张琴
71	113191	民族艺术进课堂的教学实践与探索——以云南彝族酒歌为例	曾淼
72	113196	地方普通院校美术学专业应用型人才培养模式改革与创新研究	曹国洪
73	1202028	依托重点实验室建立"双实双创"综合实践教学基地的探索与实践	张进
74	1202038	构建高校自我评估、第三方认证评估、政府审核评估有机结合运行机制的探索与实践	何万国
75	1203024	"全程化音乐学习与音乐教学实践相结合的教学模式"在学前教育专业的探索与实践	钟传惠
76	1203030	以"从出口往回找"理念构建音乐学(师范)本科专业应用型人才培养模式探索	李劲松
77	1203058	酒店管理本科专业人才培养模式创新的研究与实践	曹勇
78	1203063	基于平衡记分卡方法的高校院(系)绩效评价研究	黎志
79	1203090	体育教育专业足球课程能力教学模式的探索与实践	齐效成
80	1203093	质量管理课程群建设及教学改革的研究与实践	卫贵武
81	1203100	构建"以学生为中心"的高校体育专业健美操课程体系与教学改革的实践探索	钟利
82	1203126	基于项目化课程改革的园林专业人才培养模式研究与实践	熊运海

续表

序号	项目编号	项目名称	项目负责人
83	131021	卓越教师教育人才培养模式的创新与实践	孙泽平
84	132029	大学生成长目标导航与学习管理新模式的探索与实践	万书辉
85	132051	大学生思想政治理论课学习方式转变的研究与实践	李德全
86	132073	基于"从出口往回找"的公共管理类专业"阶梯式"实践教学体系构建的探索与实践	李喜燕
87	132075	跨学科视野下文化遗产传播类应用型人才培养模式改革与实践	刘壮
88	133002	基于工作过程导向的工程造价专业应用型本科人才培养模式改革与实践	沈中友
89	133038	基于行业标准的风景园林专业核心课程改革与实践	娄娟
90	133053	基于职业导向的环境设计专业实践课程体系构建与实践	吴彪
91	133071	旅游管理类本科专业校企深度合作模式创新与实践	王爱忠
92	133079	教师教育类专业"3333"书法教学模式的构建与实践	陈龙国
93	133093	卓越课堂背景下汉语言文学专业"345"实践教学模式构建及实践	李东平
94	133134	应用心理学专业方法学类课程群教学体系的构建与实践	王蕾
95	133147	地方高校二级学院"三环式"信息管理模型的研究与实践	程正富
96	133153	职教师资本科职前培养与职后培训机制的构建与实践	肖勇
97	133184	"职业核心能力"导向下的体育专业健美操人才培养模式探索与实践	王玉英
98	142013	工程教育类课程"翻转课堂"教学模式改革研究与实践	罗代忠
99	142022	跨界视野下地方高校培养卓越采编人才的探索与实践	李天福
100	142036	"拟生态、实战型、集成化"的经管类专业综合实验教学体系的构建与实践	杨帆
101	142043	地方高校"一中心、三平台、五维度"教师教学能力培养的探索与实践	谢吉容

续表

序号	项目编号	项目名称	项目负责人
102	143026	媒介融合背景下地方高校"1+3+X"全媒体人才培养模式探究与实践	雷璐荣
103	143044	基于"编、导、教"视野下的高校舞蹈学专业教学改革与实践	颜聪
104	143051	应用型本科院校高等数学对象化改革与实践	贾小勇
105	143061	数学师范专业"几何学思想、方法、应用"的一体化研究与实践	聂智
106	143066	应用型本科院校旅游管理类专业职业场景项目行动（PDSIPE）教学模式研究与实践	王东强
107	143114	以"历史逻辑+助产式教学方法"构建《中国近现代史纲要》课程专题教学模式	胡骄键
108	143122	体育专业篮球课程教、训、赛一体化教学模式探索与实践	罗孝军
109	143124	基于学生需求导向的"1+3"多维互动多力聚合育人机制探索与实践	周洪亮
110	143127	新建本科院校构建"1133"非法学专业学生法律素养培育模式探索与实践	吴安新
111	151016	基于"互联网+思政课"的线上线下一体化教学新模式创建与实践	钟志奇
112	152037	教师教育类专业"六位一体"人才培养体系的构建与实践	漆新贵
113	152038	会展专业"一二三课堂"一体化应用型人才培养模式创新与实践	陈天培
114	152039	足球改革视野下体育教育专业培养卓越足球人才的探索与实践	齐效成
115	152040	基于学生多元化需求的大学英语1+X课程教学改革与实践	颜学金
116	153133	基于行业需求导向的视觉传达专业实践教学体系的探索与实践	王晓峰
117	153134	广播电视编导专业"1551"纪录片创作人才培养模式探索与实践	韩永青
118	153135	中小学心理健康职前教师"四个一"教学能力培养模式探索	胡春梅

续表

序号	项目编号	项目名称	项目负责人
119	153136	基于Mooc的大学计算机课程"混合式"教学改革研究与实践	王宇
120	153137	环境科学专业多功能开放式实践教学体系的构建与实践	王书敏
121	153138	基于职业能力培养的运动康复专业实践教学体系的探索与实践	邱国荣
122	153139	计算机专业类课程开展TPACK整合模式教学改革的研究与实践	王俊祥

附录二：学校获国家级以上立项科研成果一览表

立项年份	编号	批准单位	项目名称	主持人
2003	03-01	全国教科规划办	高师汉语教学与中学语文新课程体系普适性研究	周文德
2004	04XSH010	国家社科规划办	重庆非物质文化遗产保护对区域经济发展的作用研究	牟延林
2006	06CJY022	国家社科规划办	企业利益相关者行为特征及其调控机制研究	张锐
2006	06XTY002	国家社科规划办	"三标一体"教育质量模型下的高校公共体育体系构建研究	杨敏
2006	20502017	国家自科基金委	苯及其同系物 C-H 键选择性催化活化和一步氧化功能化研究	张进
2008	08XZX019	国家社科规划办	软实力语境下的西部文化资源开发研究	万书辉
2009	30900399/c090101	国家自科基金委	注意瞬脱中面孔加工的神经机制	罗文波
2009	09XZW007	国家社科规划办	金代家族与金代文学关系研究	杨忠谦
2010	10XJY0032	国家社科规划办	农业发展与组织结构创新研究——基于现代农业的农户联合与合作经营	邵腾伟
2010	10CFX042	国家社科规划办	农村多元化纠纷解决机制研究	张志超
2010	10FMZ001	国家社科规划办	地方历史记忆与共同体意识的仪式表达——京西庄户-千军台幡会研究	韩同春
2011	11111120022	国家自科基金委	具有指定数量性质的群	施武杰
2011	11171364	国家自科基金委	有限群的算术性质和单群的刻画	施武杰
2011	31170984	国家自科基金委	面孔加工特异性与可塑性的神经机制	罗文波
2011	41101223	国家自科基金委	颗粒表面电场作用下紫色土土粒凝聚/分散机制研究	丁武泉

续表

立项年份	编号	批准单位	项目名称	主持人
2011		国家自科基金委	基于犹豫模糊集的多属性决策理论与方法及应用研究	卫贵武
2011	21101136	国家自科基金委	化学还原法制备单质晶体仿生纳米材料	张艳华
2011	11BTY050	国家社科规划办	巴蜀石刻造像之体育文化活态传承研究	谭宏
2011	11XKS004	国家社科规划办	西部地区科学发展观与体制机制创新研究	钟志奇
2011	11XMZ040	国家社科规划办	内地西藏班教育成效及其对西藏教育发展影响研究	贺能坤
2011	11XRK003	国家社科规划办	新生代农民工心理危机干预与心理服务体系建设研究	曹成刚
2011	11CG121	全国艺术规划办	非物质文化遗产的属地保护与文化迁移研究——以重庆为例	王天祥
2011	11CB088	全国艺术规划办	非物质文化遗产保护视角下的秀山花灯研究	刘壮
2012	12CXW014	国家社科规划办	大众传媒与塑造本土品牌形象研究	张锐
2012	12XKS044	国家社科规划办	社会主义核心价值体系引领下大学生思想政治教育的可视化机制研究	李德全
2012	12XZX019	国家社科规划办	中国传统职业道德思想研究	郑立
2012	12XRK004	国家社科规划办	西部新生代农村劳动力开发实证研究	田书芹
2012	12CD084	国家社科规划办	中国有品民族乐器律制形态研究	夏凡
2012	61271452	国家自科基金委	非凸稀疏先验图像恢复建模理论和算法	卢成武
2012	71271227	国家自科基金委	基于时间序列特征的金融资产相依结构模型构建及应用研究	易文德
2012	31200512	国家自科基金委	灰毡毛忍冬HQT基因在绿原酸生物合成中的功能解析	陈泽雄

续表

立项年份	编号	批准单位	项目名称	主持人
2012	41203047	国家自科基金委	高温高压水热体系中 CO_2 传感器的研制	王光伟
2012	11226268	国家自科基金委	广义模糊动力系统的 Martelli 混沌性质研究	兰尧尧
2012	61202349	国家自科基金委	基于变分 PDE 的显著特征提取及其在图像检索中的研究	李梦
2013	2013GA811002	科技部	重庆现代设施农业关键技术集成与产业示范	刘奕清
2013	21101136	国家自科基金委	化学还原法制备有序介孔硅纳米材料的研究	张艳华
2013	31300845	国家自科基金委	拥挤效应的神经机制研究	彭春花
2013	51302330	国家自科基金委	新型交流 LED 用单一基质短余辉硅酸盐荧光粉的结构调控发光行为研究	彭玲玲
2013	61304255	国家自科基金委	基于空间电磁波能量的无线传感器网络自供电技术研究	陈蕾
2013	31340016	国家自科基金委	耐寒邓恩桉低温响应的 EdWRKY 转录因子抗寒分子机理研究	兰建彬
2013	51301215	国家自科基金委	原子集群转动机制的原子尺度显微研究	姜山
2013	13BKS082	国家社科规划办	高校学生"六维一体"思想政治教育机制研究	李才俊
2013	13BTY021	国家社科规划办	我国少数民族村寨发展变迁中的传统体育保护与传承研究	戴晓敏
2013	13XKS039	国家社科规划办	"美丽中国"意蕴下大学生"美丽人生"的育成体系研究	兰刚
2013	13XZS006	国家社科规划办	出土先秦两汉军事文献整理与研究	刘小文
2013	13XZX024	国家社科规划办	环境危机中的利益-风险分配逻辑及其道德效应研究	郁乐
2013	13FJK014	国家社科规划办	高等教育全球化——国际趋势与中国战略	蔡宗模

续表

立项年份	编号	批准单位	项目名称	主持人
2014	2014DFR50830	科技部	新一代透明导电材料技术及应用的联合研发	杨柳
2014	11401067	国家自科基金委	覆盖图技术及其在离散对称结构中的应用研究	马纪成
2014	21401015	国家自科基金委	基于氧化石墨烯层层自组装和模板法构筑石墨烯/无机纳米颗粒空心复合微球及其催化性能研究	肖巍
2014	21403020	国家自科基金委	含Pt多元贵金属空心结构的构建及其电催化性能研究	田亮亮
2014	41401419	国家自科基金委	基于多角度成像高光谱的生姜氮素垂直分布反演机理与建模研究	廖钦洪
2014	51402032	国家自科基金委	基于三角形坐标系的铝石榴石型荧光粉的光谱调控	韩涛
2014	51403027	国家自科基金委	基于苯并三氮唑的多酰胺衍生物对聚乳酸结晶成核效应研究	蔡艳华
2014	51409030	国家自科基金委	阶梯式三维流生物滞留系统脱除山地城市降雨径流氮素机制研究	王书敏
2014	11426053	国家自科基金委	群的数量性质及其应用	李金宝
2014	11426054	国家自科基金委	测量误差数据下约束线性模型的有偏估计及变量选择研究	邬吉波
2014	11410301054	国家自科基金委	群的数量性质国际研讨会	施武杰
2014	14BZW063	国家社科规划办	金代文学地理与文人结社研究	杨忠谦
2014	14BTY014	国家社科规划办	我国城市社区体育资源的非均衡管理模式研究	孔庆波
2014	14CZW065	国家社科规划办	中华多民族文学"民族性"问题研究	傅钱余
2014	14XKS011	国家社科规划办	中国特色社会主义价值认同研究	杨全海

续表

立项年份	编号	批准单位	项目名称	主持人
2014	14XKS009	国家社科规划办	中国梦凝聚社会共识的学理支撑及实现路径研究	张莉
2015	15XMZ092	国家社科规划办	生态美学视野下的侗族河歌研究	胡牧
2015	15XJY023	国家社科规划办	沪港通背景下沪港股市相依结构研究	黄爱华
2015	15XJL001	国家社科规划办	"一带一路"战略体系下七个少数民族产权制度的静态比较与动态变迁研究	谷继建
2015	BMA150026	全国教科规划办	西南民族地区农村留守儿童成长与社会支持研究	袁丹
2015	11501071	国家自科基金委	有限单群的广义置换子群和数量性质	李金宝
2015	11501072	国家自科基金委	测量误差数据下部分线性模型有约束统计推断理论	邬吉波
2015	21502013	国家自科基金委	新型桥联有机小分子/过渡金属配体双功能催化剂的设计、合成及不对称催化反应研究	崔海磊
2015	21507007	国家自科基金委	配合物硫酸根自由基高级氧化体系的构建及去除有机微污染物研究	安继斌
2015	21573030	国家自科基金委	金纳米团簇/氧化物上炔烃活化的表界面调控性理论研究	唐典勇
2015	31501273	国家自科基金委	土壤高湿度下生姜对青枯菌应答转录组分析及内源激素信号通路关键基因功能鉴定	姜玉松
2015	31571740	国家自科基金委	南荻耐淹机理研究及其耐淹候选基因发掘	刁英
2015	51502030	国家自科基金委	基于锌空位调控的N掺杂p型ZnO导电特性及稳定性研究	阮海波
2015	51503022	国家自科基金委	湿法银纳米线-聚合物-纳米颗粒复合透明导电薄膜对柔性有机电致发光器件的光提取作用的研究	李璐

续表

立项年份	编号	批准单位	项目名称	主持人
2015	61505018	国家自科基金委	喷涂型聚合物太阳能电池光敏层垂直分相的微观过程及电荷传输行为研究	程江
2015	11301418	国家自科基金委	参数优化问题解映射的Lipschitz性质和广义可微性研究	李明华
2016	16XJY011	国家社科规划办	长江经济带新型农业经营主体引导农业供给侧结构性调整研究	彭万勇
2016	16CSH041	国家社科规划办	四类集中连片特困地区农村人口空心化治理体系研究	王东强
2016	16BFX153	国家社科规划办	非利他性慈善捐赠的立法支持与限制研究	李喜燕
2016	16XXW001	国家社科规划办	同质化背景下人文社会科学学术期刊品牌建设水平诊断及提升路径研究	王红君
2016	16CTY018	国家社科规划办	少数民族武术文化影像志	徐泉森
2016	11601051	国家自然科学基金	基于模糊集理论的离散系统动力学研究	兰尧尧
2016	11671063	国家自然科学基金	线性群轨道结构与有限群的算术性质	杨勇
2016	21603020	国家自然科学基金	聚合物光伏器件中电荷高效传输通道的构筑与机理研究	胡荣
2016	31600917	国家自然科学基金	执行功能在社会排斥引发攻击行为中的作用机制研究	王婷
2016	31670688	国家自然科学基金	猕猴桃果实采后应答灰霉病发生的关键基因筛选和功能解析	刘奕清
2016	51601026	国家自然科学基金	梯度纳米金属Ni的组织稳定性及其内在机理研究	倪海涛
2016	51608086	国家自然科学基金	Pd修饰g-C3N4阴极光电催化还原水中次磷酸盐回收单质磷的机制研究	关伟
2016	61604026	国家自然科学基金	基于MOCVD技术的自组装绿光InGaN量子点发光机理研究	刘炜

附录三：学校获省部级以上表彰奖励科研成果一览表

序号	主要完成人	成果名称	成果奖类别	奖项等级	颁奖部门	获奖年度
1	周文德	《孟子》同义词研究	重庆市第四次社会科学优秀成果奖	三等奖	重庆市人民政府	2005
2	曹成刚	青少年学生心理健康认识现况及原因探析	重庆市第四次社会科学优秀成果奖	三等奖	重庆市人民政府	2005
3	牟延林等	教育权利与素质教育关系的法理研究	重庆市第五次社会科学优秀成果奖	三等奖	重庆市人民政府	2006
4	曹成刚	毕生发展心理学纲要	重庆市第五次社会科学优秀成果奖	三等奖	重庆市人民政府	2006
5	张锐等	品牌学——理论基础与学科发展	重庆市第六次社会科学优秀成果奖	三等奖	重庆市人民政府	2008
6	何云贵等	20世纪重庆文学史研究	重庆市第七次社会科学优秀成果奖	一等奖	重庆市人民政府	2011
7	李德全等	新时期我国学校德育工作的新走向	高校德育创新发展研究成果	二等奖	教育部高等学校社会科学发展研究中心	2012
8	刘灿国等	大学生成长与成才导向研究——从"四会"到"四自"	高校德育创新发展研究成果	三等奖	教育部高等学校社会科学发展研究中心	2012
9	刘奕清等	桉树新品种工厂化育苗技术转化与示范	科技进步奖	三等奖	重庆市人民政府	2012
10	于洪卫等	实践教学模型的探索与实践	教育科研奖	一等奖	重庆市教委	2012
11	兰觉明等	建构科学课程中质性学生评价体系的研究与实践	教育科研奖	二等奖	重庆市教委	2012
12	李喜燕等	西部地区义务教育资源公平分享法律问题研究	教育科研奖	三等奖	重庆市教委	2012

续表

序号	主要完成人	成果名称	成果奖类别	奖项等级	颁奖部门	获奖年度
13	罗代忠等	应用型本科院校软件人才培养模式改革与实践	教育科研奖	三等奖	重庆市教委	2012
14	何万国等	中小学教师教育思想观念的形成与培训研究	重庆市高等院校优秀教育科研成果	三等奖	重庆市教委	2012
15	易文德等	基于Copula理论的金融风险相依结构模型构建及应用	科技进步奖	三等奖	重庆市人民政府	2013
16	韩涛等	白光LED荧光粉的研制及LED灯具开发	科技进步奖	三等奖	重庆市人民政府	2013
17	赵华君等	基于微纳结构的模式耦合理论及偏振调控特性	自然科学奖	三等奖	重庆市人民政府	2013
18	刘奕清等	特色苗木良种选育及现代设施繁育技术体系创建与应用	科技进步奖	二等奖	重庆市人民政府	2014
19	李强等	长江泥沙型水体中水湿生植被的生长恢复研究	自然科学奖	三等奖	重庆市人民政府	2014
20	罗文波等	注意影响面孔加工的认知神经机制模型	自然科学奖	三等奖	重庆市人民政府	2014
21	牟延林等	非物质文化遗产概论	重庆市第八次社会科学优秀成果奖	二等奖	重庆市人民政府	2014
22	何万国等	大学生实践能力的形成与培养机制	重庆市第八次社会科学优秀成果奖	三等奖	重庆市人民政府	2014
23	张锐等	企业利益相关者行为特征及调控机制研究	重庆市第八次社会科学优秀成果奖	三等奖	重庆市人民政府	2014
24	张燚等	高校与利益相关者互动发展的组织创新与行为调适研究	重庆市第八次社会科学优秀成果奖	三等奖	重庆市人民政府	2014

续表

序号	主要完成人	成果名称	成果奖类别	奖项等级	颁奖部门	获奖年度
25	袁丹	有效教学的生命向度	重庆市第六届优秀基础教育著述奖	二等奖	重庆市教育委员会	2015
26	裴跃进	教学名家卓越智慧	重庆市第六届优秀基础教育著述奖	二等奖	重庆市教育委员会	2015
27	何万国 杨正强	重庆市城乡初中教育一体化指标体系研究	重庆市第六届优秀基础教育著述奖	二等奖	重庆市教育委员会	2015
28	杨正强	教学方式生态化的内涵及特征	重庆市第六届优秀基础教育著述奖	三等奖	重庆市教育委员会	2015
29	涂铭旌等	重庆市科技协同创新战略联盟构建研究	重庆市政府发展研究奖	三等奖	重庆市人民政府	2015
30	段昌平	语文课堂教学艺术	重庆市第六届优秀基础教育著述奖	三等奖	重庆市教育委员会	2015
31	李会合等	有机无缓控释多养分肥料研制与应用	中华农业科技奖	二等奖	神农中华农业科技奖奖励委员会	2015

附录四：学校历任党政领导名录

江津师专、重庆师专

组织	党委		行政			纪委
职务	书记	副书记	校长	副校长	助理	书记
年度	姓名			姓名		姓名
1977—1978	况兴华	熊秉衡 蒲天贵 梁昌兰		黄正禄 蒲天贵		
1979—1980	况兴华	熊秉衡		黄正禄 蒲天贵		
1981—1982	况兴华	熊秉衡		黄正禄 蒲天贵 傅道文		
1983	熊秉衡		黄正禄	蒲天贵 周兆金 傅道文		
1984—1985	熊秉衡		黄正禄	蒲天贵 周兆金		刘有权 陈廷萱（副书记）
1986	熊秉衡	邹弘杰	黄正禄	蒲天贵 周兆金		刘有权 陈廷萱（副书记）
1987—1988	熊秉衡	邹弘杰	黄正禄	蒲天贵 周兆金		刘有权
1989		邹弘杰 钟建昌	黄正禄	周兆金 颜敬先 黄晓林		刘有权
1990—1991		钟建昌	颜敬先	黄晓林 易治安		刘有权
1992—1993	钟建昌	刘定云	颜敬先	黄晓林 易治安	徐 明	刘有权

重庆师专

组织	党委		行政			纪委
职务	书记	副书记	校长	副校长	助理	书记
年度	姓名			姓名		姓名
1994	刘定云	黄晓林	颜敬先	易治安 徐明 戴伟		
1995—1996	刘定云	黄晓林	颜敬先	徐明 戴伟		江天健
1997—1998	刘定云	米祖旭	颜敬先	徐明 戴伟		江天健
1999—2001	刘定云	米祖旭 戴伟	颜敬先	戴伟 王林	兰刚	江天健

渝州教育学院

组织	党委		行政			纪委
职务	书记	副书记	院长	副院长	助理	书记
年度	姓名			姓名		姓名
1981—1985	李志强	张固基	李志强	张栋才		
1985—1987	李千白	陈维新	李千白	胡文良 熊羽		
1988—1989		陈维新		谢开绪 胡文良		
1990—1992		贺正一 陈维新		谢开绪 胡文良		
1992—1994	贺正一	陈维新		谢开绪 胡文良		
1994—1997	贺正一		贺正一	胡文良 孙泽平		
1998—1999	贺正一		贺正一	孙泽平		
1999—2000	贺正一		贺正一	孙泽平 孙天才		

渝西学院、重庆文理学院

组织	党委		行政			纪委
职务	书记	副书记	院长	副院长	助理	书记
年度	姓名		姓名			姓名
2001—2003	牟延林	刘定云（正院级） 米祖旭	牟延林	戴伟 王林 孙泽平	孙天才 兰刚	江天健
2004—2005	牟延林	刘定云（正院级） 米祖旭	牟延林	孙泽平 兰刚 谭宏	孙天才	江天健
2005—2006.09	牟延林	刘定云（正院级） 米祖旭	牟延林	孙泽平 兰刚 谭宏		江天健
2006.09—2009.08	钟志奇	孙泽平 左益 刘灿国	孙泽平	兰刚 谭宏 李德全		左益
2009.08—2011.07	钟志奇	孙泽平 左益 刘灿国	孙泽平	兰刚 谭宏 李德全 张进		左益
2011.07—2016.07	钟志奇	孙泽平 刘灿国 李德全	孙泽平	兰刚 谭宏 张进 漆新贵 万书辉		李德全
2016.07—2016.10	钟志奇	孙泽平 刘灿国 李德全	孙泽平	兰刚 谭宏 张进 漆新贵 万书辉 王明华		李德全

续表

组织	党委		行政			纪委
职务	书记	副书记	院长	副院长	助理	书记
年度	姓名			姓名		姓名
2016.10—2017.04	孙泽平	刘灿国	新任校长到任前，由孙泽平主持行政工作	兰刚		李德全
				谭宏		
				张进		
				漆新贵		
		李德全		万书辉		
				王明华		
2017.04至今	孙泽平	许洪斌	许洪斌	兰刚		李德全
				谭宏		
		刘灿国		漆新贵		
				万书辉		
		李德全		王明华		
				金盛		

后 记

《重庆文理学院志（1976—2016）》正式出版，并与广大师生见面了，为学校建校四十年献上这一份礼物，我们既为之欣慰，又因其未尽人意之处感到不安。

学校党委和行政高度重视校志编纂工作，学校党委书记孙泽平、校长许洪斌担任编纂委员会主任，学校原党委书记钟志奇亲自审定校志提纲和编写结构，关注校志进展。学校党委副书记刘灿国牵头校志编纂工作，多次召开校志编纂工作专题会议，并通读审稿，从校志工作启动直至付梓，一直为校志编纂工作提供各方面的保障，保证了校志编纂工作人员能够顺利完成任务。

本书由学校档案馆牵头组织编写，校内各单位给予大力支持并积极参与编撰工作，组织本单位教职工、离退休老同志认真讨论，为校志编纂打下了坚实基础。从资料收集、整理、编撰，全校师生员工给予了校志编纂工作极大支持和鼓励。在这里，我们对学校历届老领导、老同志和校内各单位给予校志编纂的关心、支持、帮助表示衷心感谢和诚挚敬意！

《重庆文理学院志（1976—2016）》共分十一章，总计30余万字，从学校沿革、管理体制、人才培养、科学研究、学生工作、校务管理、党建工作、群团工作、文化建设等方面，记载了重庆文理学院40年的史实，勾勒了重庆文理学院发展的轨迹。全书由蔡华锋、马雁、李兴春、潘澜月、余嘉统稿，封富、夏明宇润笔，刘灿国通读审稿。

本书在编纂过程中，由于时间特别仓促，执笔者水平有限，难免有诸多疏漏和粗糙之处，竭望全校师生员工、广大校友及读者批评指正。

谨以此书献给学校建校40周年！

编 者

2017年6月